Colección

**Retardo Mental y
Educación Especial**

Dirigida por **Jaime Tallis**

Guillermo Javier Nogueira

El niño problema

Un desafío para padres, docentes y profesionales

Edición: Primera. Abril de 2021
Lugar de impresión: Barcelona / Buenos Aires

ISBN: 978-84-18095-78-8
Depósito legal: M-9077-2021

Cógigos THEMA: JNC/Society and Social Sciences/Educational Psychology
Códigos BISAC: EDU009000/Education/Educational Psychology;
EDU026000/Education/Special Education/General
Cógidos WGS: 579/Humanities, art, music/Special education

Diseño: Gerardo Miño
Composición: Eduardo Rosende

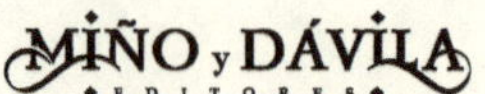

dirección postal: Tacuarí 540 (C1071AAL)
Ciudad de Buenos Aires, Argentina
tel-fax: (54 11) 4331-1565
e-mail producción: produccion@minoydavila.com
e-mail administración: info@minoydavila.com
web: www.minoydavila.com
redes sociales: @MyDeditores, www.facebook.com/MinoyDavila

Índice

Prólogo, por Jaime Tallis 13

Capítulo I
Esquema de abordaje 15

Capítulo II
El niño y sus responsables. Mirada desde la neuropsicología 19
La neuropsicología 19
El hombre 24
La evolución 30
La física y la biología 31
La inquietante pregunta por la identidad 32
Los mundos posibles, los límites y las magnitudes 33
El hacer, ejecutar, decidir 34
Los modelos 35
El hombre y los homínidos 36
Lo humano 37
"Ver" el cerebro en acción 40
El cerebro 40
El sistema nervioso como un todo 46

Capítulo III
¿Quién aprende? 53
El niño: el sujeto que aprende 53
Punto de partida 54
La niñez 55
Etapas 57
La subjetividad 57
Resumen 62

Capítulo IV
¿Cómo aprende? 65
Enfoque de "abajo hacia arriba" 65
Normalidad, anormalidad, tratamiento 69

Enfoque de "arriba hacia abajo" 70
Las funciones cerebrales superiores 80
Resumen 87

CAPÍTULO V
¿Por qué aprende? 89

El cerebro sede de la pregunta y de las respuestas 89
El sueño donde no hay porqué 91
Dificultad para responder 92
Rol de la motivación y el deseo... 93
Los estímulos como generadores de razones por qué aprender............ 94
El valor de la ignorancia 95
Aprender porque le enseñan 95
El mensaje vehículo inductor de aprendizajes.................................. 97
Resumen 98

CAPÍTULO VI
¿Para qué aprende? 101

El medio... 102
Aprender para vivir y sobrevivir 103
Tiempo y aprendizaje... 103
Los medios de comunicación 104
Riesgos 105

CAPÍTULO VII
Dónde, cuándo y de quién aprende 109

El sujeto que aprende 109
Quiénes promueven y guían los aprendizajes y sus falencias............ 110
Posibilidades reparadoras... 110
El espacio/dónde 111
El tiempo/cuándo... 114
De quiénes aprende 118

CAPÍTULO VIII
El niño problema (I) 123

Inquietud 139
Lo sensorial 149
La sensopercepción 149
La atención 150
La memoria 156
El lenguaje 160
Las gnosias y las praxias 165
Agnosias... 169

Reconocimiento de rostros. Estadios.. 171
Esquema corporal.. 173
Desarrollo en el niño.. 173
A manera de cierre 179

Capítulo IX
El niño problema (II) 183
Generalidades 184
El "gran" grupo.. 185
Etapa inicial. El abordaje 186
Segunda etapa. Diagnosticar... 190
Tercera etapa. Elaboración y confirmación diagnóstica..................... 192
Cuarta etapa. Planificación terapéutica 195
Las enfermedades neurológicas 196
Epilepsia. Patología líder 196
Retornando al "gran grupo" 204
La "mala" conducta 206
Corolario.. 207

Capítulo X
ADHD 211
El diagnóstico y sus dificultades.. 211
El fenómeno seudoepidémico 213
El ADHD y su historia... 214
Las dudas 217
La sospecha 218
Definición de la patología 219
Clasificación 220
Prevalencia 220
La clínica... 221
Diagnóstico 223
Dificultades diagnósticas... 224
Comorbilidad 225
Modelos fisiopatológicos 226
Otros modelos posibles 230
Modelos desde la psicología 232
Lo novedoso 232
Lo social, el medio 234
Los medios y el lenguaje 235
La escuela.. 236
Más interrogantes.. 237
Pronóstico.. 237
Tratamiento 238
Conclusión 243

Capítulo XI
Autismo 247

Definiciones 247
Posibilidades de describirlo y comprenderlo 249
Historia 251
Clínica 253
¿Por qué síntomas tan diversos? 255
Causas 255
Otras bases fisiopatológicas 260
Más allá de la biología 261
Diagnóstico 262
Prevalencia 264
Procedimientos y criterios diagnósticos 265
Resumiendo 267
Tratamiento 269
Conclusión 272

Capítulo XII
Casos 275

Caso 1 276
Caso 2 278
Caso 3 279
Caso 4 281
Caso 5 284
Caso 6 287
Caso 7 290
Caso 8 292
Caso 9 295
Caso 10 297
Resumen general 300

AGRADECIMIENTOS

A mis padres a quienes debo mucho más que mi simple existencia.

A Virginia y Florencia quienes más allá del lazo familiar han compartido inquietudes, preocupaciones y tareas aportando su valiosa mirada personal, tolerancia e inagotable afecto.

A mi familia ampliada, Aurora, Mariano y Teresa Bernardez, a quienes debo la guía e inspiración en etapas fundamentales de mi crecimiento y educación.

A Emilio Levin, mi gran maestro y amigo. Supo guiarme y estimularme con honestidad por el difícil sendero de la bioquímica aplicada a las neurociencias. Alegre sendero de *serendipity*.

A Ricardo Rodulfo y Esteban Levin por haber realizado una primera lectura y a Ricardo por sugerirme a Jaime Tallis para concretar el proyecto.

A Jaime Tallis por su paciencia y talento para ayudarme a llevarlo a buen puerto.

PROLOGO

Una vez más, la discusión sobre el aprendizaje, porque es tan complejo el tema que permanentemente nos abre nuevas facetas; valga como ratificación de esta afirmación lo sucedido el último año, con relación a la pandemia y su cuarentena, que modificaron drásticamente la enseñanza abriendo nuevos debates sobre la virtualidad y la presencialidad.

Guillermo Javier Nogueira, con su extensa trayectoria, tiene sobrados pergaminos para referirse al tema, no solo desde lo teórico (es un voraz lector), sino desde su experiencia clínica.

La complejidad con la cual se aborda al "niño problema" la podemos vislumbrar desde el índice; plantearnos quién aprende, cómo, por qué, dónde, cuándo, de quién y para qué se aprende es indagar con profundidad la temática que desarrolla este texto.

También el "niño problema", con sus patologías ciertas y dudosas, es contemplado desde la complejidad, con el paradigma bio-psico-social, modelo interactivo multifactorial, heredero epistemológico de las series complementarias freudianas.

La lectura de los casos clínicos nos muestra esta visión global del niño con sus dificultades, pero no escapan de la observación la familia, los docentes, los profesionales, la escuela y la totalidad del entorno social.

En definitiva, se trata de un libro fundamental para profesionales y docentes comprometidos con la responsabilidad de ocuparnos del proceso de aprendizaje y sus dificultades en los niños.

Dr. Jaime Tallis

CAPÍTULO I
Esquema de abordaje

Vemos lo que buscamos. Buscamos lo que conocemos
W. Goethe

Este primer capítulo está destinado a señalar el derrotero a seguir en este libro. En él intento mostrar los ejes fundamentales a tener en cuenta como guía en la tarea profesional. Fue elaborado como un instrumento o ayudamemoria orientador para la tarea a desarrollar con los niños problema en edad escolar. Ha resultado muy útil en mis inicios, ya que me obligaba a mantener una mirada atenta y lo menos prejuiciada posible, mirada que fue automatizándose y enriqueciendo con el paso del tiempo. El libro muestra claras evidencias de las enseñanzas de mis maestros y de mi formación como investigador, que implicaba hacer insistentemente las preguntas básicas, clave, adecuadas e insoslayables, que en un plano clásico y tradicional significaban preguntar por quién, cuándo, cómo, dónde, por qué, para qué y todas las otras que se desencadenaran en consecuencia.

La docencia me ha confirmado el valor de este planteo para "abrir los ojos" de profesionales y alumnos por igual, sin desestimar una necesaria advertencia a los lectores a los que invito a recordar que nuestro propio aprendizaje es constante, dinámico, cambiante y por lo tanto este esquema es solo eso: un esquema. Sus contenidos pueden ser enriquecidos y sujetos a revisión según los conocimientos y la experiencia avancen. El mundo y aquello llamado realidad no son estáticos y tampoco lo somos nosotros mismos.

Lo he esquematizado en dos bloques que corresponden uno al sujeto del aprendizaje y el otro al sujeto de la enseñanza. Ambos convergen en el producto de su menester: aprender/enseñar.

El conocimiento acabado de los componentes, sus causas, interrelaciones posibles y probables junto con sus resultados, contribuirán al conocimiento, explicación y eventual comprensión de las conductas humanas en relación con los aprendizajes en general y los aprendizajes formalizados en el marco de la llamada educación escolar.

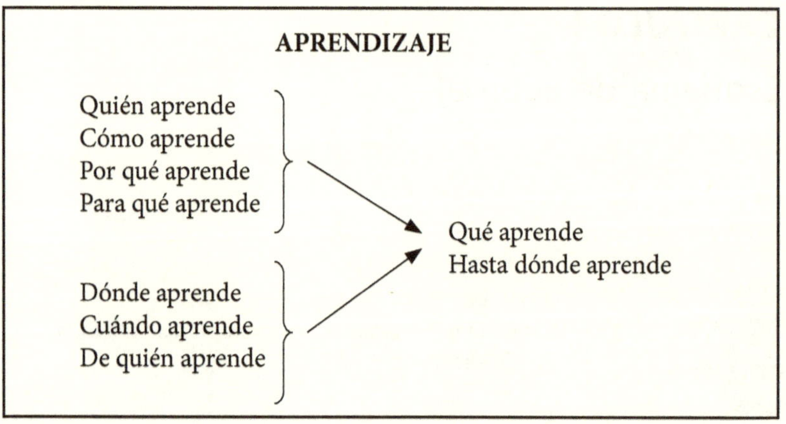

Esta es la base, la materia prima con la que se construyen las normas, es decir los modelos y valores observados en aquellos funcionamientos apropiados o exitosos según las diversas circunstancias. Las patologías no serían otra cosa que variaciones negativas o inapropiadas de esas normas, cuyas causas deberán buscarse en los mismos componentes de origen, sin exclusiones.

Detectar las fallas o desvíos, es el proceso inicial y fundamental que llamamos diagnóstico y en el que pueden intervenir tanto los profesionales convocados como todos aquellos vinculados con el sujeto que aprende, incluyendo a este mismo. Nuestra acción como expertos será solicitada a partir de aquello que, en tanto disfuncional, llama la atención por su discordancia con lo aceptado como norma o por sus consecuencias.

La observación acompañada y guiada por el conocimiento teórico-experiencial, seguida por la explicación, la comprensión y la interpretación, llevarán al diseño de estrategias correctivas que llamamos terapéutica o tratamiento. Su resultado estará multideterminado, tanto como lo están las propias conductas del sujeto observado, sus observadores, el vínculo entre ellos y sus circunstancias.

Este proceso es necesariamente interdisciplinario y debe estar sustentado en la formación adecuada de los profesionales e inclusive en el nivel educacional de los observadores primarios, padres y docentes, todos dentro del marco ético apropiado.

Seguir estos pasos creo es lo mejor que podemos hacer para ayudar no sólo a aquellos con dificultades, sino también para construir experiencias útiles que ayuden a elaborar modelos y estrategias educacionales futuras. Este libro surge de esta experiencia que deseo transmitir.

Finalmente, es un buen comienzo preguntarse y averiguar por las etimologías y significados de palabras de uso frecuente en referencia

     Guillermo Javier Nogueira

a nuestra temática: enseñar, educar, explicar, aprender, comprender, entender, magisterio, docencia, claustro, son algunos ejemplos que pueden depararnos sorpresas, disipar dudas y ajustar nuestro pensamiento y acción. Pocas veces he visto algún comentario, por ejemplo, sobre el significado de la palabra alumno: falto de luz o sin luz. ¿Qué luz? La del conocimiento. Maestros iluminadores, alumnos iluminados. Notables concatenaciones como la de la linterna que alumbra el oscuro archivo de la memoria o enfoca su luz atencional e ilumina la conciencia. Metáforas para decir lo inefable.

CAPÍTULO II

El niño y sus responsables. Mirada desde la neuropsicología

Lo fascinante es el cerebro estudiando al cerebro
John Eccles

Este capítulo está dedicado al sujeto-niño y aquellos responsables de su educación en un sentido amplio y muy abarcativo. En el primero se centran particularmente la mayoría de los enfoques sobre la enseñanza, el aprendizaje y la conducta del niño en edad escolar debido a que es el principal receptor de las mismas y es a su vez el ejecutor de los aprendizajes. La niñez es un estadio o etapa signada por la evolución, la sociedad y la cultura, sobre un fondo biológico que marca condiciones de posibilidad material, fundamentalmente la genética, pero que no lo determinan ni invariable ni totalmente. Cronológicamente es definida de diversas formas según las sociedades y sus culturas del mismo modo que son múltiples y variados los atributos con que se la caracteriza.

En cuanto a los responsables de la educación, abarcan un amplio abanico que va desde la familia hasta la sociedad, pasando por los docentes. Todos son actores tan importantes como el niño mismo, aunque con distintos niveles de responsabilidad. Por lo tanto merecen ser puestos en un primer plano de consideración junto con él.

Para que este abordaje sea comprensible y sus implicancias evidentes, debemos establecer definiciones y puntos de partida lo más claros y precisos posibles. Comprenderán al hombre, su cerebro, lo humano y el paradigma científico, es decir, la herramienta y las conceptualizaciones con que lo abordamos. Comenzaremos utilizando a la neuropsicología como instrumento por ser una rama de la ciencia multidisciplinaria muy adecuada para encarar esta tarea.

La neuropsicología

Es una rama de la ciencia dedicada al estudio de las conductas humanas en su relación con el cerebro. Es interdisciplinaria y se nutre de un amplio espectro de conocimientos y tecnologías que van desde las neurociencias a las humanidades. Permite tanto un abordaje muy abarcativo de conductas complejas utilizando el modelo "de arriba hacia abajo" (*top-bottom*), como un reduccionismo extremo de "abajo hacia arriba" (*bottom up*) referido a la biología, con su punto de partida en la biología molecular. El primero suele formular e intentar dar respuesta a los grandes interrogantes, y el segundo, desde la biología, sienta las bases y da los límites de posibilidad para dichas respuestas. En el primer abordaje estaremos influenciados por las ciencias discutiblemente llamadas blandas o humanidades, partiendo desde la filosofía. Sus derivadas: sociología, antropología, psicología y lingüística, tendrán como objeto de estudio conductas muy peculiares y complejas y la neuropsicología se encargará de las funciones cerebrales que las determinan. Algunos ejemplos serían pensar, decidir, elegir, ejecutar, poner reglas, respetarlas o transgredirlas, ser creativos, inteligentes, formular juicios de valores e instaurarlos, modificarlos o abandonarlos, tener apetencias y rechazos, la conciencia y lo no consciente, la vida en sociedad, el lenguaje, el habla y todo aquello que llamamos cultura en general. Estas conductas complejas en su mayoría consideradas patrimonio de los seres humanos, comenzaron a ser objeto de interés inicial por los filósofos al preguntarse por qué las cosas existen, son y funcionan de cierta manera.

Es evidente que esta proximidad a las humanidades está relacionada también con la idea de lo mental como aspecto constitutivo de los humanos. Inicialmente considerado como un don de origen divino o un peculiar y no siempre explicable epifenómeno que surge de esa realidad material: "el hombre-cuerpo". Este abordaje ha variado históricamente en función del desarrollo y crecimiento exponencial de la biología en paralelo con la declinación de las explicaciones religiosas o puramente animistas.

En el segundo abordaje estaremos siempre ligados al polo biológico como determinante. Sin embargo, a menos que caigamos en un reduccionismo eliminativo, en algún punto deberemos incorporar lo mental y lo complejo, reconociendo su existencia y también reconociendo las limitaciones y falencias del reduccionismo eliminativo. Parecería ser un destino inexorable ir en pos de un horizonte que se esfuma y que cuando creemos posible alcanzarlo nos obliga a comenzar de nuevo.

Por todo lo anterior se hace evidente que la interdisciplina es una condición *sine qua non* para abordar en su totalidad ese ser tan complejo como el hombre.

Hay toda una larga historia por detrás de todos estos planteos relacionados con algunas de las grandes preguntas subyacentes: ¿Qué es el hombre? ¿Qué es la vida?

 Guillermo Javier Nogueira

La vinculación del cerebro con las conductas ha pasado por distintos avatares. Franz Joseph Gall es mencionado como el fundador de la neuropsicología contemporánea al señalar al cerebro y sus diferentes estructuras como responsable de las conductas, particularmente las consideradas complejas. Crea la frenología instaurando un cambio radical y dejando atrás ciertas especulaciones filosóficas referidas a las facultades humanas, sujetas hasta ese momento a discusiones en ese ámbito o su respeto como acto de fe.

Paul Broca y Karl Wernicke consolidan esta postura al verificar por el método anatomoclínico que lesiones cerebrales en ubicaciones particulares, producían alteraciones del lenguaje diferentes: las afasias de Broca y Wernicke. Las neuroimágenes funcionales son una extensión contemporánea de ese paradigma. Sin embargo, numerosas dudas epistemológicas aún subsisten, las que por el momento resumiremos en la distinción entre "mapa" y "territorio". Lo que vemos activarse o no durante la ejecución de una tarea que puede ser tan sutil y compleja como pensar, desear, imaginar, leer, hablar, puede no ser el asiento exclusivo de dicha función a la luz de un modelo de funcionamiento cerebral en redes distribuidas, plásticas y en evolución.

Grandes investigadores como Alexander Luria y Eric Kandel –entre otros– se han destacado por sus propuestas de modelos explicativos basados en el funcionamiento cerebral. Vygotsky, a su vez, pone el acento en el valor social para la configuración de los aprendizajes en el cerebro. Un ejemplo de su cuño y que me parece muy ilustrativo es la existencia en el idioma de los lapones de varias palabras que significan color blanco, lo que puede explicarse por las sutiles diferencias entre ese color en la nieve, el hielo o el pelaje de un oso, de vital importancia para un habitante de esas regiones. Según donde pongamos nuestra mirada aparecerá también Ramón y Cajal, quien sienta la base estructural y funcional del cerebro al describir las neuronas y señalar que la arquitectura cerebral *debería* "tener un sentido" y que ella *sería* la base de lo mental. Es el creador de la *doctrina neuronal*, aún en boga. Lo resume en una frase muy hispana pero elocuente: "para estudiar la mente hay que levantar la tapa de los sesos".

Sigmund Freud es también un pensador clave al crear un modelo de aparato psíquico y postular la existencia de determinantes de nuestra conducta ajenos a nuestra conciencia: el inconsciente. Ambos conceptos están aún vigentes y son de enorme alcance explicativo para las conductas humanas. Freud dejó inconcluso en su obra póstuma el intento de ligar el cerebro a estas formulaciones sobre el aparato psíquico: el *Proyecto de una psicología para neurólogos*, publicado en 1953. En él se advierte una notable anticipación y coherencia con lo que anunciaba Ramón y Cajal en 1909. Éste señalaba a las neuronas como unidades discretas, direccionales, con puntos de contacto que permitirían o restringirían el flujo de energía y su equivalente, la información. Ambos en forma independiente apuntan a lo mismo y llegan hasta donde lo permitió el conocimiento científico vigente. No se apartaron de la ciencia en su búsqueda del origen de "lo mental". Personalmente les doy el crédito mayor a ellos ya que se necesitaba mucho talento e incluso coraje para poder señalar un derrotero tan fecundo a partir de datos tan escasos y complejos, anticipando a su época y en claro desafío a otras concepciones que contaban con el apoyo de la tradición y el poder. No les fue fácil. Prueba de sus virtudes es que ambos modelos, con algunas modificaciones, siguen vigentes y son frecuentemente reconfirmados a la luz de los nuevos avances en la metodología científica y en la experiencia clínica.

Han aparecido algunos intentos modernos de evaluar y actualizar el *Proyecto* a la luz de esos nuevos conocimientos, tales como el de Karl Pribram y Merton Gill, *El "Proyecto" de Freud*; y, en nuestro medio, el de Sebastián Di Orio y Lionel Klimkiewicz, *Una lectura del "Proyecto de una psicología para neurólogos" de Sigmund Freud*. Así como existen intentos de avanzar en el recorrido desde la biología molecular a las conductas manifiestas, también existen intentos en sentido contrario tratando de unir las neurociencias y el psicoanálisis, tal como lo hacen Mark Solms en *Estudios clínicos en neuropsicoanálisis* y Eric Kandel en *Psiquiatría, psicoanálisis y la nueva biología de la mente*, o François Ansermet y Pierre Magistretti en *A cada cual su cerebro*.

Una idea de la complejidad de nuestro objeto de estudio la da que aún hoy en día hablamos de modelos de funcionamiento cerebral que van gradualmente acercándose a un mayor poder explicativo, pero sin agotar la pregunta. Procesamiento lineal o en paralelo, redes distribuidas de Mesulam, agentes o núcleos dinámicos de Lezak, modelo holográfico de Pribram, modelo de aparato psíquico freudiano, modelo de la inteligencia artificial en sus variantes "dura" y blanda", modelo cognitivo, modelo conductista, modelo estratigráfico de Juan Carlos Goldar y muchos otros más, que en realidad hacen aportes luego superados pero sin ser necesariamente totalmente eliminados o definitivamente reemplazados por algo absolutamente nuevo y definitivo. Gradualmente se va imponiendo el cumplimiento con el mandato popperiano de falsabilidad. En realidad parecemos condenados a él. Avanzamos en una espiral inacabable. Borgeanamente caminamos en el jardín de senderos que se bifurcan, buscamos en la biblioteca de Babel y alimentamos la sospecha de que "quizás seamos un sueño soñado por otro", o también producto de un artificio, como imaginaba Bioy Casares en *La invención de Morel*. La física cuántica aparece como una nebulosa posibilidad explicativa.

Guillermo Javier Nogueira

Aún aspectos tan duros como la anatomía, la neurofisiología, la neuroquímica y la biología molecular cambian constantemente las bases sobre las que creemos estar asentados. Ejemplo de ello son la evaluación de diferencias y asimetrías cerebrales, la identificación de más variedades de neuronas y el reconocimiento de la génesis de nuevas neuronas. El concepto de plasticidad neuronal, las nuevas funciones atribuidas a las células gliales, las neuronas espejo, el descubrimiento de más neurotransmisores y una complejísima cantidad de relaciones entre su producción, transporte, liberación, recaptura, efecto y eliminación de los mismos que abren puertas por donde aventurarnos. Son también ejemplo los psicofármacos y su uso, los nuevos enfoques desde la genética, la neurología, la psiquiatría y la neurocirugía. Todo este conjunto va configurando el conocimiento de un sistema inestable, plástico, constantemente en actividad, configurable por su entorno pero también autoconfigurado o autopoyético, como dicen Maturana y Varela: el sistema nervioso.

La individualización en vivo de neuronas responsables de memorias muy restringidas y nuevos modelos de arquitectura con formulaciones matemáticas y criterios probabilísticos hacen camino. La verificación de circuitos y funciones complejas con la estimulación magnética, las neuroimágenes funcionales, el reconocimiento de amplias redes neuronales en el aparato digestivo y su relación con la "entrada" de alimentos y la flora microbiana, van sumando rápidamente y a pasos agigantados más posibilidades y complejidad. También se va dando un rol creciente al cerebelo, ya no como un segundo pequeño cerebro, como su nombre indicaba, sino como otro cerebro capaz de procesar "en línea" y proactivamente, anticipando resultados y corrigiendo desvíos. Como paso sorprendente por lo procrastinado, llega el reconocimiento del cerebro como un órgano parte del cuerpo a través del cual se expresa configurando y siendo configurado.

Un punto de encuentro interesante es el de los desarrollos en informática, inteligencia artificial, biología molecular y nanotecnologías. La información como conjunto de señales y su variada transferencia serán a su vez punto de partida y piedra basal para explicar y comprender el funcionamiento cerebral y las conductas. Se da la paradoja de que este procesamiento ajeno a nuestra conciencia dé sustento a la misma. Aparece el mundo de la señalética que determina tanto que una célula tenga una determinada forma tamaño y función (biología molecular), como que el mundo externo (el medio) incluyendo otros hombres, procesen y envíen señales del mismo tipo, que permitan interactuar, transferir experiencias, socializar, crear cultura y tener conductas tan complejas como ser Borges o no ser nada. Aparece el exocerebro de Batra.

Subyacentes se mantienen las dos preguntas fundamentales: el problema mente-materia y el problema naturaleza-cultura. Según cómo intentemos resolver el primero, nos aproximaremos a la solución del segundo o, por el contrario, podemos considerar ambos insolubles o innecesarios como los sostienen algunos autores.

El hombre

Si nos interesamos por ese ser vivo tan especial para nosotros como es el hombre también nos estaremos interesando por nosotros mismos siendo hombres. Dificultad mayor, ya que tendremos la limitación que impone una estructura cognoscente intentando conocerse a sí misma. Por otra parte son hombres quienes enseñan y aprenden, de allí que sea insoslayable acercarnos a su conocimiento.

El niño no es más que un cachorro del hombre, su proyecto. El hombre tal como nos reconocemos hoy, tiene una corta vida en tiempos planetarios: aproximadamente 40.000 años. Nuevos descubrimientos cambian este dato y también el lugar de inicio, la dirección de las migraciones y sus culturas obligando a nuevos planteos. Es interesante pensar que los homínidos que nos precedieron también tienen una corta historia en términos planetarios: entre 200.000 años el *homo sapiens* y 160.000 el *homo erectus*. De pronto aparece el "gran salto" y se instala el hombre actual con una historia más reciente, una notable cultura y capacidad de generar cambios. Parece muy exitoso y es dominante. Siguen los "descubrimientos" y aparecen nuevas hipótesis según las cuales los diferentes homínidos habrían convivido con una progresiva homogeneización hasta llegar al hombre moderno. Vemos entonces que el hombre actual es un animal con alguna diferencia de sus antecesores. ¿En qué radica la diferencia y cuál es la base para ella?

El avance de la biología molecular y de la genética, con la determinación ahora posible del genoma humano, nos muestra que sorprendentemente diferimos en no más de un 3% de los genes de un vertebrado y en no más de 1-2% de un homínido cercano (gorila, chimpancé). Por otro lado, también podemos adentrarnos un poco más y evaluar con más precisión las diferencias entre los propios seres humanos en términos de especies o etnias, su evolución y distribución geográfica, como elegantemente elabora Cavalli-Sforza.

Son reconocibles semejanzas y diferencias entre otros homínidos y nosotros. Una conclusión a la que se ha llegado es que las diferencias conductuales tienen que ver con ese 1-2% de los 30.000 genes conocidos y relacionados con la constitución y configuración del cerebro; no solamente por el tamaño y población neuronal, sino también por la arquitec-

                                                                 Guillermo Javier Nogueira

tura. Buena parte está concentrada en el lóbulo frontal y especialmente en la parte anterior llamada prefrontal. Alexander Luria, anticipándose, lo llamaba la sede de la inteligencia. Hoy se agregan a él los ganglios basales y el cerebelo.

La consideración actual se ha desplazado del corticocentrismo a un modelo córtico-subcortical avalado por la anatomía comparada, la anatomía evolutiva y las neuroimágenes funcionales. No necesariamente la última adquisición evolutiva o la más nueva (el neocortex) alcanzan para dar cuenta por sí solas de nuestras conductas. Es en realidad el desarrollo de circuitos más extensos, con mayor número de conexiones y mayor complejidad, pero segregados por funciones, lo que se avizora como determinante de conductas complejas. Aparece la idea y las demostraciones del procesamiento en redes distribuidas y el fenómeno de convergencia-divergencia que permiten explicar la coexistencia de múltiples causas para un mismo efecto y de una causa única para múltiples efectos.

Otros avances nos llevan a replanteos interesantes. Por ejemplo: si bien individualizamos neuronas, las mismas pueden tener funciones variables según su ubicación en una red y dependiendo de los estímulos que le llegan. Estamos frente a un sistema plástico cambiante. Como novedad, se comienza a conocer que las células gliales tienen identidad según su variedad y según las neuronas y circuitos con los que se asocian.

A nuestro cerebro llegan estímulos como formas variadas de energía para los que tenemos los sensores adecuados; fotones que impactan la retina (luz), vibraciones que crean variaciones en las células de la cóclea (sonido), sustancias que modifican las papilas gustativas y las terminaciones olfatorias (gusto y olfato), estiramiento, deformación, energía calórica, movimiento de endolinfa en los canales semicirculares del laberinto (posición y movimiento). Por su funcionamiento tenemos sensaciones con un primer nivel de organización, pero aún no demostrado con precisión para todas las modalidades.

Es la llegada al cerebro y su ulterior procesamiento lo que convertirá la información inicial en percepción al circular por diferentes redes y circuitos con un grado creciente de complejidad. Una idea a tener en cuenta es que la información no "termina" en ningún lado. De hecho pasará por redes diversas estabilizando sinapsis-conexiones- preexistentes o creando nuevas. Lo preexistente condicionará parcialmente lo entrante, de allí que no todos los estímulos y aún aquellos similares pueden seguir derroteros diferentes y cambiantes. Este complejo sistema con sus memorias, dirigirá su atención a los estímulos, los valorará en función de escalas transmitidas o fundadas por el sujeto en su convivencia y las guardará como tales o modificadas para su uso futuro, generando un ciclo de recursividad en que la información vuelve sobre sí misma actualizada. Las respuestas-ejecuciones, que son acciones motrices, siguen un camino similar por el que son activadas o inhibidas. Forman parte de una compleja red: el sistema ejecutivo enlazado con el anterior. Las salidas ejecutivas son a su vez estímulos reentrantes para el mismo sujeto o para su entorno, con lo que podrá cotejar intenciones, deseos, objetivos para sí y en relación con los otros, juzgar su efecto como apropiado o inapropiado, esperado o inesperado y así seguir adelante, cambiar o parar.

Nuevamente el descubrimiento de las neuronas espejo y las neuronas canónicas revolucionan nuestro pensamiento. La parcelación compartimental entre sensorial y motor, no se da en estas neuronas conocidas como motoras que se activan ante estímulos sensoriales muy particulares y vitales como gestos, expresiones faciales, movimientos bucales, que llevan a algunos autores a pensar su existencia evolutiva como base en la génesis del lenguaje.

La mayor parte de estos procesamientos se automatiza y pasan a ser finalmente inconscientes como todos los aprendizajes. La automatización es eficiente en términos de utilización y disponibilidad de recursos, lo que se traduce en un breve tiempo de respuesta, dando la apariencia de inexistencia de procesamiento previo. Por ello creemos ser generadores voluntarios y ejecutores instantáneos de nuestras conductas. Todavía estamos lejos de conocer la intimidad de este fenómeno.

Guardamos esquemas de procesamiento de las sensopercepciones y de las acciones/ejecuciones disponibles para su utilización inmediata sin necesidad de pasar por todo el proceso con el cual se constituyeron previamente. La inteligencia puede verse como la capacidad para activar estos dispositivos disponibles en forma ajustada a las circunstancias. La creatividad sería la capacidad de seleccionar y generar recursos ante estímulos nuevos o circunstancias no previstas, provenientes tanto del exterior como del interior del sujeto y de generar a partir de ellos, algún esquema nuevo y satisfactorio en primer lugar para sí mismo y adicionalmente para la comunidad.

La valoración de los estímulos tiene siempre como norte primario la supervivencia del sujeto y a veces la del grupo cercano, la sociedad y la especie. Esto es así porque apetencias y rechazos, placer y displacer, mantenimiento de la homeostasis, miedo, ira y todo aquello que denominamos rasgos del carácter, dependen y se originan en estructuras cerebrales compartidas con numerosas especies y que apuntan a la supervivencia. Estas estructuras se vinculan a su vez con otras que se asocian para lograr más complejidad, ajuste y flexibilidad. Un ejemplo de ello es el sistema límbico. En su conjunto constituyen la "esfera vital" en el modelo goldariano y representan también lo que Antonio Damasio describe como "el marcador somático" donde cada sensación se acom-

   Guillermo Javier Nogueira

paña de las variables biológicas concomitantes y presentes cuando se efectúa el aprendizaje de esas sensaciones y su pasaje a percepciones por primera vez. El autor lo resume en el título de su libro *Sentir lo que sucede*. Al igual que en el mundo exterior, lo que le sucede al sujeto en su mundo interior también es fuente de sensaciones y de expresiones somáticas. Pueden ser originariamente inconscientes o conscientes. De allí que a veces estamos agitados, acalorados, excitados o decaídos sin poder dar cuenta del porqué buscando en nuestro entorno o inclusive dentro de nosotros mismos.

En el modelo goldariano la esfera vital es determinante de la vida. Su influencia es condicionada por la esfera valorativa que requiere de un aprendizaje en términos de "me sirve o no" al interactuar con la esfera intelectual por la que nos llega la percepción del mundo. Nuestras conductas dependerán de nuestra construcción de un mundo intelectualmente percibido y valorado según las necesidades vitales.

Este es un concepto fundamental ya que reconoce la necesidad dominante de mantenernos vivos y procrear para mantener viva la especie. Alimentación y sexo son instintos fundacionales y primarios e inescapables a riesgo de la desaparición individual o la extinción de la especie. Por otro lado la procreación no solo mantiene nuestra especie, sino que es condición también de supervivencia ya que la manada-sociedad ofrece mucho mejores condiciones de supervivencia.

Partiremos entonces ubicando al hombre entre los seres vivos y a su vez dentro del mundo animal. Consecuentemente está condicionado a cumplir con las leyes de la naturaleza/biología. Tan pronto existe como ser vivo se instaura la flecha del tiempo con el devenir del nacimiento, crecimiento, reproducción y muerte al mismo tiempo que una peculiar memoria le permite recordarlas y predecir su final. La parte inicial de este devenir: fecundación, desarrollo embrionario, nacimiento y la siguiente del crecimiento, son fuertemente dependientes de los procreadores y del medio. El niño-cachorro es así un producto *determinado* por la genética y por su entorno. Es lo que solemos ver expresado como naturaleza/cultura (*nature-nurture*) o congénito/adquirido.

Tenemos las bases biológicas para ello. Se dan en el cerebro genéticamente estructurado, pero plásticamente configurado por su interacción con el medio. Esta configuración cambiante y evolutiva es lo que podemos llamar aprendizaje en un sentido amplio y fundacional.

Esta relación formula una de las "grandes preguntas" con respecto a las conductas humanas: ¿qué las determina? No tenemos una respuesta única y absoluta. Lo mejor que podemos decir es que la resultante final como conducta observable es una combinación variable e individual del bagaje genético y de las experiencias adquiridas en el devenir de un sujeto dado.

Este punto de vista es un buen punto de partida para poder analizar razonablemente cualquier conducta humana. Entre ellas, una en particular nos convoca y es a la que se dirige este libro: los aprendizajes escolares o, como los definía, Juan E. Azcoaga: "pedagógicos". No son compartimentos cerrados y aún la distinción puede ser cuestionada ya que los aprendizajes en la escuela van montados y son acompañados por los aprendizajes en el medio del cual el niño es un emergente.

Un error habitual y muy frecuente es querer atribuir una falencia a uno solo de los extremos de esta díada congénito/adquirido, formulando frecuentemente el diagnóstico de *organicidad* poniendo lo biológico como causal exclusivo o determinante. Esta determinación está basada en un concepto erróneo y reduccionista. La existencia de compromiso evidente en un aspecto no debe excluir al otro. Lo prudente es pensar en términos de grados de compromiso en cada sector o dicho de otra manera: porcentaje, preeminencia, prevalencia, significancia e interacción. El vínculo entre sectores y sus fallas suele tener mayor relevancia que las características de cada uno por separado.

Nos será de utilidad considerar algunas generalidades hoy aceptadas del funcionamiento cerebral humano. En primer lugar, el enorme interés o tendencia constitutiva por vincularse con el medio y consigo mismo, lo que tentativamente llamamos motivación y gracias a la cual se desarrolla y configura. Le precede la atención y cabe preguntarse si ésta a su vez no depende de la "curiosidad", que no sería otra cosa que esa tendencia constitutiva de búsqueda de completamiento, complementariedad o equilibrio oscilante. Las "series complementarias" de Freud y también –tal como las reconsidera Ricardo Rodulfo– "las series suplementarias" pueden ser vistas como una formulación integradora con cierta semejanza.

En el lenguaje coloquial hablamos de voluntad a esta tendencia innata para "dirigirse a", "el yo moviente", cuya indagación se revelará sumamente compleja y controversial por vinculársela con el libre albedrío, la creatividad y la ética. Es interesante pensar que estamos siempre en un equilibrio meta estable en busca de balance y que por lo tanto oscilamos entre polos variables y opuestos que funcionan como atractores. Cuando estamos en un punto, es manifiesta la carencia, lejanía o faltante del otro, en pos del cual iremos: excitación/inhibición. Esta interacción tiene intencionalidad estando estrechamente vinculada con los afectos y produciendo modificaciones variables que retornarán como reacomodamientos-aprendizajes en los esquemas preexistentes: la búsqueda oscilante de equilibrio aludida anteriormente.

                                    Guillermo Javier Nogueira

Este es un proceso en busca de estabilidad y coherencia autogenerado o impulsado desde el exterior. No termina nunca mientras haya vida. El cerebro está siempre atento y en permanente "búsqueda", haciéndolo de diferentes maneras y con diferentes objetivos, uno de los cuales es desambiguar. La incertidumbre lo mantiene inestable, se suele decir que "no la tolera", a punto tal que si no tiene respuestas, las crea, a veces alucinatoriamente y con ayuda del lenguaje, cesando solo en patologías graves o con la muerte. Algunos de estos procesos están o pasan por el plano de la consciencia, o están listos para ingresar en ella: lo preconsciente y otros permanecen ajenos a ella sin que podamos dar cuenta de su existencia: el inconsciente. En este último grupo existen procesos e información que en determinadas condiciones pueden hacer su pasaje al plano consciente junto con otros a los que será imposible acceder y que tentativamente llamaré el inconsciente absoluto. Por ejemplo, los procesos biológicos que suceden en las neuronas, en sus conexiones y de alguna manera lo que sucede y se procesa allí. Sería abrumador e inútil tener conciencia de ellos. Seríamos una especie de Funes el memorioso pero a un nivel más radical.

El "descubrimiento" freudiano del inconsciente planteó un problema mayúsculo por el reconocimiento que la mayor parte de nuestras acciones o conductas son influenciadas y/o determinadas inconscientemente y en la mayoría de los casos no llegan a nuestra conciencia o lo hacen modificadas y *a posteriori*. Esto genera cierto rechazo que aún subsiste, expresado como el temor a la psicología o "psicofobia" y al psicoanálisis en particular. Freud produjo una herida narcisista; el hombre ya no sólo no habita una tierra considerada centro del universo por su propia presencia y semejanza con un dios –herida copernicana– sino que además se pone en duda su poder, voluntad y libertad de determinar sus conductas y su destino. Lo expresa duramente al señalar que "el hombre no es amo en su casa". ¿Seremos autómatas predeterminados a actuar de la forma en que lo hacemos? Tanto la pregunta como las posibles respuestas no muy tranquilizadoras son intolerables e inquietantes para nuestro narcisismo o lo que de él queda. Este temor subyace en las discusiones entre los partidarios y los detractores de la inteligencia artificial, la robótica, los mundos virtuales y el avance de la tecnología, involucrando a pensadores y científicos provenientes de los más variados senderos como Yuval Noah Harari, Jean Baudrillard, Zygmunt Bauman entre muchos otros.

Si miramos un poco más, podremos advertir que este funcionamiento de búsqueda no se da simplemente al azar del encuentro fortuito del hombre y su entorno, ya que de ser así andaríamos erráticamente repitiendo experiencias innecesarias. Sería una forma de presente consciente constante, sin pasado ni futuro y por ende carente de aprendizajes. La construcción de los mismos depende de la memoria fraguada al calor de los afectos que les otorgan el valor apropiado. Como dice Damasio, los afectos son la sumatoria interactiva de impulsos, motivaciones y sentimientos y estos son "el cimiento de nuestra mente". Su tremenda importancia constitutiva obliga a estimar su presencia y calidad en cada circunstancia que requiera conocer y evaluar conductas humanas.

Surgen otras preguntas de difícil respuesta, como qué es la voluntad, el libre albedrío, la responsabilidad, la génesis del pensamiento moral y la ética, como fue advertido en un párrafo anterior. Tela abundante para cortar por filósofos, sociólogos, antropólogos, psicólogos, médicos y lingüistas. Lleva una vez más al planteo de las dos grandes preguntas: el problema mente-materia y el problema naturaleza-cultura o congénito-adquirido.

La evolución

Es en el cerebro donde se dan, registran, guardan y utilizan tres evoluciones: biológica, personal y cultural. Lo biológico precede a la conducta social y esta a su vez es la productora y transmisora de cultura, pero atención: el camino es bidireccional.

Habiendo digerido el impacto de la revolución copernicana y aun masticando el de la freudiana, el paso siguiente será considerar otra revolución igualmente indigesta, la darwiniana, también gestora de trastornos en el narcisismo del hombre y temporalmente cercana a la anterior.

Copérnico obligó a no considerar la tierra como el centro del universo. Dolorosa comprobación para el hombre que se creía dependiente de una divinidad creadora que lo había hecho a su imagen y semejanza ocupando un lugar privilegiado en el centro del mismo. En lugar de eso, es el habitante de uno más entre muchos planetas y no necesariamente el central. Hoy en día mediante el telescopio Hubble y zondas espaciales sabemos que hay muchos universos similares, incluyendo la posibilidad de vida en algunos de ellos.

Darwin da otro fuerte golpe al narcisismo humano. No hay creador del hombre, peor aún, no hay creación. Somos una especie más, una variante devenida de otras. Contrariamente a como suele decirse, no descendemos del mono, sino que somos un mono distinto. El impacto se agrava al tener que aceptar que si bien ocupamos una posición privilegiada, no somos el eslabón evolutivo final e insuperable. Esta postura sumada a la aleatoriedad del proceso evolutivo es aún hoy día motivo de debate. Deterministas que intentan posicionar a los genes como inmutables y una causalidad lineal, cercana pero diferente del creacionismo

Guillermo Javier Nogueira

religioso con su variante moderna: el diseño inteligente. En una posición distinta están por ejemplo Stephen Jay Gould y Steven Pinker, entre otros, que si bien reconocen el peso determinante de los genes, reconocen y señalan los cambios evolutivos preguntándose por sus causas. La evolución sigue abierta y será cuestión de tiempo ver qué surge. El problema es que la percepción de la escala temporal de la vida humana es muy diferente de la escala temporal evolutiva y de la escala temporal cósmica. Las dos primeras parecen ir acelerándose progresivamente a punto tal que tendemos a ubicarnos en un demandante presente casi permanente ya que el futuro se inmediatiza y no hay tiempo para aguardar y bucear en el pasado. Resultante de esto es que seamos "ciegos" a muchos cambios. Algunos nos parecen instantáneos por lo breves y otros inexistentes por lo lentos. Lo señalo como el problema de las escalas y medidas. Las montañas nos parecen eternas e inmodificables y una idea es "instantánea" cuando aparece en nuestra conciencia. Ambas no son verdades absolutas. Surge el problema del tiempo y sus teorías sin respuestas universalmente aceptadas a menos que consideremos varios tiempos, según el observador, su percepción, sus sensaciones y emociones y algunas de sus ideas sobre el cosmos. El tiempo cronológico, el tiempo pático, el tiempo efectivamente vivido, el tiempo soñado, son algunas de las variantes con que vivimos o con-vivimos.

Esto es en definitiva la evolución: una adaptación exitosa precisamente para sobrevivir y perpetuarnos. En el caso particular del hombre y de los homínidos o primates superiores y algunos mamíferos, es el cerebro el que ha evolucionado exitosamente y hace que no solo sobrevivamos adaptándonos al entorno, sino que modifiquemos el entorno ventajosamente, aunque no siempre. Vamos encaminados a una organización social cada vez más compleja, creando culturas con tecnologías sorprendentes para nuestra vida: el anticonceptivo, la fertilización *in vitro*, los transgénicos, las nanotecnologías, la preservación de alimentos, la producción masiva de alimentos, los medicamentos, la medicina moderna, la informática y las comunicaciones y el transporte, entre tantas otras. El futuro está abierto y cada uno puede aventurar un pronóstico según sus conocimientos y postura ideológica.

La física y la biología

Es interesante pensar por qué nos resulta contraintuitivo el azar, particularmente al referirlo a la evolución de las especies. Una explicación a este interrogante se puede dar si consideramos al cerebro como un buscador de coherencia y organización intentando "acomodar/se" a lo aleatorio. Es un buceador en el caos de la teoría ¿realidad? cuántica.

Las leyes de la termodinámica y los conceptos de entropía y neguentropía nos señalan interesantes coincidencias con nuestra biología y nuestras conductas integradas. Muestra de ello es el trabajo de estructuración y organización en escalas de mayor complejidad que hacemos constantemente. Nos alimentamos incorporando y transformando energía para luego gastarla, manteniéndonos vivos, constantes e idénticos a nosotros mismos pero en configuraciones cada vez más complejas. No hay vida si no obtenemos e intercambiamos energía con el medio y no hay conductas de ningún tipo si no estamos vivos precisamente para poder interactuar con el medio, con nosotros mismos y con otros humanos, gestionando de la mejor manera posible ese intercambio. El pasaje de lo simple a lo complejo encuentra en los fractales un ejemplo posible.

La inquietante pregunta por la identidad

¿Cómo es que cada especie se mantiene fiel a sí misma hasta que se produce un cambio evolutivo, entendiendo por tal aquel que por ser perdurable se transmite como novedad exitosa a las generaciones futuras? La genética asociada a la selección natural parece tener la respuesta. Pero cuando nos referimos a los humanos hay otra identidad sorprendente y muy importante. Es aquella por la cual nos conocemos y reconocemos a través del tiempo como individualmente idénticos a nosotros mismos, a pesar de los cambios somáticos. Construimos y poseemos un yo que nos acompañará toda nuestra existencia y con él somos al mismo tiempo agentes causales y efecto de otras causas dentro de la unicidad que nos distingue y diferencia; por todo esto somos únicos e irrepetibles, aunque semejantes a otros individuos de la misma especie. Es una posesión irrenunciable con y por la que somos en el mundo, construida desde cada uno en la interacción con el medio y con los semejantes. Esta construcción no es ni más ni menos que la amalgama entre cuerpo y alma o –como corresponde decirlo en nuestro ámbito de estudio– materia/cerebro/mente.

Identidad y semejanza son aspectos importantes de destacar, reconocer y diferenciar, teniendo en cuenta la tendencia a homogeneizar la transmisión de cultura y los aprendizajes; como si todos los sujetos fueran idénticos y movidos por los mismos intereses o afectos. Ni siquiera desde el punto de vista biológico somos idénticos. Por otra parte, al ser semejantes se posibilitan nuestras relaciones, la conformación de sociedades y la construcción y transmisión cultural. Esas conductas evolutivamente positivas posibilitan y mejoran ese intercambio en un circuito de retroalimentación y homeostasis. Fallas en el mismo pueden y suelen tener consecuencias no deseables y a veces catastróficas. Ejemplos son los tras-

Guillermo Javier Nogueira

tornos de la alimentación, las depresiones extremas, la abulia, la apatía, la indiferencia y muchas otras. Alteraciones más radicales pueden ser la no identificación o discriminación de las señales de peligro/gratificación o la no percepción de la realidad en forma apropiada y útil. Psicopatía y psicosis constituyen dos ejemplos importantes como lo serán todas las circunstancias causales de un yo precariamente o anormalmente construido. Fusión o aislamiento se harán aparentes como patologías graves. Puesto de otra manera constituirán ambigüedades posibles solo en un cerebro enfermo de alguna manera, ya que uno sano no las toleraría. La patología a veces expresa esa lucha con claudicaciones e intentos reparadores como las ilusiones, alucinaciones, delirios y falsas memorias, entre otras, que adquieren relevancia cuando se mantienen en el tiempo. Los episodios fugaces, de corta duración u ocasionales señalan los mismos mecanismos que pueden darse en situaciones transitorias.

El abordaje de todos estos interrogantes, su complejidad y dificultades, es una tarea apasionante y sin fin a la vista.

Los mundos posibles, los límites y las magnitudes

Las prótesis que el hombre crea amplían enormemente sus posibilidades perceptivas, con ellas aplicadas a la investigación se abren nuevos mundos. Un mundo miscroscópico cada vez más pequeño medible en nanómeros (millonésimas de milímetro), un tiempo medible en nanosegundos (mil millonésimas de segundo) por un lado y en eones por el otro (eras de la tierra y el universo en millones de años).

Así tuvimos que aprender a considerar que al menos 250 milisegundos antes de que algo aparezca en nuestra conciencia, esta aparición ha sido precedida por cambios cerebrales vinculados, los cuales somos incapaces de percibir, constituyendo una muestra de eso que anteriormente he llamado el inconsciente absoluto. Creemos estar originando una acción cuando ésta ya fue programada y decidida con anterioridad en nuestro cerebro anticipándola automáticamente. Interesante y preocupante: ¿somos determinantes o estamos predeterminados? ¿Elegimos o "somos" elegidos?

Con respecto al problema de las magnitudes, cabe pensar que como bien dice Ángel Rivière, estamos dotados para funcionar adecuadamente en una escala intermedia entre magnitudes muy grandes o muy pequeñas, que él denomina "el mesomundo". Vinculada con esta idea, surge una visión distinta del espacio considerándolo un lugar múltiple donde se dan las relaciones que algunos autores denominan "el multiverso".

El hacer, ejecutar, decidir

Debemos pensar que estamos constantemente haciendo aprendizajes que nuestro cerebro eficientemente guarda automatizados como esquemas disponibles para su ejecución inmediata ante circunstancias iguales o parecidas. Dichas circunstancias serán el gatillo o detonante de las ejecuciones, escogidas entre varias posibles, teniendo en cuenta anticipadamente sus consecuencias. Es un proceso rápido y eficaz que ha dado en llamarse *funciones ejecutivas*. Según Elkhonon Goldberg, pueden ser metaforizadas en la figura del "director de la orquesta", con la que Joaquín Fuster discrepa, ya que considera al lóbulo frontal, supuesto *locus* del director de la orquesta, como una parte más de una extensa red de circuitos que involucran a la mayor parte del cerebro y que funcionan de manera recursiva. Lo importante serían las relaciones y la ubicación en este encadenamiento, que en realidad no sería conducido por un "director", lo que no significa que no tenga dirección, entendida esta como la orientación hacia un objetivo.

Ejecuciones automáticas y sin esfuerzo muchas veces y "pensadas" con esfuerzo en otras las colocarían dentro de los planos consciente o inconsciente. Por ejemplo, las palabras guardadas provenientes de otro, pueden surgir sin que lo "pensemos" o busquemos, y así seríamos hablados por otro, como dice Jacques Lacan. La corrección y eficacia de estos modos operativos varía según el sujeto y las circunstancias. Vale la pena tener en cuenta su funcionamiento probabilístico que nunca llega al 100% correcto o errado, lo que deja lugar para las variaciones y la creatividad, lejos del determinismo mecanicista.

El descubrimiento de las neuronas espejo y las neuronas canónicas abren una enorme ventana que recién comienza a explorarse. Por ella se cuelan las ideas de aprendizaje consciente e inconsciente posibilitando nuestros vínculos sociales, junto a otras como el reconocimiento de la intencionalidad como valor fundamental de las conductas humanas.

Estos avances en el conocimiento de la génesis de nuestras conductas pueden resultar preocupantes. Es que nuestro narcisismo se incomoda al descubrir que aquello que nos hace presumir de ser conductores libres, creadores y poseedores de la capacidad de elegir podría no ser tan así. Este desconcierto y frustración frecuentemente se expresa como psicofobia, tal como dice la filósofa Kathinka Evers. La búsqueda de certezas y coherencia, claves del funcionamiento cerebral tan necesarias para nuestra existencia, se ve amenazada y de ahí esta reacción.

Los modelos

¿Seremos autómatas computacionales? ¿Estamos predeterminados? ¿Por quién, por y para qué?

Los modelos de inteligencia artificial, el conductismo y el cognitivismo ingenuo se han aproximado bastante a estas posibilidades y han aportado elementos interesantes y valiosos para avanzar en nuestro conocimiento del hombre y sus conductas. No obstante ninguno de ellos logra dar una explicación final, amplia y satisfactoria. Incurren en reduccionismos de grado variable, dejando de lado aspectos sustanciales de las características de los hombres y sus conductas. Dicho de otro modo: quedan demasiado anclados al polo animal sin dar buena cuenta de algo tan esencial como lo mental y sus características.

K. Evers propone que la mejor opción explicativa actual es la del materialismo ilustrado, que a mi criterio no difiere demasiado del materialismo emergentista. Ambos dan la posibilidad de cambios por autogestión, concepto semejante al de autopoyesis propuesto por Humberto Maturana. Parten de reconocer que nuestros cerebros cambian y evolucionan incesantemente construyendo la realidad e inclusive las concepciones que tenemos de nosotros mismos, por ello somos seres capaces de influir en dicha realidad y crear sentido. Nuestro cerebro es el constructor y como tal nos da un cierto poder sobre sus propias construcciones. "Ni los dioses imaginados ni la concepción estática de la naturaleza y las leyes pueden darnos igual poder". Creo que a esta idea apunta Yuval Noah Harari cuando habla del "*Homo Deus*".

"No somos máquinas biológicas encadenadas que operan de manera automática", o como expresara quejumbrosamente un psiquiatra americano: "me resisto a pensar en mis pacientes como conjuntos de neurotransmisores desordenados". Puede pensarse –como lo hace Maturana– en nuestros cerebros como sistemas cerrados pero vinculables, radicando en el vínculo las posibilidades de modificación.

Otro aspecto destacable y a tener en cuenta es que aquello que llamamos mundos (exterior-interior) son construcciones del cerebro, más aún, de cada cerebro a partir de su propia experiencia. Seleccionamos estímulos y los organizaremos de una manera individual según la estructura y organización de nuestro cerebro donde de acuerdo a nuestra experiencia previa, sea ella exitosa, placentera, deseada o no, fundarán nuestros afectos y valores. Creamos y construimos un mundo que finalmente es imaginado. La corrección de este proceso tendrá que ver con cuán ajustada, correcta y útil es esa imagen en relación con lo que definimos como realidad. Las dificultades para definir esta última son de larga data y aún subsisten. Ese terreno ha sido extensamente transitado por los filósofos con debates sobre el sujeto, el objeto, la cosa en sí, la existencia real de un mundo fuera de la sensopercepción de un observador, el valor del lenguaje como dador de existencia y mucho más. Recordar la expresión "en el comienzo fue el verbo" o en *El diario de Adán y Eva* de Mark Twain, cuando Adán le dice a Eva que debe ir a ponerle nombres a los pájaros. Si bien estos ya existían, carecían de existencia real para los humanos hasta que se los pudiera nombrar y referirse a ellos en su ausencia. Eso significa introducirlos en el lenguaje con las infinitas posibilidades de la semántica, la sintaxis y las interacciones en el "lenguajear", como dice Maturana.

El hombre y los homínidos

Fenomenológicamente podemos señalar algunas de las diferencias observables entre el hombre actual y los homínidos cercanos:

1. La bipedestación que libera las manos para realizar otras tareas aparte o simultáneamente con la traslación. También permite una mejor visión de más largo alcance. Ambas son ventajas evolutivas notables: pensar en la posibilidad de advertir el peligro desde lejos y arrojar una piedra o una lanza a la carrera.
2. El lenguaje, que si bien no es privativo del hombre, lo es en su complejidad y esencialmente en su capacidad simbólica que le permite enseñar, transmitir y comunicar, en ausencia de los objetos o de las circunstancias. También instaura la noción del tiempo en tanto pasado, presente y futuro simbolizables por los verbos y su uso.
3. Basado en lo anterior, desarrolla una compleja y fructífera relación con el medio y sus semejantes. Aparecen conductas sociales cada vez más elaboradas y una cultura cada vez más rica y cambiante. Esto, en última instancia se traduce en una adaptación más exitosa al medio y, por ende, una mejor supervivencia y mantenimiento de la especie.
4. Las particularidades de su cerebro, con sus memorias y el lenguaje, posibilitan a su vez conductas organizadas en secuencias temporales anticipatorias e intencionales. Puede convencer y también engañar y suponer con razonable certeza lo que piensan sus semejantes. Esto va adquiriendo mayor relevancia y es abordado bajo la denominación de *teoría de la mente*. Merced a ella puede desarrollar estrategias, ponerlas a prueba, guardarlas como memorias si son exitosas o para evitar repeticiones en el fracaso. En todo caso podrá utilizarlas según convenga, con un importante ahorro de recursos cognitivos. También

puede flexibilizar las mismas para lograr nuevos y mejores ajustes a situaciones novedosas o cambiantes.

La mayor parte de las particularidades aquí señaladas, pueden ser reunidas bajo la denominación de funciones ejecutivas y sus conductas inteligentes. Le pertenecen en exclusividad al menos por su magnitud y tienen su sede en el lóbulo frontal, más precisamente en la parte anterior del mismo, el prefrontal, que adquiere su mayor desarrollo en los homínidos y particularmente en el hombre, sin excluir otras estructuras cerebrales conectadas con él, en particular el cerebelo, que ha dejado de ser considerado solamente en relación con el movimiento para incluir sus aportes a una extensa variedad de conductas complejas.

5. La peculiar oposición del dedo pulgar, que motivara tantos estudios, parece hoy día un dato menor en comparación con lo anterior.

Lo humano

Hasta aquí me he limitado a una caracterización unidimensional del hombre: ser un animal un tanto especial. Si bien esta característica es basal, constitutiva, no agota los componentes característicos del hombre.

Existe otro ámbito, no tangible, pero no por ello inexistente: lo mental. Es precisamente en este ámbito donde se da la génesis de esas conductas que definiríamos como complejas y específicamente humanas.

Si bien podemos comenzar con el planteo cartesiano: puedo dudar de todo menos de que pienso, luego existo, esto deja sin resolver el origen del pensamiento o de la existencia misma. El mismo Descartes lo pone oscuramente en el cerebro y de esa manera intenta salir del atolladero de explicar cómo algo inmaterial, el pensamiento, lo mental, se vincula con algo material como el hombre animal y ese órgano del mismo al que alude.

Divide el estudio en la *res cogitans* que reserva para los filósofos y la *res extensa*, destinada a los biólogos. No obstante este aparente dualismo que se instaura *a posteriori* como dominante, Descartes consideraba que el pensamiento y la existencia se dan como una unidad constitutiva del ser pensante. Pienso al mismo tiempo que existo y es mi existencia biológica razón de ser de mi pensamiento, y es este el que da cuenta de mi existencia biológica. Esto pone en escena *el problema mente-materia*.

Resolver este problema es objeto de preocupación tanto de filósofos como de biólogos. Van del idealismo extremo de Berkeley: es la mente la que da existencia y configura al universo, al reduccionismo materialista extremo que niega la existencia de lo mental, suponiendo que el avance en el conocimiento de la estructura y funcionamiento cerebral darán cuenta de lo mental. Estas dos posturas tienen la ventaja de mantenerse en el monismo, pero a costa de un reduccionismo extremo.

Por el contrario, el suponer mente y cerebro como dos entidades existentes pero distintas, obliga a intentar demostrar la vinculación entre ambas. Es el dualismo y sus variantes. En realidad no resuelve el problema, pues la demostración del vínculo está plagada de dificultades y cuestionamientos provenientes en su mayoría del ámbito filosófico. Existen algunas posturas atractivas como el epifenomenismo, que utiliza la metáfora del cerebro productor de mente, como el hígado es productor de bilis. Otra postura consiste en considerar la existencia de un dualismo de medios al solo fin de abordar el problema en búsqueda de unidad. Desde múltiples caminos se llega a esta encrucijada. Los filósofos lo hacen en su intento de responder a esa pregunta ineludible: ¿Qué es el hombre?, y también los lingüistas en la búsqueda de explicaciones sobre el lenguaje. Desde el otro lado están los biólogos y todos aquellos interesados en las conductas humanas al plantearse preguntas tan básicas y duras como qué es la vida, el sentido de la misma, la interacción recíproca con el medio o las intenciones. La biología sola por ahora y a pesar de los notables avances en las neurociencias no parece tener respuestas indiscutibles. Algunos piensan que quizás nunca las tengamos ya que corremos en pos de un horizonte que constantemente se aleja. Si bien eso parece cierto, vale la pena ir en esa dirección, de lo contrario podemos caer en la inacción o en la aceptación resignada de un más allá igualmente dudoso, inalcanzable y poco beneficioso evolutivamente. Eduardo Galeano lo dice reflexivamente cuando se pregunta para qué nos sirve movernos en pos de un horizonte que siempre se corre y al que llama utopía, y se responde esperanzadoramente: pues para movernos.

La inmovilidad equivale a la muerte. El movernos es al menos una manera de intentar conjurarla. La ciencia apunta en ese sentido considerando la búsqueda de la inmortalidad como revolucionaria y subversiva de lo dado.

En realidad el problema mente-materia implica al problema de la causalidad psíquica. Todo intento de respuesta dirigido desde lo biológico hacia lo mental debe contemplar la inversa para ser sustentable y válido, en particular cuando es analizado desde la filosofía.

La pregunta por el hombre o por el ser humano puede ampliarse o reformularse como la pregunta por aquello humano, distintivo de los seres humanos y que los hace únicos. Es la Teoría de la Excepcionalidad Humana.

Podemos pensar que el hombre es simplemente un animal diferente dentro de la naturaleza. Este reduccionismo no nos resulta satisfactorio y además sería de un darwinismo extremo, penoso para nuestro narci-

     Guillermo Javier Nogueira

sismo. En tanto que con Descartes no dudamos de nuestra existencia y de nuestro pensamiento, la excepción sería aquello que nos coloca por fuera de la naturaleza sin dejar de reconocer que pertenecemos a ella. El pensamiento sería entonces el separador, pero para nuestra excepcionalidad debería ser privativo de los humanos y separable de la biología, base de nuestra existencia junto a la de todos los seres vivos. Una posibilidad es aceptar que la evolución biológica va *pari passu* con la posibilidad del pensar. Este sería un atributo que si bien es natural no es poseído al menos por todos animales y por lo tanto nos coloca como excepción. Otra alternativa es pensarnos como "creados" por un Dios, que nos elige y nos hace a "imagen y semejanza". Creacionismo versus naturalismo. La controversia sigue y no es fácil escapar si se piensa rigurosamente. La excepción puede también vérsela en el hecho de que es el hombre como sujeto de sí mismo quien piensa, reconoce sus componentes y se autoconfigura. Se subjetiva a sí mismo al contemplarse como un objeto más. Otra opción es que un semejante u otros miembros de la naturaleza nos configuren al objetivarnos, y por lo tanto nos consideren semejantes formando parte de ella.

Una interesante propuesta es la de Julio Moreno, quien considera lo humano de los humanos como una "falla" de lo biológico; entendiendo como falla el escape del determinismo mecanicista de lo biológico. El hombre desafía las leyes de la naturaleza, la modifica y es modificado por ella. Aparece lo aleatorio, la libertad y la posibilidad de decidir acertando o errando.

Se han hecho enormes avances, pero que no agotan el tema. Según Jean-Pierre Changeux, debemos estudiar las *ligazones* por las cuales seres humanos con una estructura biológica similar con enormes –¿infinitas?– posibilidades de conectividad, direccionan los estímulos/información de una manera absolutamente individual que los caracterizará en su singularidad.

El lenguaje puede ayudarnos a visualizar este planteo: ¿cómo a partir de unos pocos sonidos, un niño desarrolla vertiginosamente un lenguaje, rico, variado y personal? No sabe cómo lo logra, no puede dar cuenta de ello, pero reitera un fenómeno universal. Noam Chomsky propone para ello una estructura igualmente universal subyacente en el cerebro, con la cultura como variante y por ello hay lenguas. Es real que un niño inicialmente posee la capacidad de aprender cualquier lengua que escuche, pero poco después anulará esa amplia capacidad en favor del aprendizaje fluido e implícito de la lengua materna. Aprender otra lengua requerirá de un esfuerzo particular, será explícito y tendrá una oportunidad-ventana fuera de la cual no podrá reproducir en forma idéntica los sonidos –el habla– de otras poblaciones ya que su aparato fonador ha sido adecuado de una manera particular solo modificable laboriosa e imperfectamente. Veremos más adelante la relevancia de todo este planteo al considerar el aprendizaje y sus perturbaciones en los niños.

Baste considerar por ahora que hemos hecho notables avances. Ya no dudamos en poner la mente en el cerebro y, parafraseando a Nespolous, seguir su propuesta: *"put your brain in your mind and your mind in your brain"* (ponga su cerebro en la mente y la mente en su cerebro).

Notablemente y como suele suceder, esto no es un planteo de la modernidad ya que Aristóteles y Espinoza entre otros pensadores se lo habían preguntado bastante antes. Toda persona que se interese por las conductas humanas debe dedicarle una buena parte de su tiempo al estudio de esta problemática, ya que dependiendo de la postura que adopte o que le transmitan distintos autores, dependerá su propio posicionamiento, comprensión y acción. Hemos llegado entonces a un punto donde podemos resumir que las conductas humanas, incluyendo eso que llamamos mental o psíquico, dependen del cerebro. No hay conductas ni mente sin cerebro. Debemos entonces ver qué nos ofrece el cerebro y su biología para sustentar semejante aserto.

"Ver" el cerebro en acción

Hoy en día, con los métodos de las neuroimágenes, podemos demostrar cambios en el funcionamiento cerebral que aparentemente son el origen de conductas sanas y enfermas. Sus variaciones pueden ser verificadas estadísticamente en diferentes sujetos, incluyendo las producidas por fármacos o la palabra, vehículo de lo mental compartido con otros sujetos. El explorador y los paradigmas que él propone son parte del avance pero también de las limitaciones. Un toque de cautela es necesario ante el enorme progreso de las neuroimágenes y su utilización. Construimos con imágenes una cartografía cerebral de las conductas humanas pero debemos ser prudentes. El mapa no es igual que el territorio y por otro lado veremos aquello perteneciente al orden de lo que buscamos partiendo de un cierto conocimiento o hipótesis *a priori*.

El cerebro

A los fines de este libro me limitaré a señalar aquellos aspectos fundamentales de su estructura y funcionamiento que permitan y faciliten la comprensión de las conductas complejas, algunas de sus alteraciones y eventualmente al tratamiento racional de las mismas. Algunos números nos darán una idea de la extrema complejidad y enormes posibilidades de este sistema:

Guillermo Javier Nogueira

Tenemos aproximadamente 100.000 millones de neuronas, que pueden establecer sinapsis en un número variable de 1 a 20.000, lo cual da en términos aproximativos unos 1.000 billones de conexiones posibles. Sabemos que hay alrededor de trescientas variedades de neuronas descriptas en los vertebrados y probablemente más de mil en los mamíferos superiores. Un tremendo poder computacional que además es dinámico y cambiante. Podemos pasar de la anatomía macroscópica a la microscópica, de ella a la bioquímica y de allí a la funcional. Todas pueden ser integradas en una sola complicada y variable cartografía. Una asombrosa maquinaria rápida, precisa, pero también muy vulnerable.

La estructura básica a nivel celular está dada por las neuronas interconectadas formando tractos y redes. El punto de conexión es lo que llamamos sinapsis. Hay varios tipos de neuronas que pueden ser individualizadas por su forma, tamaño, funciones, estructura bioquímica y ubicación espacial configurando una compleja arquitectura de columnas, tractos y redes. Hoy podemos visualizarlas y manipularlas de diversas maneras, *in vivo*, de forma no invasiva, con notable precisión y en tiempo real, al igual que en cultivos *in vitro*. Son rastreables sus conexiones en humanos y la secuencia temporo espacial en que lo hacen. Se lo puede lograr registrando las ondas electroencefalográficas, los potenciales evocados, los campos magnéticos y las modificaciones metabólicas y circulatorias que denotan su actividad. Los estudios funcionales como la resonancia magnética funcional (fRNM), la tomografía por emisión de positrones (PET) y la magnetoencefalografía aportan en el mismo sentido. Aparece así el conectoma. Más recientemente se desarrolla la inmunofluorescencia vital que posibilita la obtención de imágenes moleculares *in vivo*. Así podemos detectar a nivel celular y con bastante precisión neuronas involucradas selectivamente en una función, su dependencia de un neurotransmisor determinado, el receptor y la ligazón sináptica. Lo maravilloso de este desarrollo es que nos permite establecer una correlación cerebro-conducta cada vez más rica, en seres humanos normales o enfermos. Algo similar a lo que hicieran Broca y Wernicke entre otros, pero con mayor precisión. También en casos muy especiales y en relación con patologías pasibles de tratamiento quirúrgico, se pueden utilizar electrodos de superficie (corticales) o de profundidad (intracerebrales) capaces de registrar, estimular o silenciar grupos neuronales o neuronas individuales en forma directa y muy precisa.

El conocimiento del funcionamiento normal a estos niveles permite predecir sus manifestaciones cuando las patologías lo alteren y corroborarlos con los casos concretos de dichas patologías. Lo más importante e interesante es poder acercarse cada vez más a la génesis cerebral de nuestras conductas y también monitorear y verificar la efectividad de los tratamientos de diverso tipo, incluyendo todas las formas de psicoterapia, sin depender solo de la cuantificación sintomática.

El avance en la genética ha permitido conocer un poco más esa maravilla que es el fenómeno de la ontogenia al comenzar a dilucidar cómo a partir de dos gametos, aparecen células madres y de ellas la diversidad de las que componen los órganos de un hombre. En el caso particular del cerebro, saber cómo se da este proceso a partir de una lámina de células que se diferenciarán en una extensa variedad de componentes no deja de maravillar. Saber además que se desplazarán en el espacio para configurar una arquitectura precisa y predeterminada, confirma la genial intuición de Cajal acerca del sentido e importancia de la arquitectura cerebral. Algunas neuronas tipo marcapasos funcionarán desde su aparición en el período embrionario, en tanto que en otros casos lo harán luego de la llegada de los estímulos pertinentes. Para las primeras y sus conexiones hemos acuñado con fines docentes el término sinapsis comprometidas, ya que están destinadas exclusivamente a una función determinada. Son capaces de generar impulsos espontáneamente sin necesidad de ser estimuladas inicialmente y tienen que ver con funciones vitales. Están predeterminadas en aquellas estructuras cerebrales vinculadas con la homeostasis y la corrección de los desvíos amenazantes de la integridad física. No podemos aprender funciones tales como respirar, regular el medio interno o producir ciertas hormonas en un momento preciso del desarrollo. Sostienen el miedo básico, la desconfianza primaria, el ataque y la huida, el placer y su opuesto. La experiencia vital como aprendizaje devendrá en formas más complejas como carácter, temperamento y personalidad y será la resultante de la interacción de estos grupos neuronales con los restantes.

¿Qué sucede entonces con el resto de las neuronas y sus sinapsis? En primer lugar también están determinadas en un comienzo por un patrón genético que guía su pertenencia a un lugar, al que llegarán también en un momento determinado, pero a diferencia de las anteriores el pasaje de los estímulos provenientes tanto del medio como de su propio entorno las consolidará, dándoles la posibilidad de una respuesta individual en relación con la magnitud y frecuencia de los estímulos. Serán la sede primigenia de las memorias, soporte material y básico de los aprendizajes. Algunos las denominan "las neuronas abuelas". Estarán sujetas al darwinismo y sobrevivirán las que hagan las conexiones exitosas (útiles). De no lograrlo o de no poder estabilizarse y modificarse por el aprendizaje, sucumbirán. En el proceso de desarrollo cerebral y en los aprendizajes se incluyen tanto la aparición de nuevas neuronas, sus sinapsis y la consolidación de las mismas por repetición, como su desaparición. Este balance es lo que dará como resultante un funcionamiento cerebral muy complejo y notablemente preciso que involucra tanto a las sinapsis comprometidas como a las dependientes de estímulos/aprendizajes. Su interacción configurará circuitos discretos y redes extensas con valor fundamental para la supervivencia del individuo. De este sistema al que ya podemos llamar sistema nervioso, con su órgano fundamental el cerebro, dependerá la captación y valoración adecuada de las señales del medio y la generación de respuestas en tiempo y forma para garantizar la supervivencia adaptativa y no sólo eso, sino también cumplir con el fortísimo mandato biológico de la reproducción, objetivo final para el mantenimiento de la especie.

Determinación o posibilidad subyacen y son la base del funcionamiento cerebral. La nueva tecnología trajo un cambio notable en el dogma que se consideraba esencial y constitutivo de la teoría neuronal como era su incapacidad para reproducirse y modificarse. Hoy sabemos que se reproducen al menos en ciertos lugares, uno de ellos sorprendente: el hipocampo, estructura muy importante para la memoria. El dogma era que nacíamos con una dotación de neuronas y sus conexiones, cuya estabilidad y persistencia determinaban estructura y función. Solo eran esperables pérdidas irremplazables. Por otro lado se planteaba el interrogante objeción de cómo haría una nueva neurona para ubicarse en un circuito y atesorar las memorias de la neurona desaparecida. Los nuevos hallazgos han obligado a modificar esas hipótesis y teorías. Por ejemplo, en el desarrollo hay una pérdida neuronal y de conexiones llamada *prunning* (poda) por la que la falta de conexión o las conexiones no funcionantes son suprimidas con la ventaja de una mejor relación mensaje/ruido. Finalmente también ahora sabemos que las neuronas cambian, abandonando viejos contactos y creando nuevos; la plasticidad y el aprendizaje encuentran en este comportamiento su fundamento biológico. Varias patologías se han asociado tentativamente con fallas en este aspecto, entre ellas la esquizofrenia, el autismo y algunas depresiones.

Para el resto de las células del sistema nervioso se van descubriendo nuevas funciones y, en el caso particular de los astrocitos y la microglia, la variedad de tipos va en aumento y a su vez crece su vinculación muy estrecha con el funcionamiento neuronal y con neuronas y circuitos específicos. Probablemente tengamos que comenzar a pensar en díadas y abandonar la idea de la neurona dominante absoluta.

La fisiología cerebral tiene un desarrollo enorme a partir de los progresos de la física y la bioquímica y de las tecnologías basadas en ellas. La posibilidad de detectar y producir corrientes eléctricas de muy bajo voltaje junto con la posibilidad de estudiar hasta el nivel molecular los componentes estructurales y metabólicos, llevó al conocimiento y comprensión básica de la tarea cerebral y del sistema nervioso en general.

Dicha tarea consiste en la conversión de diversas formas de energía en impulsos (corrientes eléctricas) que pasarán de neurona en neurona a partir de un primer paso en los receptores sensoriales, hasta finalizar en la unión neuromuscular. Podremos observar así a los más variados movimientos como formas de conductas. En realidad todo lo que hacemos implica movimientos, inclusive cuando aparentemente estamos quietos. Mantener una postura o inhibir un movimiento, involucra los mismos sistemas o circuitos. Se dijo alguna vez que todo lo que el hombre hace es mover cosas, inclusive al pensar. En ese caso, las cosas que son movidas serían palabras, ideas, conceptos o imágenes en busca de un orden significativo. En realidad serían cosas/objetos no tangibles pero representantes de otras cosas/objetos tangibles.

El fenómeno de conversión de formas de energía en impulsos eléctricos es electroquímico. Requiere de un aporte constante de energía producido fundamentalmente por la combustión de glucosa en presencia de oxígeno que es utilizada primordialmente para la recarga de una molécula fosforada, el ATP (adenosin trifosfato) la que se descarga a ADP y AMP por pérdida de uno o dos átomos de fósforo liberando bruscamente energía, la que es utilizada para producir cambios en la permeabilidad celular que genera corrientes a las que llamamos potenciales de acción que se desplazarán por la neurona en un solo sentido, desde el cuerpo al axón. Por ello decimos que las neuronas son células polarizadas en el sentido que los impulsos pueden seguir una sola dirección. Finalmente se repetirá igual ciclo en otras neuronas a partir de la llegada de la corriente a ese punto de contacto que llamamos sinapsis. En él la corriente puede pasar directamente de una neurona a otra (poco frecuente en el cerebro humano) o desencadenará la liberación de un agente químico, el neurotransmisor que se dirigirá al lado de la sinapsis receptora donde interactuará en forma específica, compleja y variable, para desencadenar un nuevo potencial de acción. Es un mecanismo tipo llave-cerradura. El conocimiento del funcionamiento de la membrana celular y de esa zona específica de la misma, llamada sinapsis, ha sido un paso gigantesco en la neurofisiología. Cada vez conocemos más neurotransmisores, su producción, transporte, almacenamiento, liberación, recaptura e interacción con los receptores. El resultado final será una nueva proteína, forma consolidada de una nueva memoria celular. Cada potencial de acción es vehículo de un mensaje o señal elemental que se convertirá en información al conformar trenes de potenciales de frecuencia y amplitud variable, con interrupciones/silencios también variables. La duración de un tren, la frecuencia y tamaño de sus descargas son el código portador de la información. Lo podemos imaginar como el código de barras. Esta información puede activar o inhibir a otras neuronas. A lo largo de un

Guillermo Javier Nogueira

circuito el código es memorizado, recordado o modificado. Vale la pena aquí señalar que en dicho código son tan importantes los impulsos por su intensidad y frecuencia como los espacios/silencios, de allí el valor de lo inhibitorio. Aparece el tiempo como participante fundamental de mensajes y significados al determinar ciertas características de los trenes de estímulos algo semejante a lo observable en la música.

El resultado final provendrá de la resultante espaciotemporal de la acción de los distintos tipos de sinapsis y sus respectivos transmisores sobre un conjunto variable de neuronas, en un período de tiempo determinado.

Este proceso es extremadamente dependiente de la provisión metabólica de energía y por lo tanto la disminución de su aporte tendrá efectos negativos y aún deletéreos. Es el caso de las alteraciones en el aporte circulatorio de oxígeno y glucosa. Los iones Na, K, Ca y Mg y el agua tienen igual importancia. Los cambios en el pH fuera del rango normal o las variaciones importantes de temperatura, al incidir en el aporte y transformación de energía pueden tener graves consecuencias. Por caminos similares actúan los fármacos que en ciertas cantidades pueden ser modificadores o reguladores beneficiosos pero que superadas las mismas resultan tóxicos. La distancia que separa un medicamento de un veneno puede ser la dosis. El cerebro es el órgano con mayor circulación sanguínea y consumo de oxígeno en proporción a su peso, pero no posee reservas de ningún tipo y de allí su vulnerabilidad que se expresará como una disminución de sus funciones evidenciables como somnolencia, desatención, confusión, llegando hasta el coma y eventualmente la muerte. Los cambios sostenidos en el tiempo tienen igual efecto según la cantidad de neuronas comprometidas y la duración de la exposición a la situación adversa. En los niños veremos los mismos efectos como consecuencia de fenómenos anoxo-isquémicos perinatales, desnutrición, tóxicos ingeridos por el niño o la madre y menos frecuentemente por trauma, infecciones severas o alteraciones metabólicas graves.

La captación del entorno y del propio interior de un sujeto son condiciones para su integración e interacción. Esta información procesada en el cerebro se expresará e intermediará a través del cuerpo y sus diversos componentes. Sabemos hoy en día que buena parte de la misma no solo proviene de los sentidos convencionales, sino también, al menos de dos sistemas humorales: el endócrino y el inmunológico, para los cuales existen sensores cerebrales capaces de captar esa información. Podemos visualizar al sistema inmunológico como aquél sentido que diferencia el yo del no yo, en especial frente a elementos foráneos de riesgo. Desencadena las reacciones de defensa y rechazo bien conocidas por aquellos sujetos trasplantados o por los pacientes inmunosuprimidos como en el caso del HIV o aquellos bajo tratamiento oncológico. La integración de todos estos conocimientos ha dado origen a un capítulo de las ciencias interdisciplinarias como es la neuro-psico-inmuno-endocrinología.

Todos estos conocimientos han constituido la base biológica para el desarrollo de la psicofarmacología. En realidad los psicofármacos, las drogas de diseño y muchas sustancias naturales funcionan a veces como neurotransmisores "tramposos" por utilizar los mismo receptores que los neurotransmisores endógenos o naturales y en otros casos aumentando o disminuyendo su producción, transporte, liberación y recaptura. Otro efecto es el bloquear la acción ocupando los receptores postsinápticos y finalmente disminuyendo o aumentando la recaptura de aquellos que han quedado en la hendidura sináptica sin ligarse al receptor. Una compleja y fascinante maquinaria de la que tenemos solo algunos atisbos. Sabemos ahora también de la existencia de neuromoduladores con un funcionamiento algo parecido a los neurotransmisores pero con diferencias sustanciales como el ejercer su efecto a distancia abarcando grupos neuronales y con un tiempo de acción y persistencia diferentes a los de la transmisión sináptica.

El sistema nervioso como un todo

¿Cómo funciona integradamente el sistema nervioso? ¿Cuál es su función? Tenemos modelos de funcionamiento cerebral, lo que significa que aún carecemos de un conocimiento acabado del mismo.

Por un lado, el enfoque holista que supone al cerebro funcionando como un todo sin distingos entre partes en el que la "masa crítica" sería el determinante. Esta idea surgió de una serie de experimentos en animales a los que se les retiraban cantidades crecientes de tejido cerebral sin consecuencias aparentes hasta que se superaba cierto límite: la masa crítica. La deducción era que hasta cierto punto se podía mantener un funcionamiento normal pues las funciones no estaban localizadas. La revisión del método experimental demostró que la deducción era incorrecta. Hoy sabemos que si bien las funciones están distribuidas más allá de límites anatómicos macroscópicos y que la plasticidad permite reorganizaciones sustitutivas en caso de lesiones, siempre hay un déficit de mayor o menor grado. Dato a tener en cuenta al evaluar y tratar niños con lesiones cerebrales de cualquier tipo.

Por el otro lado estaba el localizacionismo, que consideraba a las funciones como agrupadas en centros independientes. Con él da sus primeros pasos la neuropsicología de la mano de Broca y Wernicke. Era razonable pensar que las conexiones entre dichas áreas entre sí y con otras partes del cerebro también deberían ser importantes, y así aparece el conexionismo con un notable investigador como fuera Norman Geschwind. Como puede verse, ni mucho ni tan poco y como siempre el justo medio resulta el más apropiado.

Charles Sherrington, notando el orden creciente de complejidad funcional y estructural desde los niveles más periféricos hasta la corteza cerebral, propuso un modelo basado en la aposición de estructuras en un orden jerárquico, con el arco reflejo en la base de recepción y respuesta y la corteza en el estamento superior. El arco reflejo rápido pero estereotipado y la corteza algo más lenta, pero plástica y con inmensas posibilidades de variación y modulación. Aquellos estímulos que demanden respuestas inmediatas y fijas están modulados, supervisados, controlados por los niveles superiores con los que interactúan. Eso es finalmente lo que sucede con el aprendizaje fisiológico. En realidad el arco reflejo se puede dar también en construcciones de gran complejidad como lo evidencian los reflejos condicionados en los que claramente hay un aprendizaje con su memoria correspondiente y la posibilidad de refuerzos y extinciones, así como de vinculación transensorial por la que un estímulo proveniente de un canal sensorial termina funcionando como si proviniera de otro. El condicionamiento operante y el ejemplo de Iván Pavlov con un estímulo visual (comida) reemplazado con igual efecto por uno auditivo (timbre), muestran esta posibilidad y representan otro modelo, el pavloviano.

Los reflejos condicionados son importantes para el tema de los aprendizajes, ya que aparecen componentes importantes como son la ejercitación, la base de sinapsis y funciones predeterminadas y la plasticidad en niveles de creciente complejidad, sus memorias y el valor de recompensa/placer o castigo/displacer equivalentes a excitación/refuerzo e inhibición/supresión/extinción. Un aspecto igualmente importante e interesante vinculado con este tipo de aprendizajes fue la demostración de memorias y la generación de expectativas como su manifestación. Ante el sonido el animal producía secreción gástrica, pues *esperaba* la llegada de comida vinculada con él.

Otro modelo a tener en cuenta es el de Luria, quien postula la existencia de analizadores para el tratamiento de la información, con niveles de especialización y jerarquía organizados secuencialmente en módulos para el tratamiento de la información entrante, la elaboración de respuestas de salida y un módulo supervisor, productor de los ajustes en función de memorias, contexto y antecedentes de éxito o fracaso. Es una de las bases del modelo cognitivo como procesamiento de información.

Finalmente, hay un modelo que personalmente me parece de sumo interés: el modelo estratigráfico de la personalidad de Goldar. Creo que es valioso pues está referido a estructuras y funcionamientos cerebrales que permiten explicar algunas conductas complejas y sus perturbaciones, con la correspondiente verificación lograda hoy en día a partir de las modernas técnicas de neuroimágenes y antaño con la paciente tarea del correlato anatomopatológico. Tiene el enorme mérito de haberse anticipado a formulaciones semejantes como las de Damasio y Changeux. En este modelo reconoce tres estructuras cerebrales clave: el lóbulo frontal, el sistema límbico y una zona intermedia entre ambos. Serán sedes de las esferas intelectual, valorativa y vital, respectivamente. No debemos caer en un localizacionismo extremo ya que las estructuras señaladas están funcionalmente integradas entre sí y con el resto del sistema nervioso.

Brevemente resumiré sus funciones, tal como lo hace su autor:

Esfera vital:

- Hambre y amor están representados allí. Estructura: cerebro interno. Sistema límbico.
- Se evidencian como conductas emocionales. El *temperamento* como el estrato inferior o profundo, fundamento del ser de las restantes esferas. Está involucrado en la constante reparación estabilizadora del medio interno. Alimentación y reproducción.
- Vinculado con: respuestas defensivas de ataque/huida; reacciones de agrado/desagrado; activación general y ritmos endógenos; distinción orden/desorden; es un mecanismo viscero-emocional.

Esfera valorativa:

- Media entre la esfera vital y la esfera intelectual. Transporta valorativamente al estrato profundo circunstancias del mundo discriminativamente conocidas. Estructura: cerebro intermedio, neocortical, paralímbico.
- Valores preventivos: (lado instintivo) Vivencia de familiaridad. Gnosias. El miedo básico, inseguridad y desconfianza. Valor de probablidad.
- Valores sentimentales: (lado tímico) Inclinaciones o propensiones. Rechazos o indiferencia. Agradable/desagradable.
- El *carácter* como lo permanente, distintivo de un sujeto. Respuestas instintivas o tímicas: dar importancia o ser indiferente. Ética y estética son de su dominio.

Esfera intelectual:

- Estructura: cerebro externo, neocortical, lateral.
- Vinculado con las sensopercepciones y sus interrelaciones a partir de las cuales se da la construcción de reconocimientos (vivencias de

familiaridad), base de las nominaciones (lenguaje) y de formulaciones abstractas (ideas).

- En su seno se produce el recuerdo e interpretación de lo acontecido y la predicción del futuro. Expresa la voluntad como "el yo moviente" y es el operador discriminativo al servicio de la vida. Edifica el mundo conocido. Formula leyes. Construye teorías que contienen probabilidades.

Buenos ejemplos de la aplicabilidad de este modelo y de la existencia real de estas esferas son el caso de Phineas Gage tomado por Damasio y el caso de un paciente comentado por Juan Carlos Goldar en su libro *Cerebro límbico y psiquiatría*, quien comía cáscaras de papa tomadas de una cloaca y podía dar correcta cuenta de su acción pero no valoraba el riesgo y lo inapropiado de ella. En ambos casos una esfera intelectual aparentemente indemne y una esfera valorativa alterada con ausencia de los valores preventivos y conductas inapropiadas en términos de supervivencia y adaptación exitosa al medio.

Una concepción moderna fue aportada por Marsel Mesulam y su modelo de redes distribuidas. Allí el procesamiento, las conexiones, e inclusive las localizaciones anatómicas tienen cabida y pueden ser verificadas tanto a nivel estructural como funcional. El nivel funcional se hace aparente en la conciencia para cada uno y en las conductas observables tanto por nosotros mismos como por los demás.

Por último debo mencionar el modelo de aparato psíquico desarrollado por Freud con sus tópicas y sus circuitos/relaciones que por haber sido basado en sus observaciones clínicas y en su apego al funcionamiento cerebral acorde a los conocimientos disponibles en su época, puede ser actualizado y utilizado manteniendo su vigencia. Resulta un ejercicio interesante tomar alteraciones conocidas y ver si es posible al menos intentar extrapolarlo a otros modelos que en principio parecerían ser muy lejanos y diferentes. Creo que la razón de las coincidencias es que compartimos el objeto de estudio y sus manifestaciones variadas y variables a las que llamamos conductas.

Usamos diferentes estrategias y herramientas y de allí las diferencias que creo no deben ser tomadas como descalificaciones sino como aportes enriquecedores. Nos mueven diferentes intereses, apetencias y rechazos personales. Es necesario reconocer también que cada modelo aporta a la comprensión de aspectos oscuros o controversiales pero inexorablemente deja sin respuesta otros, a veces conocidos de antemano, pero también otros nuevos, producto del corrimiento de los límites y fronteras que el hombre hace con ingenio y osadía al trascender su propia biología. Lo que ganamos en extensión solemos perderlo en profundidad. Sabemos cada vez más de menos cosas y correremos el riesgo de saber todo de nada. Postura extrema y opinable, pero que nos debe llamar a la modestia reflexiva.

Ciertamente este es un recorrido incompleto e inclusive sesgado por el interés en conducir al lector por un sendero de aprendizajes que estimo útil en relación con el objetivo de este libro y del conocimiento de un objeto tan complejo como el ser humano y sus conductas.

Para beneficio de inventario citaré algunos autores muy relevantes en este tema como Piaget, Lezak, Vygotsky, Damasio, Gazzaniga, Hecaen, De Ajuriaguerra, Fodor, Dennet, Changeaux, Maturana, Searle, Calvin, Lorenz, y la lista podría aumentar exponencialmente según el aspecto, la época o la teoría que analicemos.

Como resumen, es razonable concluir que el ser humano es un animal evolutivamente muy desarrollado y exitoso, genéticamente predeterminado pero plástico y en constante aprendizaje, lo que determinará sus vínculos sociales y la generación de cultura. Imagina, observa y lee el mundo existente y por ello lo crea en una búsqueda intencionada de coherencia para satisfacer sus intereses de supervivencia y procreación. Lo adecuado o erróneo de esta relación con el mundo que incluye a sus semejantes y a él mismo se traducirá en éxitos o fracasos de grado variable. Lo hace con su cuerpo y dentro de él su cerebro conductor, integrador y creador por excelencia. Configura pero es también configurado. Construye un esquema corporal pero también tiene una imagen corporal como algo vinculado pero de otro ámbito.

El cerebro es la condición de posibilidad para nuestras conductas y la vinculación con los estímulos de los mundos interior y exterior que impulsa sus ejecuciones. Disponemos de todo aquello que posibilitaría tocar el piano, pero aprenderemos a hacerlo sólo si nos interesa y existe un piano para ser percibido y manipulado, además de alguien que nos enseñe, incite y guíe. Este razonamiento es extrapolable a cualquier aprendizaje y sus alteraciones. Variarán las escalas de valores en los sujetos que aprenden, su entorno, las motivaciones, los objetivos, intenciones y las particularidades biológicas, sociales y culturales establecidas. No obstante, el esquema básico se mantendrá inalterable determinando tanto las características y diferencias individuales como las semejanzas; estas últimas están dadas por el esquema o arquitectura de la estructura cognoscente y las primeras por la plasticidad del mismo y la aleatoriedad espaciotemporal de los estímulos. La existencia de una persona y de los objetos de su entorno junto con el lugar y el momento de esa vida particular en que se encuentren, crearán ligazones que con sus características determinarán una memoria particular, un aprendizaje.

Este aprendizaje podrá perdurar por mucho tiempo, o ser breve, casi fugaz. Se mantendrá inalterado o será reiteradamente modificado para mantenerlo útil y disponible. En ese sentido la memoria puede ser vista como un palimpsesto. Uno u otro camino dependerán de los valores de utilidad, supervivencia, oportunidad, reiteración, refuerzo y tiempo.

Este es el núcleo alrededor del cual me interesa tratar los trastornos del aprendizaje.

A modo de advertencia final es necesario tener presente que hemos avanzado muchísimo en el conocimiento del funcionamiento cerebral y su relación con las conductas; las neuroimágenes de todo tipo tienen el atractivo de mostrar "en vivo y en directo" lo que sucede en un cerebro humano en funcionamiento y por eso la caja negra ahora es transparente o así lo parece. Esa zona que se muestra como activa cuando realizamos cualquier tarea es una *evidencia indirecta e inferible* de que es allí donde reside el mecanismo, las neuronas, los circuitos o la memoria para realizar la tarea propuesta, pero a veces esto no es así. Múltiples problemas técnicos como la manipulación y la elección de "niveles" para considerar una zona como activa o no, pueden hacerlas aparecer o desaparecer. El uso de epistemología de primera persona al confiar que el sujeto esté "en blanco o en reposo" y que efectivamente cumpla con la consigna según su propio relato, son también variables que pueden alterar los resultados. Finalmente, el uso de epistemología de tercera persona al diseñar la tarea según conocimientos previos y evaluarla del mismo modo, obligan a ser muy cautelosos con los hallazgos. Van creciendo los estudios de metaanálisis que ponen en duda muchos resultados y advierten sobre el riesgo de caer en una nueva frenología.

A veces se formula descarnadamente la pregunta acerca de para qué sirve el cerebro. Inclusive se han publicado casos de niños y aun adultos con lesiones o hidrocefalías extremas con conductas y aprendizajes aparentemente normales, negando o poniendo en duda su importancia. Casi todos estos casos, más que negar, parecen poner en tela de juicio el corticocentrismo como clave de toda conducta. Desde la biología y la medicina parece una pregunta razonable ya que en ese ámbito hay respuestas bastante claras acerca de la utilidad y funciones cada órgano o sistema. En el caso del cerebro la respuesta es bastante escurridiza en tanto reconozcamos la existencia de algo intangible como la mente. Se suma a la dificultad el cuidado de no caer en la teleología.

Sintetizando, debemos ver al cerebro como aquel órgano que contribuye en forma determinante a nuestra integración individual y con el medio. Lo hace continuamente y sin descanso. Siendo sede de formas muy particulares de memoria, es un buscador de certezas y coherencias, un desambiguador que a resultas de todo esto funciona como una máquina predictiva. Decide, ejecuta, coteja, controla y crea. Basado en un pasado utilizable en un presente fugaz, proyecta y prevé un futuro que rápidamente pasará a ser pasado, en un eterno camino de ida y vuelta que no se repite con exactitud; por esto último, el término máquina no le aplica directamente a menos que hablemos de máquina biológica y de esa forma hablemos de plasticidad. Es un sistema cerrado en sí mismo, pero abierto con el medio incluyendo otros sistemas similares. Humberto Maturana y Roger Bartra elaboran en ese sentido.

Hasta aquí hemos recorrido lo que considerado desde el punto de vista de la neuropsicología será la base o esencia de las conductas humanas, aplicable tanto al niño como a los responsables de su existencia, supervivencia, crianza y educación. Ver no significa conocer ni comprender y menos explicar, al menos no siempre. Sabemos más, pero ese saber conlleva nuevas preguntas cuyas respuestas aún no tenemos y quizás no tengamos nunca. Esto no debe detener la búsqueda. Se hace camino al andar y eso nos mantiene vivos.

CAPÍTULO III

¿Quién aprende?

*¿Por qué siendo tan inteligentes los niños, son tan estú-
pidos los hombres?*
George Bernard Shaw

El niño: el sujeto que aprende

Habiendo esbozado en el capítulo anterior los conceptos básicos
que nos interesan con relación al ser humano, corresponde ahora
encarar una etapa que nos interesa en particular: la niñez.

Definirla como un período con límites solo cronológicos resulta
insuficiente por caer en un enfoque muy sesgado y casi exclusivamente
biológico, basado en la ontogenia, el desarrollo, la fisiología y las patologías médicas, lo que no es erróneo de por sí, aunque es insuficiente.

Por otro lado, los límites temporales culturalmente establecidos para
este período son también variables al igual que la manera de considerar al
niño en una determinada sociedad. Lo mismo sucede con las distincio-
nes entre niñez e infancia. Extremando este planteo puede cuestionarse
inclusive a partir de qué momento el cachorro humano es considerado
un ser humano pleno. El uso del término cachorro humano ha sido
intencional para marcar un reduccionismo extremo a lo biológico. Estas
disquisiciones se hacen aparentes con diversos ropajes según épocas y
culturas.

En el momento actual suelen aparecer discusiones en tanto que algunos consideran al embrión un ser humano en potencia y otros piensan
que sólo es un ser vivo que se humanizará a partir de cierto momento y
dadas ciertas circunstancias favorables. Tercia en esto la religión, que a
pesar de admitir ahora a la biología y la ciencia en general, persiste en
sostener variantes del creacionismo. Según esta postura, desde la unión
de los gametos, estaríamos en presencia de un designio divino incog-
noscible al que no debemos desafiar señalando el riesgo de una nueva
versión de la Torre de Babel.

Vale la pena considerar estos planteos no solo como un ejercicio
epistemológico o académico, sino también por su utilidad frente a un
problema encontrado en nuestra sociedad actual como son los embara-

zos adolescentes o de alto riesgo y su alta posibilidad y probabilidad de anomalías en la gestación y el desarrollo fetal. Llegados a término, sus frutos pueden mostrar diversas alteraciones con las que tendremos que lidiar, y que los colocarán en condiciones desventajosas para integrarse al mundo al que se asoman. Afortunadamente no se da en todos los casos, lo que no nos autoriza a desentendernos o tomarlos a la ligera.

Los cambios culturales recientes con la posibilidad de manipular genéticamente gametos y embriones, la fertilización asistida o *in vitro* y la maternidad subrogante, desarrollados por loables razones, parecen ir derivando en la aparición de una tendencia o moda del "bebé por encargo" según especificaciones arbitrarias a gusto del consumidor. No contamos aún con los recursos morales, éticos y científicos que nos ayuden a aventurar el futuro y las consecuencias en los seres humanos de estas conductas novedosas. Así como semejante desarrollo científico tecnológico era inimaginable hasta no hace mucho tiempo, tampoco fueron previstas muchas de sus posibles consecuencias, entre ellas los cambios en la estructura familiar y los roles parentales. Dejando de lado pero sin ignorar esta situación novedosa y particular, debemos encarar los problemas más frecuentes en la niñez actual teniendo en cuenta a los padres, el sistema educativo y el de salud. Es necesario estar educados y dispuestos para aceptar posibles cambios de paradigmas, lo que no significa adscribir servilmente a ellos o antagonizarlos *in límine*.

Es probable que las dificultades de aprendizaje y de conducta sigan existiendo a pesar o tal vez a causa de los cambios socioculturales y educativos y de la ayuda social. Ciertamente tendrán nuevas manifestaciones de una magnitud difícilmente predecible por ahora. Frente a la incertidumbre es prudente volver a las bases.

Punto de partida

El punto de partida para una humanización exitosa es la posesión de un cuerpo adecuado y en particular de un cerebro adecuado. Si llegamos a ser humanos tal como lo somos ahora, lo fue debido a la evolución que mantuvo aquellas ventajas útiles para la subsistencia del sujeto. La clave del éxito para el desarrollo de dicha condición han sido los aprendizajes sustentados por una base biológica apropiada y efectuados a partir de un medio ambiente deseante, afectivamente rico, comprometido y estimulante.

Por lo tanto, es evidente que las situaciones negativas o de riesgo, por carecer de algunos elementos valiosos de las vertientes biológica y sociocultural, condenan desde el comienzo a una existencia en condiciones desventajosas. La posibilidad de perpetuar en la descendencia las

     Guillermo Javier Nogueira

desventajas y sus patologías, es una probabilidad que asusta pero debe ser reconocida y tenida en cuenta. La pobreza, responsable principal de dichas posibilidades negativas, es autosustentable y en consecuencia lo esperable es la generación de más pobreza.

Mirar en esa dirección, en lugar de ignorarla u ocultarla detrás de un velo, será el primer paso para poner en práctica un principio fundacional de las ciencias de la salud: mejor prevenir que curar.

La gravedad de lo que está en juego requiere un tratamiento ético y realista en el que aquellos comprometidos con esta problemática realicen un debate serio con la mirada puesta en dirección a la detección de sus causas, evaluación ajustada de su magnitud y pronóstico, junto con su prevención y posibles soluciones. Es lamentablemente frecuente acotar la observación y el tratamiento a los efectos y no a sus causas por ser estos más visibles y concretos y por ende más fáciles de tratar. Un buen ejemplo es tomar la alimentación y el hambre como prioridades absolutas y no mirar a su causa principal como es la pobreza que es multideterminada y más compleja. Este debate, así como las propuestas que vayan surgiendo, traerá a un primer plano la necesidad de ayuda a los progenitores dado que un embarazo de riesgo, cualesquieran sean sus causas, ya los ubica frente a un proceso en curso para el que nuestras soluciones suelen ser tardías, parciales, precarias o inexistentes.

La niñez

Es aleccionador y aún sorprendente mirar la niñez desde una perspectiva histórica. En Egipto y la Mesopotamia los ritos religiosos, entre ellos la circuncisión por ejemplo, tenían fundamental importancia. Los niños eran tenidos en cuenta para las leyes sucesorias, trabajaban y podían ser encarcelados. También se los abandonaba para provocar su muerte dejándolos expuestos, de allí la palabra expósitos. Incluso se hacían sacrificios humanos que incluían niños.

En Grecia eran considerados hijos del estado y por lo tanto al momento de nacer una comisión de expertos determinaba su valor. Si eran fuertes y sanos serían soldados (Esparta), si tenían defectos congénitos o eran débiles los arrojaban desde el monte Taigeto o los abandonaban en los "expositorios". Lo individual era sacrificado en pos de lo social. No obstante, no en todos lados era así; en Atenas, Platón aconsejaba mecerlos y dejarlos jugar libremente hasta los 6 años. A partir de allí aparece el pedagogo y la escuela. Un ciudadano de la polis debía crecer libre y estimulado inicialmente para luego ser formalmente educado y así poder hacerse cargo de las tareas de la ciudad como institución. Aristóteles sostenía algo parecido pero claramente preconizaba eliminar a los defectuosos. La educación era solo para los varones y dependía de cada familia. El cuerpo era idealizado y la educación tendía a lograr su perfección en el gimnasio o la palestra. Los niños tenían sus dioses protectores y la filosofía era considerada como el logro del espíritu y del cuerpo. Los esclavos no eran considerados en otros aspectos más que como posesiones y mano de obra y sus hijos tenidos como inversiones a futuro.

En Roma aparece la figura del padre con poder absoluto, el *pater familiae*. El niño es tomado como un proyecto para ocupar un lugar en la sociedad con un rol determinado y variable: guerrero, ciudadano, trabajador o madre. Para estas sociedades el rol de la mujer era secundario y en el mejor de los casos tomada desde su posición reproductora y criadora. Las tareas pertinentes de la crianza y el hogar le estaban destinadas.

Hipócrates, gestor de la mirada médica, consideraba a la infancia según períodos: de 0-7 años los consideraba bebés, de 7 a 14 niños y de 14 a 21, adolescentes. Esa división y la concepción subyacente predominaron hasta el Renacimiento.

El cristianismo propone una visión religiosa y valora al hijo en relación con la figura del padre, Jesús hijo de Dios, generando una metáfora interesante en tanto que lo visible del padre es el hijo, lo visible del hijo es el padre y ambos se honran recíprocamente. El niño es más valorado e inclusive la función materna es también revalorizada. Surge el lema que promulga a las mujeres reinas del hogar y a los niños reyes de la casa.

Poco a poco se va instalando la familia moderna a partir del siglo XVII. Posteriormente aparece la medicina científico-positivista y su foco en los niños da lugar a la pediatría. Un rasgo a destacar, por razones que se verán más adelante, es preconizar la lactancia materna, inicialmente como una conveniencia nutricional. Mucho después se reconoce el aspecto relacional constituyente del aparato psíquico, los primeros aprendizajes, la subjetivación, la mirada compartida y el lenguaje. Es interesante ver cómo cuando se dan nuevos criterios estéticos y de realización femenina, comienza la sustitución de la lactancia materna por el biberón, las leches artificiales, el "babyfood" envasado e inclusive la alimentación por una tercera persona. Algunas sociedades avanzadas buscan paliativos con las licencias por maternidad e inclusive con el desplazamiento del rol paterno como trabajador proveedor de bienes al de colaborador estrecho en la crianza. En nuestro medio la crianza está sujeta a avatares variables según la clase social, el nivel educacional, la época y el lugar, no muy distinto de lo que sucede en otras comunidades. En uno de esos típicos movimientos de flujo y reflujo sociocultural ahora se revaloriza la lactancia materna en sus dos aspectos, pero nuevamente con más aceptación y posibilidades en las clases media y alta.

En las clases bajas suele quedar como único recurso alimenticio y dado el precario nivel nutricional de las madres, es un recurso limitado y de nivel nutritivo insuficiente sumado a las dificultades de permanencia del niño junto a la madre trabajadora.

En las sociedades modernas la niñez es enfocada y atendida por tres actores principales; los padres en primer lugar, seguidos por el Estado y por la medicina en último término, que actúa como asesora y ejecutora de los programas de promoción, atención, prevención, docencia e investigación en las áreas de la salud infantil a través de la pediatría. La pedagogía, las ciencias de la educación y los docentes promueven la escolarización/educación, la planifican, guían y ejecutan vinculándose con el estado y los padres.

La pediatría a su vez se ocupa no solo de las enfermedades sino también de los aspectos normales y preventivos que se pueden englobar como la crianza y los cuidados particulares que un niño requiere y que suele denominarse puericultura. Por otro lado reproduce el modelo médico general con los pediatras generalistas y todas las especialidades reconocidas. Entre ellas para la problemática de nuestro interés, la neuropediatría y la psiquiatría infantojuvenil son las de mayor relevancia y las más recientes.

Etapas

En nuestros días solemos hablar de neonatos, lactantes, primera infancia, segunda infancia y adolescencia. Estos límites cronológicos han sido fijados en base a criterios médicos surgidos de la pediatría y también de la pedagogía. Esta etapa, de desarrollo relativamente reciente (siglo XIX en adelante), se va consolidando desde mediados del siglo XX con variaciones socioculturales muy significativas.

El que escribe estas líneas disfrutó de las ventajas del novedoso servicio de pediatría en un hospital público y luego de su pediatra a quien era llevado para los controles periódicos. Situación excepcional en esa época (década de 1940) por vivir en la Capital Federal y en una zona cercana al centro, además de otros determinantes culturales y económicos.

La subjetividad

Es fundamental e interesante reflexionar que tanto la historia hasta aquí resumida como la evaluación de sus orígenes, observaciones, datos y consecuencias que dieron forma a lo que ha dado en llamarse el "*estatuto de la infancia*", parten siempre de la mirada de los adultos y ocasionalmente si es que alguna vez, desde los niños, la que de todos modos es pasada, traducida, a través de la subjetividad de un adulto.

Este es un problema muy importante y a veces con graves consecuencias ya que se tiende a desubjetivizar a los niños por distintas razones y de diversas maneras. Como a veces no hablan o lo hacen mal, suponemos que no piensan, no escuchan o no sienten. Es posible entonces no hablarles, no escucharlos o ignorar sus conductas comunicativas de otro tipo y suponer que sienten lo mismo que nosotros, sin reconocer distancias y diferencias. Los tratamos como objetos y luego decidimos por ellos, ignorando, desconociendo o no respetando su demanda. Se entraría así en una circularidad señalada por algunos autores, en la que por la aparente falta de comunicación y comprensión se genera una falta de respuestas por parte del adulto a cargo, sean estos los padres o los docentes y así ambos términos se degradan en su funcionamiento, se aíslan y ocluyen posibilidades de comunicación y aprendizaje.

La gravedad es mayor cuando un niño tiene dificultades genuinas o cuando esas dificultades son agravadas y/o producidas por aquellos responsables de su crianza, enseñanza o del diagnóstico y tratamiento de sus problemas.

Por genuinas entiendo a aquellas fallas biológicas capaces por sí mismas de determinar discapacidades o inclusive incapacidad. Excluyo las vinculadas al medio en esta definición ya que el mismo actuaría secundariamente sobre un cuerpo en principio normal o quizás incrementando, gatillando y/o determinando la emergencia de fallas potenciales. Solo el abandono o las condiciones ambientales extremadamente adversas podrán considerarse genuinas a pesar de provenir del medio y en esos casos suelen ser incompatibles con la vida del sujeto.

¿Qué nos diría ese niño que no aprende, si pudiera, si lo alentáramos a que lo haga, si lo ayudáramos a hacerlo y por sobre todo si lo escucháramos? Puse aquí la palabra en primer lugar por su riqueza y valor simbolizante, pero es necesario reconocer que hay otros lenguajes igualmente ricos a disposición del niño y de los que lo rodean. Como profesionales estamos obligados y supuestamente capacitados para descubrirlos y utilizarlos como cuando hacemos zapping hasta que encontramos el canal deseado, tal como señalan Marisa y Ricardo Rodulfo, Esteban Levin y Silvia Bleichmar. Si no los escuchamos e interpretamos de alguna forma, negamos su ser profundo, aquello que los constituye e identifica como individuos humanos.

La subjetividad del niño, por ser un determinante tanto virtuoso como potencialmente riesgoso, construido a través de la subjetividad de un adulto en un proceso de ida y vuelta, nos debe llamar a reflexionar

　　　　Guillermo Javier Nogueira

seriamente sobre el denominado estatuto de la infancia perteneciente a nuestra época, sociedad y cultura.

La escuela va creciendo en importancia y es el "segundo hogar". Es ella la que delinea los aprendizajes, las normas, los hábitos y las actividades para cada edad en un contexto social, donde los actores principales e iniciales, madres y padres, a veces no pueden, saben o quieren hacerlo y allí se agiganta y consolida el rol de la maestra como "segunda madre". Interesante para pensar por qué no el maestro "segundo padre". Esta posición quizás dependa del rol materno como determinante fundamental en la crianza y educación de los niños en los estadios tempranos, en tanto que la figura masculina tiende a ser relegada a etapas posteriores en modelos de educación más formal y en particular en la adquisición de normas de respeto y obediencia que de otro modo llamamos "la ley", muy bien delineadas en el psicoanálisis con la figura paterna, las prohibiciones y la aparición del no, el tabú del incesto, el complejo de Edipo y la constitución del súper yo.

Esto irá ensamblándose gradualmente como el basamento de la moral y la ética. La escuela es también un transmisor cultural junto con los padres; en conjunto deciden e imponen qué juegos, juguetes, lecturas, vestimenta, alimentos y actividades corresponden por ser socialmente aceptables, según edad, sexo, tiempo, lugar y, por supuesto, clase social o su equivalente nivel socioeconómico.

La idea de la escuela "segundo hogar" presupone la existencia de un "primer hogar" y la distribución aditiva de los aprendizajes. En la escuela se aprenden ciertas cosas y en casa otras. No hace falta señalar aquí los conflictos posibles a partir de ambos ámbitos, independientemente o en su interrelación cuando fallan en su rol, ya sea por déficit o por exceso y aún en algunos casos por inexistencia.

La medicalización de la sociedad actual lleva a la priorización de lo biológico a través de la pediatría con el establecimiento de pautas de crianza, actividades, riesgos, prevención, diagnóstico, tratamiento y cronogramas. Los aspectos positivos de estas intervenciones suelen opacarse cuanto más se alejan de las consideraciones por el niño sano, para mantenerlo como tal y se acercan a una mirada hacia y desde la patología.

En el campo de la salud mental esta postura es muy riesgosa si no se la sostiene criteriosamente, ya que el concepto de salud y enfermedad habitan un terreno escabroso y resbaladizo. Carecemos en la mayoría de los casos de conocimientos ciertos, seguros y profundos del funcionamiento cerebral y por ende de las conductas emergentes. Solemos catalogar como normales a aquellas exhibidas por la mayoría de las personas en determinadas circunstancias, usando criterios estadísticos que solo señalan la corrección del tratamiento de los datos, pero no son criterio de verdad o realidad. Aquí la ciencia es por el momento insuficiente cuando al tropezar con la subjetividad del observador intenta ignorar la subjetividad del observado.

Por lo tanto, los diagnósticos y tratamientos no siempre pueden asentarse en bases sólidas y, como todo conocimiento científico, debe ser considerado siempre tentativo, provisorio y sujeto a constante escrutinio.

Finalmente me interesa señalar aquellos determinantes sobresalientes de las conductas del niño en nuestras sociedades contemporáneas. Su análisis ha surgido desde numerosos ámbitos más allá de la biología. En primer lugar, el valor supremo de las imágenes. El hombre ha sido llamado animal óptico y ello se debe al importante desarrollo de su sistema visual, no solo de sus receptores, sino más importante aún, de su capacidad para procesar este tipo de estímulos y convertirlos de sensaciones en percepciones ligadas en redes de complejidad creciente. Eso ocurre en nuestro cerebro y es una de nuestras ventajas evolutivas. Una consecuencia ventajosa es la capacidad de elaboración, integración y asociación transensorial. Es este proceso el que posibilita que al mirar un objeto sepamos qué es, cómo se usa, para qué sirve, qué características físicas tiene, si lo conocíamos, si nos interesa, si entraña peligro, si será bueno acercarnos o mejor huir. Consecuencia de esta ventaja es que cada vez más, sólo se conoce y se cree aquello que es visible. Santo Tomás ha hecho escuela. El problema es que lo que el niño mira no es lo que finalmente ve, y por otro lado hay otro, un adulto, más raramente otro niño, que al menos inicialmente ve junto con él y le proporciona las imágenes a observar. Una doble traducción perceptiva y subjetiva. Esta situación puede y de hecho es manipulada con variadas intenciones. Dos ejemplos antagónicos son el material didáctico desarrollado para la enseñanza escolar y la publicidad/propaganda.

El procesamiento a su vez debe ser hecho con suma rapidez, ya que la transmisión de imágenes y datos es cada vez más veloz y abundante, el tiempo de exposición más breve y el cambio y variedad de los estímulos, en especial visuales, cada vez mayor. La manera privilegiada de procesar para mantenerse "al día" es la copia automática a la que parecen estar destinadas las neuronas espejo, o el pasaje rápido desde una red extensa a un circuito pequeño, memorizado y disponible en forma automática.

Como podemos ver, esto parece ser contrario al análisis, elaboración y cotejo que asociamos a nuestras conductas racionales, presumiblemente con menos margen de error y evolutivamente más exitosas aunque más onerosas y demandantes de esfuerzo.

El otro valor asignable es la velocidad, sobrevalorada actualmente. En principio la rapidez puede ser ventajosa en la toma de decisiones vitales y también en el procesamiento de estímulos abundantes y cambiantes o rutinarios, pero por otro lado existen límites biológicamente determinados que no podemos traspasar en forma natural. Podemos hacerlo prostéticamente con la ayuda de procesadores, pero igualmente en algún momento nuestra capacidad hace agua. De alguna manera, como dice Mario Bunge, debemos reconocer que el saber ocupa lugar y que su adquisición y manipulación lleva tiempo.

Como en toda transacción, puede no haber ganancias netas y la adquisición acompañarse de pérdidas equivalentes. Mayor rapidez significa mayor automatización y menos evaluación racional, lo que fuera de situaciones vitales puede provocar errores. Es bueno alejarnos automáticamente del dolor o de una variación peligrosa de nuestro medio interno, pero no lo es tanto para decidir un plan de vida, una pareja o las características de nuestro hábitat o de nuestra alimentación. En el fondo vivimos con una mezcla variable de procesamientos. La proporción de esa mezcla según circunstancias y tarea, hace que esta se realice de la manera más eficaz y eficiente posible. No obstante, algunas equivocaciones pueden ser insalvables o artificiosamente inducidas. Sobre este tema Daniel Kahneman ha elaborado brillantemente en su libro *Thinking fast and slow*.

En las sociedades desarrolladas, gradualmente se ha privilegiado la rapidez por sobre el juicio y la elaboración, aunque no tanto en el ámbito educacional y en especial en la educación superior y menos aún en los reservorios de pensamiento como son los *think tanks*, los departamentos de I&D (investigación y desarrollo) y otros por el estilo. Este proceso no ha sido inocentemente propuesto, desarrollado y aplicado en especial a las grandes masas poblacionales.

Expresiones como "el tiempo es oro", el premio de un videojuego al mayor logro en el menor tiempo, la rápida instauración y desaparición de las noticias y de la información, las limitaciones impuestas al debate o el intercambio de ideas en cualquier charla, particularmente en la TV con la excusa de que el "tiempo es tirano", son diversas maneras de automatizar y no permitir el pensamiento reflexivo con las consecuencias de su empobrecimiento junto a la precarización de algunos aprendizajes.

Pareciera que tenemos muchos estímulos disponibles, pero la realidad es que no podemos utilizarlos a todos. No podemos ni debemos "tragar sin masticar". El texto en papel que permite el marcado, las anotaciones al margen que indican un tiempo de reflexión, el uso de un lenguaje rico y preciso, la construcción, utilización y comprensión adecuada de metáforas, junto con el diálogo respetuoso aun cuando apasionado, van siendo reemplazados por formas degradadas como el twitteo, la comunicación breve y pobre vía internet, el teléfono celular que además trae imágenes, y los medios de comunicación audiovisual, frecuentemente vociferantes y con lenguaje paupérrimo. En su conjunto van pasando a ser la cultura masiva vigente. A ella se oponen algunas minorías y entre ellas algunos docentes. Es una lucha desigual y llena de contradicciones.

¿Qué asegura más éxito, una pura habilidad física, un atributo físico exhibido obscenamente, la violencia y el poder a cualquier precio, la habilidad marketinera o el paciente y esforzado aprendizaje y desarrollo de una capacidad compleja que lleva tiempo, talento y constancia? Creo que cualquier lector, no solo argentino, puede intentar una respuesta a favor de la primera opción. Estamos hablando de la banalización de la cultura.

Esto es importante para la perspectiva que utilicemos al juzgar conductas y definirlas como anormales por no ajustarse a una norma que algunos imponen y con las que parece más apropiado convivir que desafiar, pero que entran en conflicto cuando aparece el doble estándar o las contradicciones. Un niño inquieto, explorador y desafiante del estatus quo, puede ser visto como "anormal" (ADHD), cuando quizás sea el mejor adaptado a la propuesta con la que es bombardeado.

Un adulto puede ser modificado por nuevos aprendizajes, un niño es directamente modelado por esos aprendizajes.

Viene a mi mente algo aprendido en la secundaria y aplicable a esta encrucijada en que nos encontramos; son las famosas "Redondillas de Sor Juana Inés de la Cruz", cuando frente a una particular contradicción decía: *"Hombres necios que acusáis a la mujer sin razón, sin ver que sois la ocasión de lo mismo que culpáis. Si con ansia sin igual solicitáis su desdén, por qué queréis que obren bien si las incitáis al mal. Parecer tiene el denuedo de vuestro proceder loco al niño que pone el coco y luego le tiene miedo".*

Resumen

Concluyendo: el niño es un cachorro humano con todas las posibilidades y condicionamientos de su especie. Está en constante aprendizaje con etapas de grandes adquisiciones determinadas desde sí mismo y desde la sociedad que lo introduce a una cultura determinada. Pasará por algunas propicias a las que llamaremos oportunidades desde lo sociocultural o ventanas desde lo biológico. Es vulnerable desde ambos territorios, el de la naturaleza y el de la cultura. Sus aprendizajes adaptativos permitirán su supervivencia con ventajas, pero también con desventajas según sus condiciones de partida.

Inicialmente tiene vida por el deseo y decisión de otros dos seres de la misma especie, sus progenitores, a veces por sustitutos piadosos, otras tantas por el azar de una fecundación sin deseo ni decisión consciente. Su

　　Guillermo Javier Nogueira

vulnerabilidad y dependencia se prolongan bastante en el tiempo, ya que a mayor capacidad y desarrollo cerebral, más largo será el período para su desarrollo y aprendizaje adaptativo que lo lleve a la autosuficiencia. Es "traído" al mundo, aunque a veces más parece "arrojado" al mundo.

Su valor y cuidado varía con las sociedades y las culturas y por ende su significación y lo que representa en un determinado contexto. Puede ser sobreprotegido o abandonado. Puede ser educado o embrutecido. Puede crecer en libertad u oprimido de diversas maneras. Puede tomar un lápiz y dibujar creativamente o expresar su espanto. Puede usar un juguete o empuñar un arma, en ambos casos brindados por un adulto. Me parece fundamental pensar y tener en cuenta todo esto para analizar, comprender y remediar los errores de lo que sucede con sus aprendizajes.

Capítulo IV
¿Cómo aprende?

*…un telar encantado en el que millones de cintilantes
lanzaderas entretejen un vago diseño, siempre significativo pero nunca permanente…*
Charles Sherrington

Enfoque de "abajo hacia arriba"

Una parte de esta pregunta ya ha sido respondida a lo largo de los capítulos anteriores. Somos puro y constante aprendizaje con las funciones vitales establecidas como un *a priori* para mantenernos vivos. El resto será adquirido a lo largo de la vida, con un comienzo en etapas tan tempranas como el período fetal. Una manera aproximada de ver esto es reconociendo que existen neuronas con sus sinapsis comprometidas desde el inicio para una determinada tarea o función, en tanto que hay otras que están disponibles para el pasaje de nuevos estímulos que inducirán nuevas conexiones y consolidarán o modificarán aquellas ya existentes. Esta es la base de los aprendizajes. No forman compartimentos estancos sino que se vinculan de una determinada manera y así podemos reconocer el impulso sexual o el instinto de supervivencia entre otros como formas iniciales y progresivas de integración que propiciarán, modularán o inhibirán conductas de complejidad variable en las cuales puede ser muy difícil detectar el compromiso original con lo vital. Configurarán el temperamento, el carácter y la personalidad, en una espiral ascendente hasta llegar a las más complejas como por ejemplo, la elección de pareja, el desempeño de un rol social y la ética, entre muchas otras.

Los neurotransmisores dan una variabilidad adicional a la arquitectura ya que la preponderancia de alguno de ellos y su ubicación en una secuencia neuronal determinará el efecto final que podrá ser excitatorio o inhibitorio, creando así una arquitectura funcional sobreimpuesta a la arquitectura anatómica. Todo esto sucede constantemente y a una velocidad medible en milisegundos o menos. La reiteración del mismo impulso mantiene funcional o vigentes a las sinapsis.

En consecuencia, estas pueden ser creadas, habilitadas, modificadas, estabilizadas o eliminadas, según el tipo de estímulo, la frecuencia o la ausencia y el neurotransmisor utilizado. Este conjunto conforma la plasticidad neuronal y todos sus componentes son esenciales para la precisión o sintonía fina en la transmisión y procesamiento de estímulos. Lo que no se usa, sobra o es innecesario, será eliminado.

El concepto de plasticidad es relativamente nuevo y constituye un avance fundamental para el conocimiento del funcionamiento cerebral. Es base de los aprendizajes y de la autopoyesis por la que nos constituimos como individuos semejantes, pero no idénticos. Está en las bases de la creatividad, la inteligencia, el conocimiento y todas las adquisiciones a lo largo de la vida.

Otro descubrimiento que merece destacarse pero cuya significación aún está en proceso de elaboración, es el hallazgo de nuevas neuronas que aparecen en la vida adulta. Surge un interrogante muy interesante: ¿nuevas neuronas para nuevas memorias? La complejidad que se avizora es tan enorme como sus posibilidades. Hoy ya se pueden identificar neuronas funcionando *in vivo*, formando parte de circuitos, activándose o apagándose según la información que procesan. Por otra parte, la pérdida espontánea por desuso es considerada fundamental en el proceso de desarrollo y maduración, ya que dicha desaparición aumenta la precisión, sensibilidad y especificidad de los circuitos. Su persistencia inútil solo añade ruido al sistema y una innecesaria carga metabólica.

En principio lo que marca los aprendizajes es el aumento en el número de sinapsis, visibles especialmente en las arborizaciones dendríticas y en las terminaciones axónicas, que variarán en número y tipo de contactos. La complejidad de la arquitectura cerebral y su funcionamiento nos dejan perplejos, más aún si reconocemos que solo hemos desentrañado una parte de ella. Nos encontramos con una secuencia espaciotemporal sumamente precisa en la que existen momentos llamados *"ventanas"* en la configuración inicial en los que es posible y necesario que ambas cosas sucedan. Fuera de ellos, la oportunidad queda limitada al aumento de conexiones.

El número inicial de neuronas, la riqueza, tipo y calidad de sus primeras conexiones, más las adquiridas a lo largo del tiempo es lo que hace a las diferencias entre especies y entre individuos de una misma especie; esto es nada más ni nada menos que aquello que nos caracteriza como seres en constante aprendizaje, configurándonos, adaptándonos, desarrollándonos, madurando, evolucionando.

Quiero detenerme aquí en una reflexión importante para nuestra temática. En tanto que el número inicial de neuronas y sus conexiones, así como la apoptosis están biológica y genéticamente determinadas, el número final, el tipo de conexiones y su poda, dependerán esencialmente de los estímulos de todo tipo que reciban *a posteriori*; aparece aquí el

     Guillermo Javier Nogueira

medio, que incluye todo lo que rodea al niño incluso su propio interior en el sentido más amplio del término.

El sistema nervioso por estar en equilibrio meta-estable, es un buscador constante de estímulos que procesa, valora, clasifica, incorpora, abandona o ignora y finalmente usa para actuar en consecuencia. Esto va desde un aumento en la frecuencia cardíaca hasta la combinación de sonidos para decir palabras, expresar ideas y sentimientos, dar significación y sentido a sus actos, amar, odiar, ser honesto o mentir.

Debemos reflexionar entonces, que otros seres humanos de edades, sexos, proximidades e intenciones variables, conformaremos ese medio y también participaremos en la conformación del mundo interior de un niño; a veces en forma deliberada y consciente, las más sin darnos cuenta, siempre en un ida y vuelta modificando tanto como siendo modificados, configurando tanto como siendo configurados.

Los padres y los docentes son generadores de estímulos vitales y muchas veces fundacionales aún sin proponérselo. Debemos mirar allí cuando algo anda mal. La biología ciertamente estará presente pero no es excluyente del otro término de la díada sujeto-medio. Esta es otra manera de expresar el problema naturaleza-cultura (*nature/culture*). Leído atentamente cultura también significa cultivo, crianza, enseñanza.

El progreso aportado por todas las nuevas tecnologías en el campo de la biología, la bioquímica, las neuroimágenes, etc., constantemente agregan nuevos niveles y áreas de conocimiento que obligan a replantear, descartar, crear nuevas hipótesis y teorías para con ellas adquirir certezas temporarias, cual peldaños que nos permitan subir en la escalera del conocimiento. Frente a esto, reiteradamente me aparece la imagen descorazonadora de la Torre de Babel o del horizonte lejano. El aliento y el entusiasmo provienen de reconocer que los nuevos conocimientos tienen su rédito y que lo importante quizás sea el camino en lugar de la meta.

Sabemos ahora que existe una red llamada "default" (por defecto) que está activa cuando estamos inactivos; o el descubrimiento de un sensor muy especial en una minúscula parte de nuestra mucosa olfatoria, el órgano vomeronasal, relacionado con la detección de sustancias vinculadas a estímulos sexuales, que a un nivel biológico básico influencia el acercamiento en búsqueda de pareja reproductiva.

Es importante en este punto reconocer la existencia de un determinante de los aprendizajes, más allá de lo estructural, y es la oportunidad. Por un lado el determinante biológico tiene que ver con la disponibilidad de las estructuras y los mecanismos que lo sostienen; tiene una ontogenia y una evolución con momentos clave para su aparición y desarrollo: la *ventana*. Por el otro, el determinante medioambiental proveedor de los estímulos en tiempo, forma, calidad y cantidad que impulsarán la aparición de conexiones al ser procesados.

Cuando hablemos de aprendizajes y sus alteraciones debemos tener siempre presentes todos estos aspectos sin excepción, lo que nos permitirá hacer una evaluación más precisa y ajustada tanto de los aprendizajes deseables como de las causas de sus desvíos. El corolario será un enfoque integral del problema. Podemos tener deficiencias funcionales, inclusive resultados adversos tanto por falencias en la estructura cognoscente fundacional hasta aquí señalada, como por la no provisión de estímulos en forma sostenida y adecuada; dicho en otros términos, que lleguen efectivamente al receptor y que activen la cadena sináptica pertinente.

Tendemos a ver esto claramente para los aprendizajes llamados pedagógicos y que se dan en el ámbito escolar, pero no resulta a veces tan aparente su presencia en todos los otros aprendizajes que un sujeto hace desde su nacimiento. No son ni más ni menos importantes los aprendizajes vinculados con la utilización de las manos, la marcha bípeda, los hábitos alimenticios, el esquema corporal, que aquellos vinculados a la adquisición del lenguaje, la lectoescritura, las ciencias, las artes y todo aquello que constituirá la cultura humana, para los cuales los primeros son condición de posibilidad de los últimos. Ejemplos paradigmáticos y de nuestro interés son el lenguaje y la constitución del esquema corporal. Sus falencias y desvíos marcarán en forma variable muchas de las otras adquisiciones.

Un área del conocimiento relativamente joven y en franca expansión es la neuro-psico-inmuno-endocrinología, que toma al ser humano como un todo biológicamente integrado y organizado por el sistema nervioso.

Es preciso matizar el reduccionismo de señalar solo al cerebro. Debemos reconocerlo como un órgano fundamental, pero también como parte de un sistema y de un organismo al que contribuye a configurar pero que a su vez lo configura.

Ciertamente hay una base genética para la ontogenia de este maravilloso y complejo órgano y del sistema nervioso en general, que determina su estructura y funcionamiento básico. Tiene que ver especialmente con la síntesis de proteínas que funcionan como señaladores intra e intercelulares y que en el fondo son portadoras de información y el emergente de una forma fundamental de la memoria: la memoria genética. De allí deviene lo que en términos familiares para nuestra época podríamos llamar el "hardware", pero también su expresión en un "software" que determinará su *modus operandi*. Lo que transcurra por él estará dado por el medio en un sentido muy amplio. De esta conjunción se darán los aprendizajes.

Para funcionar, las neuronas deben mantenerse vivas y los neurotransmisores pasar por un complejo proceso de producción, transporte, almacenamiento, liberación, captura, recaptura y destrucción dependiente muy estrechamente de la provisión de energía.

El cerebro, al fin y al cabo, es un órgano en un cuerpo vivo siendo su objetivo un accionar integrador específico, eficiente, eficaz y preciso. Alteraciones en cualquiera de estos procesos serán origen de patologías vistas como distorsión, pérdida o exacerbación de funciones, las que fenomenológicamente observaremos como conductas anormales.

Normalidad, anormalidad, tratamiento

El criterio de normalidad/anormalidad generalmente depende del consenso de expertos o del tratamiento estadístico, que su vez depende de un medio sociocultural en un tiempo y lugar determinados o de la relación de un sujeto con su entorno visto como correctamente adaptativo o disruptivo. Son criterios que están lejos de ser clara y definitivamente establecidos y aceptados. Por eso observamos y debemos tener en cuenta la existencia de culturas diferentes con valores y conductas a veces antagónicos. Desde el punto de vista práctico estas diferencias deben ser respetadas al diseñar instrumentos de evaluación y más aún al intentar comprender, interactuar y eventualmente modificar aquello que parezca inadecuado. No hacerlo implica un acto de violencia inútil.

Una vez aceptada una conducta como anormal, su modificación farmacológica es la base de una variante terapéutica de creciente utilización.

Existe una amplia gama de otras variantes terapéuticas con distinto basamento: la palabra, la motricidad, la manipulación de los estímulos y del entorno y la educación como generadora de aprendizajes más eficientes. Corregir o modificar, son algunos de los verbos que señalan esta actividad terapéutica. Otros señalan una disyuntiva ética: adaptar o liberar.

La diferencia entre las dos grandes líneas de tratamiento, una basada en la biología y la otra en la experiencia y el aprendizaje, estriba en que en el primer caso atribuimos a una alteración biológica inicial, determinante y excluyente la dificultad y actuamos manipulándola en consecuencia. En el otro tipo, la causa del "desarreglo" estaría relacionada con las experiencias del sujeto vistas como aprendizajes anómalos de distinto tipo y por diversas razones. La historia del sujeto puede adquirir relevancia para detectar y corregir esos aprendizajes, modificándolos o reemplazándolos por otros más funcionales o exitosos. Se lo puede hacer de diferentes maneras. Por un lado abordando al sujeto como un procesador de estímulos/respuestas, al que le variaremos los estímulos para lograr modificar las respuestas. Es el fundamento base del abordaje conductista. La otra consiste en valorar la historia individual del sujeto, constitutiva de su subjetividad, según la cuenta él mismo, sus familiares o cuidadores o según las evidencias –señales manifiestas en su conducta actual. Esta historia y las conductas mismas serán tomadas como objeto y subjetivadas por un terapeuta adecuadamente entrenado para poder guiar al sujeto en el conocimiento y comprensión de lo que le sucede. Será un aprendizaje logrado de otro modo y con otros alcances. En esencia, esto es lo caracterizado como abordaje psicoterapéutico con sus variantes.

Hemos seguido hasta aquí un recorrido esencialmente de abajo hacia arriba, es decir, hemos partido de los determinantes biológicos base, que son fundamento del aprendizaje.

Nos quedan por dar algunos pasos en la dirección opuesta, tomando las conductas de mayor complejidad como expresiones del cerebro actuando como un todo.

Enfoque de "arriba hacia abajo"

Podemos ver que casi imperceptiblemente nos hemos ido desplazando de los aprendizajes de abajo hacia arriba en la dirección opuesta.

La esencia de este enfoque de arriba hacia abajo es la recepción y procesamiento de estímulos para producir luego respuestas que son siempre motoras, ya sean movimientos simples o complejos, tal vez modulando los que se están ejecutando o incluso inhibiéndolos. Naturalmente tendemos a sobrevalorar lo que antecede a los movimientos y subvalorar la motilidad en sí, ignorando que no casualmente el desarrollo motor a nivel cerebral precede al desarrollo sensorial. Los primeros movimientos son automáticos y carecen de propósito. El desarrollo sensorial les da *pari pasu* objetivos y propósitos.

En un nivel básico organizativo esta recepción y procesamiento dependerán de dispositivos que lo posibiliten y a los que llamamos dispositivos básicos del aprendizaje. Ellos son la **sensopercepción**, la **motivación**, la **atención**, la **habituación** y la **memoria**.

Debemos visualizarlos encadenados en ese orden, pero reconociendo la reversibilidad del proceso y de un reduccionismo necesario para poder abordarlos en profundidad.

La sensopercepción

Establece la puerta de entrada y elaboración de los estímulos que en un primer paso constituyen sólo sensaciones. Depende en primer

    Guillermo Javier Nogueira

lugar de los receptores-órganos de los sentidos, incluyendo también a los receptores endógenos o propioceptivos. Es básico tener en cuenta el funcionamiento apropiado de dichos receptores ya que su ausencia o falla imposibilita los aprendizajes dependientes de dicho canal. El recorrido inicial hasta la corteza cerebral receptora primaria es segregado y específico según la modalidad. El ejemplo más grosero imaginable es el fracaso de los aprendizajes de un ciego cuando los estímulos son exclusivamente visuales. No es necesario que una falla sea total, ya que por ejemplo fallas visuales parciales como la miopía, el estrabismo, el daltonismo, las fallas de convergencia y muchas otras, si no son tempranamente detectadas, reconocidas y apropiadamente corregidas de ser posible, distorsionarán las sensopercepciones, desajustándolas de eso que llamamos objetos de la realidad. Las pérdidas totales, paradojalmente siendo más graves, son más fáciles de detectar. Una pérdida parcial puede ser confundida con torpeza, desatención, trastorno inespecífico del aprendizaje o de conducta. El impacto que tendrá en la adaptación al medio e inclusive la supervivencia, requerirán de una evaluación exhaustiva para cada caso en particular. Una pérdida acústica puede hacer que los sonidos de una determinada banda no sean oídos. El efecto será similar a escuchar una palabra a la que le faltan letras, sílabas o entonación, o la dificultad para identificar un sonido si está distorsionado como indicativo de algo.

Un juego popular consiste en distorsionar intencionalmente una canción y tratar de adivinar cuál es o quién la canta. Generalmente es muy difícil acertar si la distorsión es importante. Imaginemos también qué puede suceder si la **propiocepción** se altera. Puede ir desde dificultades para realizar cualquier movimiento hasta el desconocimiento de partes de nuestro cuerpo o de la percepción de peligro por la sensación de dolor, con severas consecuencias. Lo mismo para la sed, el hambre y una multitud de sensaciones que se acompañan de estados de ánimo.

Esta descripción ha producido hasta aquí una separación entre sensación y percepción que existe pero que es tan breve que no la percibimos, por ello es más apropiado hablar de **sensopercepción**. El pasaje de una a otra requiere de la participación creciente de más áreas de la corteza cerebral y de otras estructuras cerebrales; ya no solo tendremos así la sensación de un sonido sino que podremos decir si es un ruido, música o palabras, de dónde proviene, qué me significa, qué debo hacer, cuándo y dónde. Recordar que las sensaciones configuran el marcador somático con el que luego podremos asociar percepciones con sentimientos y emociones. El mundo de lo afectivo como base de lo mental y, al decir de Damasio, *"sentir lo que sucede"*.

A esto se le llama **procesamiento central** y requiere un tiempo creciente, dependiente de la complejidad y cantidad de los estímulos. Tiene un correlato en los potenciales evocados de larga latencia, así como la entrada sensorial los tiene con los de corta latencia. Este procesamiento central, cuando está alterado, tiene consecuencias que pueden ir desde un enlentecimiento que hace poco eficiente la elaboración de respuestas, hasta la imposibilidad de establecer asociaciones apropiadas para construir categorías, organizar redes semánticas, atribuir intenciones y planear acciones. A veces las alteraciones pueden ser muy sutiles, difíciles de detectar o diferenciar al igual que sus manifestaciones. Ciertos problemas en la lectoescritura pueden manifestarse por ejemplo como si fueran un trastorno del lenguaje, de la visión, la audición o la atención. Su pesquisa requiere tiempo, ingenio y paciencia.

Una de las funciones cerebrales superiores, las **gnosias**, tienen a la sensopercepción como puerta de entrada. Entendemos por gnosia la capacidad de **re-conocer** algo previamente conocido sensorialmente. Aquella sentencia que afirma que *"nada hay en la mente que no haya pasado por nuestros sentidos"*, en principio es correcta, pero no totalmente, ya que podemos crear objetos mentales que no existen en la realidad perceptible, como por ejemplo un unicornio azul.

En su alteración, las **agnosias**, los objetos y la realidad serán desconocidos o mal reconocidos y por ende nuestra interacción adaptativa será inadecuada. En principio hay tantas gnosias como sentidos y las agnosias compartirán este principio. Dependiendo de cómo las exploremos, descubriremos componentes que llevan a diferentes manifestaciones con diferente compromiso en el aprendizaje. Pensemos qué puede suceder si vemos un león, pero nuestro aprendizaje quedó limitado a su forma, tamaño y color ignorando su nombre, sus posibles conductas y su valor de peligro. También ignoraremos, por ejemplo, si es apropiado o una falsa percepción que lo veamos andando por una avenida. Por otro lado, una sensopercepción alterada puede a su vez impedirnos tener una representación adecuada del león, por ejemplo si no distinguimos su color, su forma, su tipo de movimiento o su rugido. La "sabiduría vulgar" suele usar como señalamiento de evidencia y de corrección el comentario: si está en la selva, tiene cuatro patas, melena y ruge, a no dudar que es un león, no un gato. Una posible interpretación del delirio puede ser entendiéndolo como una falla en esta red de atribuciones, por lo que una gnosia inapropiada o distorsionada erra en advertirnos de las diferencias entre una presentación real apropiada y una que no lo es. En realidad es bastante más complicado, ya que también estarán involucradas formas complejas de las gnosias que entre otras cosas nos permitirán reconocer aquello que proviene del mundo exterior diferenciándolo de lo que proviene del mundo interior o reconocer existencias como reales o imaginarias. Un escalón más profundo lleva a reconocer el yo del no yo, ladrillo fundamental del psiquismo. En relación con nuestro tema de interés, lo importante es reconocer todos estos componentes y posibilidades que vamos adquiriendo, aprendiendo, y que nos permiten logros tan cruciales como la configuración de un aparato psíquico.

Si bien constantemente nos llegan estímulos de diversas características y origen, solo registramos una muy pequeña parte de ellos, de los cuales a su vez una parte pasará a nuestra conciencia y otra permanecerá inconsciente. Esto lo solemos vincular con los **aprendizajes explícitos o implícitos.** Los primeros pasan inexorablemente por la conciencia y por lo tanto podemos dar cuenta de ellos, aunque eventualmente terminen siendo inconscientes. Los otros se han producido sin pasaje por la conciencia y por lo tanto no podremos dar cuenta de su adquisición, más allá de los actos concretos que evidencian su posesión. Son aquellos que adquirimos por copia o imitación y forman gran parte de nuestros aprendizajes. De allí la importancia del entorno del niño, ya que inducirá aprendizajes deseados o indeseados independientemente de que se lo propongan o no. Los gestos, las conductas sociales, los vínculos, son algunos ejemplos. Muchos aprendizajes explícitos se convierten en implícitos si han sido suficientemente reiterados. En este caso los podremos hacer explícitos con un trabajo mental que reconstruya el aprendizaje original.

Resulta imprescindible aclarar un punto fundamental y es el hecho que en el pasaje de sensación a percepción, existe una **modificación o traducción** de la misma. Dicha modificación es producida por el conjunto de conocimientos o experiencias previas junto con su componente afectivo con las cuales oportunamente las categorizamos y archivamos. Esto individualiza ese conjunto de sensaciones iniciales, más aún, son condición de su existencia, por ejemplo lo que determina que frente a un conjunto de objetos reparemos en alguno en particular. Puesto de otra manera. si veo una rosa no guardo una imagen fotográfica de la misma, la que guardo es mi imagen personal de esa flor. Ciertamente mantendrá rasgos característicos por los cuales coincidirá aproximadamente con otras iguales y con la misma flor vista por otros sujetos. Siguiendo el ejemplo, ver una rosa roja en un caso particular puede despertar sentimientos positivos de pasión, pero en otros el dolor de una espina. En ambos casos se ve una rosa, pero cada uno atesora una rosa diferente, su rosa. El interrogante de interés sería por qué vimos, reparamos en la rosa, habiendo otras flores presentes. Este –a mi criterio– es uno de los nudos gordianos a considerar cuando nos planteamos el estudio de los procesos de enseñanza/aprendizaje.

Adquirir gnosias es, en definitiva, fundar valores. Cuando veamos la rosa la acoplaremos a esa pasión si ese fue originalmente el caso, y la rosa pasará a ser un objeto cargado de significados; un símbolo que revivirá esas sensaciones y emociones, a la vez que condicionará su uso cuando consciente o inconscientemente sea elegida para reproducir las mismas en otro sujeto o para evitar tomarla; ha pasado a ser un objeto poseedor de ciertos valores para una persona dada, atribuido por y para ella. Tenemos versiones personales del mundo, en lugar de copias fieles.

Quizás esta sea una de las muestras básicas de creatividad que todos poseemos y también una fuente de errores. Creamos mundos personales más o menos fieles al mundo percibido. Es probable que esta característica esté en la base de eso que llamamos libertad o libre albedrío: escoger de la realidad, nuestra versión y otras disponibles que incluso pueden estar en conflicto. La manera en que lo hagamos, usando apropiadamente los recursos al alcance junto con la abundancia y calidad de los mismos, es lo que personalmente creo representa la inteligencia de un individuo. Esto está lejos de un valor numérico arbitrario y de la necesidad de subdivisiones, a veces también arbitrarias.

Es fundamental pensar en la complejidad de todo este proceso y en las posibilidades de fallas tanto en la construcción como en su recuperación y uso y en la intervención del sistema nervioso como un todo; procesamos en redes y es un equívoco frecuente pensar que hacemos determinadas cosas solo con una parte de él, o que solo usamos una parte reducida. Cada parte de una red lleva a otras y cada una agrega, quita o modifica hasta lograr el producto final. Su emergencia o uso también tiene que ver y representa otros circuitos. La información en una red no termina en ninguna parte, circula y puede ser **reverberante, reentrante** o **recursiva.** Esta es una característica fundamental que determina las múltiples funciones que el sistema nervioso puede desarrollar. La complejidad se incrementa si pensamos que el sistema es plástico y por lo tanto las redes y circuitos varían constantemente. Las zonas evidenciadas por las neuroimágenes, solo muestran nodos, redes o los tractos-vías que los conectan y están activos en un momento determinado.

La elección de los estímulos a los que atender depende también en forma encadenada de la **motivación** y la **atención**, ya que no somos sujetos exclusivamente pasivos ante la llegada de los estímulos. Si bien los atributos de los mismos pueden condicionar nuestra respuesta a ellos, también la respuesta puede estar condicionada *a priori* por ciertas características personales de nuestras experiencias y conocimiento previos.

La motivación

Definir la motivación es tema de debate. Solemos expresarla con un "me gusta", "me interesa", "porque sí", "me resulta importante", "lo deseo",

     Guillermo Javier Nogueira

"lo necesito" y la más común y fuente de argumentos filosóficos: "porque se me da la gana o porque tengo *voluntad*".

Todas estas variantes suponen el libre albedrío, la autodeterminación, el ser movientes y no movidos. Luego de expresiones como la de Freud –"el hombre no es amo en su casa"–, de Lacan –"somos hablados"– o Borges –"somos un sueño soñado por otro"– se hace muy difícil pensar la motivación como algo generado "de novo" por el sujeto.

Desde las neurociencias tenemos en cuenta que el cerebro está en una incesante búsqueda de novedades, está movido por un vacío que es obligatorio llenar. Existe una desconfianza básica a lo desconocido, asociada a la curiosidad, vivenciada como necesidad de exploración, precisamente para conocer y actuar en consecuencia; guiado por la desconfianza se avanza, y en ese avance a veces nos va la vida. Por otra parte nuestras conductas tienen intencionalidad, objetivos. Ellos serán origen de nuestro interés por traer al plano de la conciencia determinados aspectos del mundo que nos rodea. Vinculado con todo esto, están nada más ni nada menos que las ideas del libre albedrío, la moral y la ética. Desde la mirada de la psicología popular, es la vivencia que tenemos de ser movientes, ejecutantes por decisión propia, con razones aparentes o no, pero siempre desde nuestro yo. Agazapado está el problema del determinismo, negador de nuestra capacidad de decisión y el inconsciente.

El descubrimiento de las neuronas espejo que se activan ante la observación de la ejecución de ciertos actos por otros sujetos, ubicadas en zonas cerebrales del comando de la ejecución de dichos actos, pone en tela de juicio la capacidad de decidir espontáneamente o, por el contrario, hasta dónde hemos hecho un aprendizaje implícito que nos permite anticipar y sentir lo mismo que siente el sujeto al que observamos. La llamada teoría de la mente (ToM). Aspectos positivos de ella serían la rapidez con que podemos ponernos en el lugar del otro y utilizar esa información en forma ventajosa para interaccionar socialmente. Del lado negativo estaría que al no pasar por nuestra conciencia, serían aprendizajes implícitos fuera de nuestro control racional; aparecerán como automatismos reflejos con la posibilidad de error y engaño. Esto plantea un grave problema, ya que la responsabilidad de nuestras decisiones puede ser puesta en duda y por ende la de nuestros errores. En realidad, la responsabilidad, el libre albedrío, la moral y la ética, estarían asociadas a procesos inhibitorios por los que excluimos algunos cursos de acción y la tendencia a ir hacia. Parecería que estamos en presencia de múltiples excitaciones a las que debemos oponer inhibiciones selectivas. Existiría una ventaja evolutiva en la ToM y la empatía al privilegiar la cooperación y la conducta social.

Un niño interaccionando con sus padres, sus pares y sus docentes debe plantearnos el interrogante acerca de cuánto y qué de lo que aprende dependen de nuestra enseñanza explicitada, pautada, pensada, y cuánto de la simple ejecución de actos en su presencia, muchos de los cuales no han sido previstos por los ejecutantes. Creo que somos una mezcla variable e individual de ambas opciones.

La atención

La atención, que no es una sola, consiste en esencia en enfocar nuestra sensopercepción en un determinado objeto en un determinado lugar y momento, por un período de tiempo, trayéndolo a nuestra conciencia, al mismo tiempo que inhibiendo otros estímulos presentes considerados como no significativos y a los que llamamos distractores. Es fácil darse cuenta de que la atención puede ser enfocada bruscamente dependiendo de la valencia afectiva, novedad e intensidad del estímulo o de una manera selectiva y sostenida dependiente de nuestra propia valoración e interés por el estímulo en un determinado momento y contexto. Puedo gritar y salir corriendo al ver una llamarada, puedo escuchar la radio y elegir un programa o usarla como sonido de "fondo", o puedo sentarme a escribir un capítulo de este libro, ignorando todas las otras opciones o circunstancias. Es evidente aquí el vínculo con la motivación. La atención es lo que permite hacerla efectiva.

La habituación

La **habituación** es el mecanismo por el que la **reiteración** de un estímulo en determinadas circunstancias de tiempo, atención y motivación, lleva a que lo incorporemos como conocido, es decir, aprendido y aprehendido. Pavlov da forma a esta idea al demostrar el aprendizaje de novo, es decir la aparición de una conducta ante un estímulo que normalmente no la produciría: segregar jugo gástrico ante un sonido. El aprendizaje consistió en asociar el sonido con la comida. Finalmente el sonido produce el mismo efecto que la presencia de la comida: el reflejo condicionado. Es un aprendizaje implícito muy básico, seguramente presente en conductas de supervivencia: aparto mi mano de una brasa ardiente prestamente y sin ninguna elaboración. Es más, las descripciones originales de Sherrington apuntaban a una integración muy directa y con pocas neuronas intervinientes a nivel medular. Solemos confundir las explicaciones o justificaciones *a posteriori* con decisiones conscientes *a priori*. Existen formas más elaboradas como son los condicionamientos instrumentales en los que el aprendizaje es favorecido y direccionado por la presencia de recompensas o castigos: un caramelo si me porto bien en determinada circunstancia o una penitencia si no lo hago. Comida si el

Guillermo Javier Nogueira

animal aprieta una determinada palanca, descarga eléctrica si presiona otra. Esto puede ser más complejo en tanto que el animal puede presionar un control para obtener una recompensa que le es más placentera que otra a pesar del castigo. El condicionamiento dependerá de un número suficiente de repeticiones, en una relación temporal específica y por supuesto del valor de la conducta invariante y el estímulo condicionante. El mismo Sherrington postulaba la complejización de este mecanismo reflejo por el aditamento "en capas" de estructuras cerebrales que sin dejar de ser enjambres de reflejos, tendrían la posibilidad de un mayor control y ajuste.

No siempre se advierte esto cuando se promueven aprendizajes sin suficientes repeticiones, hecho en tiempos breves y circunstancias aleatorias y sin valor (placer- recompensa o displacer-castigo).

El condicionamiento y la habituación pueden extinguirse en función de la ausencia de estímulos reforzadores, del tiempo transcurrido, del reemplazo por otros condicionamientos y de la valencia, frecuencia y circunstancias de nuevos estímulos. Esto subyace a algunos abordajes terapéuticos o modificadores de aprendizajes. También subyace a la propaganda y el marketing y hace que estímulos muy repetidos, superado un cierto umbral desaparezcan de nuestra conciencia y su efecto se atenúe o igualmente desaparezca. Existe una frecuencia óptima que lleva a la construcción de memorias y aprendizajes y su ulterior archivo fuera de la conciencia, por ejemplo la desaparición de ruidos que dejan de tener significado como el goteo de una canilla, algunos ruidos del tráfico o la reiteración excesiva de un anuncio publicitario. Su valor es homeostático ya que libera nuestra atención permitiendo la entrada de nuevos estímulos.

La memoria

Es en realidad el soporte y sostén de todo el funcionamiento de un ser humano a partir del ADN como memoria biológica. No hay aprendizajes posibles si no están intactas las memorias pertinentes, conocidas y sistematizadas como de trabajo, de corto y largo plazo junto con los mecanismos de pasaje y recuperación. Podremos encontrar tantas memorias como preguntas formulemos y de allí surgen otras denominaciones como implícitas, explícitas, biográfica, prospectiva, icónica, episódica, semántica, anterógrada, retrógrada. Siempre hay una memoria subyacente, desde la biológica en los genes, hasta los componentes determinantes de una conducta. Se encuentran en la base de cualquier función que exploremos y podemos, eventual e hipotéticamente, referirla a cada ítem de conocimiento. Dependemos tanto del acceso y uso de las memorias existentes como de su estabilización o de la creación de nuevas. Es un proceso constante, preciso y complejo, por ello también muy vulnerable. No es localizable en un solo lugar del cerebro si bien podemos considerar que hay estructuras, nodos y redes especializados en algún aspecto particular. Podemos recordar un poema, pero además debemos recordar las palabras y su secuencia, las sílabas y las letras que las componen, su significado, quién lo compuso, dónde, cuándo, cómo y de quién lo aprendimos, por qué lo hicimos y qué sentimientos-sensaciones nos provocó al aprenderlo y al evocarlo. De manera notablemente eficiente lo memorizamos como un todo, como paquetes de información-conocimiento que al ser evocados reaparecen también como un todo desmenuzable si es necesario.

El olvido es la pérdida temporaria de una memoria. Es condición de posibilidad para la adquisición de nuevas memorias. De lo contrario sufriríamos los tormentos de Funes el Memorioso de Borges. La amnesia, por el contrario, nos habla de su patología. Puede ser ocasionalmente reversible aunque raramente, si acaso alguna vez, lo hace *ad integrum*. Ciertas pérdidas y recuperaciones nos dan una idea de los contenidos del archivo y de la secuencia temporal de las adquisiciones y pérdidas. Los traumatismos de cráneo son muy ilustrativos al respecto. El sujeto puede no recordar el impacto en sí, pero tener muy presente todo lo anterior, incluyendo no sólo sus actividades sino también su identidad e historia personal; por el contrario, puede no recordar lapsos variables de tiempo a partir del accidente (amnesia anterógrada, que en realidad es una incapacidad de incorporar nuevos registros) o inclusive su identidad e historia. Hay casos en los que el sujeto sólo recuerda un período remoto de su pasado, a partir del cual queda un vacío que incluye su propia identidad tal como había sido construida. En otros casos el paciente vive en un eterno presente ya que no puede registrar lo que le sucede y por ende no puede construir un pasado. El hecho de que no se observen pérdidas ni recuperaciones totales habla a favor de una amplia distribución y no de un archivo único. Las patologías extensas como algunas demencias, secuelas de meningoencefalitis, episodios de anoxoisquemia severos y algunas alteraciones metabólicas o tóxicas son la excepción con pérdidas globales de memoria. El sujeto no registra, pierde lo registrado y además no puede evocar. Son devastadoras y anulan la posibilidad de aprendizajes. Sólo mantienen y no siempre o por tiempo prolongado, aquellas que son soporte de funciones vitales a las que nos referimos al hablar de sinapsis comprometidas. En realidad solo va quedando la memoria genética.

La base biológica de la memoria es un cambio de duración variable en las sinapsis, basado en la creación de nuevas conexiones, modificación

   Guillermo Javier Nogueira

de las existentes o consolidación de las mismas. E. Kandel aportó datos fundamentales a nivel molecular. El camino ascendente (*bottom up*) es menos claro pero en principio podemos suponer que los cambios en las conexiones crean nuevas redes o producen un uso diferente de las ya existentes. Una manera interesante de imaginarnos esto es pensar la memoria como un palimpsesto, una pintura sobre otra ya existente. La última es la que aparece, pero existen otras subyacentes relacionadas, a veces idénticas o semejantes, en cuyo caso la nueva es la fácilmente evocable, en tanto que las otras pueden hacerlo con un trabajo generalmente consciente y bajo ciertas condiciones. Un ejemplo es la imagen actual de un rostro y la identificación de la persona a quien pertenece. Nos manejamos con la imagen actual, pero la anterior es conservada al menos en sus características determinantes vinculada con todos sus atributos, entre ellos el nombre y su valor afectivo.

Un ejemplo ilustrativo de la importancia de estos dispositivos es la vivencia de familiaridad como la describe Goldar. La misma es constitutiva de las gnosias ayudándonos a determinar conductas de aproximación, ataque o huída.

Quiero remarcar el valor integrado de estos dispositivos como base de organizaciones más complejas a las que llamamos de diversas maneras según el modelo de abordaje que usemos. Personalmente prefiero seguir llamándolas funciones cerebrales superiores equivalentes a las *high cortical functions* de la literatura anglosajona, dada su utilidad docente, sin dejar de reconocer que, como toda clasificación, tiene sus limitaciones y su cuota de arbitrariedad. En otro modelo hablaríamos de dominios o funciones cognitivas.

Dentro de la temática que nos convoca en este libro, suele plantearse el interrogante de cuáles de estos dispositivos son más importantes. Todos lo son, pero hay dos que son insustituibles y condicionan seriamente los aprendizajes: la sensopercepción y la memoria. Puedo aprender aun siendo desatento, estando poco motivado o sin pasar por un proceso de habituación. Ciertamente los aprendizajes no serán ideales o perfectos pero son posibles e inclusive útiles. Por el contrario, la carencia o alteraciones de las sensopercepciones o las memorias, los hace muy deficientes, poco útiles o imposibles. Enseñar a cantar a un sordo de nacimiento es casi imposible, aunque podamos enseñarle a reconocer sonidos transensorialmente. Recordemos la bailarina que lo hacía siguiendo lo música según una peculiar percepción de la misma a través de las vibraciones del escenario.

Enseñar cualquier cosa a una persona cuya memoria de corto plazo no llega a tres unidades de información o cuya memoria de largo plazo no pueda retener nada de lo que se intenta transferir desde la memoria de corto plazo, o que no puede hacer el camino inverso para su recuperación, es también una tarea imposible. El sujeto vive en un presente muy breve, no retiene e inclusive puede no haber construido o haber perdido su propia identidad. Su aparato psíquico será fragmentario y disfuncional. Muchas patologías pueden ser entendidas desde esta perspectiva: la construcción de un aparato psíquico defectuoso con el cual intentar ser en el mundo. Algunas patologías circunscriptas pueden dejar preservados islotes o aún la capacidad de procesamiento central tal como lo describe Oliver Sacks en muchos de sus pacientes. Aunque parece contraintuitivo, para que haya recuerdos debe haber olvidos. La manera en que olvidamos es objeto de estudio reciente que pone el foco ahora en la otra cara de la memoria.

Hasta aquí los dispositivos básicos del aprendizaje. Son constitutivos de los aprendizajes pero no dependen de aprendizajes. Son condición de posibilidad de los mismos con los que venimos dotados desde la concepción.

Las funciones cerebrales superiores

En un nivel superior, pero tomándolos como basamento, se desarrollan las llamadas funciones cerebrales superiores, las que sí son aprendidas y que deben ser vistas como las herramientas con que nos insertamos en el mundo y a las que he aludido anteriormente. Son ellas las gnosias, las praxias y el lenguaje; a las que agregaría las funciones ejecutivas, que han ido adquiriendo mayor relevancia en las últimas décadas.

La denominación de funciones corticales superiores hoy en día es insuficiente, ya que hay estructuras subcorticales implicadas y además hay una creciente literatura valorizando el rol de la sustancia blanca, considerada ya no como un conjunto de fibras conectando diferentes estructuras, sino como sede de algunas funciones propias.

Las funciones cerebrales superiores son, a su vez, las que posibilitan nuestras conductas más complejas y las que diferencian al ser humano del resto de los animales.

Ya hemos aludido y definido a las **gnosias** como la capacidad de re-conocer algo previamente conocido a través de un canal sensorial. En un sentido todos somos agnósicos al nacer y podemos mantener algunas agnosias toda nuestra vida por no haber estado expuestos a algún estímulo determinado o haber estado impedidos de hacer el aprendizaje correspondiente. Ningún niño nace siendo capaz de reconocer un tigre, algunos con un nivel educacional bajo pueden no reconocerlo nunca y otros con igual nivel, nacidos en Sri Lanka, lo reconocerán a temprana edad pues hay tigres en los bosques donde sus padres van a buscar miel

Guillermo Javier Nogueira

y suelen ser víctimas de los mismos. Podemos ser agnósicos para una sinfonía que no hayamos escuchado nunca. En estos casos las agnosias son manifestaciones de ignorancia. Por el contrario, la agnosia verdadera se da cuando no podemos re-conocer algo que antes conocíamos. Antes de atribuir el no reconocimiento a una patología, debemos estar seguros de que el sujeto entiende lo que debe hacer, desea hacerlo y no tiene alterada su conciencia o su aparato sensorial. Será inútil pedirle a un niño que identifique un objeto si no entiende la orden, no quiere o le interesa responder, si está adormecido, drogado, confuso o si tiene un defecto sensorial. Por ello toda evaluación de los gnosias debe recorrer este camino.

Hay tantas gnosias como modalidades sensoriales poseamos. Van de simples a complejas, como por ejemplo reconocer el dibujo de un cuadrado o una pintura de Cezanne; el sonido de un pito o el aria de La Traviata. Las alteraciones pueden ser parciales o absolutas y así un sujeto puede reconocer un objeto representado en su forma y posición más común, llamada canónica y no hacerlo cuando se le presenta en formas y posiciones no habituales. Este es un buen ejemplo del valor de la educación y la riqueza de los aprendizajes que permiten reconstruir mentalmente a partir de formas canónicas, una forma no canónica e identificarla correctamente, o completar y reconocer una figura a la que se le han suprimido o borroneado algunas partes. Su riqueza también subyace en la creatividad.

Por su parte, las **praxias** consisten en la posibilidad de ejecutar un acto motor tendiente a un fin: caminar, escribir, comer, leer, etc. Incluyen los gestos y también el uso de objetos. Martillar, tejer, tocar un instrumento son denominadas transitivas. Aquí también debe haber un aprendizaje previo. Es decir, todos somos apráxicos al nacer y podemos seguir siéndolo toda la vida. Nacemos sin saber caminar y podemos no aprender nunca a bailar o hacerlo torpemente. La torpeza es precisamente una ejecución práxicamente deficiente o, dicho de otro modo, una apraxia.

Las praxias van ligadas a las gnosias, ya que es imposible ejecutar un acto si no identificamos el objeto necesario hacia el que va dirigida la acción. Cuando construimos gnosias no solo aprendemos a identificar objetos sino también a conocer su uso (aspecto motor) y su valor en cualquier escala axiológica que conozcamos. En conjunto aprendemos a saber qué es, cómo se llama, para qué sirve, cómo se usa y si es valioso o no. En el niño gnosias y praxias van unidas y por ello es apropiado hablar de funciones gnosicopráxicas. El niño simultáneamente conoce y manipula para conocer y usar.

Ahora bien, en cuanto al **lenguaje**, hay que decir que merece un texto sólo para él, de modo que me limitaré a señalar aquello que me parece esencial.

En principio considero importante distinguir el lenguaje del habla. El primero es una función por la cual podemos representar de manera simbólica todas nuestras sensopercepciones. Representar no significa solamente darles un nombre, sino introducirlas en campos semánticos con todos sus atributos, lo que nos permite clasificar y ordenar en categorías, establecer comparaciones y merced a ellas, razonar. Representar es imaginar, es decir, crear imágenes con las que los objetos se nos hacen conscientes ya sea proviniendo de nuestras sensopercepciones exteriores o de nuestro mundo interior. Lo que diferencia el lenguaje humano de otros, es que podemos hacer todas estas manipulaciones en ausencia del objeto o las circunstancias que le dieron origen. Podemos pensar una silla, un insecto o un sentimiento en ausencia de los mismos. Esto incrementa enormemente nuestra capacidad de razonar al mismo tiempo que permite hipotetizar, hacer predicciones, conjeturar, dar sentido e intencionalidad a nuestras conductas.

A su vez la posesión de un lenguaje posibilita y hace muy rica y variada nuestra interacción social cuando hacemos uso de ese código compartido al que llamamos lengua. Ese uso es una de las funciones que generalmente se toman como sinónimo de lenguaje: la comunicación. Con el lenguaje podemos dirigir, ordenar, injuriar, halagar, mentir, sugerir, despreciar, mostrar u ocultar, alabar, aclarar o enturbiar, educar o mantener la ignorancia, advertir e infinidad de cosas más.

Lo aprendemos, si bien hay discrepancias teóricas respecto del cómo. Estas discrepancias van desde el modelo chomskiano como un dispositivo innato y universal al piagetiano como un aprendizaje evolutivo, por etapas según sucesivas asimilaciones.

Es fundamental reconocer su papel rector para el aprendizaje de las otras funciones cerebrales superiores. El lactante repite y ensaya sonidos a los que gradualmente y merced al juego de la mirada compartida con su madre o cuidador va perfeccionando y dándole un contenido semántico. Una sucesión de sonidos repetidos se vinculan con una imagen y con lo que esa imagen representa. Aquí hay una construcción muy compleja. El niño ve el objeto y a su madre que mira al mismo objeto, oye un sonido que cada vez es más rico y representa más cosas: "La papa del nene", "Hola, bebé", "Mi bebé", "Mirá la pelota"; y, en una gradual transición, "qué rica galletita te voy a dar, Clemente", "Hola, Clemente", "el bebé de mamá y papá", "tomá la pelota", "dame un beso", "¿dónde está la pelota?", "¿Quién se comió el chocolatín", "¿Cómo te llamás?", "¡Mirá quien vino!", "¿Querés la leche con cereales o con chocolate?", "Ahora vas a dibujar

    Guillermo Javier Nogueira

una casita"; y así en una espiral por momentos vertiginosa en que ha ido asociando sonidos, consistencias, sabores, olores, placeres y dolores, exploración y uso, libertad y sujeción a reglas. También aprende que lo puede usar independientemente y en su beneficio individual o social.

Su desarrollo va en paralelo con el desarrollo cerebral y con la aparición de conductas de creciente complejidad. Decimos que un niño está en posesión de un lenguaje cuando por ejemplo posee juego imaginativo (simbólico). Es el lenguaje el que hace que esa maderita que se desplaza sea un auto. Por ello las fallas en el lenguaje son siempre muy importantes y raramente se dan aisladas. Pueden acompañar a otros déficits o ser causa de ellos. Muchas veces un niño con alteraciones del lenguaje es confundido como hipoacúsico, desatento, desobediente o torpe. Es mandatorio evaluar estas posibilidades antes de formular un diagnóstico de trastorno del lenguaje, de lo contrario haremos un planteo terapéutico equivocado.

Existen formas del lenguaje que conocemos como escrito, gestual, iconográfico. En el ámbito del aprendizaje escolar es el lenguaje escrito y su complemento inseparable la lectura el que ofrece un vasto muestrario de dificultades en las que veremos muchas veces aparecer los dispositivos básicos y las otras funciones cerebrales superiores. Un niño puede escribir y leer mal porque no puede construir las gnosias y praxias para reconocer los símbolos y guiar sus movimientos para reproducirlos en forma apropiada.

El problema puede ser tan grave que al no reconocer los grafos tampoco pueda reconocer lo que ellos significan, es decir, no podrán construir una semántica eficiente y estable. En la lectoescritura se conjugan también funciones del cerebro no ligadas específicamente al lenguaje pero que lo posibilitan, como son por ejemplo la mirada conjugada y el movimiento coordinado de ojos y manos para ir de izquierda a derecha y en cierto orden y velocidad. Esto implica la posesión de un esquema corporal, un dominio del espacio, una coordinación y secuenciación apropiadas, así como un aparato psíquico: soy yo el que escribe/lee, y lo hago por tales o cuales razones. Aquí el lóbulo frontal y las estructuras subcorticales incluyendo el cerebelo tienen un rol muy importante.

Debemos también tener muy presente que el aprendizaje de la lectoescritura implica la imposición de reglas arbitrarias que el niño puede tener una tendencia natural a ignorar e inclusive rechazar. La motivación, el rol del ejemplo valioso, la demostración de la utilidad y ventajas deben ser administrados eficientemente por el docente para aprovechar la curiosidad natural del niño y lograr su participación activa en lugar de la simple "copia" obediente. La lectoescritura es muy onerosa cognitivamente, por ello en la antigua Grecia algún filósofo negaba su utilidad por considerarla una distracción para la memoria y por ello favorecía la tradición oral. En tanto que aprender el lenguaje oral solo requiere asociar sonidos y las reglas de asociación, la lectoescritura requiere mucho más, como es la traducción de fonema a grafema, su recorrido inverso y el aprendizaje gnósicopráxico de un conjunto de símbolos arbitrarios que no solo representarán las palabras oídas sino también la prosodia y la pragmática.

El lenguaje gestual tiene importancia en tanto que está basado en aprendizajes predominantemente implícitos. Representará aspectos más emocionales o motivaciones inconscientes, reveladoras de intenciones, estados de ánimo, deseos y rechazos provenientes del medio familiar y de la cultura. Puede mostrarnos aquello que el lenguaje oral o escrito no dice u oculta y que es importante tener en cuenta al analizar las dificultades del aprendizaje en general o del aprendizaje particular del lenguaje. También puede ser una herramienta comunicacional a aprovechar cuando otros medios fallan o no existen. Los gestos son procesados como lenguaje ampliado y en ese caso difieren por ejemplo del lenguaje de señas. Este último utiliza dispositivos y estructuras básicas del lenguaje en sentido lato y en ese caso las posturas o gestos de las manos representan concretamente palabras. Existe una experiencia interesante al respecto realizada con personas que utilizan el lenguaje de señas y que cuando sufren una lesión cerebral en el hemisferio izquierdo funcionan como afásicos en sus gestos y no pueden ser comprendidos por sus interlocutores, en cambio si la lesión es a derecha, las señas se alteran por fallas de tipo práxico, pero son comprensibles como lenguaje.

Una manera de poder apreciar todos estos aspectos es observando a bailarinas, mimos o actores, prestando atención a sus manos, rostros, postura, tono de la voz, cadencias, etc.

Cercanos pero con circuitos diferentes van el lenguaje musical y las matemáticas, que suelen tener afectaciones particulares evidentes si son muy groseras o pasar desapercibidas si son más sutiles o no se las explora.

El lenguaje es la diana de alerta temprana para las dificultades de aprendizaje posteriores. Adquiere relevancia ya que es el entorno familiar en el que se dan los pasos fundacionales del mismo. El medio socioeconómico bajo va de la mano con la precariedad del lenguaje en padres e hijos que la escuela generalmente no logra compensar en su totalidad. Lenguaje, pensamiento y razonamiento van de la mano, de allí su enorme importancia.

Dado su origen en la neurología, el conocimiento del lenguaje se fue dando por la observación en las patologías. Broca y Wernicke caracterizan dos tipos particulares de alteraciones, las afasias, y las vinculan con lesiones anteriores y posteriores del hemisferio izquierdo. Esto aún sigue

　　　　　　　　　　　　　　　　　　　Guillermo Javier Nogueira

siendo valedero, no obstante, la aparición de nuevos métodos de estudio *in vivo* y la observación más detallada de su producción, aprendizaje y aspectos lingüísticos, ha mostrado la participación de otras áreas del cerebro en adición a las señaladas originalmente; así los lóbulos frontales y el hemisferio derecho surgen con componentes importantes como la prosodia, el uso de los verbos y los aspectos emocionales. El viejo localizacionismo queda subyacente a un modelo más rico y complejo como el de las redes distribuidas y sus nodos.

Las **funciones ejecutivas** son definidas de forma variable, pero en esencia son aquellas que nos permiten guiar nuestros actos en pos de objetivos en tiempo y forma, guiados por la experiencia pasada y adecuándolos al contexto. Regulan nuestra conducta social aprobando o inhibiendo en función de objetivos, circunstancias y experiencia previa. Permiten hacer predicciones de los resultados esperables según las acciones. Armonizan deseos y necesidades con posibilidades, según valores, momento, contexto, antecedentes y juicio de realidad. Generan nuestra habilidad para planificar y controlar conductas dirigidas al resultado y, tal como señala Karl Pribram, comprobar "lo que se ha hecho".

Es un constructo que admite varias definiciones, métodos de evaluación y atribuciones funcionales. Si bien depende mucho del funcionamiento de los lóbulos frontales y en particular de su parte anterior, el prefrontal, intervienen muchas otras estructuras. Es un error frecuente atribuir una amplia gama de conductas normales y patológicas a disfunciones ejecutivas e inclusive a homologarlas incorrectamente como disfunciones frontales. Prácticamente toda la información procesada por el cerebro pasa por el lóbulo frontal en forma directa, indirecta o configurando circuitos córtico subcorticales reverberantes. De allí su rol tan importante para la coordinación, control y ejecución. La metáfora del director de orquesta me parece muy apropiada con fines docentes. Conoce todos los instrumentos, la partitura y controla la ejecución sin tocar personalmente ninguno. En el cerebro es una estructura que trabaja con los aportes del resto, al igual que el director que no toca ningún instrumento pero habilita a la orquesta para hacerlo, siguiendo una partitura a la que puede darle una impronta personal sin apartarse radicalmente de ella. Es la función preeminente en un sistema organizado estratigráficamente en el que representa el estamento superior que depende y está constituido por los subyacentes a los cuales controla. Joaquín Fuster rechaza esta metáfora ya que considera que el lóbulo frontal integra más que dirige.

Tanto las funciones ejecutivas como los lóbulos frontales están asociados a las conductas humanas más elevadas. A grandes trazos se los puede considerar como el *locus* y la red que nos caracteriza como humanos y racionales.

Por todo esto creo es errado buscar determinantes ejecutivos a cualquier conducta patológica. Una orquesta puede fallar por tener malos instrumentos, tocar en un local con mala acústica, utilizar un repertorio no acorde con el público, incapacidad de uno, varios o todos los músicos, como así también del director. Por lo tanto siempre podremos echarle culpas al director por el producto final sin considerar el resto de las contribuciones. Eso no ayudará a entender y resolver el problema.

Para poder desarrollar todas estas tareas el cerebro posee una organización espacial y otra jerárquica. Desde el punto de vista espacial las vías de entrada de los estímulos, lo sensorial, tienen su origen en receptores periféricos que producen una transducción inicial de la energía que detectan por ser sensibles específicamente a ella según su diseño y la transforman en potenciales de acción, que como vimos son las señales eléctricas con las cuales se comunican las neuronas. Así se comienza a codificar la información que es llevada a las zonas primarias de la corteza destinadas a cada canal sensorial. Cada sentido tiene una zona cortical bien delimitada. En general las zonas corticales sensoriales ocupan regiones posteriores del cerebro. Debemos recordar que hay modalidades sensoriales muy importantes y que provienen del propio cuerpo y que aportan a percepciones tan importantes como las de nuestro esquema corporal, nuestra imagen corporal, nuestro yo, nuestra identidad, nuestra ubicación en el espacio y nuestro movimiento; resumiendo: quiénes somos, cómo somos, dónde estamos y qué hacemos. Al decir percepciones ya estoy implicando un proceso de integración y entrecruzamiento de estas modalidades sensoriales básicas que se efectúa por un pasaje a regiones que gradualmente se van alejando de esta zona cortical primaria. Son las zonas secundarias y finalmente la corteza de asociación. La corteza primaria es monomodal, las cortezas de asociación son multimodales. Es en ella donde se forjan las percepciones, la integración multisensorial. Allí construimos conocimientos en nuestra interacción con el mundo. Cuando estos conocimientos son conservados, aprendidos, memorizados, nos permiten ante una nueva presencia cotejarla y reconocerla como igual, semejante o diferente, decimos entonces que poseemos gnosias y con ellas desarrollamos la vivencia de familiaridad, fundamental para manejarnos en nuestro entorno. Construir gnosias adecuadas significará un buen ajuste al medio y una mejor capacidad de supervivencia e interacciones sociales. Si seguimos avanzando y agregando más estructuras cerebrales, veremos que esta entrada sensorial transformada en percepciones adquiere grados mayores de complejidad, por ejemplo, no solo reconoceremos un objeto, sino que sabremos si es

Guillermo Javier Nogueira

un ser vivo o un objeto inanimado, si me interesa o no, si me produce agrado o desagrado, si es comestible o no. En otros términos, qué es, dónde está, para qué sirve, cómo se usa y si me interesa o no; qué valor tiene. Si debo producir una respuesta, consideraré si esta será inmediata y de qué tipo y con qué objetivo.

Llegando a este punto, me he deslizado incorporando más y más estructuras, algunas vitales como el sistema límbico en general, que darán ese marco fundamental de valores tales como seguridad, peligro, apetencias, rechazos, placer, displacer, conveniencia o riesgo. ¿Cómo hacemos esto? Tenemos algunos atisbos en eso que Damasio ha dado en llamar *el marcador somático* y que no son ni más ni menos que las modificaciones corporales que acompañan nuestras sensopercepciones. Resumido en el título de uno de sus libros: *Sentir lo que sucede*, o en otros términos, cuando tenemos miedo o somos felices no sentimos "el miedo" o "la felicidad" sino que sentimos lo que sentimos cuando estamos asustados o somos felices: calor, rubor, taquicardia, sudoración, dolor de abdomen, etc. Esto ha sido fruto de un aprendizaje una primera vez, tanto en la evolución de la especie como en la ontogenia del sujeto ante circunstancias similares reiteradas en el tiempo. Frente a situaciones similares o parecidas experimentaremos lo mismo; luego, y con la imprescindible intervención de áreas corticales, denominaremos a esas sensaciones miedo o felicidad, y a través de su semántica las tendremos disponibles para articularlas en nuestra simbolización lingüística de "lo que sucede". La magnitud de esta tarea está reflejada en la extensión de las zonas cerebrales de asociación que ocupan la mayor parte de la corteza.

La adjudicación de valores es un aspecto crucial de los aprendizajes; su correlato en el cuerpo para cualquier fuente de estímulos y su atribución simbólica a través del lenguaje, serán determinantes de la dirección y tipo de nuestras conductas-respuestas, es decir, nuestra manera de ser en el mundo.

Resumen

Aprendemos con nuestro cerebro y merced a su estructura y organización. Es un proceso constante que tiene etapas y posibilidades delimitadas y que incluye tanto crecimiento y desarrollo como recortes o podas. Se mantiene constantemente hasta la muerte, aunque su eficacia, capacidad y velocidad decaen gradualmente entre otras razones en función del menor estímulo, interés y dedicación a nuevos aprendizajes. La estructura cerebral y su modo de funcionamiento determinan los aprendizajes frente a los estímulos y posibilidades del medio. No estamos equipados para aprender cualquier cosa, de cualquier manera y en cualquier momento. Sobre una estructura predeterminada actuarán los estímulos que serán procesados con una mezcla de determinismo y aleatoriedad. Es plástico, configura y es configurado, siendo el medio el que introduce los contenidos y la cultura. Su influencia puede condicionar hasta la misma subsistencia.

Finalmente podemos evaluar neuronas y circuitos *in vivo*, en forma no invasiva; por ello podemos intentar conocer qué sucede cuando estamos realizando cualquier conducta, aún las más complejas. También podemos recorrer el camino inverso y estimular magnéticamente diferentes áreas cerebrales y ver qué conductas reproducimos o modificamos, una fascinante ventana a un futuro que se acelera y enriquece.

Un toque de cautela es necesario dado que todo método es un artificio, no un equivalente directo del objeto de estudio, sino una construcción y traducción del mismo en función de variables operadas a tal fin. Inevitablemente siempre presenta un margen de error posible con fallas y limitaciones técnicas. El límite de tiempo entre el método experimental y el procesamiento cerebral es aún discordante. Dependemos de la subjetividad del investigador que planea el experimento y la del sujeto de cuyas ejecuciones y respuestas verbales dependemos.

Finalmente el mapa no necesariamente muestra el territorio. Lo que vemos puede ser lo que pasó o lo que está pasando o lo que desencadenará una acción futura. Una misma red puede estar alternativamente comprometida en diferentes funciones al igual que una neurona puede procesar diferentes estímulos de diferente manera y participar de diferentes redes.

CAPÍTULO V
¿Por qué aprende?

Ponerse en modo esponja
Martín Caparrós

La respuesta frente a este interrogante es en apariencia simple: porque siendo un ser vivo depende de sus aprendizajes para relacionarse de una manera eficaz con su entorno asegurando en primer lugar su supervivencia, luego su reproducción y consecuentemente la supervivencia de su especie.

Responder requiere además especial atención, pues la pregunta por el porqué puede ser confundida con otra similar, la del para qué, con respuestas a veces parecidas. La diferencia entre por qué y para qué, radicaría en que en un caso aprende ***porque está vivo*** y en el otro aprende ***para mantenerse vivo*** interactuando con el mundo tal como le es dado, siendo este un proceso espontáneo que se da de diversas maneras a partir del comienzo de la vida. Propongo aceptar en principio que el niño aprende ***porque está*** vivo.

Debemos estar atentos a las derivaciones teleológicas que presuponen atribuir un fin predeterminado y programado, un objetivo semejante al de las posturas religiosas. Kostas Axelos, desde la filosofía, plantea este problema como una pregunta a la que da una respuesta cercana a las ciencias pero que no se agota en ella. Se pregunta: ¿Por qué florece la rosa? y responde: pues porque florece. No hay nada ni nadie por fuera de ella guiando ese proceso. Simplemente se da. No hay una cara o fenómeno oculto y determinante a ser develado. En realidad este planteo alude al comienzo u origen, dado que los seres humanos desde que se originan por la fusión de dos gametos cumplirán un derrotero inexorable e irreversible que llamamos vida y que incluye el aprendizaje como uno de sus componentes o mecanismos.

El cerebro sede de la pregunta y de las respuestas

Por lo tanto, el niño como ser vivo, forma parte de un complejo sistema del que debe hacer el mejor uso posible, aprovechándolo, modificándolo y a su vez siendo modificado por él. Los aprendizajes realizados con ese propósito lo configuran en un proceso que llamamos crecimiento, desarrollo y evolución. En cada estadio de este devenir pueden darse el éxito o el fracaso.

A su vez, es un organismo o sistema formado por diferentes partes, órganos o subsistemas con distintas funciones que hacen a su complejidad y a sus posibilidades de subsistencia. Es un sistema integrado e integrable con el medio. Dentro de este organismo, el sistema nervioso es responsable de la muy precisa integración de todo el organismo en sí mismo y con el medio.

En primer lugar, el cerebro constitutivamente está en una constante indagación que cesa cuando aparecen las respuestas, es decir cuando un estímulo es examinado, analizado, calificado, valorizado, memorizado y finalmente culmina en una acción. Metafóricamente es o se coloca "en modo esponja", dispuesto a absorber todo lo posible en un ciclo que se repite continuamente mientras estemos vivos. Si el estímulo fuera reconocido, es decir, si ya estuviera en la memoria, la repetición lo estabilizará en un determinado circuito o introducirá las necesarias modificaciones para actualizarlo. El cese de esta indagatoria es rápidamente seguido por el inicio de una nueva a partir de los otros múltiples estímulos presentes y posibles, entre los cuales puede figurar la respuesta a algún estímulo precedente. La existencia de conexiones formando redes hace que existan circuitos reentrantes y en algunos casos reverberantes, es decir que los estímulos quedan prolongadamente activos en una suerte de circularidad de ida y vuelta.

Otra manera de expresar el por qué aprendemos puede hacerse a costa de introducir un concepto complejo cuyo fundamento no está aclarado en su totalidad. Este consiste en considerar que en tanto estamos vivos, innumerables estímulos impactarán en nuestros órganos de los sentidos y serán procesados respondiendo simplemente a un determinismo biológico. Algunos pasarán a representarse en el plano de la conciencia, otros sencillamente se extinguirán sin dejar registro alguno y otros se mantendrán guardados fuera de nuestra conciencia pero con la posibilidad de ser evocados. Su pasaje a la misma requiere de un procesamiento adicional para traducirlos a la lógica y al lenguaje particulares del plano consciente. El estar despiertos implica la posibilidad de estar conscientes, pero no necesariamente que todos los estímulos pasen a ser conscientes. En realidad cuando hablamos de estímulos que llegan al plano consciente, estos ya han sufrido un procesamiento importante fuera de nuestra conciencia, se han convertido de sensaciones en percepciones y se han integrado a una vasta trama de asociaciones. La esponja sigue en acción, quizás una esponja automatizada e inconsciente.

    Guillermo Javier Nogueira

El destino de esos estímulos, dependiendo de las circunstancias y características podrá ser dejar una huella mnésica, de modo tal que la reaparición en iguales condiciones o su reconocimiento, que será ni más ni menos la constatación de un aprendizaje previo. La huella mnésica puede ser fugaz, transitoria o de duración muy prolongada o permanente. También podrá ser inexistente por no haberse registrado. Un ejemplo ilustrativo son las escenas de la vida cotidiana no significativas que en general no se registran salvo que algo nuevo, inusual o importante suceda, en cuyo caso seguirán alguno de los otros caminos mencionados.

El sueño donde no hay porqué

Dormir o el estar inconscientes no significa que el cerebro deje de procesar estímulos. Solo sucede que las respuestas motoras se "desenganchan" y por ello no ejecutamos las acciones que normalmente haríamos en respuesta a esos mismos estímulos. Pueden quedar movimientos aislados, automáticos y en general sin propósito como son las parasomnias y el sonambulismo. Es interesante, pero no del todo aclarado, el desacople entre el procesamiento y la ejecución motora; por eso en sueños o durante el procesamiento inconsciente se pueden imaginar acciones diversas que no se ejecutan. El sueño tiene diversas etapas que se repiten a lo largo del dormir. Algunas tienen vinculaciones importantes con el sistema vegetativo y la homeostasis y la supresión puede acarrear graves consecuencias. Además de etapas tiene diferentes niveles de profundidad. No está demostrado, por otra parte, que se puedan hacer aprendizajes significativos mientras dormimos.

Sin embargo, los circuitos default, activos durante el sueño, podrían ser los procesadores de información ya existente y de la consolidación de las nuevas memorias/aprendizajes. Se suele citar como ejemplo el acostarnos a dormir con un problema al que no le encontramos solución y de pronto despertarnos con el problema solucionado, o en el caso de diversos artistas, con una idea acabada para una obra. Esto requiere aún mucha elaboración, como por ejemplo su relación con el soñar, el divagar, el sueño despierto (*day dreaming*) e inclusive las razones por las que los seres vivos duermen. Vista la cantidad de horas dedicadas a dormir y su importancia en la salud y por ende los aprendizajes, merece ser tenido en cuenta, aunque finalmente terminemos por aceptar el automatismo del procesamiento de estímulos por el simple hecho de estar vivos que seguirá activo aún en el dormir, cuando pareciera que "no pasa nada". El sueño y lo que sucede durante él, forman parte de lo inconsciente y de lo que podríamos llamar el mundo interior del sujeto. Solo él puede dar cuenta de su existencia mediante el lenguaje luego del paso por la conciencia. Forma parte de lo que también llamamos subjetividad. La vinculación con el ciclo de luz/oscuridad es variable con algunos sujetos que prefieren estar despiertos y activos de noche y dormir por la mañana; se los denomina búhos, y a los que prefieren lo contrario, alondras. Esto debe tenerse en cuenta, aunque desde el punto de vista laboral y educacional raramente se lo considera. Es prudente indagar sobre el sueño en todos los casos de alteraciones de conducta y/o aprendizaje.

Debemos recordar que el pasaje de sensaciones a percepciones crea un mundo imaginario interior al sujeto en el que dichas imágenes podrán ser utilizadas siguiendo el camino inverso para gestar nuevas acciones, pasando o no por la conciencia. Es muy importante tener en cuenta que estas acciones serán a su vez un nuevo estímulo que se procesará durante su gestación, producción e inclusive *a posteriori* al cotejar el programa, la ejecución y el efecto como previsto/imprevisto y las consecuencias como deseadas o no.

Todo este proceso se realizará siempre que estemos vivos y en forma independiente de nuestros deseos o determinación.

Dicho a grandes trazos, los movimientos en una dirección determinan movimientos de corrección en sentido opuesto en busca de equilibrio u homeostasis. Dicho equilibrio es transitorio y se modificará con las llegadas de nuevos estímulos en un movimiento sin fin que por eso lo llamamos meta-estable.

Dificultad para responder

Hasta aquí tenemos una respuesta un tanto sesgada al por qué aprendemos: el cerebro, su funcionamiento y una característica muy importante que es su equilibrio metaestable.

El porqué puede entenderse también imaginando el cerebro como un sofisticado radar con que el niño escanea constante e incansablemente tanto su interior y su propio cuerpo, como el mundo que lo rodea. Nuevamente la esponja. Atención y motivación direccionarán dicho radar posibilitando la adquisición de información selectivamente; en primer lugar aquella vital para sí y de la que partirán los aprendizajes de supervivencia o fisiológicos en términos de Azcoaga. Paralela o secundariamente podrá enfocar otros aspectos del mundo exterior. En este caso, la atención y la motivación junto con la presencia y constitución de un determinado mundo exterior, ya no dependerán exclusivamente de las necesidades vitales del niño por sí mismo, sino que estarán influenciados por la valoración y los aprendizajes previos inducidos por los adultos más estrechamente vinculados con él. Serán ellos los que pondrán en pantalla lo que se desea que el niño aprenda. Algunos de esos aprendizajes serán,

     Guillermo Javier Nogueira

también en términos de Azcoaga, los aprendizajes pedagógicos. Como ejemplos podemos decir que el niño detectará rápidamente lo comestible y aprenderá a ingerirlo por sí mismo y estará atento y motivado a ello, pero dependerá de los adultos que le seleccionarán cierto tipo de comida según la valoración de los propios adultos que será transferida por aprendizaje al niño: la aculturación.

Aprendemos a comer sin que nos enseñen, porque nos va la vida en ello y aprendemos a comer con cubiertos, porque nos lo enseñan en función de una convención sociocultural que incorporaremos como valiosa o como un mandato.

Rol de la motivación y el deseo

Hay otras maneras de abordar ese porqué y en ese caso surgen la motivación y el deseo. En muchos casos pueden ser considerados como equivalentes. Por ejemplo, el alejamiento en un sentido de la media de azúcar en sangre gatilla el deseo de alimentarse al que llamamos hambre en su forma más cruda. Ese deseo motiva las acciones tendientes a saciarlo. La cultura va convirtiendo el hambre en apetito y aparece la enseñanza de la postergación y las variaciones de satisfacción del deseo. Ellas han sido aprendidas, han surgido de condicionamientos que culminan como aprendizajes implícitos y que por su rapidez de procesamiento nos dan la sensación de un yo moviente, un yo que decide. Por ello solemos hablar de actos voluntarios, cuando en realidad no lo son tanto. Tengo hambre, busco y como algo. Aprenderíamos así, movidos o motivados por el deseo que a su vez –como en este caso– esconde una necesidad a veces imperiosa. Aprendemos porque estamos vivos y porque nos va la vida en ello.

Hay otros desequilibrios y quizás el fundacional es el desconocimiento, que dará a su vez valor de novedad a ciertos estímulos. La curiosidad es la actitud innata de exploración ya antes aludida al decir que el cerebro inevitablemente explora su entorno fuera y dentro del sujeto que lo posee. Trata de construir certezas que lo habiliten a seguir explorando e incrementando su conocimiento, siempre en busca de un equilibrio inestable por definición. Por eso seguimos vivos. Si no hiciéramos eso, nuestra capacidad adaptativa sería muy pobre y las capacidades de supervivencia también. Profundizando más, veremos también que ciertos desplazamientos de este funcionamiento básico, permiten la creatividad como una curiosidad reorientada, utilizando hábil y libremente los recursos innatos y aquellos obtenidos por los aprendizajes previos. A esa capacidad de utilización hábil de recursos, puede llamársela inteligencia o, más apropiadamente, generación de conductas inteligentes.

Es importante recordar que deseo y motivación surgen del fondo biológico. Serán individuales y matizarán las acciones merced a los afectos. Estas acciones no son más que el estadio final del complejo tratamiento de los estímulos: las respuestas, sus objetivos y consecuencias y los acompañantes biológicos (marcador somático).

En el modelo goldariano lo ubicaríamos en la esfera valorativa: consecuencia de ello es que algo importe o sea ignorado, que signifique peligro o no, que genere aceptación o rechazo, conductas de ataque, huida, sentimientos de amor u odio y las conductas coherentes con ellos siempre en forma individual.

Los estímulos como generadores de razones por qué aprender

Finalmente debemos colocar el medio como el proveedor de estímulos. Por medio entiendo aquel *locus* real o imaginario en que el sujeto se desenvuelve y que lo incluye. En primer lugar están las razones de subsistencia adaptativa ya mencionadas, luego y conjuntamente, las sociales y culturales. Allí el sujeto encontrará interrogantes de muy diverso tipo e importancia a los que dirigirá su atención espontáneamente o bajo la guía de otros sujetos con más experiencia. Aquí podríamos decir que también aprende **porque es sociable**.

Los aprendizajes iniciales son en gran medida implícitos y hoy en día debemos prestar particular atención a partir del descubrimiento de las neuronas en espejo. Luego haremos aprendizajes con proporciones variable entre explícitos e implícitos con la posibilidad de que muchos de ellos terminen siendo implícitos independientemente de su origen.

Tener en cuenta lo anterior es esencial para entender el aprendizaje llamado escolar o la educación en general. En estos casos hay un adulto que utiliza su prerrogativa de autoridad para imponer al niño aquellos aprendizajes, que el consenso de adultos y la experiencia consideran apropiados, valiosos, beneficiosos, etc. Raramente se pregunta al niño por sus deseos y motivaciones. En el mejor de los casos los suponemos con bastante aproximación y, en consecuencia, corremos el riesgo de forzar al niño con aprendizajes que no le significan nada o en un momento en que no está en condiciones de comprender y percibir las ventajas; estas serán diferidas, dependerán de nuevos conocimientos y de la experiencia anticipatoria de un adulto ("te va a ser útil cuando seas grande o en quinto año, lavate las manos porque hay microbios, no pongas los codos sobre la mesa, el teorema de Pitágoras dice...", etc.). En algunos casos será forzado y entonces pueden aparecer conductas de franco rechazo o de mera repetición automática pero sin incorporación real. Por el contrario, también puede aparecer una aceptación obediente y sumisa,

                    Guillermo Javier Nogueira

a veces viscosa que lo coloca en la categoría de "adultito". El problema
con estas situaciones es que realmente pueden no generar aprendizajes,
sino meras adaptaciones o contraadaptaciones a veces pasajeras y poco
útiles. Un error posible que pueden cometer los adultos es reproducir
sin actualización los estímulos y métodos que estaban vigentes cuando
eran niños o pretender que los niños actuales realicen lo que ellos no
pudieron realizar en su tiempo.

El valor de la ignorancia

Por otra parte, no todas las demandas del niño deben ser satisfechas
ni tampoco en forma inmediata. Debe haber autoridad en los adultos
que decidan por él cuando no sabe o puede hacerlo. La relación es necesariamente asimétrica entre uno responsable del saber y otro, el niño,
portador de la ignorancia. El quid de este problema está en decidir en
primer lugar la relación entre ambos y luego en saber cuál ignorancia es
valiosa para generar interés e inquietud. Aparece aquí la respuesta a **por
qué no sabe o ignora.** En última instancia se enfrentan dos ignorancias
que abarcan diferentes áreas y distinto nivel. En segundo lugar, debe
tenerse en cuenta si el saber es tal y su depositario dispone de los modos
y herramientas adecuadas para la transferencia. Un punto importante que
parece paradojal, es decidir si quien sabe debe dar todas las respuestas
o dejar interrogantes para mantener parcialmente la ignorancia, como
condición del movimiento en busca de respuestas. Eso sería ni más ni
menos que la disyuntiva planteada al considerar educar como diferente
de informar.

Aprende porque le enseñan

El docente puede ser visualizado como un director de orquesta: hay
una partitura, diferentes instrumentos y ejecutantes, variedades de habilidades e interpretaciones posibles, el asunto es que suene bien en su
conjunto y para cada uno.

El acto docente esencial es el acto ejemplar por el que nuestras conductas como adultos en sociedad y muy en particular como padres y
docentes, son registradas inevitablemente por el niño en lo que llamamos
aprendizajes implícitos. El niño nada puede frente a ellos, ya que no pasan
por un registro inicial consciente. Los adultos, a su vez, no suelen percibir
que cualquier conducta delante del niño es un estímulo que será registrado y probablemente atesorado, generando aprendizajes que utilizará
en algún momento, tal como los percibiera o con diversas modificaciones
fruto de su propio procesamiento y de la interacción con otros estímu-

los. Es importante aquí destacar que frecuentemente los adultos solo se reconocen como productores de estímulos y generadores de aprendizajes, cuando deliberadamente interactúan con el niño intentando enseñarle algo, sin darse cuenta que su mera presencia y acciones ya gatillan aprendizajes por copia o imitación. Este es un mecanismo inicial fundamental del cual hay evidencias ciertas en los estudios del desarrollo. Cuando el niño imita un gesto como sonreír o saludar agitando una mano, o emite un sonido que interpretamos como una palabra, inicialmente no hace más que imitar. El agregado de significado, sentido, utilidad, es posterior. Es el uso de los nuevos aprendizajes lo que los validará, los convertirá en certezas y los pondrá a su disposición para modificar conocimientos y conductas previos o producir nuevas versiones. Esta etapa imitativa es muy importante ya que irá consolidando circuitos y redes dándoles mayor automaticidad y velocidad de procesamiento, fundamentales para encarar tareas y conductas de complejidad creciente.

El acto ejemplar tal como lo veo, tiene un valor enorme no solo porque produce aprendizajes aún sin proponérselo, sino porque también, en el caso de ser un acto deliberado para ser copiado, aprendido, debe tener valor de coherencia para generar en el que aprende, confianza, criterio de verdad, realidad y predictibilidad para hacerlo valioso. Hacer no sólo porque el otro lo dice sino porque lo hace y obra en consecuencia con lo que dice. ¿Por qué aprender eso que me enseñan si es evidente que el que me enseña no lo cree o no lo hace? El "haced lo que yo digo, no lo que yo hago" refleja un profundo autoritarismo e hipocresía. Generalmente se termina haciendo lo que el otro hace por suponer que no se equivocará en contra de sí mismo.

Me pareció importante hacer este recorrido pues la presencia de los adultos y del medio en general como vehiculizadores de una determinada cultura, son fundacionales para el ulterior desarrollo de un niño. Su ausencia, intermitencia o baja calidad pueden tener consecuencias indeseables, no siempre reconocidas o indagadas. El abandono, los cambios frecuentes, la inestabilidad, el desinterés, la incapacidad física o psíquica de los adultos cercanos en la infancia, es un hallazgo frecuente en los trastornos de aprendizaje al igual que conductas socialmente inapropiadas o inconvenientes como la promiscuidad, la violencia, las adicciones y condiciones como la pobreza, desocupación, falta de alimentos, vivienda o vestimenta y la carencia de juego y afectos.

El efecto es casi inevitable, precisamente porque el niño está predeterminado a los aprendizajes, lo quiera él, lo queramos los adultos o ninguno de los dos. Puede haber variantes y matices pero no ausencia. La ausencia absoluta de aprendizajes solo se da en patologías muy graves.

     Guillermo Javier Nogueira

El mensaje vehículo inductor de aprendizajes

Quiero destacar aquí una causa frecuente de aprendizajes anómalos con posibilidades de acarrear graves consecuencias para el niño, particularmente por su edad y plasticidad; me refiero a los mensajes contradictorios a veces emitidos como doble mensaje, otras como mentiras o actitudes hipócritas. La contradicción entre lo enseñado en la escuela y lo enseñado en el hogar. Darle al niño reglas y principios que los adultos no cumplen y que para él son difíciles o imposibles de cumplir. A veces puede no advertirse la incongruencia entre un mensaje verbal y los gestos y actitudes que lo acompañan. Esto puede manifestarse como una discordancia entre el mensaje explícito y el mensaje implícito de los gestos y actitudes, que puede irrumpir como una conducta o respuesta impulsiva e inesperada del niño al no poder negociar el conflicto.

Imaginemos el esfuerzo cognitivo a resolver por un cerebro explorador que tiende constantemente a la búsqueda de coherencia y familiaridad. ¿Cómo se las ingeniará para construir certezas que le permitan predicciones razonables y exitosas como ser humano racional y sociable? ¿Qué es esperable si los mensajes son ambiguos, falaces, inapropiados, escasos o demasiados numerosos y tendenciosos? Peor aún, ¿qué es esperable si también las respuestas son reclamadas perentoriamente, ignoradas, descalificadas, desvalorizadas o aceptadas como correctas cuando no lo son? Lamentablemente esto sucede y se da con frecuencia variable según épocas, culturas y diferentes ámbitos.

Reitero una reflexión sobre los llamados aprendizajes implícitos por ser numerosos. Se imponen sin que realmente lo sepan ni el niño recipiente ni el adulto que los brinda. Impactarán sobre estructuras cerebrales disponibles y con algunas características individuales (temperamento). Consecuentemente seremos lo que estos aprendizajes nos habiliten a ser. Esta visión lleva a un planteo muy denso y discutido sobre la voluntad, el libre albedrío y la ética. Solemos adentrarnos en este tema al hablar del cerebro ejecutivo, la memoria de trabajo y la toma de decisiones.

Una manera de intentar salir de esta situación es aceptando que los aprendizajes antes aludidos estarán disponibles para el uso individual de cada sujeto, según su deseo, valoración y circunstancias. La clave es el uso que cada individuo pueda hacer de ellos. Su existencia no implica la utilización obligatoria y el hecho de ser implícitos no significa que no puedan pasar al plano consciente que permita o no ejecutarlos. Las experiencias construirán su historia y modularán, inhibirán o alentarán una amplia gama de conductas en función de los resultados. Allí ya hay un procesamiento mucho más personal y en apariencia voluntario. En el fondo, antes que tomemos conciencia de un acto, hay evidencias a nivel neurofisiológico de que el procesamiento involucrado en ese acto ya estaba en marcha, tanto la decisión ejecutora motora como el movimiento en sí. Cierto es que esos tiempos son muy breves, del orden de las milésimas de segundo, por ello para nuestra percepción del tiempo, consideramos las respuestas como instantáneas y decididas en ese momento, el yo moviente. En realidad no es tal cosa, en el fondo u origen de ese procesamiento existe un entramado de diferentes aprendizajes ajeno a nuestra conciencia que los reconoce *a posteriori* sin darse cuenta del hiato temporal.

Elegir qué estímulos aceptar y darles curso para luego decidir qué aprendizajes favorecer para darles respuesta, es una tarea en la que aparecen otras modalidades de aprendizaje en que juegan un papel importante las circunstancias, los valores de utilidad, recompensa, castigo y placer.

Resumen

El niño aprende porque está vivo e inevitablemente abierto al mundo al que explora todo el tiempo. Es y será toda la vida puro aprendizaje. Solo muy pocas funciones vitales inicialmente no requieren aprendizajes. Sin la preexistencia de ellas no podría mantenerse vivo. El resto se va adquiriendo de manera variada e individual para ser utilizado a lo largo de la existencia. Todos estos aprendizajes fundamentales llevan a la constitución del aparato psíquico, cuna de la subjetividad, su subjetividad, con la cual se insertará en el mundo de manera variablemente exitosa. Salud y buenas circunstancias llevarán la nave a buen puerto. Fallas en su constitución producirán de manera variable desde dificultades o rasgos peculiares a graves perturbaciones invalidantes.

En lo que sí puede haber diferencias importantes, es que aquellos aprendizajes referidos a la educación escolar en nuestra cultura, son deliberadamente programados y guiados según pautas vigentes para una determinada sociedad en un momento determinado. Partiendo del aparato psíquico y de la subjetividad de cada niño, no es tarea sencilla tratar de homogeneizar poblaciones en pos de una tarea planteada por adultos y desde una subjetividad adulta. Aquí debemos cuestionarnos cosas tan radicales como: ¿Por qué la escuela? ¿Por qué a una determinada edad determinadas cosas? ¿Por qué maestras o maestros y no padres? ¿Por qué en un determinado espacio y a una determinada hora? ¿Por qué determinados contenidos y no otros? ¿Por qué durante tanto tiempo? ¿Libertad/límites? ¿Estímulos/castigos? ¿Utilidad o placer? ¿Juego/disciplina? ¿Individuo/grupo? ¿Pizarrón/pantalla? ¿Papel y lápiz/ordenador? ¿Presente/futuro? Subjetividad del docente. Si tenemos todo esto en

Guillermo Javier Nogueira

cuenta aparece una preocupante respuesta y será **porque se lo induce y a veces se lo somete.**

En la base de todo este proceso está la plasticidad cerebral que admite modificaciones, refuerzos, olvidos y borraduras, como en un enorme y complejo palimpsesto. Esta es quizás la razón fundamental por la que aprendemos: **porque somos plásticos, maleables**. A mi criterio es la respuesta más interesante y valiosa a la pregunta de por qué el niño aprende, al permitir aunar las tres evoluciones. Todo esto sucede maravillosamente y en gran parte sin que nos demos cuenta.

Merece una lectura atenta Daniel C. Dennet, quien sugiere abandonar las preguntas del porqué y el para qué en tanto pueden llevar a la encerrona del problema naturaleza/cultura y mente/materia, sustituyéndola por otra a su juicio más conducente: ¿cómo es qué?

CAPÍTULO VI

¿Para qué aprende?

> *El alma no tiene secretos que el comportamiento no revele.*
> *Para ganar conocimiento, agregar algo todos los días*
> *Para ganar sabiduría, eliminar algo todos los días*
> *Lao Tse*

Llegado a este punto ya tenemos algunas bases para dar respuesta a este interrogante. Cuando formulamos esta pregunta presuponemos un sentido, un valor, que toma como objetivo el aprendizaje de algo.

El niño en realidad aprende naturalmente lo que el medio le brinda. Inicialmente no tiene conciencia elaborada de sus aprendizajes que suelen ser meras imitaciones. Como su desarrollo cortical es incipiente, las funciones más complejas tardarán en aparecer. Hambre, sed, dolor/displacer, alivio/placer, frío, calor, abrigo, desconfianza a lo desconocido, acercamiento/alejamiento, rechazo/miedo, guían sus primeros pasos y serán sus primeros aprendizajes partiendo del reconocimiento de las sensaciones y las acciones apropiadas vinculables.

Una primera respuesta a nuestra pregunta sobre el objetivo y de alguna manera la utilidad de aprender surge de este vínculo inicial con lo vital. **Aprende para mantenerse vivo a diferencia del aprende porque está vivo**. Debemos evitar el pensamiento teleológico que puede estar implícito en el *para qué*.

El niño está vivo y hará lo necesario para mantenerse así, sin realmente saberlo. Por ello esta etapa, en particular la más temprana, es de aprendizajes implícitos: la imitación. Depende casi totalmente de quienes lo cuidan. Son el deseo, la cultura y las posibilidades de sus cuidadores los que la llevarán a buen término. La escolarización agrega nuevos participantes: los docentes y otro tipo de aprendizaje, el escolar, tendiente a incrementar su capacidad de captación de los diferentes saberes que hacen a la cultura.

Asegurada la supervivencia, serán el siguiente objetivo de los aprendizajes la inserción en la sociedad y la incorporación en una cultura determinada. Es por ello crucial que sus cuidadores estén disponibles en tiempo y forma. Orfandad, abandono, violencia, desnutrición, mal ejemplo social, tendrán resultados potencialmente negativos. El pasaje de potencialidad a certeza dependerá de los actores, del momento de inicio y la duración de su accionar o su ausencia, al igual que de la aparición de algún elemento compensador que disminuya o anule su impacto. La resiliencia es muestra tanto de los elementos perturbadores como de los compensadores.

Dado el hecho que el niño no solo podrá participar pasivamente en este proceso de aprendizaje, sino que igualmente será agente activo, se desprende como consecuencia que frente a las perturbaciones, tanto el niño como su entorno deben ser igualmente observados. Por otra parte, las dificultades por patologías del período pre, peri o neonatal, plantean demandas particulares al medio, que suelen ser a veces difíciles de satisfacer, reconocer, comprender y aceptar. Más grave aún, el medio con frecuencia es incapaz, ineficaz o ineficiente para aportar soluciones o ayuda para aquellos involucrados en su cuidado. Las dificultades del medio se suman a las propias del niño a las que potencian. Por el contrario, un medio adecuado tenderá a disminuir, compensar e inclusive prevenirlas.

El medio

El niño es introducido en la trama y en el drama sociocultural del ambiente en que ha nacido. Comenzará en su entorno inmediato, que se ampliará con el paso del tiempo, al irse agregando personas e instituciones que aportarán nuevos aprendizajes que en algunos casos serán específicos, en otros generales, generalmente convergentes, pero a veces discordantes según los diferentes valores sustentados de los aportantes ya mencionados. La escuela aparece como una de las instituciones más significativas y los maestros como las personas más relevantes. Los clubes, centros barriales, sociedades de fomento, son otros ejemplos disponibles según épocas, lugares y culturas. Suele ser en ellos junto con la escuela donde aparece la socialización ampliada, ofrecida como una oportunidad de aprendizajes. Allí podrán expresarse la empatía en la interacción con los pares, el amor, la amistad, el sexo, la identificación, la contención, la cooperación y también las variantes negativas como el rechazo, el aislamiento, la enemistad, la traición y la agresión. A veces no son instituciones en el sentido formal, sino espacios con características particulares como aquél muy inclusivo que genéricamente llamamos la calle, en la que podemos ubicar la vereda, un portal, la esquina, un baldío y aún la propia calzada si es poco transitada por vehículos.

El hogar, vivienda o cobijo no deben ser aislados o excluidos en la consideración de los aprendizajes en la etapa escolar, si bien allí preponderan los aprendizajes vitales y las primeras socializaciones.

Tomando el tiempo dedicado a este entorno en su totalidad (escuela, calle y otras instituciones), se hace evidente el peso que tendrá en los aprendizajes de todo tipo. Es allí donde el niño irá aprendiendo a sobrevivir, no solo en el sentido biológico primario, sino en un sentido más elaborado y complejo como es la vida en sociedad. Paradojalmente, el sobrevivir socialmente termina en poder sobrevivir biológicamente y viceversa, aunque eso no sea siempre tan aparente.

Aprender para vivir y sobrevivir

Queda expuesto así un solo propósito de aprendizaje que es la supervivencia, con dos etapas o modalidades distintas. Una primera tendiente a responder sin más y una segunda, más elaborada, condicionada por la vida social y la cultura.

Suele referirse a este tipo de aprendizajes como "las enseñanzas de la vida". Parece un tanto paradojal que viviendo se aprenda a vivir, pero haciendo honor al poeta "se hace camino al andar", y eso parece ser lo que sucede. Hemos escuchado muchas veces en boca de nuestros mayores, expresiones tales como "el diablo sabe más por viejo que por diablo" o "tanto va el cántaro a la fuente…", que son ejemplos de la manera con que nos transmitían precisamente esas "enseñanzas de la vida".

Tiempo y aprendizaje

¿Qué es lo que sucede en esa transición desde el nacimiento hasta la adolescencia, límite temporal artificial adoptado acorde al objetivo de este libro? Pues por un lado nuestro cerebro ha ido desarrollándose y con él nuestras capacidades para procesar aprendizajes marcados con el sello de la evolución de nuestra especie. A su vez, la sociedad y la cultura también nos aportan elementos evolutivos exitosos que hacen a nuestra supervivencia y reproducción. Vivimos en ese ir y venir. Viviendo aprendemos la manera de vivir en un círculo virtuoso, el que a su vez aprendemos para mantenerlo.

En la primera etapa el niño deberá aprender a distinguir entre comestible o no comestible, amigo/familiar, desconocido/potencialmente enemigo. Construirá un mundo eminentemente sensorial e iniciará la construcción de su identidad y con ella el mundo de la subjetividad.

La etapa subsiguiente estará más basada en aprendizajes formales, explícitos, con el lenguaje en un papel de guía, facilitador y generalizador. No obstante los aprendizajes implícitos siguen presentes y aquí sería más apropiado hablar del ejemplo como forma peculiar de propiciar la imitación.

La cultura en su sentido amplio será incorporada en forma espontánea durante toda la vida del sujeto, estimulada por su propio interés, deseo y conveniencia. Igualmente lo hará en forma programada, dirigida y condicionada por aquellas entidades en las que la propia cultura, en determinadas épocas, le ha delegado la tarea de enseñar y educar, como por ejemplo, la escuela.

Los medios de comunicación

En nuestro medio y en la cultura actual, debemos poner en un lugar muy destacado y quizás predominante como elementos educativos, transmisores y formadores de cultura, a los medios de difusión, particularmente la TV y las nuevas aplicaciones tecnológicas como Internet y el teléfono celular. Entidades tradicionales como la familia, la escuela, la universidad, van siendo modificadas, desplazadas, a veces con asignación de nuevos roles y sustitución o desaparición de otros. No pocas veces quedan simplemente descolocadas y en transición. El problema es que las transiciones pueden no ser percibidas como tales y en otros casos no son comprendidas o aceptadas, como en el caso del horizonte engañosamente tomado como meta alcanzable. Nos hallamos en un mundo cambiante, frente a un ser humano cambiante, pero también productor de cambios, por lo tanto debemos ser cautelosos, parsimoniosos y prudentes al plantear los problemas y las soluciones.

Resumiendo, la respuesta al para qué se facilita al reformular la pregunta: ¿Para qué nos sirve? ¿Con qué fines u objetivos?

He aquí algunas respuestas posibles:

1. Para mantenerse vivo. La supervivencia es determinante. Su base biológica es un mandato inexorable para todos los seres vivos que además será sustento de la procreación y el mantenimiento de la especie. Aprender a reconocer miembros de la misma especie y de la familia, así como distinguir amigo de enemigo y sus consecuencias de peligro o protección, ataque/huida o comestible/tóxico, guiarán las primeras etapas sin desaparecer necesariamente en la vida adulta.
2. Incorporar la cultura vigente.
3. Insertarse en la sociedad.

Estos propósitos van concatenados, tienen como requisitos la existencia de un cuerpo sano con un cerebro con plasticidad suficiente para incorporar modificaciones/aprendizajes y evolucionar con base en aquellos aprendizajes exitosos, los que luego de varias generaciones, pasarán a ser constitutivos de un determinado grupo humano. La selección natural, en parte, no sería otra cosa que este devenir.

Cultura y sociedad, a su vez, harán su aporte en el que merecen destacarse el lenguaje y las memorias por la posibilidad de transferir, comunicar, recordar, predecir y anticipar.

Tenemos así configurado un sistema recursivo o reverberante que va y viene desde lo biológico a lo sociocultural con una enorme capacidad de variaciones, entre ellas la creatividad. Esta capacidad estará en relación proporcional con la cantidad y calidad de los aprendizajes logrados. También será el sustento de la libertad, no en términos absolutos, sino en la posibilidad de escoger entre la gama de experiencias y predicciones que cada sujeto o grupo humano posee y va incorporando en el cotidiano vivir y con-vivir.

Riesgos

Tanto la innovación como la creatividad pueden ser útiles pero también albergan la posibilidad de error y fracaso. El error puede ser entendido como una asociación no exitosa y, como dice L. De la Jonquiere: "no son más que verdaderas vicisitudes, que señalan el permanente proceso inconsciente de estructuración de la inteligencia, en su búsqueda de un mejor/mayor equilibrio".

Hay dificultades esperables a tener en cuenta en algunas circunstancias: embarazos adolescentes, no deseados, no controlados o resultado de abusos. También algunas dificultades sobrevienen a resultas de partos en condiciones precarias, padres de bajo nivel educacional, portadores de trastornos de personalidad severos, mal alimentados, salud precaria, uso de drogas, alcoholismo, tabaquismo, desempleo y conductas delictivas. No siempre se dan todos estos factores juntos, pero basta con que estén presentes algunos de ellos (habitualmente se asocian) para que en esa procreación, el riesgo se convierta en una realidad. Se han confeccionado escalas de riesgo en las que la presencia de dos o más factores del tipo de los ya mencionados, tienen valor predictivo de dificultades en la descendencia. Fueron confeccionadas simplemente viendo y cuantificando los antecedentes de niños problema. Si bien el valor nunca es 100% –es decir, de certeza absoluta–, los factores de riesgo deben ser tenidos muy en cuenta al formular diagnósticos y pronósticos. Adquieren singular importancia a nivel de las instituciones públicas encargadas de formular políticas de prevención y solución. La presencia de estos factores no debe ser usada al solo fin de contabilizar posibles causas para un diagnóstico, sino también para prever posibles causas de éxito o fracaso en un tratamiento y consecuentemente el pronóstico.

Las condiciones desfavorables *para qué* un niño aprenda, configuran un círculo vicioso que se perpetúa y del cual el Estado y la sociedad en su conjunto no son ajenos, tanto por crear condiciones de vida tendientes a la pobreza y a la marginalidad, como por desatender su responsabilidad en las áreas de salud y educación.

El entorno se ampliará con el crecimiento, pero en el caso de aquellos niños nacidos en un medio desfavorable, las características originales lamentablemente suelen mantenerse en ese entorno ampliado, de allí que finalmente la pobreza termine engendrando más pobreza.

Me he detenido y extendido en estos aspectos por ser desde hace ya largo tiempo, al menos en nuestro medio, la causa predominante para buena parte de los problemas de aprendizaje y conducta. En muchos casos –erróneamente según mi criterio compartido por otros autores– se buscan explicaciones y soluciones excluyentes en el ámbito médico o peor aún, limitadas al cerebro como causante único; por ello neurología, psiquiatría, psicología, psicopedagogía, fonoaudiología, terapia ocupacional y muchas variantes de las mismas son requeridas con frecuencia en búsqueda de respuestas. En muchos casos, esta actitud representa carencias de conocimientos y experiencia y en otros, limitaciones personales o luchas por espacios de poder. Se suelen englobar en conceptos tales como medicalización o biopoder. En realidad todas estas especializaciones habitualmente sólo actúan sobre el hecho consumado, es decir, en un niño ya existente y con problemas. Generalmente son paliativas pudiendo disminuir o evitar la progresión de las dificultades, menos frecuentemente pueden hacerlas desaparecer.

Es un buen principio rector en el ámbito de la salud que es mejor prevenir que curar. Lo importante es correr nuestros esfuerzos y nuestro enfoque a la génesis en sentido lato, que se traducirá en un uso más eficiente y eficaz de recursos siempre escasos. La educación, la asistencia social, la disponibilidad y accesibilidad de recursos médicos básicos, entre ellos en clínica médica, tocoginecología y pediatría son la piedra angular. El resto de las especialidades ya mencionadas deben ser sostenidas para ayudar a lo ya existente, en especial a lo prevalente. En un planteo futurista deberían pasar a ocuparse de todas aquellas patologías inevitables. Hace ya muchos años, en unas jornadas auspiciadas por la Sociedad Argentina de Pediatría, un representante de la misma improvisó una presentación lúcida y profética, que cayó en saco roto; dijo en ese momento (coincidiendo con la inauguración del Hospital Materno Infantil de Mar del Plata) que era probable que los médicos pidieran muchas incubadoras especiales para recién nacidos de alto riesgo y una unidad de neonatología cada vez con más cunas y equipamiento sofisticado. Advirtió que sería un error muy costoso y poco eficiente, ya que más del 50% de los niños que la usarían tendrían patologías evitables a bajo costo con la detección de embarazos de riesgo y seguimiento de todos los embarazos. El agravante era que todo el esfuerzo médico sólo rescataba una parte de los niños, muchos de los cuales por sus secuelas, aumentarían la demanda sobre los padres y las instituciones generalmente desbordados. En la ciudad de Salta se hizo cerca de esa fecha un proyecto barrial de salud con fuerte impacto y a muy bajo costo.

La investigación consecuentemente pasaría a ser una actividad igualmente prioritaria con demandas muy importantes, por ejemplo, en genética e inmunología.

La antropología y la sociología deben también ser tenidas en cuenta junto con la filosofía. Ellas tienen que tener voz y voto en el intento de respuesta que origina este capítulo: *para qué* un niño aprende. Cuestionar apropiadamente, indagar sobre lo humano en diferentes contextos históricos y sociales, ampliará las posibilidades de conocimiento y comprensión y, por ende, de acciones más apropiadas. Las asistentes sociales nutridas en esas disciplinas juegan un rol importantísimo.

Por estas razones veremos grandes variaciones en las respuestas según épocas, lugares, y culturas.

CAPÍTULO VII

Dónde, cuándo y de quién aprende

Podemos aprender tanto como des-aprender
Freeman Ramachandran

Mirar al alumno en función de la duda
Santiago Kovadloff

Podemos tratar estos tres aspectos en conjunto por ser suficientemente amplios, estar estrechamente interrelacionados y abarcar buena parte de los elementos condicionantes del acto de aprender, más allá del sujeto que aprende. Ellos son el tiempo, el lugar y los agentes.

El sujeto que aprende

El niño sano aprende siempre, incluso aunque aparentemente no preste atención o parezca desinteresado. Lo hace todo el tiempo y de quien o de lo que sea que lo rodee. La detención o alteración significativa de los aprendizajes solo puede darse por patologías graves que involucren al niño o a perturbaciones importantes de algunos de los tres parámetros señalados: lugar, tiempo disponible y generadores de estímulos. Desgraciadamente es frecuente observar combinaciones no muy apropiadas de estos componentes.

En el caso del ser humano, el cerebro posee la capacidad intrínseca de estar disponible para los estímulos, procesarlos y atesorar los aprendizajes que se van dando consecuentemente. Este proceso no se satura ni agota gracias al olvido, a las posibilidades de compactar lo aprendido y guardarlo de forma vinculada, más allá de la conciencia. Su disponibilidad ya sea en forma automática o deliberada (consciente) parece depender de un cálculo probabilístico de asociaciones dentro de las redes. Hoy comenzamos a visualizar este fenómeno a través del uso computacional de big data, utilizado por megaorganizaciones con gran poder.

La plasticidad neuronal, creando nuevas configuraciones con nuevos aprendizajes en un *continuum* quizás infinito, completa y aumenta las posibilidades del cerebro. Dicha plasticidad se correlaciona con la formación de una huella sináptica, es decir, con la aparición de una nueva sinapsis o la modificación de una ya existente. También podemos visualizarla, como lo enseña E. Levin, como la huella o impresión de un dedo sobre una bola de masa de moldear. El concepto es interesante porque la huella señala algo que estuvo pero ya no está; es el recuerdo de lo que estuvo. Encajará en ella algo igual o similar a lo que estuvo y dejó su marca. La huella queda como una sinapsis modificada que perdura en el tiempo y posibilita la repetición o la creación de nuevas configuraciones en las redes de las que forma parte.

Quiénes promueven y guían los aprendizajes y sus falencias

En el caso de un niño, los aprendizajes dependerán inicialmente de otras personas para lograrlos. Gradualmente puede iniciar también sus exploraciones, guiado por sus propias demandas, apetencias y rechazos. El inicio, vale la pena remarcarlo, dependerá esencialmente del deseo y sostén de sus padres o en su defecto de sus cuidadores. En el deseo y sostén va implícito el amor.

Las falencias de estos tres componentes: deseo, amor y sostén, ya sea separada o conjuntamente, suelen tener graves consecuencias aún para la vida física. Apuntan en esa dirección los desarrollos de John Bowlby y la teoría del apego, los hallazgos biológicos relacionados con el amamantamiento y los niveles de oxitocina maternos, los experimentos de Harry Harlow (reemplazaba la mamá mono por un muñeco o un trozo de paño), el hospitalismo visible en niños abandonados o en internaciones prolongadas, los estudios sobre la mirada compartida, el desarrollo del sí mismo tal como lo señala Silvia Bleichmar, el imprinting, los trabajos de Donald Winnicott sobre los tres primeros años de vida, los trabajos de Marisa y Ricardo Rodulfo sobre el juego y tantos otros que coincidentemente señalan los mismos aspectos fundacionales para la vida y el normal desarrollo del niño. La gravedad de las consecuencias estará dada por el hecho de que si bien hay plasticidad, también hay oportunidades acotadas, tanto por la oferta de estímulos y cuidados apropiados, como por la posibilidad de incorporarlos por el sistema nervioso en formación y desarrollo. A esto último lo llamamos ventana. Se aprovecha o se pierde.

Posibilidades reparadoras

En algunos casos esta conjunción de oportunidad y ventana falla, pudiendo ser sustituida por otra, algo así como una nueva oportunidad o segunda chance, dando lugar a otros aprendizajes sustitutivos cuyo resultado no suele ser tan eficiente y eficaz como el original pautado por el basamento genético.

  Guillermo Javier Nogueira

Muchos de los esfuerzos educacionales y terapéuticos intentan de alguna manera hacer eso, la sustitución reparadora o la restitución cuando sea posible. Los resultados son dispares y debemos estar dispuestos a reconocer que siempre guardan una distancia variable con los aprendizajes naturalmente apropiados en tiempo y forma. Una visión realista y esperanzada es que podremos, con trabajo, esfuerzo, cooperación y conocimientos, achicar la brecha hasta hacerla invisible o irrelevante. En otros casos podremos detener una cascada de déficits y problemas crecientes, que cual bola de nieve hacen cada vez más difícil y lejana la posibilidad de logros, al menos útiles para la supervivencia e inserción social.

"Lo que natura non da, Salamanca non presta". Nos movemos desde la bioquímica y la genética a la psicología, pasando por Konrad Lorenz y la etología.

La fe irrestricta en la ciencia, los expertos de moda, las carencias éticas, la propaganda o publicidad interesadas y el lucro o prestigio personal, conspiran contra una visión realista y por ende un enfoque con aportes racionales, éticamente justificables y de verdadera valía.

El DSM, las "epidemias" de ADHD, autismo, trastornos de la alimentación, depresión y los trastornos de la ansiedad, son buenos ejemplos de patologías existentes y conocidas de larga data a las que por diversas razones se las coloca ahora en primer plano, desatendiendo otras de mayor impacto, cuantitativamente más frecuentes, que inclusive pueden ser evitadas con la prevención adecuada y que tienen tratamientos con mayores posibilidades de éxito.

No debemos ser ingenuos, ya que la ingenuidad no abunda en el marketing con que la mayoría de las personas son llevadas a creer en vez de pensar.

El espacio/dónde

Los estímulos disponibles y accesibles constituirán un espacio en sentido amplio. La condición de accesibilidad a los mismos para la exploración e interacción, contribuirá a los aprendizajes como experiencias activas, multisensoriales y vitales. La interacción incluye tanto objetos como otros sujetos niños y adultos. Vale remarcar la condición de accesibilidad ya que la disponibilidad es inútil en su ausencia. De nada vale una buena escuela, juguetes y adultos disponibles si el niño no puede tener acceso a ellos.

Con respecto al espacio, deben ser tenidas particularmente en cuenta las condiciones de habitabilidad, seguridad, calidad y riqueza de estímulos existentes.

La luz es un factor primordial al determinar ciclos biológicos y dar relevancia a los estímulos visuales. Los ambientes bien iluminados, en especial con luz natural, favorecen la atención y mejoran el estado de ánimo.

La delimitación de espacios apropiados para el juego, la escucha, la reflexión, el descanso, el diálogo, el contacto con la naturaleza y la interacción social son fundamentales. Idealmente deberían ser parte de la vivienda del niño y del ámbito social y comunitario. En este último la escuela tiene una posición central; la idea del claustro como un lugar de contención y protección, donde la convergencia de recursos materiales y humanos promueva eficaz y eficientemente una educación de calidad. El claustro así entendido no es un lugar de encierro impenetrable.

Los aspectos sanitarios, ventilación, limpieza, redes de agua y cloacas, son igualmente esenciales, tanto como la protección de contingencias climáticas (buenos cerramientos, calefacción, aire acondicionado). Las vías y medios de acceso también deben ser tenidas en cuenta ya que condicionan la concurrencia tanto de alumnos como docentes. Existen diseños sustentables adaptados a cada lugar con vivienda para los docentes y los alumnos que llegan desde parajes alejados.

Lamentablemente, en la actualidad debemos agregar condiciones de seguridad, ya que cualquier proceso de aprendizaje es seriamente comprometido por el temor o la violencia, que afectarán por igual al niño y a los adultos. Espacios precarios llevan a aprendizajes precarios.

Recuerdo una anécdota de Fernando Ulloa en nuestra universidad: invitado a organizar un curso, fue llevado a un aula recién construida en la que quedaban materiales y suciedad. Sin inmutarse pidió elementos de limpieza y entre todos la acomodaron. Su mensaje fue: debemos darnos un buen lugar, ya que se termina funcionando en forma acorde con el lugar. Las falencias materiales señaladas funcionan como distractores y a veces como impedimentos. Es casi imposible realizar un esfuerzo de aprendizaje con frío o calor extremos, poca luz o bancos y pupitres a punto de caerse o donde el exterior se confunde con el interior. Por qué negarnos el estímulo y el ejemplo de espacios adecuados, confortables, acogedores e inclusive con valor estético presente en su diseño y decoración.

El hábitat condiciona muchas de nuestras conductas. Un cuaderno sucio por la carencia de una mesa de trabajo limpia, desvaloriza tanto la tarea del docente como la del niño, desestimulando a ambos. Paradojalmente hablamos todo el tiempo de motivar y estimular, cuando con frecuencia vamos en dirección opuesta. Como siempre, los carenciados son las primeras víctimas. Vivir en un asentamiento carente de todo, al igual que la escuela, lleva a que no tenga mucho sentido ir a la

  Guillermo Javier Nogueira

escuela donde además le requerirán al niño múltiples esfuerzos, comenzando por estar atento e interesado. En ciertas zonas, el atractivo de la escuela como instancia de progreso por el saber, se ha visto degradado a lugar proveedor de alimentos y custodia.

La comunicación y el vínculo docente-alumno se construyen en desventaja si hay amontonamiento, poca luz o ventilación, interrupción por estímulos extraños, frío o calor excesivo, mala distribución espacial o carencias del mobiliario y de elementos auxiliares, a lo que ahora debemos agregar inseguridad. Es evidente e inevitable que el niño incorpore aspectos y partes de este espacio como modelo. Dada la importancia de la escuela y de los docentes, los tomará como norma y modelo a copiar e imitar en su propia vida, por lo tanto su calidad deberá estimular y justificar la elección, siendo superior a la del hogar en los casos de carencias socioeconómicas. Si el modelo está tan devaluado o es tan precario como el hogar, se perpetuará en el niño su condición desfavorable.

El espacio destinado al juego es también fundamental, permitiendo tanto la posibilidad de juegos grupales como individuales, junto con la provisión de los materiales necesarios tanto para el juego no figurativo como para los juegos con objetos reales a escala. El material debe posibilitar también la creación y el juego del "como que", "como si", "dale que". Debe haber una cantidad suficiente para que cada niño pueda escoger, sin atiborrarlos ni incluir solamente material didáctico. Este debe ser el espacio de la alegría en el vínculo y donde se pueda estar contento. Los adultos deben facilitarlo, pero son los niños los que deben habilitarlo y habitarlo. En realidad el niño debería estar siempre contento en cualquier espacio, entendiendo que estar contento implica una autoestima adecuada comenzando por estar contento consigo mismo. Es también un espacio para sorprenderse y no pocas veces el jugar catapulta las vocaciones y las capacidades de realizarlas.

Las aulas también son espacios para la sorpresa, donde la capacidad de asombro puede ser adecuadamente administrada por el docente para construir molinos, como sugiere Winnicott.

Hay otro espacio que pueden ser las bibliotecas o las aulas, donde prepondere al menos durante algún tiempo el silencio, que tal como dice Ulloa "ofrece nido al pensar". Creo que es un espacio o una circunstancia/tiempo también muy importante. El silencio disminuye los distractores y favorece la atención enfocada y sostenida. Posibilita y facilita el trabajo y el esfuerzo que requieren muchos aprendizajes. No todo se aprende fácilmente y jugando. La quietud y el silencio pueden ser también cunas creativas. El silencio favorece la escucha del otro, comienzo de la interacción y el diálogo y en otros casos posibilita derivar energía hacia el interior de sí mismo y reflexionar. Si es interrumpido por la buena música, también posibilita la buena escucha en vez del aturdimiento del ruido.

El tiempo/cuándo

El tiempo propio que el niño dedica y utiliza en aprender

El niño está en constante aprendizaje aunque no se lo someta a estímulos nuevos o formales. Puede generar sus propios estímulos a partir de su inquietud e imaginación. Aún el aburrimiento puede ser génesis de actividad creativa y aprendizajes.

El simple moverse estimulará su autopercepción y de allí su esquema corporal. Mirar y escuchar a su alrededor harán igual tarea. Explorar y jugar. De allí que cualquier restricción al respecto, como el aislamiento, la inmovilización, la oscuridad o el silencio prolongados, tendrán efecto nocivo. Recuerdo un relato de mi época de estudiante de psicología acerca de una tribu en el Pacífico. Los hijos de los jefes eran criados en libertad y muy estimulados, en tanto que los de los trabajadores eran dejados largas horas en unas cajas de paredes altas, porque sus padres estaban obligados a trabajar y no podían llevarlos con ellos ni atenderlos. Las diferencias eran notables y perpetuaban la estratificación social. Algo similar sucede en los países del Golfo Pérsico, donde a los hijos de la realeza o de la clase dirigente se les permite todo tipo de libertades. Lo destacable es que algunas trasgresiones *a posteriori* darán paso en algunos casos a una mejor educación, más y mejores conocimientos y un uso más eficaz de las nuevas tecnologías, consolidando su posición de elite de poder. Los de menor rango social llegan más tarde y más precariamente a la educación y al uso de los avances tecnológicos. Nuestra sociedad actual se asemeja bastante en tanto que la educación pública ha perdido terreno y prioridad como elemento igualador y de progreso.

La repetición entra en el proceso de consolidación de aprendizajes previos y demanda tiempo. En exceso, se corre el riesgo de entrenar en vez de educar. La repetición prolongada o monótona puede llevar a la habituación o a la ignorancia por desatención. Por otro lado, la plasticidad y la subjetividad hacen que las repeticiones no sean registradas como idénticas, sino que pequeñas variaciones luego de evaluadas, se incorporen y guarden como nuevas memorias que enriquecen el acervo posibilitando los cambios y la creatividad. Es fácil imaginar esto como una espiral sin fin. La presencia de otros seres vivos activos u objetos en el entorno, abren la posibilidad de aprendizajes implícitos y de enriquecimiento por la oferta, el intercambio y la asociación cooperativa. Uso el término seres vivos en general, porque algunos animales pueden tener el mismo efecto e inclusive ser utilizados como agentes terapéuticos. El ideal es un justo término, según el sujeto, la calidad y tipo de ofertas/propuestas, el lugar y el tiempo disponible. Una observación de los niños nos dará una idea individual y grupal de los tiempos razonables para lograr un aprendizaje. Permitir la exploración y manipulación adecuada, seguida por el registro y terminando en la elaboración y aplicación del aprendizaje, es el camino a seguir. En qué etapa está el niño podrá ser evidenciada por su mirada, la quietud o la inquietud y sus comentarios. Hay tiempos individuales y otros colectivos que el docente debe identificar y guiar con cierta flexibilidad para poder programar y realizar las tareas.

El tiempo escolar

En una determinada cultura y a una determinada edad, los niños inician una etapa de aprendizaje formal que llamamos escolarización, es variable y no infrecuentemente fijado arbitrariamente en función de concepciones gestadas desde el mundo de los adultos.

Lo mismo reza para el horario escolar, que en general no contempla el interés de los niños, los ritmos circadianos o los períodos de descanso y juego. Un ejemplo claro son el calendario escolar y los límites de edad de inicio considerados en función de la fecha de nacimiento que implican el atraso de un año para aquellos nacidos después de la mitad del año. Se suele hablar mucho de maduración como un concepto biológico rígido, sin advertir que la variada exposición de estímulos, en especial si estos son potentes y repetidos, modifican o hacen un uso novedoso de las llamadas ventanas de aprendizaje que distan de ser fijas, sin por ello caer en el otro extremo de creer que se puede aprender cualquier cosa a cualquier edad.

Otros factores también intervienen en el cambio, como por ejemplo la demanda de escolarización temprana para acelerar el proceso educativo y adicionalmente la demanda social vinculada a la cultura laboral y el medio. Surgen entonces la "salita de 3", el jardín maternal y la guardería. Si bien en apariencia tienen objetivos diferentes del aprendizaje escolar formal, gradualmente van incorporando elementos del mismo. Existen algunas controversias alrededor de esto. Por un lado algunos niños (¿la mayoría?) parecen adaptarse bien y llegan a la etapa formal tradicional en mejores condiciones y más rápidamente. Como en toda transformación, la pregunta es a expensas de qué; en este punto algunas voces se hacen oír, insistiendo en respetar el tiempo para jugar y consolidar los lazos familiares. No parece bueno delegar juego y apego en instituciones fuera del hogar, al menos en etapas tempranas y en la niñez en general. La realidad social plantea otra realidad; señala al sistema educativo como responsable de cubrir las carencias e imposibilidades del grupo familiar. Por una parte las demandas laborales o la inexistencia de trabajo afectan a muchos hogares, consecuentemente la solución es derivar al niño a estas instituciones; por otra parte, en lo que llamaré darwinismo educativo o quizás cognitivo, la persistencia de estas modalidades llevarán a la selección de un cierto número de niños que accederán al mismo, lo que eventualmente a su vez llevará a la existencia generalizada de niños con condiciones de crianza y aprendizajes diferentes de las actuales. Naturaleza y cultura en acción. No sabemos si esto es bueno o malo, lo que sí parece, es que es posible y probable.

No debemos limitar el análisis temporal a los aprendizajes escolares, ya que tienen igual importancia aprendizajes tales como el control de esfínteres, los hábitos de higiene, el vestirse, el comer usando cubiertos, el realizar pequeñas tareas, salir solo de su casa, nadar, utilizar determinados objetos (cuchillo, jarras, herramientas) o juguetes (bicicleta, patineta, patines) y las relaciones sociales. En estas circunstancias los problemas pueden surgir esencialmente por una inadecuación entre las posibilidades de aprendizaje del niño y las posibilidades y demandas de los adultos y del medio. Aprendizajes forzados precozmente o demorados innecesariamente, son origen de algunas perturbaciones. Ignorar esto puede llevar a mirar solo al niño como generador de los problemas e insistir en el mismo modelo.

El transcurrir por las etapas ya mencionadas con las adquisiciones correspondientes, es un buen indicador de normalidad. En algunos casos será en ellas donde se hagan evidentes por primera vez los problemas. La demora en el control de esfínteres, las dificultades para comer con cubiertos o servirse de una jarra, patear una pelota, no poder bañarse solo, son algunos ejemplos. Aisladamente pueden no tener valor y estar más relacionados con el medio. Si persisten más allá de lo razonable, deben ser tenidos seriamente en cuenta. Hay asociaciones que tienen mucho valor: una zurdería sin antecedentes familiares, sumada a dificultades en el habla, puede ser sugestiva de patología en el hemisferio izquierdo; un bebé que no se sobresalta por un ruido fuerte, no gira la cabeza o mira en dirección al sonido y no tiene juego bucal o laleo, debe ser evaluado rápidamente por la posibilidad de problemas auditivos. En pediatría y en las especialidades vinculadas con el desarrollo neurológico, las etapas antes mencionadas se conocen como "etapas del desarrollo" y también como "pautas madurativas". Existen grillas y tablas guía con las que los pediatras tienen familiaridad y experiencia. Siempre hay que ser cauteloso en la atribución de valor patológico a un desvío; hay simples retrasos sin mayor valor y a su vez el hallazgo de una falencia frecuentemente elude la búsqueda de causas. No estar atento y reconocer esto,

	Guillermo Javier Nogueira

puede llevar a falsas alarmas o a estudios innecesarios. La clave está en el control pediátrico y en las posibilidades de acceso a él.

Es frecuente observar una errónea asignación de tiempos y prioridades al juego, sin respetar el juego espontáneo, imaginativo y creativo del niño. Suele mezclárselo con aprendizajes pautados, por suponer a estos mejores. En tanto sean conducidos y provocados por un adulto, pueden quitar espontaneidad y responder a su concepción personal del significado y sentido del jugar con criterios en muchos casos provenientes de concepciones teóricas no siempre ingenuas, modelos provenientes de otras culturas o experiencias pertenecientes a otras personas y épocas. Es más observable en el ámbito educacional aunque no exclusivamente.

Existen familias en las que los juegos, al igual que los juguetes, deben expresar prioritariamente un fin didáctico, privando al niño de la posibilidad de elegir y crear sin otro propósito que disfrutar, experimentar y seguir sus deseos. Por otro lado la vinculación exagerada entre juego y aprendizajes dirigidos puede llevar al niño a creer que todos los aprendizajes deben ser placenteros, sin esfuerzo, "como jugando". Las consecuencias suelen verse al avanzar con aprendizajes más complejos con alto nivel de abstracción y esfuerzo, que pueden ser imperfectos, rechazados o abandonados.

Existe una tercera consideración con respecto al tiempo y tiene que ver con el llamado tiempo interior o tiempo pático, que adquiere significación afectiva por la cual ciertos eventos se nos pasan casi sin notarlo y otros, por el contrario, parecen no pasar nunca. Es siempre una apreciación personal. Una variante conocida del tiempo interior, presente en los animales incluyendo el ser humano, son los ritmos circadianos.

En nuestro medio, Diego Golombek ha trabajado en ellos y su relación con los aprendizajes y la educación. Estos ritmos se relacionan con las variantes sueño vigilia, grado de atención, actividad, fluctuaciones hormonales y niveles de neurotransmisores, ciertamente condicionantes del funcionamiento cerebral y consecuentemente de los aprendizajes. En este sentido, existen estilos funcionales con sujetos búhos y sujetos alondras. Del mismo modo que los niños requieren más horas de sueño que los adultos, a su vez los adolescentes contraen "deudas" de sueño por el imperativo social del esparcimiento nocturno. Ir a clases temprano sería un error no frecuentemente contemplado, ya sea para tener en cuenta y adecuar la conducta o el horario, como para explorar en presencia de dificultades de aprendizaje y/o conducta. Existen muchas razones por las que un niño o joven desatiende en la clase o se duerme; entre ellas, éstas.

El sueño apropiado es fundamental para el normal funcionamiento cognitivo durante la vigilia. No se lo debe tomar como una etapa de inactividad cerebral, sino como una etapa de actividad diferente que, entre otras cosas, se vincula con la consolidación de memorias.

Otra idea con relación a **cuándo** aprende, es la idea de oportunidad. Desde el lado del niño, se dará cuando esté sano, motivado y curioso, algo inquieto y perciba la posibilidad de gratificación de algún tipo, ya sea proporcionada por otro o por sí mismo ante el descubrimiento y /o la utilidad del conocimiento. Desde el entorno la oportunidad puede ser creada, guiada, estimulada y gratificada.

De quiénes aprende

Conocer las personas de las que puede aprender un niño, revela un inmenso universo teniendo en cuenta, entre otras cosas, la enorme cantidad y variedad de medios de comunicación con los que está en contacto. En muchos casos están dirigidos a fomentar aprendizajes no necesariamente beneficiosos o útiles. La propaganda y el mal uso del lenguaje, la inmediatez y la rapidez son efectos indeseados. Si hay más tiempo dedicado a la TV, el celular o la computadora e Internet que a la interacción familiar o escolar, estaremos incubando una compleja trama de problemas y cambios culturales no siempre deseados ni deseables.

El entorno más importante es el familiar, familiar ampliado y barrial, así como los docentes en el ámbito escolar formal.

Nuevamente debo insistir en que hay como mínimo tantos aprendizajes implícitos como explícitos, y que por lo tanto los "ejemplos" observados por el niño en su entorno y en los medios, tienen un efecto cuanti-cualitativo equiparable y no infrecuentemente superior al escolar. Habitat precario, deficiencias nutricionales, adultos de bajo nivel educacional, uso precario y pobre del lenguaje, conductas antisociales, adicciones y delincuencia, son una mezcla explosiva y deletérea a la que el niño puede estar expuesto.

El recurso humano dedicado a la tarea educativa en cualquiera de sus variantes, tendrá capacidades, posibilidades, formación, experiencia y dedicación variables, dependientes de su formación profesional y a sus características de personalidad y sus circunstancias individuales y sociales. Qué los motiva, gratifica, estimula o a su vez qué los frustra, decepciona, inhibe y desalienta, son condiciones extremadamente variables e individuales, aunque existen denominadores comunes.

Los docentes deben ser tenidos muy en cuenta al evaluar un niño con dificultades en la escuela. Requieren tanta atención como los padres y los propios niños. Como seres humanos no están exentos de apetencias y rechazos; establecen vínculos múltiples y variados en cantidad y calidad. Tendrán capacidades y motivaciones diferentes y también variadas. Atra-

                                    Guillermo Javier Nogueira

vesarán por distintas etapas de sus vidas personales que los sensibilizarán, condicionarán, favorecerán o dificultarán su desempeño. Tienen carácter, personalidad y cuerpo, saludables o enfermos. Finalmente están sujetos a una sociedad y cultura que puede valorarlos o no en la medida que se lo merecen, o que ellos consideran merecerlo. Todo un desafío que sorprendentemente aceptan y llevan a buen puerto en su mayoría, pero que también los hace muy vulnerables y a veces disruptivos.

Al respecto, Anny Cordié merece ser leída atentamente. Habla de la fobia escolar en los docentes por la que se niegan a ir a cumplir su tarea en la escuela. Esta fobia los lleva a una inhibición intelectual muy importante en el terreno cognitivo, con detención del pensamiento y enfermedades o trastornos psicosomáticos con alto índice de ausentismo y licencias prolongadas. La distribución no es uniforme, con mayor incidencia en las escuelas públicas y en zonas llamadas de riesgo. Existen otros términos diagnósticos como estrés o *"burn-out"*.

Un factor a veces poco elaborado y considerado, es lo que sería un duelo recurrente. Los docentes son en su mayoría mujeres sensibles que deben cargar con el rol adicional de segunda madre. En las escuelas de bajo nivel, realmente asumen ese rol con algunos niños muy carenciados. Para ellos es la única referente humana estable, confiable y proveedora de afecto, al menos por un tiempo. Suelen aportar también material escolar, alguna golosina y alimento en el comedor escolar; en muchos casos costeado con su propio dinero. Se hacen cargo de sus problemas compartiendo dolores y alegrías. El vínculo que suele ser muy fuerte, de pronto es interrumpido por el calendario que les impone un desprendimiento. Queda la angustia de saber a veces un futuro incierto para ese niño con el que han creado un lazo afectivo. El profesionalismo puede ofrecer cierta barrera y contención, pero en las circunstancias actuales no alcanza. Todos los años pierden al menos un "hijo" y a veces varios. Es una carga generadora de estrés adicional, no buscada ni deseada vocacionalmente. De allí el quiebre aparente como fobia escolar u otras patologías, entre las cuales la depresión y los trastornos de ansiedad suele estar muy presentes. Es una situación neurotizante: "si me hago cargo sufro, si no me hago cargo me siento culpable". La reverberación con sus vidas personales complica y agrava más aún el problema.

L. De la Jonquiere pone una mirada interesante sobre la psicopedagogía, ciencia referente de los docentes. Lo hizo hace ya un largo tiempo, por lo que puede considerársela desactualizada, no obstante merece reflexionar sobre ella. Le critica tener la ilusión que por saber, tiene el poder de calcular los efectos de los métodos que pone en acción, igualándolos a los estímulos que pone ante los ojos del niño. Asumo como propias también sus críticas al cognitivismo por considerar como si fueran entidades más o menos controlables la conciencia, memoria, atención, motivación, etc. En realidad la crítica de fondo es al modelo behaviorista de E-R. Dice que en el medio hay "una caprichosa sustancia". Si se piensa que algo se interpone entre E y R, se supone que ese algo se desarrolla de forma tal que, en última instancia, el aprendizaje depende de ello. Una interesante manera de aludir al cerebro y sus redes.

Estos son aspectos esenciales que por diversos motivos suelen quedar en un segundo plano o ser lisa y llanamente ignorados, tanto al evaluar un niño con dificultades de aprendizaje y/o conducta, como al considerar la formación, estímulo, capacitación y apoyo a los docentes.

Un punto de partida complementario y diferente para analizar el factor docente, es considerar el valor que una sociedad determinada asigna a sus docentes. Si es alto, se suele dar una fuerte demanda de calificaciones profesionales y éticas con evaluaciones de ingreso y funcionamiento a lo largo de su carrera. No todos ni cualquiera pueden ser buenos docentes. La vocación es un atributo necesario pero no suficiente. La contrapartida será el pago de un salario alto y digno que le permita vivir sin privaciones a él y a su familia, dedicado exclusivamente a su tarea, en un solo lugar y que posibilite su permanente progreso profesional. Debe poder compararse con otras figuras de prestigio social como jueces, legisladores y profesionales y asegurar su futuro, para que pueda retirarse cuando lo considere oportuno. Deberán contar con los medios materiales adecuados para realizar la tarea. Es el ideal al cual se acercan los países desarrollados en general.

Saber es poder, por lo tanto parece absurdo deteriorar la estructura generadora y transmisora de saberes. Es grave no poder salir del círculo vicioso de docentes de bajo nivel-escuelas de bajo nivel-graduados de bajo nivel-deserción o fracaso y nuevos docentes de bajo nivel, en una escala descendente autosustentada. Es igualmente difícil pero impostergable pasar a un círculo virtuoso de escuelas de alto nivel-graduados de alto nivel con pasaje mayoritario a niveles educacionales más altos que realimentarán al sistema educativo. La gravedad radica en que lleva generaciones materializar un cambio positivo y la educación no es un insumo que puede importarse sustitutivamente a bajo costo. Es aleccionador recordar los comentarios de un docente universitario de prestigio formulado en la década de los sesenta, cuando refiriéndose a la enseñanza secundaria y la deserción escolar decía: "lo sorprendente es que los alumnos sigan en la escuela, no que la abandonen". El problema eran los contenidos, los programas y la metodología. Los recursos humanos y materiales no lo eran, al menos significativamente. Si opinara en este momento creo que su juicio sería mucho más severo: el problema son los que abandonan y también los que permanecen, sumados a las carencias de recursos materiales y humanos calificados.

Muchos de nuestros próceres empujaron el círculo virtuoso. Fundaban pueblos y escuelas a veces donando sus honorarios. El paradigma fue Sarmiento, quién importó docentes para cubrir el bache con su aporte y con un modelo que había visto como exitoso en países líderes. Parece que hemos olvidado su "educar al soberano".

Una reflexión penosa, pero más profunda por señalar una falla ética, es que si saber es poder y el soberano debe ser educado, no hacer esto implica mantener al soberano reducido a la categoría de ignorante y dependiente. Excede a este libro, pero será provechoso reflexionar e investigar, si esta no es una actitud deliberada de ciertas ideologías o liderazgos. En el argot vulgar se suele decir "ojo con avivar giles".

Otra reflexión igualmente penosa, es la paradoja de dejar que se eduquen nuestros niños, valioso futuro social y afectivo, en manos de personas e instituciones precarizados donde pasarán más tiempo que con sus responsables primarios.

Se suele observar al niño preferentemente aislado, individualizado, con abstracción de su entorno cercano, los docentes y la institución que los agrupa; es un reduccionismo o sesgo equivocado por no tener en cuenta la multideterminación de las conductas humanas.

La escuela es tomada así como una entidad homogénea y de calidad asegurada, apta para desempeñar la función que se le asigna. Por variadas razones, en diferente medida y a diferentes niveles esto no es siempre así. Estará configurada con las cualidades y defectos de los que participan en ella, sumadas a las cualidades y defectos de la superestructura directiva y social. No son menos importantes los recursos materiales que los sostienen. Hay escuelas públicas de funcionamiento excelente porque padres y directivos coinciden en el valor de la educación, el compromiso y los requisitos para que sea exitosa. Lo hacen a través de asociaciones cooperadoras con el objeto de mantener la calidad institucional independientemente y por fuera del apoyo oficial. Esta fue nuestra experiencia en un proyecto de investigación, donde una escuela pública con estas características tenía como resultante niños con un funcionamiento cognitivo comparables al de una escuela privada de alto nivel socioeconómico y notablemente por encima de otra escuela pública sin las características señaladas.

Un indicador positivo predominante fue el mejor nivel educacional de los padres. Elegían esa escuela acampando en la puerta en la fecha de inscripción, hacían el esfuerzo de llevar o pagar el traslado de los niños por vivir lejos. Le asignaban a esa escuela, *su escuela*, valor y prioridad. Demostraban fuerte participación colaborando con los docentes y con la cooperadora. Esto era visible en el buen estado edilicio, la biblioteca, el kiosco y la fotocopiadora. La calidad de los docentes, trabajando como equipo con la guía de una directora con autoridad y cierto grado de independencia, completaban esa combinación exitosa. Un círculo virtuoso como señalábamos antes.

Lo hasta aquí expuesto apunta a los múltiples y graves efectos que cualquier falencia en estos componentes pueden tener en el aprendizaje de un niño más allá de sus propias dificultades.

Debemos partir de reconocer que estamos frente a una conducta compleja, multideterminada, variable y plástica. Abordajes parciales o sesgados no son eficaces y por el contrario, pueden generar nuevas situaciones problema.

Freud consideraba educar como uno de los imposibles. Siempre deja algo para pensar.

CAPITULO VIII
El niño problema (I)

La normalidad no se ve. Sí se ven sus alteraciones
Humberto Maturana Romesín

Este encabezamiento tiene la amplitud y ambigüedad con que en la vida cotidiana se suele aludir a una gran variedad de niños de diferentes edades, sexo y nivel socioeconómico. Forman un conjunto caracterizado por vivir en un determinado lugar, estar sujetos a los avatares de una determinada cultura por períodos variables de tiempo y que en situación escolar no se adaptan a ella o no rinden lo esperado. Se los suele denominar como niños con trastornos del aprendizaje, dificultades escolares, trastornos de conducta o, más coloquial y frecuentemente, como niños problema. Es una de las consultas que con más frecuencia se nos presenta en la práctica clínica con niños: trastornos de conducta y aprendizaje. Generalmente son planteados como asociados, aunque el trastorno de conducta suele ser frecuentemente el determinante del pedido de consulta.

Raramente se especifica qué es lo que no aprende, si esa dificultad se da en todos los ámbitos, todo el tiempo o solo en algunas circunstancias. Tampoco si es un problema individual y poco frecuente o si es generalizado y de observación reiterada en una determinada comunidad. Adicionalmente puede observarse la aparición o desaparición de estos problemas en diferentes lugares y épocas.

Lo mismo sucede con las conductas y de hecho ambas perturbaciones o dificultades suelen darse concomitantemente estén o no asociadas.

Definir qué se entiende por aprender es un buen punto de partida para luego hacer una mejor lectura de sus perturbaciones. Mencionaré algunas definiciones de uso corriente:

- Asimilar, memorizar, estudiar, instruirse, cultivarse, formarse.
- Adquirir un conocimiento acerca de alguna cosa por medio del estudio o la experiencia.
- Reorganización del comportamiento.

- Adquisición de una habilidad sensoriomotriz o un conocimiento mediante una práctica prolongada.
- Retener algo en la memoria.
- Modificación del comportamiento relativamente duradera susceptible de ser atribuida a una experiencia sensorial pasada.

Debemos advertir que en todos los casos se define el efecto pero no el proceso. Es importante también tener alguna referencia sobre qué se entiende por trastorno y qué por problema al abordar esta temática en particular. Ambas definiciones pueden superponerse y además evolutivamente se puede pasar de una situación a la otra. En ese sentido, el trastorno se entiende como algo permanente, con una base neurobiológica; se lo padece y se convive con él; generalmente se acompaña de déficit cognitivo y es de difícil sino imposible solución. En cambio, el problema es más inespecífico; su base biológica es posible aunque no única o determinante; el déficit cognitivo es menos frecuente y su solución es posible y probable.

A estas dos definiciones agregaremos las de conocer y saber. Conocer es tener idea o captar por medio de las facultades intelectuales la naturaleza, cualidades y circunstancias de las personas o las cosas. Saber implica comprender, entender, dominar, enterarse, percatarse, averiguar, notar, percibir; tiene que ver con la sabiduría, el conocimiento o la ciencia.

Es importante señalar que hablaremos de aprendizajes logrados o conocimientos y saberes realmente adquiridos, cuando son generalizables; es decir, cuando pueden ser aplicados a otros objetos, personas o circunstancias semejantes o diferentes de las que les dieran origen. Un término evocativo es el de aprehendidos, indicativo de capturados, incorporados. Esta línea nos lleva también a la idea de inteligencia y conductas inteligentes que serán guiadas y posibilitadas por estos saberes, conocimientos o aprendizajes realizados.

La referencia a la "situación escolar" no significa que las dificultades comiencen allí, sino que es en ese momento y en ese contexto de la vida de un niño cuando las demandas se incrementan significativamente tanto desde lo cognitivo como desde lo social y se hacen aparentes. En esas circunstancias, frecuentemente se hacen manifiestos los déficits poco aparentes o ignorados previamente. Allí debe aprender tanto la lectoescritura como la convivencia con sus pares, el respeto por normas y por la autoridad encarnada en el docente.

Cuando se rastrea la historia vital de estos niños es muy frecuente encontrar indicios tempranos de estas dificultades que pueden haber sido desconocidas, ignoradas o minimizadas por padres y cuidadores. Con cierta frecuencia, cuando los detectan, no tienen un ámbito apro-

   Guillermo Javier Nogueira

piado disponible y accesible donde consultar, amén de que puede haber razones culturales y socioeconómicas que los condicionan. Final y paradojalmente, los profesionales a veces ignoran o subvaloran el problema y en el peor de los casos incurren en errores diagnósticos o en la demanda de evaluaciones y tratamientos que por inaccesibles o inapropiados llevan al abandono y a la frustración. Esta vivencia de fracaso, no infrecuentemente deja a estos niños etiquetados injustamente como irrecuperables o no tratables.

El estudio de la historia del niño no sólo ayuda a determinar la duración, sino también el origen y probables causas de las dificultades. Adicionalmente brinda una ganancia institucional, ya que da valor al registro por parte de los organismos públicos de los embarazos, presencia y calidad de los cuidados pre, peri y posnatales junto con las condiciones socioeconómicas. Esta información es básica para el conocimiento de los factores de riesgo, cuantificación de su existencia, elaboración apropiada de formas de prevención y planificación de soluciones.

La escolarización en general y en particular en los casos de niños con dificultades, puede ser vista como una situación de estrés adaptativo, habitualmente superable según el punto de partida y las condiciones escolares. El estrés no debe ser siempre considerado negativamente ya que, dentro de ciertos límites, es una respuesta fisiológica apropiada ante situaciones nuevas percibidas como amenazantes o de riesgo. Estas situaciones pueden ser tanto de origen físico como psicológico. El estrés, dependiendo de su magnitud, de los recursos adecuados del sujeto y de circunstancias propicias, puede favorecer el afrontamiento y la resolución de problemas. La cronificación y ciertas carencias convierten el estrés fisiológico en patológico.

Es muy importante tener presente que las variaciones observables en el tipo, incidencia y prevalencia de las dificultades de conducta y/o aprendizaje pueden deberse tanto a la existencia real de las mismas como a los métodos y criterios diagnósticos empleados. El retraso, el autismo y el ADHD son ejemplos muy elocuentes. El DSM erigido en guía diagnóstica en sus versiones que van desde la I inicial a la V en uso al momento de escribir este libro, es tanto expresión como causa de algunos de estos cambios. Así fue como autismo y Asperger, inicialmente separados, pasaron a formar parte del *continuum* de alteraciones del "espectro autista" en la última y controvertida versión.

La epidemiología nos resultará útil siempre que tengamos un registro preciso, confiable y accesible de un determinado problema, lo que no siempre es posible. De ella podremos obtener datos del tipo caso único, o por el contrario la detección de epidemias y pandemias. Igualmente será valiosa para darnos una visión abarcativa conque guiar nuestras expectativas en función de valores tales como incidencia (número de casos *nuevos* de una determinada patología en relación con el total de la población en un determinado período de tiempo) o prevalencia (número *total* de casos observados en una población en un tiempo dado). Estos datos son de suma importancia ya que pueden guiar en la búsqueda de causas posibles y por ende la planificación de medidas tanto preventivas como terapéuticas. Son parte sustancial de la información necesaria para una acción eficaz y eficiente de padres, profesionales, autoridades y de la comunidad toda.

Las limitaciones de la epidemiología surgen particularmente de las dificultades de tener diagnósticos claros y precisos en un objeto de estudio multideterminado y cambiante como son los seres humanos y sus conductas.

No infrecuentemente la ambigüedad está presente en ámbitos donde el conocimiento debería exigir un tratamiento más preciso y detallado del problema: la escuela, los gabinetes, los consultorios profesionales de todo tipo y las autoridades educativas, sanitarias y políticas.

Esto lleva a hacer generalizaciones sobre un problema variado y complejo, y por ello también frecuentemente se toman decisiones que por ser sesgadas o escotomizadas, solo brindan soluciones parciales, que a veces derivan en la generación de nuevos problemas.

El recorrido de los capítulos precedentes revelan mi intención de ayudar a efectuar un enfoque lo más rico y preciso posible teniendo en cuenta las variables fundamentales. Ciertamente, el enfoque puede ser adaptado y hecho más eficaz, teniendo en cuenta las circunstancias particulares de cada caso y el avance de los conocimientos y capacidades diagnósticas pertinentes. De ese modo podremos descartar algunos factores y realzar otros a ser indagados con mayor detenimiento. Debemos ser cuidadosos en esa selección, pues puede ser limitante o inducir a errores de apreciación basados en prejuicios. Por ejemplo, un hogar monoparental no necesariamente implica padres conflictivos o descuidados con el niño, a la inversa, un hogar en apariencia bien constituido puede esconder falencias notables. Una lesión cerebral puede ser compensada y no dejar déficit importante y otra puede dejar secuelas imposibles de superar.

Otro punto que me parece muy importante señalar de entrada, es la muy frecuente asociación entre trastornos o dificultades de aprendizaje y ciertas conductas consideradas como perturbadas y/o perturbadoras. Esta combinación añade complejidad y dificultades en el abordaje del niño en cuestión. Por un lado, a las dificultades para definir en qué consiste su "no aprender", debemos sumar iguales dificultades para definir en qué consiste lo que vulgarmente y con la misma ambigüedad se menciona como "portarse mal".

Debe sumarse además la carga de subjetividad cultural y profesional del evaluador que puede alejarlo del meollo del problema, como también la de los familiares y docentes quienes plantean el problema en demanda de solución, pues pueden padecer de las mismas falencias que sus hijos y alumnos o ser parte del problema.

Por último y no menos importante es el hecho de que las alteraciones de aprendizaje y conducta en general se vinculan muy estrechamente y por ello debemos estar atentos y no dejarnos llevar por aquello que es más llamativo o perturbador y que generalmente impulsa la consulta.

Cualquiera de los términos de la díada niño-adulto puede ser tanto génesis como consecuencia de las perturbaciones, inclusive en forma simultánea o alternante. Existe entre ellos un vínculo variable que puede ser sano o enfermo, siendo éste a veces el generador de las dificultades.

Un niño puede no aprender porque su conducta perturbada se lo impide. Dicha perturbación puede ser la manifestación visible de su estado emocional como por ejemplo estar angustiado, deprimido, hambriento, asustado, preocupado, triste, dolorido, abusado, cansado, somnoliento, irritado, sobreestimulado, entre muchos otros estados físicos y anímicos. Le será muy difícil en estos casos lograr tener la motivación, el nivel atencional y cognitivo óptimo necesarios para valorar e incorporar aprendizajes, en especial aquellos que requieran un esfuerzo o trabajo sostenido y consciente y cuya utilidad puede no ser aparente de inmediato. Una expresión familiar los describe: "está en otra", "está en otra parte", "se encierra en su mundo", "está como ausente", "es o está desatento", "parece aburrido", "desganado". En estos casos puede percibirse en ellos quietud, somnolencia, retraimiento o desinterés. Pueden también parecer tristes, angustiados, llorosos, hipersensibles o irritables. Otros niños pueden manifestarse en forma opuesta y serán vistos como inquietos, desafiantes o negativistas. Por ello debemos ser cuidadosos al atribuirles a estas manifestaciones valor diagnóstico preciso y excluyente vinculándolas con diferentes patologías, cuando no obstante ser diferentes pueden tener un origen similar y viceversa. Llevado a un ejemplo brutal pero observado con frecuencia: ¿qué sentido o importancia tendrán para ese niño las reglas ortográficas o la división por dos cifras o los viajes de Colón, si está hambreado, mal dormido, o no sabe si alguien vendrá a buscarlo a la escuela, o si cuando llegue a su casa la expectativa es no encontrar cobijo, un adulto protector o, peor aún, encontrarse con un maltratador? Otro ejemplo es la exigencia de prolijidad, buena letra o lectura correcta a un niño que sin ser ciego, ni sordo ni paralítico tiene trastornos gnósicopraxicos o alteraciones visuales o auditivas parciales.

Un aspecto poco considerado es la carencia de sentido o importancia de la escuela para algunos niños que puede ser espontánea o inducida por quienes lo rodean. Si esta percepción o sentimiento se instala, puede fácilmente llevar al retraimiento, la inatención, la no participación o la fuga en búsqueda de objetos más estimulantes y placenteros en otros ámbitos. La ausencia de ejemplos positivos de los padres, o de una valoración positiva del conocimiento y la educación como el camino para el éxito y el ascenso social, tienen efectos similares. Nuestra realidad social presenta frecuentemente situaciones de este tipo o similares en muchos ámbitos. Se han identificado como "ni-ni" a los que ni estudian ni trabajan, generalmente exponentes en la adolescencia de las falencias descriptas, que suelen arrastrarse por más de una generación.

Existe una situación paradojal poco frecuente y es el fracaso educacional en niños normales provenientes de hogares con gran poder económico y que por tener su bienestar futuro asegurado sin gran esfuerzo, no ven la educación como una necesidad para su sustento o progreso social. Versión de lujo de los "ni-ni", son una minoría con mayor presencia en lugares donde el poder y la riqueza están vinculados y son de transmisión hereditaria o donde existe una brutal desproporción entre esfuerzo y recompensa. Algunos deportes profesionales son un semillero de jóvenes con estas características que dependen de managers, representantes y toda una cohorte proveedora de los objetos de su deseo. El ejemplo de padres que con su poder y dinero compran servicios y tecnologías tiende a desmotivarlos en la adquisición de estos conocimientos por sí mismos. Son simplemente usuarios dependientes. Estos ejemplos sirven para resaltar cómo condicionantes socioeconómicos y culturales de signos opuestos pueden llevar a trastornos del aprendizaje y también de conducta.

Las dificultades de este grupo no dejan de ser reales y en algunos casos requieren ayuda para corregirlas. El indagar cuidadosamente y sin prejuicios nos llevará a un diagnóstico y abordaje terapéutico apropiado de un problema, cuya causa *a priori* sería contraintuitiva.

Por otro lado, atendiendo como en los párrafos anteriores no tanto a lo social o exógeno, sino al niño y su cerebro: ¿cuán probable es que un niño permanezca quieto, atienda, trabaje con interés y respete las reglas si, sencilla y genuinamente, no puede percibir o comprender en forma adecuada la tarea propuesta aunque se esfuerce, y que por el contrario se ve sobrepasado por la demanda y por la respuesta de sus pares? Vivirá su fracaso como frustración y a veces como un castigo, ya que no logra reconocer, comprender y modificar su dificultad. Su reacción suele mostrar desinterés por la tarea; se levanta, deambula, quiere hacer otra cosa que entre en su rango de posibilidades y le produzca placer y en consecuencia desatiende o desobedece. La dificultad y la falta de sentido para él, pueden generarse o incrementarse por las reglas escolares: todos

     Guillermo Javier Nogueira

a la misma hora, en un mismo lugar, en las mismas condiciones y en igual lapso de tiempo. Tiene que compartir y competir con muchos otros por la atención, comprensión y el afecto de una sola persona: el docente.

En el hogar, pobreza y/o ignorancia pueden llevar a que se lo castigue o se lo rotule y deje de lado en vez de tratar de entender qué le sucede y ayudarlo. Esto termina fomentando el abandono escolar y algunas de sus consecuencias: la vagancia, el desempleo o los trabajos no calificados. También la valoración negativa o el desinterés del medio nuclear (familia, amistades, barrio) por la educación y la escuela pueden llevar al mismo resultado. Una diferencia sociocultural, ahora decreciente, es la expectativa diferente para varones y mujeres con el prejuicio agregado sobre las supuestas diferentes capacidades.

Las falencias del Estado y de la sociedad participan en algunos casos tanto al condicionar al núcleo familiar como al dificultar o desvalorizar los aprendizajes y su potencial. Las incrementa el descrédito para el mérito y la justa competencia. No calificar para no estigmatizar y no competir para no estresar son soluciones semejantes a la expresión popular de vaciar la bañera arrojando también al niño. Los padres ignorantes, peor aún si son pobres, no saben y a veces no pueden orientar a los niños en la dirección correcta. A su vez la sociedad y el Estado pueden no saber o tener los recursos para suplir esa falencia. Más adelante en su crecimiento y desarrollo, el niño no siente el estímulo suficiente y tampoco ve la utilidad de su educación. Las drogas, el alcohol y el tabaco ofrecidos y su uso en niños pequeños y adolescentes, crea una situación de consecuencias catastróficas. Está comprobado que el inicio del consumo en edades tempranas tiene efecto deletéreo sobre la salud que terminan en incapacidades absolutas y frecuentemente en la muerte. El recurso económico disponible por los traficantes los convierte en mecenas mortíferos. Ofrecen satisfacción inmediata de los deseos, fácilmente y sin esfuerzos ni capacitación. Situación deletérea en la que por un lado la sociedad les muestra los objetos del deseo vinculados al marketing, sin explicarles ni enseñarles sobre los riesgos y la fugacidad de la satisfacción. Por otra parte, la misma sociedad no se hace cargo del caldo de cultivo generado por la dupla ignorancia y desigualdad social. Desean algo que no saben cómo ni cuándo podrán conseguirlo si es que lo lograrán alguna vez, por lo tanto, toman lo que tentadoramente les ofrecen. Viven el aquí y el ahora, ya que parece que ni sus padres, hermanos ni él mismo tienen futuro. El camino correcto no es señalado con igual énfasis y además exige esfuerzo y condiciones propicias que están poco disponibles, ciertamente en desventaja con el marketing de las tentaciones.

Hemos hipotecado el futuro al descuidar la niñez en general y la de los pobres en particular. "La pobreza engendra pobreza" es una frase que personalmente comencé a utilizar hace muchos años, basada en nuestros trabajos de investigación y extensión. De eso no se hablaba entonces y poco se habló después. No encontramos eco en el país pero sí en el extranjero.

Otro elemento a tener en cuenta en la génesis del problema y que merece un comentario aparte, es el auge que han tenido en las últimas décadas los medios de comunicación y en particular la TV. En primer lugar por ser usada frecuentemente como sustituto de la interacción privilegiada con los padres; el niño es puesto a mirar TV tempranamente "para que se entretenga" y los padres puedan hacer otra cosa. A su vez lo que no aparece en pantalla no existe, y lo que aparece, frecuentemente son modelos éticamente cuestionables, con pobre lenguaje y bajo valor educacional. El niño comparte con los adultos de su entorno esta potente fuente de estímulo. Es aculturado en ese nicho ecológico en el que suele quedar definitivamente atrapado. El celular y la tableta se van sumando progresivamente a ese lugar que gradualmente compromete a todas las clases sociales; así, niños no necesariamente pobres pueden tener los mismos problemas: el niño de la pantalla, el niño virtual. Es estremecedor ver familias sentadas a la mesa cada uno enfrascado en su aparatito, o peor aún, el pequeño comiendo solo frente al televisor. Aparecen ahora las advertencias luego de largas discusiones sobre si el estímulo de los jueguitos es bueno o sirve.

El valor de lo monetario, de la riqueza como objetivo, del poder y la violencia junto a la trasgresión, sumados al facilismo y a la demanda de inmediatez en la satisfacción y el placer, forman una mezcla muy peligrosa especialmente para los niños, adolescentes y adultos jóvenes. La ignorancia los hace muy vulnerables. Saber es poder, y fomentar la ignorancia ataca su base más rica: la capacidad de pensar. Generalizar la valoración positiva de la rapidez irreflexiva sobre la exactitud elaborada, fomenta los automatismos y los acerca cada vez más al polo instintivo-irracional.

Toda esta descripción parece sociológica o antropológica. Lo es en parte, pero no por ello debemos desconocer su base biológica. El cerebro puede ser manipulado involuntariamente, pero cada vez más frecuentemente se lo hace intencionadamente con el marketing y las propagandas de todo tipo, hijas del neurotodo. La fusión/confusión deliberada entre información y propaganda, disimulada bajo el neologismo "infomercial" o "publinota" que precede brevemente algunos de los anuncios, es muy peligrosa ya que los reviste de una supuesta legalidad, neutralidad, valor científico y control, que en realidad no son tales. La rapidez de los anun-

          Guillermo Javier Nogueira

cios y la falta de lectura reflexiva, en una población poco educada y adocenada, hacen que se tome por veraz o científicamente demostrado algo que no lo es. El abarrotamiento de estímulos muy potentes en tiempos muy breves, inclusive subliminalmente, lleva a un procesamiento rápido a nivel cerebral, más basado en arcos reflejos, tipo estímulo-respuesta, que en un procesamiento más elaborado, lento y costoso, contemplando alternativas y resultados probables según experiencias previas. Esta tarea es precisamente la que hacen los lóbulos frontales, que como ya vimos se exterioriza como funciones ejecutivas.

Del mismo modo, la asociación provocada deliberadamente entre objetos, personas o eventos y otros estímulos de fuerte valor instintivo y emocional (supervivencia, hambre, sexo, placer, alegría, tristeza, ira) opera como un refuerzo atencional y de aprendizaje sesgado. Así, asociar una marca de autos o un jugador de fútbol o una bebida, con la riqueza, el poder, hombres o mujeres seductoras y finalmente el éxito y la recompensa, los convierte en objetos valiosos o ejemplos a seguir acríticamente. Se pasa de imágenes a ídolos y objetos de culto potencialmente desencadenantes de fanatismos y violencia sin razón. Roland Barthes teorizó sobre el anclaje verbal de las imágenes mientras que Gianfranco Bettetini señaló que para las personas simples (¿ignorantes?) la fascinación por las imágenes lleva a la identificación con lo representado y de allí a la idolatría. En este sentido, es interesante recordar a Umberto Eco cuando señala que las imágenes eran utilizadas en Roma para representar la historia a los iletrados.

El lenguaje merece un lugar prominente en la educación como objetivo y como herramienta. Su pobreza y mal uso van de la mano con la decadencia socioeconómica y comprometen el futuro. Es el indicador más precoz y confiable de casi todas las patologías y tiene valor predictivo del desempeño en otras áreas del desarrollo. Vale la pena detenerse a leer a Ivonne Bordelois, quien señala magníficamente el valor del lenguaje en su libro *La palabra amenazada*.

Estamos entrando –o quizás ya lo hicimos sin darnos cuenta– en la era de la posverdad, como la denominara inicialmente el dramaturgo Steve Tesich en 1992, neologismo que reflota el sociólogo Ralph Keyes en 2004 y comenta el politólogo argentino José Nun en 2017. En definitiva sería la era de la hipocresía y la mentira, que no son lo mismo. Ambas se hacen aparentes en y mediante el lenguaje. El "relato" sería un ejemplo, las "fake news", la "posverdad" y la "rosca" son otros.

Hago este recorrido para remarcar la vulnerabilidad de nuestro cerebro y en particular del cerebro de los niños, abiertos a todos los estímulos, muchos de los cuales se convertirán en aprendizajes aún sin quererlo según su importancia y su peso afectivo; se cristalizarán como creencias inapelables. La posverdad se basa precisamente en el valor emotivo, bajo el cual se puede deslizar una mentira que es negada hipócritamente por los adultos que deberían haberla detectado y denunciado. Los niños son una vez más victimizados por los adultos y sus circunstancias, casi parafraseando a Ortega y Gasset en el famoso "yo soy yo y mis circunstancias".

La libertad del zapping o elección, aducida en defensa de dicho modelo, evita mencionar que la libertad así entendida es la posibilidad restringida de optar entre un número limitado de opciones, generalmente creada y sostenida en beneficio del auspiciante de dicho modelo. Por otra parte, elegir significa cotejar, siendo dicho cotejo más valioso cuanto mayor sea el conocimiento de opciones, la experiencia y la capacidad de pensar, que en su conjunto podemos llamar inteligencia. Este es un punto nodal ya que una problemática actual como son los trastornos atencionales, plantean las contradicciones entre lo deseado, lo esperable y lo que realmente sucede.

La oferta visual atractiva, rápida, abundante y privilegiada, tal como está disponible en los medios, compite con la propuesta más lenta y trabajosa de la lectura o la escucha crítica y el diálogo, limitados casi en exclusividad a los ámbitos educacionales; la opción primera fomenta despliegues atencionales rápidos y fugaces, mientras que la otra demanda una atención sostenida y enfocada. No sorprenderse entonces si el niño prefiere y actúa en base a la primera por ser muy atractiva, poco demandante y que además parece ser la exitosa en corto plazo, frente a la segunda que exige esfuerzo y beneficios diferidos. Otro ejemplo sobre el impacto de la TV son los debates televisivos, donde es raro escuchar argumentaciones sustentables y sus réplicas. Todo pasa rápido en una especie de lucha por quién grita y habla más sin escuchar realmente al otro. Creo que son una forma involutiva a una etapa del lenguaje infantil: el monólogo compartido, con el agravante de ser guionado previamente o durante su transcurso en función del rating.

Cito a Rafael Echeverría, quien dice que hablamos para ser escuchados y que la escucha es el factor fundamental e inicial de la comunicación. Todos recordamos a aquel niño que se abalanza con una respuesta o comentario antes de que se le formule una pregunta. Puede ser ansioso, a veces es muy inteligente y anticipa el sentido con solo una parte del enunciado, o por el contrario, puede ser distraído e inquieto y aventurar cualquier respuesta con tal que sea rápida o la dé primero, sin interesarse porque sea correcta. Pretende una recompensa simplemente por ser rápido o el primero. En cualquier caso pasa a otro asunto y no registra que su conducta puede ser vista y sentida como agresiva y demandante por los adultos y sus pares. Es la escucha del otro la que valida el hablar

                                                  Guillermo Javier Nogueira

y le da sentido a nuestras palabras. El escuchar como etapa inicial de la comunicación implica en primer lugar vincularse reconociendo al otro, tener empatía con él, atender no solo a lo que dice, sino cómo lo dice y qué expresa en su totalidad (rostro, postura, gestos). Esto llamativamente requiere más procesos inhibitorios que excitatorios. Saber esperar, evaluar y programar antes de accionar. Recuerdo una frase vista alguna vez en un graffiti: "poner el cerebro en marcha antes que la lengua".

En un cerebro en desarrollo y plástico, fomentar las respuestas rápidas y la inmediatez de las recompensas tendrá necesariamente como consecuencia un niño inquieto, en búsqueda de estímulos y gratificaciones inmediatas. Sopesar, predecir resultados y consecuencias, inhibir conductas puramente impulsivas y diferir recompensas, serán opciones poco incorporadas a su acervo. Paradoja contemporánea: estimulamos una conducta que luego nos molesta y censuramos. Es ingenuo pretender que el niño escuche si no se lo escucha a él y no ve a los demás escuchándose. Esto aplica para todas y cada una de las conductas a las que está expuesto. Paradojalmente estos niños pueden ser los mejores adaptados a las nuevas condiciones y demandas de la sociedad, aunque puedan tropezar en alguna etapa con los patrones de la cultura precedente y con su incapacidad para comprender y adaptarse a ellos, en particular su tempo. Cambiamos el aula con hileras de bancos fijos por mesas y sillas en configuraciones variables; cambiamos el contacto con los otros y la conversación cara a cara por el Whatsapp, Twitter, Facebook y la realidad virtual, en que se puede mentir, simular y engañar, espiar y ser espiado. No parece esperable que en ese contexto los niños estén quietos, se tomen su tiempo para pensar, responder y elegir el lenguaje apropiado, sino que por el contrario, deambulen y frecuentemente opten por hacer lo que quieren y no lo que se les propone u ordena. Un modelo fallaba por rigidez extrema, el otro falla por lo contrario. Es difícil que la mentira, la transgresión, la violencia y la inmediatez generen reflexión, respeto y apego a la verdad.

Existe también la posibilidad de darse otra paradoja en la que el niño desatiende por falta de interés, ya que la escuela le ofrece una metodología y contenidos desfasados con lo que puede obtener en los medios de comunicación. Él ya sabe algo y lo aprendió de manera más atractiva que en la escuela. Incluso pueden anticipar al docente.

Merece detenerse un instante para reflexionar sobre los movimientos pendulares, los extremos y las idas y vueltas acríticas frente a una realidad a veces ilusoria y siempre multifacética. ¿El retorno del péndulo tal como lo plantean Zygmunt Bauman y Gustavo Dessal? Encontrar el justo medio no es tarea fácil pero creo que debe ser un objetivo. Vale la pena hacerlo porque ello nos llevará a una mejor evaluación y clasificación de las conductas en la infancia.

Las patologías serán desarreglos en más o en menos de sus componentes normales y de sus interrelaciones, cuyo origen puede ser puramente biológico, sociocultural o ambos. Consecuentemente, el tratamiento y/o corrección deben considerarse como necesarios según la magnitud de los desajustes o falencias y sus consecuencias. Podrán ser encarados considerando esa triple alternativa y eligiendo aquél disponible que sea más apropiado para un niño, en una determinada época y circunstancia. Quiero enfatizar lo de magnitud y consecuencias ya que no necesariamente todas las alteraciones deben ser tratadas, en especial en los casos que el tratamiento es cuestionablemente exitoso o tiene efectos colaterales adversos superiores a los beneficios. Recuerdo un caso publicado de un adolescente con diagnóstico de ADHD, cuya madre insistía ante el médico para que lo obligara a tomar la medicación (metilfenidato). El joven se negaba porque el medicamento quitaba aquello que él consideraba valioso y lo hacía feliz: componer y tocar con éxito su instrumento favorito. La pastillita lo convertía en uno del montón yendo a la escuela y quedándose quieto. El médico se abstuvo de medicarlo valorando el deseo y la subjetividad del joven y no la demanda de la madre. Debemos tener cuidado al responder a los deseos y necesidades de padres y docentes sin contemplar la posición y deseos del niño y las justificaciones de ambos. Es muy fácil victimizar al más débil sin darnos cuenta. Silvia Bleichmar advierte sobre el riesgo de no atender a la subjetividad del niño: desubjetivizarlo.

El filósofo Jean Baudrillard decía que el exceso de algo lo convierte en otra cosa. Por ejemplo, el exceso de inmediatez y la atención breve e incontrolada pueden aparecer como inquietud, creatividad, conductas de arrojo, riesgo o violencia, adicciones y delito. Lo opuesto, vinculable con una atención exagerada, fija, sostenida en un objeto o idea, exploración limitada y estática, pueden ser evidenciados e interpretados como retraso o déficit, obsesividad, compulsión, abulia, desinterés o sobreadaptación obediente.

Este recorrido pretende mostrar que tanto los diagnósticos como los tratamientos raramente son lineales y fáciles. Todo lo contrario. El intento de dar certezas creando una grilla con valores numéricos de supuesto peso estadístico, como por ejemplo el cuestionario de Conners y similares, puede tener valor docente para guiar al estudiante sobre los ítems a tener en cuenta, pero como herramienta diagnóstica no es muy bueno y está seriamente cuestionado.

La experiencia clínica muestra reiteradamente la falta de precisión al querer cuantificar conductas o hechos definidos cualitativamente. Como

　　　　　　　　　　　　　　Guillermo Javier Nogueira

ejemplos: ¿Cuán inquieto es *muy, bastante* o *poco* inquieto? ¿Para quién, cuándo, cómo, dónde? Generalmente con el tiempo se descubre que en el momento de la consulta faltan o sobran ítems de cualquier esquema clasificatorio. Grandes maestros clínicos enseñan que lo visible en ese momento es una foto a veces incompleta o borrosa de una película cuyos pasajes iniciales se conocen imprecisamente por referencias y cuyos pasajes futuros solo pueden ser intuidos, conjeturados, imaginados, supuestos. Por eso sugerían valorar el conjunto a la luz de conocimientos y experiencias, sin atenerse rígidamente a las clasificaciones. Hacer lo contrario paraliza, rutiniza y puede inducir a error por sub o sobre diagnosticar.

El tratamiento padecerá y pagará las consecuencias de caer en falsas creencias, sumado a las limitaciones que imponga una determinada doctrina, el medio y la propia subjetividad de los participantes.

En términos generales el diagnóstico es una construcción provisoria, sujeta a revisiones y confirmaciones según se avanza en la tarea. Nos guiarán nuestro conocimiento previo, experiencia y sana curiosidad, junto con la empatía y la vocación de ayudar; todo sobre un telón de fondo ético. Se asemeja al armado de un rompecabezas sin acceso al modelo. Imaginación, flexibilidad y tanteo se irán dando junto a movimientos afortunados y retrocesos. A veces parece que sobran o faltan piezas y ocasionalmente eso es verdad. Es preciso considerarlo tentativo durante un cierto tiempo, hasta que la evolución del sujeto confirme nuestra presunción. El tiempo requerido es variable, pero en el terreno de las alteraciones de las conductas humanas puede ser muy largo. Debemos desconfiar de los cambios bruscos o de las mejorías muy rápidas; suelen fracasar a medida que transcurre el tiempo y a veces son fugas o evitaciones. No parece razonable que un aprendizaje arraigado y que llevó años construir, desaparezca o se modifique muy rápidamente. Es preciso desconfiar del narcisismo profesional.

Lamentablemente, muchas veces no se llega a confirmar un diagnóstico porque para el sujeto o su entorno, la demanda es perentoria y la falta de respuesta en los términos planteados lleva al abandono.

Un aspecto negativo muy presente en los profesionales jóvenes que se inician en la atención de niños, consiste en poner límites de edad arbitrarios a partir de los cuales se puede intervenir. Excluyen de ese modo a lactantes y primera infancia, ignorando experiencias seminales como la de Françoise Dolto. A veces esa barrera esconde temor, impericia o desconocimiento. Otra vía de escape por los mismos motivos es la derivación –para descartar– o la solicitud de tests y estudios de todo tipo. La contracara de las falencias señaladas pero igualmente negativa, es la rígida adhesión a resultados de pruebas tomadas en abundancia, en especial biológicas, uso de algoritmos, grillas y otros artilugios considerados seguros, objetivos y sin prejuicios. Se los toma como soporte y resguardo, proporcionando una falsa sensación de seguridad y corrección.

Con el cuidado que implican las metáforas, diría que hacer un diagnóstico en particular en un niño que va configurándose, es como jugar al fútbol con una cancha variablemente inclinada y con arcos que se mueven. Recordando a mis maestros, cito la definición aplicada por ellos a la medicina y que yo hago extensiva a la psicología y demás ciencias humanas: "es el difícil arte de llegar a conclusiones precisas a partir de premisas insuficientes y a veces falsas".

Vinculado con la problemática del diagnóstico, vale la pena conocer el aporte de Paul Green, neuropsicólogo y notable investigador, quien desarrolló un test que definió como prueba de esfuerzo: el Word Memory Test (WMT). Consiste en un listado de palabras que el sujeto debe recordar y evocar de diferentes maneras y con un grado de dificultad variable. La prueba parece difícil, pero no lo es. Se puede administrar a niños y aun a personas con trastornos del lenguaje. Lo notable es lo que el autor observó en una extensa y bien controlada serie de casos: los sujetos con algunas lesiones cerebrales y déficits neurológicos demostrados, tenían resultados semejantes a los controles normales, en tanto que por el contrario, algunos sujetos sin lesiones o déficits demostrable, tenían resultados inferiores a los normales o a los lesionados. Esto se daba en un importante número de casos y en especial en poblaciones en situaciones de litigio o problemas judiciales. La conclusión fue que estos sujetos no realizaban el "esfuerzo" suficiente para ejecutar la prueba. Las razones para ello no son determinables por la misma y ameritan un psicodiagnóstico y otras indagaciones. El único grupo con patología y clínica conocida que falla, es el de los pacientes con demencias, que tienen un perfil característico. El término "esfuerzo" generó muchas controversias ya que no era fácil de definir y la motivación era igualmente elusiva y difícil de precisar. Basado en su valor y en su uso clínico se lo definió finalmente como Test de Validación Sintomática. Su uso es creciente (aunque no universalizado) en especial en los ámbitos forense, judicial y laboral por la capacidad de detectar simuladores con bastante precisión. Es interesante, en particular en esos ámbitos, ya que el sujeto "cree" que se está evaluando su memoria y no su confiabilidad y por lo tanto tiende, voluntariamente o no, a exagerar aumentando los errores (olvidos). Lamentablemente, una serie de fallas éticas han hecho aparecer el mismo test en el dominio público develando su objetivo y alertando a sujetos a ser evaluados. A pesar de ello, mantiene su validez ya que los sujetos tienden a exagerar la dificultad y además lo hacen con perfiles que los caracterizan; uno de ellos ha sido llamado Pinocho. En el ámbito

　　　　　　　　　　　　　　　　　　　　Guillermo Javier Nogueira

de la investigación en psicología se recomienda su uso sistemático en las evaluaciones, con la finalidad de excluir aquellos sujetos que "fallan" en el mismo, ya que sus resultados en el resto de la evaluación no serán confiables. Cabe preguntarse por qué no se lo adopta sistemáticamente. Hay otros similares con el mismo tipo de resultados, estimándose que hasta un cuarto de los sujetos evaluados, excluyendo demencias, tienen resultados por debajo de la norma.

Si aproximadamente un 25% de los sujetos no brindan resultados confiables y a su vez existe un efecto placebo que puede llegar al 50%, no parece sensato tomar irrestrictamente como válidos y demostrativos todos los resultados publicados, en especial cuando se relacionan con seres humanos, sus conductas y los tratamientos. Sorprendentemente ahora comienza a prestarse mayor atención a los efectos placebo y su opuesto, el efecto nocebo. Crece el número de detecciones de autores que han publicado resultados fraguados, los que deben ser sumados a los que tienen errores metodológicos insalvables. Los estudios basados en evidencias y los meta análisis, así como la obligación puesta por publicaciones de prestigio para que los autores/investigadores denuncien conflictos de interés y fuentes de financiamiento, o hagan llegar a quien lo desee los valores crudos obtenidos en sus muestras, permiten una visión algo optimista a futuro. Es preocupante ver revisiones de miles de trabajos publicados sobre un tema que terminan con menos de un centenar aptos para ser considerados y que permitan comparaciones.

Un resultado es raramente o casi nunca superior al 90% y solemos estar satisfechos si supera el 50% por ser este el valor límite atribuible al azar. Es llamativo que un resultado del 60% nos parezca interesante y significativo, sin pensar mucho que un 40% de los sujetos tienen otros resultados. Recordar qué nos sucede con cualquier toma de decisiones y qué peso le damos a porcentajes superiores al 50% y en especial cuán seguros nos sentimos al considerar, por ejemplo, que un 60% a favor deja un 40% no despreciable, en contra. Daniel Kahneman trata este tema de manera muy interesante y lo relaciona con modelos de funcionamiento psicológico e hipotetiza sistemas cerebrales-cognitivos equivalentes.

Siempre resulta valioso y aleccionador interrogarse por los sujetos que no entran en las categorías o grupos mayoritarios. Pueden ser variantes interesantes (inmunes a una determinada enfermedad, resilientes, etc.) o mostrar fallas en el tratamiento estadístico (muestras sesgadas, insuficientes, con poco poder estadístico, no comparables, etc.). Mirar lo que discrepa de nuestras hipótesis puede abrir puertas a nuevas investigaciones y por ende acercarnos a un conocimiento más rico y fecundo. Freud fue un buen ejemplo de ello.

Los instrumentos de medida de todo tipo no son infalibles por sí mismos y además con el paso del tiempo hemos aprendido que deben ser modificados y adaptados para contemplar diferencias culturales y sociales. Rubén Ardila solía relatar que pedirle a un niño de una etnia indígena colombiana que dibujara una casa como prueba gnosicopráxica visuoespacial brindaría resultados pobres, ya que papel y lápiz no eran objetos de uso frecuente en su cultura; por el contrario, el niño sabía construir perfectamente una choza o cobertizo con ramas y hojas de palma usando un machete. Eran objetos pertenecientes a su cultura que le eran familiares.

Los llamados test de inteligencia figuran entre los instrumentos más controversiales, comenzando por la aceptación de los dos factores (g y s) hipotetizados inicialmente por Spearman. La consideración del efecto Flynn ha complicado las cosas. Este efecto devino de la observación realizada por el investigador James R. Flynn –cuyo nombre lleva el hallazgo– del aumento del CI durante los últimos ochenta años en poblaciones de diversos continentes. Lo hace a razón de quince puntos cada veinte años. No se tiene una explicación para ello, excepto que debe ser considerado en vinculación con factores ambientales y no genéticos, ya que estos últimos no podrían variar tan rápidamente. Esto pone en tela de juicio el factor g y además señala la necesidad de ajustar cada tanto pruebas y valores de CI.

Finalmente, la carencia de un diagnóstico preciso de entrada no debe impedir iniciar cautelosamente un tratamiento, en especial si la demanda es urgente o el trastorno muy importante. Siempre se puede, como mínimo, escuchar y contener e ir avanzando con el rompecabezas. No hacerlo lleva no solo a la pérdida de un paciente, sino a la pérdida de un tiempo y oportunidad preciosos para el propio paciente. Tampoco es bueno ir al otro extremo y desentenderse de la búsqueda o construcción de un diagnóstico. Es prudente interrogarse constantemente sobre qué le sucede a ese sujeto con el cual interactuamos para ayudarlo, al mismo tiempo que un marco teórico ayuda a pensar por qué le sucede lo que le sucede. El talento, la experiencia y la mirada atenta y sensible habilitarán para formular hipótesis y construir teorías.

Este largo rodeo que he utilizado antes de hablar sobre el niño que no aprende, tiene por objeto enfatizar que las conductas humanas son extremadamente complejas en su génesis, conocimiento, descripción y comprensión. Las matemáticas y las estadísticas pueden ayudar por ser pruebas de la corrección del procedimiento o del razonamiento y dar lugar a modelos útiles para avanzar, pero no son pruebas de verdad, de realidad o de existencia.

Inquietud

Adentrándonos ya en el tema central, la actividad motora anormal será el objeto de estudio inicial, en especial cuando se da en exceso: la inquietud. Suele ser el síntoma más evidente y perturbador que lleva a la consulta.

En el ámbito escolar en general, quietud y obediencia son valorados y resaltados positivamente, a pesar de que ambos también pueden ser señales de conflictos y patologías. Por el contrario, la inquietud, la rebeldía o la desobediencia, son consideradas sistemáticamente anomalías necesitadas de tratamiento. Sin embargo a veces pueden ser las conductas "más sanas posibles" o las mejor adaptadas a las circunstancias. Suele olvidarse que la creatividad requiere, además de una cuota de talento, otras tantas de originalidad, desafío, inestabilidad, experimentación y no conformismo junto con la posibilidad de expresarla.

La escuela, los adultos y la sociedad que dicen fomentarla y necesitarla, en muchas circunstancias la coartan encorsetando al niño en un determinado patrón de conducta. El reclamo en contra está muy bien ilustrado en la película *Pink Floyd - The Wall*, en especial en la escena en la que los niños vestidos todos iguales marchan en fila y dicen "*We don't need no education (…) / All in all you're just another brick in the wall*" ("No necesitamos educación (…) a fin de cuentas ustedes son sólo otro ladrillo en una pared"). Si bien son situaciones un tanto extremas, existen y deben ser tenidas en cuenta. El problema puede suscitarse al tratar de colocar a los niños en situaciones decididas por los adultos ejecutores de una cultura determinada. El niño debe "encajar"; si no lo hace, se lo fuerza, y si aun así no se adapta, se lo señala, se lo considera anormal y se le indica un tratamiento: "un ladrillo en la pared del edificio cultura". En el caso límite se lo victimiza y excluye. Es notable que raramente se considere al ámbito escolar en general o a una determinada cultura dominante como posible generadora de las presuntas anormalidades. La curiosidad impulsa la exploración y cierto grado de inquietud. También hay una inquietud de otro tipo, más solapada, vinculada con la pérdida de una certeza y la progresiva construcción de otra. Aprender es también abandonar algo viejo y reemplazarlo por algo nuevo, con su cuota de incertidumbre e inquietud.

Denominamos hiperactividad o hiperkinesia a aquella actividad motora excesiva que se muestra como un accionar carente de objetivo o finalidad. El sujeto parece imantado por los elementos de su entorno a los que se dirige y abandona rápidamente por otros. A diferencia de un niño pequeño normal, en realidad no explora, ya que no manipula el objeto para obtener al menos la información sensorial básica para trasladarla y guardarla modificada como sensopercepciones. No hay una acción planeada en respuesta a demandas exteriores o a sus propias demandas. Parecen y son en un cierto sentido autómatas desatentos, entendiendo como atención lo que nos dirige a un objeto de interés en forma sostenida y por un tiempo razonable. Dicho en términos vulgares, es una actividad "sin ton ni son". Se mantienen abiertos a la mayoría de los estímulos presentes sin poder inhibir o enfocar para aprehender y aprender. Esta característica inicialmente llevó a la sospecha de falta de atención como causal. El niño se movía porque no atendía lo suficiente como para dedicarle tiempo a la exploración. El paso siguiente fue probar empíricamente qué sucedería con el uso de un estimulante de tipo anfetamínico que –se sabe– producía un estado de alerta y actividad productivos. Aquí lo llamaríamos "ponerse las pilas". Algunos estudiantes recuerdan el uso de uno de ellos para mantenerse despiertos y estudiar de noche en la cercanía de los exámenes, o las fiestas electrónicas en las que se consumen abusivamente. Algunos niños, pero no todos, se aquietaban y entonces el resultado validaba la hipótesis y el tratamiento. Nuevamente se privilegiaba la quietud mientras que la inquietud, tal como se la reconocía originalmente, era consideraba una falla educativa. Más adelante se ignoraron otras posibilidades, inclusive la educativa y se priorizó el tratamiento farmacológico. El tiempo llevó a un replanteo total con nuevos descubrimientos que analizaremos al considerar el ADHD en un capítulo aparte.

En otros casos la actividad puede ser repetitiva, monótona o limitada a un pequeño grupo de objetos u otro tipo de estímulos, en un contexto bastante rígido y con baja tolerancia a los cambios. En estos casos la presencia de los observadores –ya sean circunstanciales o habituales– aparentemente no suele ser tenida muy en cuenta por el niño que no interactúa o lo hace de manera selectiva y veces bizarra tomándolos como objetos inanimados. Su actividad puede seguir en forma monótona hasta el cansancio o un cambio de interés. Prefieren dedicarle mucho tiempo a manipular y observar objetos mecánicos de un modo que también llamaríamos bizarro. Estas conductas corresponden a niños con perturbaciones del espectro autista.

Observar la actividad del niño cuando está solo o cuando está acompañado e introducirse deliberadamente en ella, puede ser un paso muy productivo tanto para la comprensión de "qué le sucede" como para el intento de crear un vínculo productivo, tal como postula y hace en su práctica clínica E. Levin.

Deben diferenciarse estos tipos de motilidades de las de otros niños, en especial los oposicionistas/desafiantes, en los que el vínculo parece ser

   Guillermo Javier Nogueira

lo importante y sus actividades tienen la aparente intención de demandar atención o perturbar a alguien. Insisten y pueden cambiar de objetivo o acción si fracasan, hasta que lo logran. La mirada de soslayo o fija y desafiante los delata. Actúan en busca de una respuesta y por lo tanto miran y controlan para ver si la obtienen. A veces parecen sordos o con dificultades en la comprensión del lenguaje. Las psicosis pueden tener este tipo de manifestaciones al igual que el retraso mental. La diferencia estaría en que en estos últimos casos el negativismo, la irritación y la agresividad no son controladas o propositivas. Se dan en el medio del caos, la desorganización y con un lenguaje deficitario o perturbado en varias de sus dimensiones.

Muchas de las alteraciones en el accionar de los niños oposicionistas-desafiantes suelen acompañarse también de falencias en el lenguaje de otro tipo; lo que no pueden poner en palabras, lo actúan, incluso la agresión. No están desatentos, por el contrario y además, pueden saber las consecuencias de sus acciones e intentar escapar, mentir, negociar y argumentar si su lenguaje se los permite.

En muchos casos la actividad aparentemente sin objetivo suele depender de una falla inhibitoria que no pasa por detener el movimiento en sí, sino por no poder utilizar experiencias previas para prever resultados y consecuencias. Es frecuente que estos niños a los que se les señala que no hagan algo, advirtiéndoles de la consiguiente sanción si lo hacen, se manifiesten sorprendidos al reiterar lo prohibido y ser sancionados. Lloran, a veces están realmente acongojados, piden perdón y prometen no hacerlo de nuevo. Tiempo después lo hacen y se repite el mismo ciclo. Actúa, quizás se gratifica con la acción, pero recae ya que es "superior a él". Parece más desmemoriado o con dificultades para entender y aprender que desatento. Pueden aludir a lo involuntario de su accionar con expresiones tipo "yo no quería" o "no sé por qué lo hice" y ser genuinos en esa afirmación. Se los considera portadores de fallas en su sistema ejecutivo y algunos son incluidos en el grupo de los trastornos de atención.

En cualquier acción humana en general, se está constituyendo un aparato psíquico cuya perturbación puede ser origen de alteraciones como las descriptas y que merece ser estudiado desde esa perspectiva tal como lo hiciera Freud y sus seguidores hasta el presente. La incorporación del no, la ley, la figura paterna, son instancias a tener en cuenta junto con el desarrollo de la relación yo-superyó-ello o las tópicas y sus mecanismos de pasaje de inconsciente-consciente. La ausencia de la ley deja liberada a la acción sujeta solo al deseo o la irracionalidad.

Nos movemos por placer y buscamos recompensa, gratificaciones. En los aprendizajes en general hay un fondo pavloviano en que la expectativa de una gratificación o recompensa está presente. Los aprendizajes vinculados al movimiento y al hacer moviéndonos, si bien son más complejos, tienen fundamentos parecidos con aquel otro tipo de aprendizaje pavloviano llamado diferido, en el que la recompensa deberá ser postergada. Estos aspectos son importantes tanto en la enseñanza y el aprendizaje como al evaluar sus perturbaciones. Si premiamos la rapidez y la inmediatez, de alguna manera estamos favoreciendo el modelo reflejo de Pavlov. Además se corre el riesgo de dejar de lado a sujetos valiosos, de procesamiento con esfuerzo, más lento y elaborado, pero potencialmente rico y creativo. Como siempre, lo ideal está en la posibilidad de utilizar todos los tipos de procesamiento en tiempo y forma, según la demanda. Los seres humanos pueden ser inducidos o estar naturalmente sesgados hacia extremos. Lo normal es la posibilidad de oscilar, llegar y permanecer en un extremo tanto como sea útil y ventajoso. Con el paso del tiempo y la experiencia se verá la mayor permanencia en un justo medio. Las patologías biológicas y la cultura pueden tender a fijar al niño en un extremo quitándole la flexibilidad de ir y venir modificándose a sí mismo o a su entorno en base a su plasticidad y posibilidad evolutiva.

Es muy importante poder detectar en todos los casos qué, cómo, quién, dónde o cuándo logran modificar aunque sea parcialmente sus conductas. Esto nos dará también evidencias indirectas de sus posibilidades y características vinculares. Si buscamos con interés, generalmente encontraremos alguna posibilidad. Explorarla y explotarla nos podrá ser muy útil como herramienta diagnóstica y terapéutica. Igualmente es muy importante poder detectar qué gatilla la perturbación, qué la atenúa y qué la exacerba.

Hasta aquí las conductas definidas por exceso de movimiento, por ser las más llamativas y frecuentemente motivo de dificultades en el ámbito escolar y disparador del pedido de consultas. No son las únicas a considerar. Parece gracioso, pero un autor de fuste decía, valorando el movimiento, que finalmente todo lo que el hombre hacía era mover cosas. ¿Pensar será mover ideas? Parece contraintuitivo, pero la inmovilidad absoluta no existe; aún estar quieto requiere de acciones musculares para mantener la postura, e inclusive la activación de circuitos inhibitorios para evitar contracciones. Ni aún en el sueño o en el soñar estamos quietos, solo se produce un desacople entre el movimiento soñado y el movimiento real equivalente. La llamadas parasomnias son muestras de algunas fallas en ese desacople. La comunicación requiere de contracciones musculares –movimientos– productoras tanto de un gesto como de un sonido. Dar un beso, decir "te amo" o propinar un golpe son sucesiones de contracciones musculares coordinadas, aprendidas y puestas al servicio de un propósito. El moverse mal por las razones que sean, será lo que veamos como conductas perturbadas o anormales. Son las razones de ese moverse anormal las que harán diferencias en la amplia gama de un repertorio que va de las parálisis al uso inapropiado motriz o intencionalmente. Finalmente la posesión de ese repertorio aparecerá como la capacidad de un sujeto para insertarse en el mundo y sobrevivir. No es correcto despreciar lo motor como lo elemental o lo grosero, frente a "lo mental" como lo sublime y más elaborado. No existiría lo mental sin el cuerpo con sus músculos posibilitando la exploración, la sensopercepción y la ejecución apropiada integrados por el cerebro.

Las diferentes patologías descriptas en tratados de psiquiatría y psicología pueden ser encontradas en los niños, aunque que con variada frecuencia y características en comparación con los adultos. Pueden observarse depresiones, trastornos de ansiedad, fobias, trastornos del sueño e inclusive psicosis, entre muchas otras. Estos niños en general llegan a la escuela con manifestaciones ya conocidas y diagnosticadas con anterioridad. Su inserción en el ámbito escolar será selectiva según posibilidades y requerimientos. El estrés de la escolarización, en especial el del inicio, puede agravar las dificultades ya existentes y ocasionalmente desencadenar patologías latentes.

Las patologías tienen edades y sexos en que suelen presentarse preferentemente. Los trastornos de conducta y aprendizaje asociados con ellas pueden ser esperables y no dependientes exclusivamente de la escolarización. Suelen ser una mezcla en proporciones variables entre la alteración de base y la circunstancia particular de la escuela. Estos niños forman un grupo en el que las psicosis y el retardo adquieren relevancia. La dificultad estriba en que no siempre es fácil o posible saber cuál de las dos es responsable, si una codetermina a la otra o simplemente coexisten. La importancia de poder aclarar este interrogante radica en que el pronóstico y el tratamiento difieren según el caso.

El retraso por sí solo no es evolutivo, tiene cierta estabilidad y puede mejorar. La psicosis puede tener una evolución variable con progresión, remisiones y aún curas aparentes. Lo comprometido en estos casos son más las conductas sociales, los vínculos con los pares, los docentes y aún la institución escuela. Las dificultades por fallas cognitivas se dan concomitantemente y en forma variable.

Al ver y evaluar un niño en la consulta, debe tenerse en cuenta el uso de medicamentos y sus efectos, en caso de que estuviera bajo tratamiento farmacológico. Pueden tener, según el tipo y la dosis, diversos efectos como baja en el rendimiento cognitivo, inatención y somnolencia e inclusive a veces efectos paradojales y conductas anormales. Lamentablemente, en la medida que avanzamos en la edad, el uso de sustancias tóxicas aparece con un incremento en los últimos años. Al igual que las situaciones de abuso y el *bullying* deben ser cuidadosa pero discretamente indagadas, sin prejuicios y en especial en aquellos casos en que "nada" parece anormal como causal de la perturbación.

Algunas perturbaciones de conducta pueden ser consecuencia de eventos importantes en la vida de un niño, como las enfermedades, internaciones, agresiones de todo tipo, separaciones, abandono, mudanzas, pérdidas significativas por muertes o desapariciones y varias más que pueden darse en la vida de cualquier ser humano. Su impacto y manifestaciones estarán dados por la manera en que su aparato psíquico pueda tramitarlas, la magnitud de los mismos, el momento de aparición, el tiempo de duración y su entorno. Podemos considerarlas en algunos casos conductas reactivas, las que no necesariamente son patológicas. Un niño justificadamente triste, por ejemplo, podrá tener algunas conductas coherentes con ese estado de ánimo, las que pueden incidir negativamente en su aprendizaje y en su nivel de actividad. Que sean transitorias o muy prolongadas dependerá de sus posibilidades psíquicas y del modo en que los adultos lo traten. No escapa a estas consideraciones que los adultos cercanos enfrenten o hayan vivido situaciones similares y en consecuencia sus posibilidades de compresión y ayuda serán acordes. Una evidencia de esta problemática es el ausentismo, que puede ser tolerado y justificado o exagerado y castigado. En cualquier caso el rendimiento escolar se verá comprometido. Conocer y tener en claro estas circunstancias será esencial para identificar la causa y ver la mejor manera de ayudar a tolerarla, corregirla o suprimirla si fuera posible. La tristeza síntoma en este caso no debe ser negada o suprimida, sino acotada y elaborada, al menos para no agravarla por incomprensión o negación. Las manifestaciones conductuales son en apariencia similares a las de las patologías psiquiátricas genuinas. El diagnóstico diferencial es clave para su tratamiento y pronóstico.

Las dificultades de aprendizaje, *per se*, cubren un amplio espectro que va de las muy específicas y aisladas –situación menos frecuente– a las más generalizadas y más frecuentes.

Desgraciadamente, las patologías en la infancia pueden afectar grandes estructuras cerebrales llegando a veces a ser generalizadas o masivas, en un cerebro que está en pleno proceso de crecimiento, desarrollo y maduración. El impacto dependerá del momento, la noxa y las estructuras comprometidas. Muchas son patologías graves incompatibles con la vida, en las que el cerebro es un órgano comprometido junto al resto. Las restantes de este tipo, pero que no comprometen la vida, configuran una larga lista en la que no me detendré pues su existencia generalmente es conocida, diagnosticada y tratada antes del ingreso a la etapa de escolarización. En muchos casos presentan dismorfias, a veces características, que pueden por sí solas hacer el diagnóstico. Los trastornos del aprendizaje en estos casos son considerados secundarios y lo menos importante frente a los déficits de otro tipo. En este grupo hay un número creciente de síndromes genéticos, metabolopatías y secuelas de procesos infecciosos y traumatismos.

Aquellos niños que llegan a la etapa escolar e ingresan a ella, si bien pueden tener dificultades importantes, en general no son tan graves como en los casos mencionados anteriormente. Una excepción podrían ser el autismo, algunas psicosis y algunos síndromes genéticos como el Rett. Estos niños forman parte de un grupo heterogéneo pero encuadrable en la categoría cuestionada y no muy bien definida de los retrasos o retardos mentales, definidos a partir de la medición del CI con todas las limitaciones y controversias ya señaladas. Se identifican habitualmente tres niveles de CI relacionables con la posibilidad del aprendizaje en general y el escolar en particular, tomando 100 como el promedio normal:

Leve: CI 55 - 69
Moderado: CI 35 - 54
Grave: CI 20 - 34

Otra manera de evaluarlo es en función del nivel escolar alcanzable:

Educables: llegan a cumplir los requerimientos de 4° a 6° grado aunque pueden hacerlo a edades tardías comparados con niños normales. Saben leer y escribir, son independientes y pueden trabajar.

Entrenables: pueden aprender las habilidades de su cuidado personal bajo supervisión variable. Necesitan supervisión prolongada en tareas más complejas. No llegan a adquirir la lectoescritura más allá de unas pocas palabras (nombre, algunas señales o carteles y algunos números). No llegan al pensamiento abstracto.

No instruibles: dependientes totales para toda la vida.

La incidencia de la llamada debilidad mental varía según regiones y épocas entre el 1 y el 16% de la población. En relación con el CI (datos tomados de Jaime Tallis) puede decirse que si es < 50 la causa probablemente sea genética, en tanto que si es > 50 la causa probable será socioambiental. Si bien son datos aproximados, vale la pena reflexionar sobre ellos. Un patrón genético anómalo hace a una estructura anómala con limitaciones inherentes a la capacidad de aprender constituyendo un punto de partida con recursos limitados. Esto –creo– ha sido lo que en apariencia subyace al exagerado temor a la "organicidad", tan frecuente en los docentes y en los jóvenes profesionales del campo psi; mirando el conjunto se podrá apreciar que no es la causa más frecuente aunque sea la más determinante. El resto con un mejor punto de partida, es más frecuente y además tiene mejores posibilidades de ser tratado, quizás revertido y más fácilmente evitado. Por todo ello requiere una atención privilegiada sin descuidar por ello al resto, en el que se encuentra por ejemplo el cromosoma X frágil con una incidencia entre el 3-10% y para algunos hasta 25%, lo que lo convertiría en la causa genética más frecuente de retardo o debilidad mental. La variación en las cifras de incidencia depende del método de evaluación genética.

Como en toda regla, hay excepciones y una de ellas el Síndrome de Down, que puede incluirse en el grupo de los retardos de causa genética, pero que afortunadamente tiene mejor pronóstico ya que su déficit suele ir de leve a moderado, con buenas posibilidades de educación y vida independiente con supervisión variable. Su incidencia es de alrededor de 3/1000 nacimientos en Latinoamérica y desciende a 0.6 en España. La edad de ambos padres incrementa el riesgo. La baja de la incidencia en algunos países se debe a la detección temprana, la edad de los padres y la posibilidad de interrumpir el embarazo.

Cuando existe una causa identificable, se los denomina secundarios a… con una lista similar a las causas graves pero en las que la edad, el grado de compromiso y los tratamientos posibles han condicionado una forma más leve del déficit.

Existe un grupo, probablemente mayoritario, en el que las causas buscadas con los medios disponibles por el momento no son muy aparentes o hay discrepancias en los hallazgos. La variedad de denominaciones van de Daño Cerebral Mínimo (DaCM) a Disfunción Cerebral Mínima (DiCM) y una amplia gama de retardos o retrasos, lo que habla a las claras de solapamientos, áreas de desconocimiento y multicausalidad. Las llamadas parálisis cerebrales son otro grupo relacionado por el variable componente cognitivo pero diferente de los anteriores porque su causa es conocida (trauma obstétrico de múltiples causas con compromiso anoxoisquémico) y configura una clara patología neurológica con síntomas y signos motrices muy evidentes que suelen condicionar más sus aprendizajes que el eventual déficit cognitivo. Tallis insiste en diferenciar la parálisis cerebral del retardo ya que en la primera el aparente retardo puede depender más de sus dificultades para acceder a los aprendizajes y ejecutarlos que a un compromiso cognitivo. La perturbación emocional del niño junto a la de los padres y a veces el difícil acceso a facilidades terapéuticas y docentes apropiadas, juegan en contra de sus aprendizajes. Coincido con Tallis ya que he visto jóvenes con esta patología en la escuela secundaria y también graduados universitarios. Algunos retardos tienen causa conocida y específica: fenilcetonuria, infección durante la gestación por el virus de la rubeola, herpes, citomegalovirus y toxoplasma. Actualmente se puede hacer la detección temprana antes y durante el embarazo o inmediatamente en el momento del nacimiento

                                          Guillermo Javier Nogueira

con la determinación en sangre (TORCH) y dosaje para fenilcetonuria (Guthrie Test, PKU Test). Son obligatorios y de rutina en nuestro medio. El asesoramiento genético y el control obstétrico con ecografías seriadas permiten también la prevención y detección precoz de patologías que pueden terminar en retardo o inclusive hacer inviable un embarazo. Una explicación razonable para los déficits sin causa aparente, sería un compromiso cerebral más sutil y no demostrable por ahora. Es el grupo más importante por varias razones:

En los ejemplos citados anteriormente el déficit habitualmente es leve a moderado y entran en las categorías de educable y entrenable. Son los que veremos en la escuela porque llegan a ella y a veces sin sospecha de dificultades. Pueden mejorar y entonces el componente sociocultural, la institución escolar y los profesionales son agentes relevantes para el mejor logro no solo desde lo educativo, sino también desde lo social y afectivo. La ayuda correcta en el momento oportuno tiene un gran potencial de mejoría con un abordaje integrador e interdisciplinario. Las nuevas tecnologías (tabletas, computadoras, celulares e internet) han abierto un amplio campo de posibilidades educativas y terapéuticas de particular utilidad para muchas patologías en general y particularmente beneficiosas para este grupo.

El punto de partida es un diagnóstico correcto, ya que existen por un lado posibles causas biológicas determinantes, co-determinantes o independientes. Conocerlas será un objetivo para adecuar el tratamiento a la presencia de las mismas. Igualmente, identificar causas no biológicas es crucial, pues algunos supuestos retardos desaparecen con su modificación, inclusive sin necesidad de tratar al niño. Lo de no biológicas es un concepto útil pero no real. Todo finalmente pasa por el cuerpo y el cerebro. Representa la reversibilidad de lo biológico y lo sociocultural como agentes. La idea de Roger Batra sobre el "exocerebro" me parece muy pertinente y relevante al respecto. Cualquiera de estas condiciones repercute en los padres y en la familia en general poniendo a prueba los vínculos, por lo que el tratamiento debe contemplar esa situación para facilitar su participación y brindarles apoyo. Tallis formula una recomendación-advertencia para las escuelas a fin de evitar la tendencia a la uniformidad e igualdad entre los semejantes. La diversidad debe ser respetada y aceptada, y el logro será la igualdad entre los diferentes.

Vale la pena recordar el concepto de retardo tal como lo señalaba Juan Azcoaga. Él los denominaba según las funciones cerebrales superiores afectadas, por ejemplo: retardo gnósico-práxico, del lenguaje, etc. La idea subyacente es que al ser las funciones cerebrales superiores aprendidas, sus falencias en la niñez –período durante el que se aprenden– no pueden considerarse pérdidas o ausencia sino retraso, dando la posibilidad de un aprendizaje más lento, parcial o anómalo. No se puede perder o no tener algo que aún no se ha aprendido y por ende no se tiene. Solo habiendo llegado sin adquirirlos dentro de los límites etarios considerados habituales o normales en una determinada población, nos habilita a hablar de su ausencia o déficit. Los retardos pueden ser benignos y consistirán en un arribo más tardío de lo esperado para su edad cronológica. Si llegado a los 18 años no se han observado modificaciones o ellas son muy parciales, implicaría una fijeza estructural y por lo tanto el diagnóstico será de ausencia o alteración de la función y no de retardo. Deben ser tratados en ambos casos aunque con diferentes estrategias. En el primer caso estimulando y facilitando el desarrollo latente y demorado y corrigiendo sus causas. En el segundo caso, buscando y rescatando en la reserva funcional mecanismos supletorios. La plasticidad y las sinestesias, tal como señala Vilayanur Ramachandran, son condiciones de posibilidad a ser explotadas. De todos modos, retardos circunscriptos puramente a una función son poco frecuentes. Lo más común es observar constelaciones en las que un retardo en particular es más notorio.

En la medida que se van desarrollando nuevos métodos de estudio y evaluación, las grandes categorías se fragmentan y aparece por ejemplo el déficit de procesamiento central, que alude a las conexiones entre múltiples estructuras y que puede verse como un niño de bajo rendimiento sin un área preponderante y muchas veces sin causa evidente. Cercano a este grupo están los niños con un procesamiento lento o "arrastrado" (*sluggish*), que fallan en las evaluaciones con límite de tiempo, pero que completan sus tareas si se les permite el tiempo suficiente. En estos casos hay determinaciones como los potenciales evocados de larga latencia, vinculables al procesamiento cognitivo, que pueden demostrar y confirmar esta lentitud.

Siendo la conducta multideterminada, el enlentecimiento y otras fallas del procesamiento complejo pueden tener su génesis inicialmente fuera de la biología cerebral (tristeza, falta de sueño, depresión) y a veces en otras partes del cuerpo (anemia, hipotiroidismo). Una consecuencia no deseable es que si se mantienen a lo largo del tiempo sin ser corregidas, pueden dejar secuelas.

Según la causa, podremos tener solo el déficit cognitivo más o menos marcado u otros concomitantes que también caen en esa categoría difusa de las comorbilidades, en la que a veces es difícil definir si la entidad considerada comórbida es la determinante o la accesoria.

De acuerdo a lo ya delineado en el capítulo IV, los trastornos pueden ser abordados siguiendo la secuencia desde los dispositivos básicos del aprendizaje a las funciones cerebrales superiores.

Lo sensorial

El punto de partida es asegurarse que visión, audición y el esquema corporal vinculado a la sensibilidad somática estén indemnes. Las alteraciones que veremos generalmente son parciales y a veces muy sutiles. Ceguera y sordera o pérdidas graves son habitualmente reconocidas antes de llegar a la escuela, son muy obvias y estos niños suelen concurrir a escuelas especializadas. No así la miopía, el daltonismo o las hipoacusias parciales. Puede observarse así un niño que tarda en leer del pizarrón, o pronuncia mal porque las palabras oídas le llegan distorsionadas o no puede copiar bien porque ve borroso. Lo mismo puede suceder con el ajuste postural y el uso de sus manos en forma combinada. Estas falencias –como muchas otras– son concurrentes en afectar el desarrollo del lenguaje y la lectoescritura. La evaluación sensorial es el paso previo a la evaluación por primera vez en los casos con supuestos trastornos del aprendizaje. La elección y el diseño de una batería de test a ser usados posteriormente, tendrá en cuenta las fallas o la normalidad de dichas funciones y estará adaptada para tal fin. La edad del niño no es una imposibilidad de evaluación si es realizada por un profesional con experiencia en ese grupo etario. No es necesario repetirla, excepto ante la aparición de cambios bruscos en el rendimiento, aparición de nuevos déficits o falta de calidad de la primera evaluación. La repetición para el control evolutivo o la respuesta a un tratamiento requiere usar variantes de una misma prueba o una distinta pero comparable, de modo de evitar el efecto aprendizaje de la prueba. Toda evaluación implica un esfuerzo y un impacto emocional que deben ser contemplados al requerirlas.

La sensopercepción

La construcción de sensopercepciones tiene un requerimiento cerebral mayor ya que implica el pasaje de sensaciones en la corteza sensorial receptora primaria a sensaciones más elaboradas témporoespacialmente en las zonas corticales aledañas y de allí a la corteza de asociación multisensorial y su entrada en un circuito córtico-subcortical, que finalmente incluye todo el cerebro en redes distribuidas y reentrantes. Es en esta etapa y en estas estructuras donde se pasa a construir configuraciones y sensopercepciones organizadas. Por ejemplo, de ver una luz, quieta o en movimiento a una luz de determinada intensidad y color que va rápido y aumenta de tamaño y hacia dónde se dirige. Finalmente podrá ser descripta como un farol con determinadas características. El pasaje ulterior a las cortezas de asociación permitirá luego nombrarlo como un farol de luz blanca perteneciente a una locomotora y que eso sucede tal día, a tal hora, estando en tal lugar, bajo la lluvia. Tuve miedo y me aparté del paso a nivel. Según la historia y la valoración personal, las sensopercepciones podrán ser mucho más ricas o más reducidas. Lo mismo se dará con cualquier otro sentido. Por ejemplo sentir un olor, luego reconocerlo como perfume y finalmente saber que es tal marca de perfume, que nos encanta y que es usado por un ser querido, etc.

Es parte de lo que llamamos procesamiento central. Junto a las estructuras cortico-subcorticales, participa la sustancia blanca por la que se realizan las interconexiones entre todas ellas.

Las alteraciones de la corteza primaria producen déficits similares a la pérdida del órgano receptor: ojo u oído, papilas gustativas, bulbo olfatorio y corpúsculos sensoriales y sus vías. La más explorada es la visual, llamada ceguera cortical. Algunos autores niegan la existencia de sordera cortical. Situaciones similares con el resto de los sentidos forman parte de nuestra ignorancia, al menos por ahora. Con respecto a la ceguera cortical se da un fenómeno muy peculiar y es la carencia de respuesta emocional a la aparición de la ceguera y a veces el no reconocimiento de la misma. Notablemente estos pacientes pueden esquivar obstáculos y tomar objetos con un acierto superior al 50%. Se presume la existencia de cierto grado de organización pre cortical que envía información a otras estructuras cerebrales que permiten ese tipo precario de visión. Es una situación rara en la infancia donde son poco frecuentes las lesiones focales de causa vascular con las que se conoció esta entidad en adultos. Más allá de los receptores corticales primarios, las fallas corresponderán al terreno de las gnosias que trataremos más adelante e inclusive pueden estar subyacentes en las alteraciones del lenguaje y las praxias. Nuevamente debemos tener en cuenta que los niños tienen un cerebro muy inmaduro al nacer y que el tiempo hará converger la aparición de conexiones bajo la guía genética y su funcionalización por los estímulos tanto exógenos como endógenos.

La atención

La atención debe ser vista como la puerta de acceso a los aprendizajes tanto explícitos como implícitos, si bien estos últimos son menos demandantes de dicha función.

Así como es muy complejo y difícil definirla, lo es también explorarla, evaluarla y por ende atribuirle responsabilidad en diferentes alteraciones. Está íntimamente ligada a la conciencia, las funciones ejecutivas, la sensopercepción y la memoria. Así podemos ver alteraciones relacionadas con la conciencia, que van desde la confusión al coma por el lado del

   Guillermo Javier Nogueira

déficit y de la hipervigilancia al delirio por el lado del exceso. Su importancia puede ser vislumbrada teniendo en cuenta que a la confusión en alguna literatura anglosajona se la llama falla cerebral total (*total brain failure*). Con respecto a las funciones ejecutivas las fallas pueden darse en el error al evaluar datos, en la secuencia y orden en la solución de problemas por etapas, en la posibilidad de realizar tareas simultáneas utilizando eso que llamamos atención dividida. Esas fallas se traducirán también como confusión. Como podemos observar, muchas de estas falencias podríamos atribuirlas a otras funciones cerebrales, pero sus manifestaciones tienen como común denominador la falla atencional en alguna de sus variantes.

Las fallas llamadas ejecutivas nos pueden dejar en dudas sobre una falencia primaria de la memoria cuando el sujeto comete un error por no recordar el procedimiento, el valor y objetivo del mismo o no recordar las consecuencias de las equivocaciones. En realidad la memoria de trabajo es el componente base al retener la orden, el orden y el proceso de ejecución y el cotejo entre orden y resultado. Otras memorias también intervienen y son las que soportan el resto de los procesos cerebrales.

Es frecuente cometer el error de considerar la atención exclusivamente como una actividad positiva, excitatoria, proactiva: dirigirse hacia, elegir, optar o seleccionar, cuando por el contrario ignorar, eliminar o inhibir el resto de los estímulos fuera del elegido es un componente esencial y para algunos autores el más importante. Los estímulos que deben ser desatendidos son denominados distractores. Esta inhibición pone en foco el estímulo seleccionado que estará en competencia con los distractores por su acceso a la sensopercepción, Esta competencia involucra diversas memorias y atenciones relacionadas con determinantes interiores al sujeto que le dan valor preponderante a un estímulo restándole valor o descartando otros. En realidad esta evaluación de alguna manera antecede al enfocar la atención y la condiciona. Por supuesto, existen circunstancias vitales en las que el enfoque es inmediato y el mecanismo anterior es salteado (*override*). No siempre los estímulos son externos y a veces el medio en que se da esta competencia es en el interior del mismo sujeto.

Actualmente este funcionamiento es pensado como un proceso probabilístico que pone en juego demandas y conocimientos previos que emergerán según valores con las probabilidades más altas. Los valores pueden ser una necesidad vital, emocionales, estéticos, de utilidad, placer, dolor, peligro, seguridad, certeza, ambigüedad, familiaridad y tantos otros como el sujeto sienta y posea. Puede imaginarse la atención como un componente funcional complejo compuesto de un polo interior que no solemos ver directamente y al que podríamos llamar motivación, tendencia hacia, poner en marcha, deseo junto a su contrapartida de control inhibitorio, y un polo igualmente interior, pero exteriorizable, como componente de la conciencia. La atención cabalga sobre ellos y los integra. Hay un constante ir y venir entre estos componentes y su integración con el resto de las funciones cerebrales.

En última instancia las conductas observables son el resultante manifiesto de este funcionamiento; por lo tanto, alteraciones en cada uno de sus elementos o en sus combinaciones pueden ser causales de aquellas conductas consideradas anormales. Cuando en el afán de adquirir más conocimientos y precisión haciendo reduccionismo los separamos, corremos el riesgo cierto de ganar en profundidad pero a costa de perder la visión integrada que finalmente es la que importa. Todas las clasificaciones son recortes –a veces arbitrarios– de un aspecto de eso que llamamos realidad, por ello son de utilidad como orientadoras y descriptivas pero no necesariamente copia fiel de esa realidad. Esta es mucho más compleja.

He aquí un ejemplo de clasificación orientada a las causas:

1. Alteraciones de origen psíquico por déficit o exacerbación.
2. Heminegligencia sensitiva o motora.
3. Por exceso o déficit de estímulos.
4. Por fallas en el procesamiento de los estímulos.
5. Por efecto farmacológico o tóxico.
6. Inducida.

Todas estas alteraciones son importantes y frecuentes en la práctica clínica en relación con nuestro objeto de estudio en particular, con excepción del ítem 2, que pertenece casi con exclusividad a la patología neurológica de los adultos.

La primera clasificación comprenderá todas las alteraciones psíquicas que van desde las alteraciones del humor hasta las psicosis. Desde las transitorias o cíclicas a las permanentes. Las veremos como desinterés, hipoactividad, retraimiento, errores frecuentes y no esperables, bajo rendimiento escolar; también como acompañante y parte de duelos, depresiones, esquizoidía, psicosis esquizofreniformes con síntomas negativos y una amplia gama de neurosis. Por el lado de la exageración hay que considerar el TOC, los trastornos de ansiedad, las fobias, los delirios y las psicosis paranoides.

El tercer grupo también es de fácil diagnóstico aunque de muy variadas manifestaciones. El déficit generalmente se lo verá como secuela de patologías neo o perinatales graves o, *a posteriori*, de situaciones de abandono físico o psicológico. Suele ser muy dependiente del medio sociocultural empobrecido. Este puede ser deletéreo ya que la ausencia de estímulos desconecta al niño del mundo y de sus posibilidades de aprendizaje. Puede manifestarse desde el rocking del hospitalismo, hasta la alucinación, la falta de apetito y la muerte. La hiperestimulación se hará aparente como inquietud, ansiedad, constante búsqueda de estímulos, demanda de atención de los adultos y actividades de riesgo. Se suele creer erróneamente que el aumento o la exageración de los estímulos es beneficioso para los aprendizajes. Puede terminar siendo lo contrario por llevar a la sobresaturación y el agotamiento. El aprendizaje explícito fundamental en la escuela requiere de un tiempo de elaboración-procesamiento insoslayable. La sobreestimulación puede mejorar las respuestas reflejas y en especial motrices, pero es debatible si la mejoría en una tarea determinada es generalizable a otras diferentes. Parece ser el caso de los videojuegos. Un buen ejemplo es atiborrar al niño con juguetes, incluyendo los didácticos, sin dejar que juegue libremente y desarrolle su juego imaginativo. Puede terminarse con un niño aburrido, poco sociable y con un pobre lenguaje. El justo término medio es el objetivo a desarrollar o recuperar.

El cuarto grupo lo constituiría el ADHD, en tanto que el quinto grupo es quizás el de más fácil diagnóstico ya que el déficit es el síntoma preponderante: sueño, lentitud generalizada, bajo rendimiento en las tareas y, en casos extremos, confusión y coma. En la infancia los tóxicos son casi exclusivamente fármacos psicoactivos. Son importantes por su uso frecuente los anticonvulsivantes, los antihistamínicos y últimamente los derivados anfetamínicos. Al evaluar a un niño que toma medicamentos es importante tener en cuenta la dosis y el horario de la toma, tanto para programar las consultas y evaluaciones, como su horario de concurrencia a la escuela. Con respecto a los anticonvulsivantes, su efecto dependerá del tipo y la dosis, así como del tipo de epilepsia que padezca y del control logrado de la misma. En general en dosis habituales y en epilepsias de buen control no tienen efecto significativo y si lo tienen, suele aparecer como un rendimiento escolar ligeramente bajo en las tareas más demandantes y complejas. Por el contrario, el buen control de las crisis –en especial las ausencias o las convulsiones generalizadas, si eran muy frecuentes y prolongadas– se traduce en una mejora en el rendimiento además de la ganancia por la reducción del ausentismo.

Lamentablemente, en los tiempos que corren no podemos dejar de tener en cuenta sustancias tóxicas y adictivas de cada vez más fácil acceso, que han comenzado a comprometer a niños desde los 5-6 años en adelante y van desde el alcohol y el tabaco hasta el extremo del paco. Todos tienen consecuencias graves por el deterioro cognitivo que producen, que puede ser irreversible y fatal según la droga, la edad de comienzo y la frecuencia y cantidad de su uso. Tristemente estos niños son desertores escolares y, por lo tanto, si no se controla el medio socioeconómico que los arrastra a esa situación, no constituyen un problema de aprendizaje en la escuela o determinado por la escuela, la que por sí misma y aisladamente no puede contemplar y resolver.

Todos los fármacos y las llamadas sustancias psicoactivas funcionan a través de modificar el balance de diferentes circuitos cerebrales al ser similares a los neurotransmisores naturales. De alguna manera simplificada, son como neurotransmisores tramposos que se cuelan en la homeostasis cerebral endógena y la desbalancean. En el caso de los fármacos exitosos terapéuticamente, lo hacen de diferentes maneras supliendo carencias o disminuyendo excesos. El problema es que en un sistema maravillosa y precisamente ajustado, pero a la vez plástico, toda injerencia externa en su bioquímica, "haciéndose pasar por", lleva a un nuevo balance ecológico diferente del original que puede ser beneficioso o catastrófico. Por ejemplo, podemos corregir beneficiosamente un exceso de un neurotransmisor disminuyendo su síntesis, bloqueando sus receptores o aumentando su recaptura. En cada caso con un fármaco que puede "deslizarse" en una cadena bioquímica. El problema es que finalmente el organismo se adapta plásticamente a esta situación, es decir, aprende. ¿Qué sucede entonces si dejamos de aportar el fármaco? Si la acción es reversible es posible volver a una situación semejante pero no idéntica a la previa ya que ha habido cambios plásticos, pero si son irreversibles, pasaremos a una situación de déficit del neurotransmisor que originalmente estaba en exceso. La abstinencia corre por ese andarivel. Este ejemplo puede usarse prudentemente como analogía a todas las intervenciones de los adultos sobre los niños. Dejo librada a la imaginación del lector pensar situaciones aplicables. "Si tiene hambre, enséñale a pescar, no le des pescado". Recibir el pescado se introducirá como una dependencia y anulará la capacidad o el interés para procurárselo por sí mismo. No recibirlo lo deja hambriento e inerme. Disyuntiva habitualmente presente.

Finalmente, el sexto grupo corresponde al efecto "ejemplar" proporcionado por los medios, destacado por su poder y abundancia pudiendo forzar al niño a estar atento a ciertas cosas en desmedro de otras. Veremos a un niño "unidimensional" en sus carencias y en sus posesiones. La manipulación atencional puede estar presente en el engaño y así veremos niños ignorantes sin saberlo o creyentes de algo que no es verdad.

Desde otro punto de vista existen atenciones tan parciales como para corresponder a cada letra de una palabra y otras tan integradas como para mantener el sentido de una frase. Pueden durar un tiempo prolongado o un instante: tónica y fásica. Pueden fijarse en un solo objeto o evento o dividirse entre varios, puede tener que ver con el estar alerta, despierto o somnoliento. Distintos componentes y circuitos con sus neurotransmisores son el soporte biológico. Aprendizajes varios, dependientes de ellos, pueden incrementar, deteriorar o reducir algunos de estos aspectos.

Por todo esto debemos ser muy cautelosos al atribuir a un componente o aspecto atencional determinado, una falla o un síntoma específico. Así es como ningún test, evaluación neurobiológica e inclusive genética accesibles en la práctica clínica, han dado hasta el momento resultados incontrastables para señalar y diferenciar conductas relacionables con sus alteraciones. Los tratamientos, como es de esperar, corren igual suerte.

La magia y el ilusionismo son ejemplos de alteración atencional inducida. El sujeto debe estar atento de una manera especial para *mirar sin ver*. Los estudiantes suelen estar por un momento incrédulos hasta que experimentan por si mismos el ejemplo: contar cuántas veces se pasan una pelota varias personas en un escenario, mientras al mismo tiempo atraviesa el escenario un sujeto disfrazado de gorila. El "gorila" no es visto por la mayoría de los observadores. Otro ejemplo es el de un sujeto mirando al cielo, rápidamente puede ser imitado por otros e inducidos a ver lo que el sujeto dice estar viendo. Mientras tanto… alguien roba sus carteras.

Puede ser ilustrativo –aunque de mayor complejidad y pasible de varias explicaciones– el caso del cuento "La carta robada", con el interesante tratamiento de Jacques Lacan desde el punto de vista psicoanalítico. El relato trata sobre algo obvio y visible que no es percibido. De allí nuevamente nos surge El Principito: "lo esencial es invisible a los ojos".

Estas no son experiencias frecuentes en el ámbito escolar. En él puede verse el desvío intencional de la atención para que el niño realice una tarea e ignore otras posibilidades. La expresión habitual de los adultos en general y de los docentes en particular: "presten atención" al igual que sirve de ejemplo, es interesante también para señalar que la atención es algo que temporariamente se cede, se deposita. Es un doble juego que puede ser iniciado, incitado, tal como dice Juan Carlos Goldar: los objetos están en el mundo externo demandando nuestras acciones. Por otro lado, podemos por nosotros mismos elegir un objeto que inclusive puede no estar presente ni pertenecer al mundo externo. Rondan aquí las ideas de voluntad, libre albedrío, el yo moviente o el autómata que actúa según arcos reflejos tipo estímulo-respuesta.

Una postura interesante y original en relación con el aprendizaje y la atención, es la de F. D. Rodríguez, quien postula que el aprendizaje inicial es guiado por el miedo. Primero a lo desconocido y luego a lo señalado por los mayores. Sería un aprendizaje basado en la autoridad y la confianza que ha direccionado la atención a ciertos estímulos. Se forma así el marco de creencias que con el tiempo pasan a ser normas de conducta y conocimiento. Los niños pueden llegar a la escuela con una atención exagerada o disminuida para ciertos ítems propios del aprendizaje escolar. Serán buenos para "lo que les importa o interesa" y no tan buenos para el resto. No son realmente deficientes, simplemente son desatentos o desinteresados. Los docentes pueden repetir lo mismo en su tarea, según el mundo de sus intereses y conocimientos; luego el niño puede tropezar con algunas dificultades o carencias cuando cambia de docente o escuela pues cambian sus intereses y con ellos su atención, al igual que cambian los motivadores atencionales.

Tanto padres como docentes pueden pecar por exceso presentando una oferta exagerada de estímulos que finalmente competirán entre sí. La atención dividida tiene límites y posibilidades. Su manipulación puede tener efectos contrarios al buscado: "lo que abunda no daña" puede colisionar con "el que mucho abarca poco aprieta". Estos niños pueden fallar al no poder escoger lo relevante de lo accesorio.

Pueden también darse las circunstancias de tener dificultades por no poder atender y retener múltiples variables en el abordaje de un problema complejo. Se ven como paralizados sin saber cómo empezar. A veces lo exteriorizan como quietud, otras abandonando, otras como ansiedad por la frustración. Un ámbito donde suele ser aparente esta dificultad es en el aprendizaje de tareas simultáneas, en la detección de diferencias y semejanzas o en aritmética. Surge la pregunta de si lo que se observa clínicamente es una falla atencional, de la memoria de trabajo o de las funciones ejecutivas que las contiene.

La memoria

Es el soporte de todas y cada una de las funciones. Puede ser vista como la capacidad de retener un estímulo o pieza de información por períodos variables de tiempo, categorizarlo adjudicándole un valor y posibilitando su evocación y recuperación. Está estrechamente acoplada, como en un tándem, con la atención. La tarea iniciada por esta última es seguida por la construcción de nuevas memorias y por la utilización de las previas. Las fallas de memoria en la infancia son poco frecuentes en ausencia de lesiones cerebrales graves y extensas. Por otra parte, es difícil, sino imposible, evaluar capacidades o funciones que irán apareciendo y complejizándose en el tiempo. ¿Cómo saber lo que un niño recuerda hasta que no haya pasado por la experiencia que determine ese recuerdo? Esto lo definía muy bien Juan E. Azcoaga cuando insistía que en la infancia no se podía hablar de pérdidas o faltas, sino de retrasos cuando una función no se hace evidente dentro del plazo esperado.

　　Guillermo Javier Nogueira

Las primeras evidencias biológicas de la creación de memorias se obtuvieron con los experimentos de Pavlov estudiando los reflejos condicionados. El perro respondía con la secreción de jugo gástrico al presentarle comida y hacer sonar una campana. La relación temporal entre ambos estímulos es importante, al igual que el estado atencional o motivación óptima: ni saciado ni muy hambriento. Luego de varios ensayos, solo se hace sonar la campana, obteniéndose la misma respuesta. El perro tiene la expectativa de recibir alimento si suena la campana y su aparato digestivo responde como si eso sucediera. Esto solo es posible si ha creado una memoria que asocia ambos elementos. Cuidadosamente se construyeron diversos experimentos cambiando el estímulo condicionado en términos de recompensa o castigo y variando la demora de la recompensa. Algunas de nuestras conductas tienen en el fondo este mecanismo. El bebé oye la voz de la mamá, huele su olor peculiar, siente el calor y la textura del pecho, ve su cara, siente el pezón o la mamadera y, acuciado por el hambre, comienza a mamar, siente alivio y placer. Puede hacer todo esto minutos después de nacer y hoy, merced a las ecografías, sabemos que se chupa el dedo antes de nacer. Al cabo de un tiempo de repetirse las mismas acciones y sensaciones las va asociando y construyendo las memorias pertinentes. Además expresa las molestias como llanto y desencadena un proceso similar que también aprende. Corroboramos que esto ha sucedido pues gradualmente puede anticipar el alimento o el alivio tan pronto ve, oye, huele o toca a su madre. Más aún, descubre y luego recuerda que el llanto hace aparecer a su madre y aprende a usarlo como mensaje. Finalmente puede agitarse anticipadamente cuando oye a su madre aunque no la vea. Igual proceso se da con otros estímulos. Entender lo que dice mamá requiere más memorias y de mayor complejidad como para desarrollar el lenguaje del mismo modo que todas las otras habilidades que irá aprendiendo.

En la etapa escolar las aparentes fallas de memoria están más relacionadas con perturbaciones atencionales o de motivación que con alteraciones específicas o puras de memoria. Solo déficits cognitivos muy importantes aparecerán como alteraciones de memoria por las que un niño no pueda aprender. Lo que en realidad sucede es que el aprendizaje de las llamadas funciones cerebrales superiores –o, si se lo prefiere, funciones cognitivas– depende de las memorias pertinentes; al estar ellas en déficit lo que será clínicamente aparente es la falla de dichas funciones: así tendrá dificultades con las gnosias, las praxias, el lenguaje y las funciones ejecutivas. Más aún, visto desde otro modelo, la propia constitución del aparato psíquico estará en juego. Un ejemplo ilustrativo es lo que sucede en las demencias avanzadas en las que la amnesia hace perder al sujeto su identidad junto con su historia.

Memorizar algo implica también un pasaje por la esfera valorativa de Goldar, por lo que ciertas memorias serán retenidas, consolidadas y con posibilidad de ser evocadas en función de su valor. Otro aspecto es el direccionamiento del archivo de acuerdo a sus contenidos, función en la que una estructura cerebral, el hipocampo, tiene un rol determinante. Con respecto a la idea de archivo es importante no imaginarlo como único o localizado. De ser así, un desorden o lesión producirían una pérdida total del mismo y de todas las memorias, cosa que nunca sucede. Por ello una lesión cerebral focalizada nunca produce pérdida total de la memoria allí localizada y responsable total o parcialmente de alguna función. Las lesiones difusas suelen tener efectos más severos. Es el caso de los niños con síndrome anoxo-isquémico peri o neonatal, meningitis, encefalitis, trastornos metabólicos o endócrinos no tratados, traumatismos de cráneo graves con edema cerebral e hipertensión intracraneana y coma prolongado, el Síndrome de Reyes, el bajo peso neonatal –en especial por debajo de los 1.000 gramos–, las cardiopatías congénitas anóxicas y los disbalances metabólicos o del medio interno prolongados. Las secuelas generalmente son muy importantes aunque no invariablemente, dependiendo de la edad, el peso y el tipo de patología. Esto no implica considerar el daño irreversible o irrecuperable *a priori*, ni exclusivamente dependiente de tratamiento médico farmacológico. La evaluación cuidadosa puede mostrar aspectos tratables y mejorables, valiosos para el niño y su entorno. Cada caso debe ser evaluado en particular, teniendo en cuenta además el contexto cultural y socioeconómico. Un error frecuente tanto de los padres como de los profesionales es fijarse metas irrealistas y mantenerlas fijas como prioridades, en especial pretendiendo recuperar un funcionamiento similar a la normalidad. Es mucho mejor rescatar aquello que el niño puede, le sirve y lo alegra, que empecinarse en múltiples tratamientos reiterados y prolongados en búsqueda de recuperaciones *ad integrum*. Esto a veces impide ver pequeños logros valiosos para el niño pero insuficientes y/o decepcionantes para los padres. Resultado: cambio de profesionales y nuevo intento. Se puede caer en lo que ahora llamamos encarnizamiento terapéutico que a veces tiene que ver con demandas de los padres vinculables a razones variadas pero personales y de los profesionales que ofrecen lo que tiene el mercado. El cuidado de un niño es irrenunciable, pero en cambio los tratamientos deben ser ajustados a metas realistas y a las posibilidades existentes.

La clasificación de memorias en corto y largo plazo o en episódicas o semánticas y en particular la categoría de memoria de trabajo, son útiles como guía para seguir el recorrido de los circuitos y sus fallas posibles según el eslabón alterado. Generalmente nos enfrentaremos con la falla del soporte de la memoria al ver una falla compleja como por ejemplo en las funciones ejecutivas o en el lenguaje. Otro aspecto a tener en cuenta es la memoria como soporte del conocimiento y vivencia del tiempo en su orden de pasado, presente y futuro.

El archivado no es el destino único, final, fijo y en un lugar predeterminado. Es un conjunto de modificaciones plásticas de redes interconectadas recursivamente. Las fallas pueden estar tanto en un eslabón como en sus conexiones, incluyendo aquellas que revierten el recorrido y a las que llamamos búsqueda, recuperación o evocación. El acceso a la conciencia es clave pero poco conocido. Cuando se da decimos recordar algo y cuando no se da, hablamos de olvido o ignorancia y, en el peor de los casos, amnesia. Esto no implica inexistencia, sólo señala la imposibilidad de hacerlo presente; queda en el dominio del inconsciente. Se ha comenzado a explorar y valorar el o los mecanismos determinantes del olvido y las recuperaciones, que tienen tanta importancia como las adquisiciones. El olvido es esencial para la memoria. Borges dio un maravilloso ejemplo en "Funes el memorioso". Es un proceso normal y reversible a diferencia de la amnesia, que es una consecuencia patológica irreversible. En el caso de la amnesia no podemos hablar de la imposibilidad de acceso a la conciencia pero con permanencia en el inconsciente como es el caso de los olvidos. En la amnesia ya no existe literalmente memoria. Es un proceso devastador.

Los otros dispositivos básicos son la motivación y la habituación. Sus fallas son más sutiles y difíciles de individualizar y las veremos subyacentes a los otros dispositivos y funciones dentro del aprendizaje. Muy resumidamente, podemos definir a la motivación como la tendencia favorable hacia ciertas metas y la habituación como complementaria de la atención; permite que dejemos de reaccionar automáticamente frente a un estímulo repetido y ya incorporado, posibilitando el pasaje a la memoria y a un nuevo procesamiento atencional. Ambos dispositivos también están concatenados con la atención y por ello sus falencias pueden aparecer como fallas atencionales. En un caso el sujeto pavlovianamente no está en condiciones óptimas para dirigirse a su objeto ("ni saciado ni muy hambriento") y por ello permanece indiferente frente a los estímulos, no aprende; en el otro caso reacciona constantemente a los estímulos, son todos novedosos a pesar de ser iguales y por ello no se "concentra" o enfoca para aprender. No puede incorporar y avanzar en el conocimiento. Queda atrapado en una novedad permanente con un gasto cognitivo inútil. Algo de esto sucede en el ADHD.

Este esquema teórico ha sido elaborado y divulgado por Azcoaga, de quien lo hemos aprendido. Estaba basado en el modelo pavloviano que hoy hemos complejizado pero que permanece subyacente a muchas explicaciones de las conductas humanas a las que ahora podemos abordar con mejores herramientas y mayor experiencia. De él surgieron los conceptos de aprendizaje fisiológico y aprendizaje pedagógico comentados en otros capítulos. Entendiendo el aprendizaje como una reorganización adaptativa del comportamiento ante nuevas experiencias, el aprendizaje fisiológico comprende los cambios evolutivos producidos en la estructura y modo de procesamiento de los estímulos, en tanto que el aprendizaje pedagógico reestructura el procesamiento a partir de la sistematización de los estímulos dependiendo del lenguaje.

El nivel siguiente de complejidad es el aprendizaje de las funciones cerebrales superiores, como prefiero llamarlas con fines didácticos. Siendo ellas mismas dependientes de aprendizajes, sus fallas tienen consecuencias negativas para los aprendizajes, lo que genera un peligroso círculo vicioso. Pueden ser delimitadas aunque artificialmente y al solo efecto de su mejor comprensión y tratamiento. En realidad están profundamente imbricadas y en cada déficit pueden participar varias, y por otra parte todas pueden ser deficitarias a través de fallas de los dispositivos básicos del aprendizaje. No obstante, la falla tal como es evidenciada, puede parecer perteneciente a una función en particular. Por ejemplo, el lenguaje tiene componentes gnósicos y práxicos y viceversa. Es necesario reconocer las letras y su fonética (gnosias) y saber los movimientos apropiados para escribirlas y decirlas (praxias). Simultáneamente es necesario saber su secuencia para formar palabras y los intervalos, silencios, acoples y ordenamiento (sintaxis) para escribir o decir oraciones (lenguaje). Finalmente, es menester agregar lo propio del lenguaje: la representación simbólica con el significado correspondiente (semántica). Al usar un objeto con un fin determinado (praxias) debe ser reconocido como tal (gnosia) y sabida su semántica: nombre, uso y utilidad (lenguaje). Igual camino puede hacerse con el reconocimiento (gnosias) de tal modo que al reconocer un objeto a su vez lo denominamos (lenguaje) y sabemos cómo usarlo (praxias). La gnosia y la clasificación conceptual de un objeto lleva implícito el para qué sirve. Aprendemos a reconocer por la acción, incitados por el potencial del objeto.

El lenguaje

Es una de las llamadas funciones cerebrales superiores; por lo tanto posee un complejo proceso de aprendizaje apoyado en la maduración del sistema nervioso. Depende de un procesamiento multimodal en redes distribuidas, y de los dispositivos básicos del aprendizaje. Está integrado a las otras funciones cerebrales superiores y sujeto al fenómeno de convergencia en la entrada sensorial, seguido por la divergencia en el procesamiento en paralelo central y convergencia final para la producción de una respuesta. Anticipándonos y a grandes trazos podemos decir que el deterioro, la pérdida o la detención de su desarrollo, siguen un camino inverso y semejante aunque no idéntico a su adquisición.

El lenguaje ocupa un lugar central por varias razones: si bien no es único del ser humano, sí es el más complejo y desarrollado comparado con el del resto de los seres vivos. Es una enorme ventaja evolutiva que nos ha convertido en especie dominante por ahora. Nos permite construir conceptos, clasificar y cotejar. Nos introduce en una noción de tiempo según buscamos palabras portadoras de significados y sentidos guardadas en la memoria y por lo tanto con un orden de registro con el cual elaboramos el presente a partir del pasado e hipotetizamos y proyectamos el futuro.

Nos permite representar, simbolizar y manipular objetos/ideas en ausencia de los objetos reales. A todo esto podemos llamarlo pensar. También podemos transmitir esas ideas, conocimientos, experiencias y pensamientos a otros semejantes, comunicándonos merced a un código compartido: la lengua; con ella podemos socializar, alertar, prevenir, intimidar, manipular, mentir, elogiar, agredir, contar historias inventadas o verdaderas, así como manifestar emociones. Esta posibilidad comunicativa es más valiosa por darse en ausencia de objetos o situaciones reales. Podemos *lenguajear*, interesante concepto de H. Maturana. Muchos animales poseen un lenguaje con el que alertar del peligro de un predador, pero siempre ante la presencia real del mismo. El hombre por ejemplo, puede prever y alertar sobre el peligro anticipadamente y en ausencia de los elementos que lo señalan.

Con el lenguaje podemos dar cuenta de lo percibido y de nuestro mundo interior. Es el gran traductor de las sensopercepciones; cuando no puede hacerlo, inventa o metaforiza frente a lo inefable. A través de él se evidencia una de las funciones más elevadas y esenciales de nuestro cerebro como constructor de ficciones, certezas e instrumento desambiguador. Existe un experimento muy interesante para ejemplificarlo. Surge de esa fecunda serie de sujetos con cerebro dividido estudiados por Roger Sperry. Tenían el cuerpo calloso seccionado como tratamiento de su epilepsia de difícil control, por lo tanto no podían transferir información de un hemisferio al otro; dieron origen a múltiples evaluaciones por eminentes neuropsicólogos que permitieron atribuir diferentes funciones a cada hemisferio cerebral. Estos pacientes no tenían dificultades en su vida cotidiana. Solo se ponía en evidencia algún déficit si selectivamente se les presentaba un estímulo a ser procesado por un hemisferio y se solicitaba algún tipo de la respuesta al opuesto. El experimento de marras consistía en mostrarle una imagen invernal con nieve al hemisferio derecho y otra imagen de un gallinero al hemisferio izquierdo. Luego se le mostraba una pala de nieve a izquierda y se le pedía que la asociara con una de las dos imágenes. Lo hacía con la del gallinero que por estar en el mismo hemisferio del lenguaje permitía producir una respuesta verbal. La imagen proyectada a derecha y que sería la pertinente, fue vista pero no transferida a izquierda por la lesión del cuerpo calloso, por lo tanto, para el lenguaje era inexistente. Lo interesante para el aspecto del lenguaje sobre el que se estaba elaborando es que al preguntarle al sujeto qué relación había entre una pala de nieve y el gallinero, respondió sin titubear que la pala era para limpiar la suciedad de las gallinas. Su lenguaje solucionó la incongruencia por aproximación.

Umberto Eco define al lenguaje como la habilidad humana de forjar simulacros, y J. Moreno dice que los hombres tienen la capacidad de hablar de cosas que no existen. Suficiente para tener en cuenta la importancia de esta capacidad simbólica en los seres humanos.

Dado que las percepciones no son una copia fotográfica de la realidad sino una construcción/creación personal, su valor estará dado por la aproximación a esa realidad y su relato, lo que nos permitirá adecuarnos ventajosa y correctamente al mundo. Si bien esta construcción es personal, compartimos las bases del procedimiento con otros humanos, en general coincidimos y eso facilita la vida en sociedad. Me aventuro a decir que lo compartido es, al menos en parte, eso que Chomsky llama estructura innata del lenguaje, humana y universal. Esta postura no es uniformemente aceptada pero por el momento es prevalente. De todos modos, se acepta que somos creadores de ficciones que manipulamos y contamos. Aquí aparecen Borges y Bioy Casares con la visión de los artistas que discurren por la posibilidad de que los humanos seamos una ficción o un sueño soñado por otro…

En lo que atañe a la relación cerebro y lenguaje, me atrevo a decir que estamos en un punto donde todos los modelos tienen una parte de verdad. Desde el localizacionismo de Broca-Wernicke, al asociacionismo de Norman Geschwind y las redes distribuidas de Marsel Mesulam. Es real que hay más nodos de convergencia de redes en el hemisferio izquierdo, lo que explica el efecto devastador sobre el lenguaje en las lesiones de dicho hemisferio. Sin embargo, el hemisferio derecho agrega aspectos también fundamentales como la prosodia y lo afectivo. El cerebelo también es un participante revalorizado actualmente, no solo por la articulación elocutoria, sino también por el procesamiento "on line" y proactivo; existiría de ese modo no solo un habla temblorosa con palabra arrastrada (disartria), sino también una dismetría o ataxia en el discurso y quizás en el pensamiento. Por último, ambos lóbulos frontales parecen estar encargados de los verbos que denotan acciones o movimientos y la

    Guillermo Javier Nogueira

concatenación del lenguaje, lo hacen como iniciadores y directores de la acción dentro de las funciones ejecutivas.

Como podemos ver, es un tema muy complejo y más aún si le agregamos la lectoescritura que requiere una traducción y transducción sensorial para pasar de fonemas a grafemas y viceversa. Este es un trabajo oneroso para el cerebro y ya desde antiguo se desaconsejaba la escritura pues distraía, enlentecía el pensamiento y debilitaba la memoria. Postura muy razonable dada la única manera de transferir memorias que era la tradición oral. Los viejos junto a la hoguera o los ciudadanos en el foro o el vulgo en el mercado. Gutemberg cambió las cosas al igual que internet ahora. El aprendizaje inicial de la lectoescritura requiere interés (motivación), atención focalizada, buena memoria y esfuerzo. Es explícito. Con el tiempo se automatiza y pasa a formar parte de las memorias o aprendizajes implícitos.

Este es el punto importante desde la perspectiva del niño en edad escolar. Puede tener trastornos del lenguaje preexistentes como parte de déficits más severos en cuyo caso la escolarización es diferida o especializada. Otros niños suelen tener trastornos fonológicos y de la elocución que pueden ser transitorios y corregibles con tratamiento FA. En todos los casos es fundamental descartar trastornos auditivos y del aparato fonador. Las alteraciones sintáctico semánticas son más serias, y requieren un diagnóstico elaborado y preciso. Hay numerosas baterías de tests, algunas específicas y otras como parte de baterías generales como el WISC. Es recomendable que cada profesional arme una batería flexible, confiable, bien validada en su medio y adecuada a la edad. Ninguna prueba aislada por sí sola es suficiente para formular un diagnóstico. El léxico puede ser reducido como efecto cultural, pero lo más importante de detectar es la dificultad de simbolizar y luego clasificar, crear analogías y tener una semántica apropiada para la edad. Esta dificultad se hace evidente en la escolarización y particularmente en el aprendizaje de la lectoescritura. A veces puede ser dificultoso separar los trastornos del leguaje aparentes en la lectoescritura de los trastornos específicos de esta última. En el primer caso la dificultad para hacer abstracciones, analogías, saber los significados, construir frases de longitud creciente y con sentido, apuntan al lenguaje. Las fallas ortográficas cuando son atribuibles a discapacidad para pasar del fonema al grafema apuntan en el mismo sentido. El aprendizaje de las matemáticas puede tener dificultades asociadas al lenguaje, las gnosias y las praxias. Un niño puede no reconocer los símbolos, tener dificultades para ordenarlos espacialmente y operar, o a un nivel más radical, puede tener dificultades para incorporar conceptos numéricos, de magnitudes y de correlaciones. Para llegar a este nivel se requiere una capacidad mucho más compleja y elevada como es la abstracción.

La dislexia es una falla limitada al aprendizaje de la lectoescritura. El niño lee mal y no comprende el texto escrito al leerlo él, pero sí cuando le es leído por otra persona. Su lectura es lenta y trabajosa. Necesita frecuentemente "volver atrás" y puede ser silábica. Suele quejarse si el docente borra rápido lo que está en el pizarrón, o si en los videos u otras pantallas lo escrito permanece poco tiempo. Parece no comprender o poder aprender, lo que no es así. En las evaluaciones será aparente que el resto de las áreas están indemnes. Sin embargo, una autoridad como R. Valdivieso sostiene que si son cuidadosamente evaluados, la dislexia suele acompañarse de otros déficits, particularmente en el área del lenguaje. Muchos de estos niños altamente motivados progresan en el estudio llegando a niveles superiores. Pueden hacerlo gracias a estrategias desarrolladas personalmente como escuchar atentamente todas las clases, seminarios, etc., estudiar en grupo donde los otros les leen o con sus padres cumpliendo igual función. Graban el audio de las clases y piden dar exámenes orales. A veces las estrategias son guiadas por profesionales o por docentes que perciben el problema y colaboran.

Discriminar entre estos tipos de trastornos del lenguaje es esencial ya que el pronóstico y el tratamiento son diferentes. No abundaré en clasificaciones de los trastornos, ya que exceden los límites y el objetivo de este libro. Para profundizar en el tema existen importantes publicaciones de autoridades en la materia. Es preferible remarcar la idea de retraso frente a la de pérdida o ausencia y por ello el diagnóstico de afasia en un niño debe ser sopesado muy cuidadosamente.

Clínicamente y según las lesiones sean anteriores o posteriores, tendremos niños con lenguaje pobre, poco fluido, telegráfico, con uso de gestos para reemplazar palabras, dificultades articulatorias, pobre prosodia, lenguaje discordante con el estado emocional y antecedentes de pobre succión, dificultades deglutorias o respiratorias de vías altas, retraso o ausencia de laleo y juego bucal. En estos casos la sospecha será de un compromiso cerebral anterior, entendiendo por anterior aquellas estructuras cerebrales situadas por delante de la cisura central o de Rolando. Entrarán en esta categoría los niños con el llamado retraso anártrico. Por el contrario, un lenguaje fluido, de difícil comprensión con errores que no corrige, parafasias, circunloquios y antecedentes de patologías más difusas, permiten sospechar una lesión más posterior o difusa que podemos clasificar como retraso afásico.

Estas descripciones no son taxativas, ni agotan el listado ni definen un tipo de trastorno y sus causas. La clínica es mucho más rica, variada y suele darnos sorpresas e inducirnos a errores. Una clasificación de uso práctico usada en los adultos puede aplicarse también a los niños denominados como fluentes y no fluentes a los ejemplos anteriores que también son semejantes a las de Broca-Wernicke, de conducción y globales. Todas incluyen mucho pero siempre queda algo fuera.

Excepcionalmente veremos un trastorno del lenguaje aislado o puro. Solo la genética provee de ese ejemplo con las familias poseedoras de la alteración en el gen FOX P2.

Las gnosias y las praxias

Las otras funciones con posibilidades de afectar los aprendizajes son las gnosias y las praxias. Las primeras definidas como la posibilidad de reconocer algo previamente conocido a través de los canales sensoriales.

Freud en 1889 introduce el término "agnosia" para aquellos sujetos con dificultades para denominar o identificar verbalmente objetos presentados visualmente. Anteriormente se la llamaba afasia óptica. No hay una separación rígida entre sensación, percepción y reconocimiento.

Algunas definiciones:

- Proceso perceptivo de la formación de imágenes y proceso cognitivo de reconocimiento de las mismas, Identificamos lo percibido casi al mismo tiempo que lo significativo. Se da un procesamiento en paralelo. Es en la patología donde se disocian (K. Pribram).
- Proceso automatizado a partir de las señales específicas derivadas del objeto percibido. Reactivación de los estereotipos dinámicos archivados en la corteza (H. Weigl).
- Es la construcción de la "vivencia de familiaridad" a través de la esfera valorativa. Consiste en fundar valores. Elemento constitutivo del carácter (J.C. Goldar).

Se las puede integrar considerándolas como una operación del sujeto con su historia perceptiva, desarrollos cognitivo, afectivo y social. El ser humano privilegia la información recibida por algunos canales sensoriales como la vista, la audición y el tacto y es de ellos que tenemos el mayor conocimiento. El interés despertado por la luz y la óptica impulsaron en paralelo el interés y la investigación de la visión. Algo parecido pasó con el estudio del sonido, la acústica y la audición. Por ser más dificultosa y despertar por ahora menos interés, la investigación del olfato, el gusto y la sensibilidad profunda, han sido bastante relegadas.

Como suele suceder con aquellas cosas complejas de las que es más lo que no se sabe que lo que se conoce, solemos manejarnos con modelos que se van modificando y ajustando nuestro avance del conocimiento a las posibilidades de estudio. Un modelo que nos puede ayudar a visualizar lo definido anteriormente es el modelo cognitivo tomado de Heilman y Valenstine:

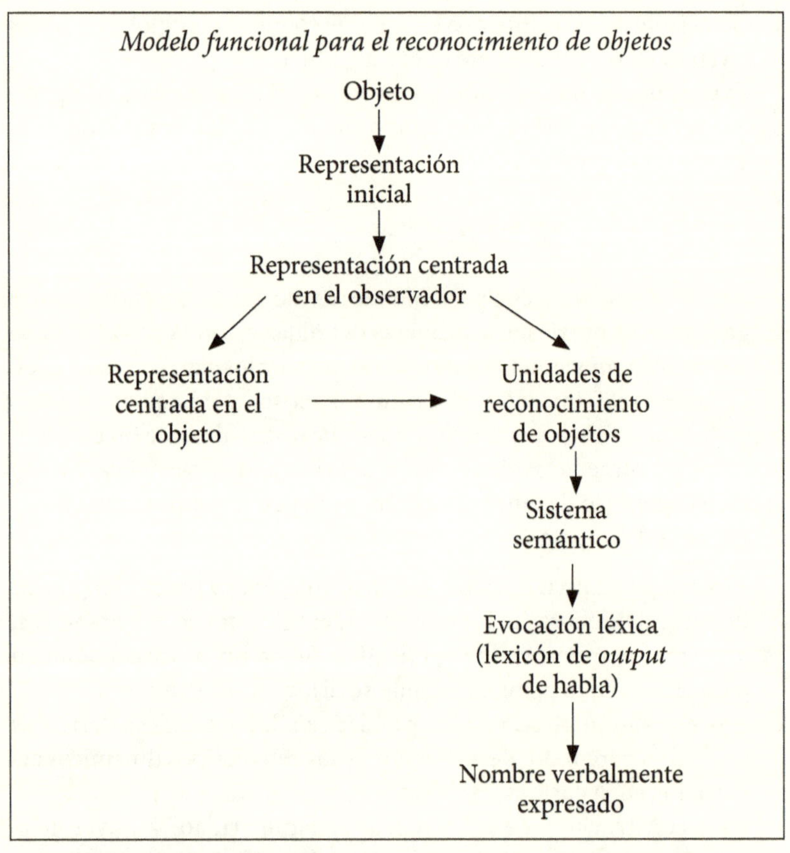

Este modelo es de interés por señalar por un lado la relación sujeto-objeto que está siempre presente en las discusiones tanto neurobiológicas como filosóficas, ya que atañe a la idea de realidad y mundo exterior; por otro lado, permite visualizar un proceso que involucra múltiples circuitos y en el que puede evidenciarse ese fenómeno de convergencia y divergencia. Si bien en el modelo se señala el proceso como siguiendo una dirección, es en realidad de ida y vuelta, no solo a partir del punto final y su percepción como un nuevo estímulo, sino que en cada etapa hay un ida y vuelta como control de la corrección del camino y también como indicación de "tarea cumplida correctamente- detener": la recursividad; de no ser así estaríamos ante un sistema reverberante monótono. Esta reverberancia, diferente de la recursividad que implica control y modificación, es presumiblemente una de las posibles fallas presentes en algunas patologías: no verificar, no corregir, no poder parar, reiterar y persistir.

     Guillermo Javier Nogueira

Las clasificaciones son siempre útiles de tener a mano para guiarnos en la evaluación y comprensión de una determinada conducta, sea normal o patológica, teniendo la precaución de conocer su origen para saber a qué marco teórico y científico pertenecen.

Las funciones cerebrales superiores están normalmente asociadas, integradas; es la patología la que fortuitamente puede separarlas. Esto fue estudiado provechosamente con fines de investigación, comprensión, explicación y docencia. En la práctica clínica por el contrario, lo más frecuente es ver manifestaciones en las que se hace muy dificultosa la atribución de un determinado déficit o perturbación a una sola de las funciones cerebrales superiores o a un eslabón cognitivo. Esto es particularmente cierto frente a causas que afecten el Sistema Nervioso en estadios tempranos: genéticas, del embarazo, parto o período perinatal, o de forma extensa tanto en niños como en adultos: anoxia, meningitis, isquemias, encefalitis, metabolopatías, endocrinopatías, degenerativas.

Por lo tanto, existen asociaciones de muy frecuente observación como el **retardo gnósico-práxico** del niño y la vinculación con el lenguaje a cualquier edad.

Desde el punto de vista práctico, los niños con déficits gnósico-práxicos serán vistos en el ámbito escolar como torpes, desprolijos, con dificultades en las tareas de papel y lápiz por el trazo fuerte, mostrarán disgrafias, rotura reiterada y frecuente de las minas, agujeros en la hoja por el borrado, manchas y roturas de cuadernos y libros, dificultad para mantenerse dentro de un contorno o mantener alineamientos y límites de margen y renglones. En el copiado pueden omitir, rotar e inclusive no poder realizar la tarea. Suelen requerir ayuda para vestirse, asearse, servirse y comer con cubiertos. El uso de los útiles escolares como el sacapuntas, reglas y compás también les presentan grados variables de dificultad. Les cuesta correr, saltar, subir escalones, arrojar y recibir una pelota, abrocharse y atarse los cordones o hacer nudos; presentan también dificultades para responder a órdenes espaciales como: a tu derecha, arriba, detrás, antes, después, pudiendo hacerlo a edades mayores de lo esperable. Si el déficit es predominantemente gnósico, la dificultad será para reconocer figuras u objetos, aparear figuras y seleccionar una entre varias que servirán como distractores. Existe una praxia muy interesante y es la praxia de construcción, una de cuyas pruebas consiste en la construcción/ensamblado de un objeto conocido a partir de componentes no convencionales como piezas de encastre, palitos, rueditas u otros. Los niños con trastornos práxicos o gnósico-práxicos tienen grandes dificultades para lograrlo. Se puede poner límite de tiempo y también solicitar una construcción libre, en cuyo caso además se podrán observar los procesos creativos. La dificultad será mayor cuanto más indeterminados sean los materiales puestos a disposición del niño, cuanto menor sea el tiempo permitido y cuanto más complejo sea el objeto a ensamblar. Se puede cotejar la construcción con o sin modelo. Cada investigador suele diseñar pruebas con el propósito de explorar estas funciones y de ser posible separar los componentes.

La infancia normal es un buen momento para analizar la evolución o desarrollo y con ella ver la sucesiva aparición de los mismos. También se verá el correlato con la adquisición de otras funciones y dispositivos. Un ejemplo muy ilustrativo es el dibujo de un reloj analógico marcando dos horas diferentes. En él intervendrán nociones espaciales, gnósicas, práxicas, lingüísticas, secuencias numéricas, conocimiento del tiempo y funciones ejecutivas. Adicionalmente se podrá tener una idea de la capacidad de abstracción y planificación observando la estrategia usada para la tarea. Esto requiere y resalta la importancia del examinador presente. Es destacable esto frente a una tendencia creciente a hacer evaluaciones por computadora y en otros casos grupales o autoadministradas. Algunas de sus ventajas son disminuidas por la pérdida de la observación calificada de las estrategias, la postura, los comentarios, el lenguaje corporal, la interacción, alguna acción como "truco" exitoso y otra inapropiada que arruina o impide el logro y que son, a mi criterio, mucho más valiosos que un valor numérico tratado estadísticamente en forma impersonal.

Las evaluaciones de la lectoescritura y del lenguaje en general, pueden ser tratadas de igual manera que la utilizada en el método de las disociaciones y doble disociaciones tan fructífera para la neuropsicología. De ese modo las perturbaciones mostrarán un grado variable de compromiso en sus múltiples componentes. Veremos aparecer dificultades en la manera de tomar el lápiz, usar una tijera, rellenar una figura, disortografías, disgrafias o dislexia, pasando por dificultades para encontrar un recorrido u orientarse en un mapa. Si las exploramos y analizamos cuidadosamente podremos observar que raramente son fallas puras de una función. Detectar esto es clave para la comprensión y la correcta planificación de su abordaje. El método de las disociaciones y doble disociaciones tuvo y tiene ese fundamento.

Las neuroimágenes funcionales actualmente ponen en evidencia un creciente número de circuitos y aún de neuronas participando individualmente de estos procesos. Se las desarrolla escaneando al sujeto mientras realiza pruebas basadas en modelos cognitivos. Las matemáticas aplicadas a la informática le agregan la posibilidad de interpretar sus resultados de forma probabilística. No obstante sigue siendo un reduccionismo a veces extremo y sin respuestas integradoras. Se usa muy poco en niños pequeños, por lo que se suele recurrir a extrapolaciones o a métodos traslacionales.

Para la exploración de un sujeto normal como para aquél sospechoso de una perturbación, al igual que para formular finalmente el diagnóstico de retardo, existen principios básicos que es necesario tener en cuenta y respetar:

- Necesidad de utilizar *varios canales sensoriales*.
- Que el canal sensorial explorado esté *indemne*.
- Asegurarse que el sujeto esté *lúcido* y *colabore*.
- Que el sujeto esté *atento y motivado*.
- Que no tenga alteraciones de *conciencia*.
- Que no tenga alteraciones del *lenguaje* que impidan la *comunicación*.

Agnosias

La siguiente es una clasificación muy simple y orientadora

- **Simples:** cuando está involucrado un solo canal sensorial o algún aspecto del procesamiento específico de ese canal.
- **Complejas:** cuando hay más de un canal involucrado o cuando el procesamiento integrador es el comprometido.
- **Según el canal:** las más estudiadas han sido las visuales seguidas por las auditivas y mucho menos exploradas las gustativas, olfatorias y somestésicas.
- **Según el enfoque:** conexionista, cognitivo, evolutivo.
- **Según su importancia:** reconocimiento de rostros, esquema corporal.

En este punto me parece interesante señalar que para cada una de estas alteraciones se pueden hallar fallas más sutiles o parciales no evidentes en una evaluación estándar y a veces sin evidencias en la vida cotidiana de un sujeto. Un ejemplo son las fallas que se harán evidentes en presentaciones no canónicas de un objeto (cuchara de frente o de perfil, plancha desde arriba o desde abajo), cuando las condiciones de iluminación son muy particulares, cuando el objeto es de presentación muy poco frecuente y similar a otro muy frecuente o está degradada (figuras incompletas, grabaciones distorsionadas). A su vez, para cada una de estas situaciones se puede variar el grado de dificultad. Muchas de las llamadas ilusiones ópticas o auditivas se pueden producir por este mecanismo. Se han confeccionado pruebas específicas para cada canal sensorial con tratamiento estadístico que muestra los límites aceptables en que un sujeto normal se desempeña.

AGNOSIAS VISUALES	• Para los objetos • Para los colores (acromatognosia) • Para las letras • Para los objetos animados, rostros o fisonomías (prosopagnosia) • Para integrar partes de un estímulo (simultagnosia) • Para la información espacial (visoespaciales)
AGNOSIAS AUDITIVAS	• Para los sonidos no verbales • Para la música (amusia) • Para las voces (fonoagnosia) • Para los sonidos del lenguaje (sordera verbal)
AGNOSIAS TÁCTILES	• Ahilognosia • Amorognosia • Aestereognosia (o asimbolia táctil)

A modo ilustrativo podríamos tomar la famosa imagen del Principito en que un sombrero puede ser visto como tal o como una víbora con comida abultada en su interior. El ejemplo de los perros de Pavlov es de particular interés. Los animales eran condicionados a obtener comida o una descarga eléctrica según activaran palancas diferenciadas con una figura geométrica definida (círculo y cuadrado). Las figuras se podían ir deformando sin que nada sucediera mientras el animal podía distinguirlas. Llegado a un punto intermedio o ambiguo en que no podían diferenciarlas, los animales tenían convulsiones al no poder elegir la palanca apropiada para comida. Se consideró durante algún tiempo si esta no sería una situación de ambigüedad similar a la que sufren algunos sujetos frente a un conflicto irresoluble evidenciado en la clínica a través de diversos síntomas.

Estos ejemplos sirven como advertencia a aquellos involucrados en la detección, diagnóstico y tratamiento de los trastornos de conducta y aprendizaje para no caer en reduccionismos y simplificaciones diagnósticas. El tema es complejo, y además varía tanto por la evolución del sujeto como por la evolución de los observadores.

El **retardo gnósico-práxico** del niño y la vinculación con el lenguaje a cualquier edad requiere una atención especial por su frecuencia e importancia. Dos tipos de gnosias y las agnosias correspondientes son de fundamental importancia para el ser humano: el reconocimiento de rostros y el esquema corporal.

Guillermo Javier Nogueira

Reconocimiento de rostros. Estadios

- Dirigir la mirada a un objeto quieto (fijación): presente en el recién nacido.
- Seguir movimientos: 2 meses.
- Contraste y color: 6 meses. Crecen el ojo y las vías centrales.
- Desarrollo completo: 10 años. Procesa como adulto, asimilado al reconocimiento de personas.
- Inicialmente contorno global y rasgos pero con poco detalle. Reconoce a su madre pero no su cara. A los 2 meses la reconoce por la configuración interna de sus rasgos. Favorece la red del lenguaje.
- La coactivación de la red cara / lenguaje es facilitadora de la interacción social. Están además en proximidad anatómica en el cerebro.

Es importante destacar el valor de la mirada en el niño, ya que la vista será el canal sensoperceptivo privilegiado. A través de ella y merced a la mirada compartida con su madre logrará la entrada a un mundo de significantes y a la construcción de un yo subjetivo y subjetivante. Desde hace ya largo tiempo se señala la importancia de la mirada como elemento de alarma precoz para patologías importantes, que van de una dificultad visual pura a trastornos del desarrollo tan severos como el autismo.

La alteración del reconocimiento de rostros se denomina **prosopoagnosia** y se clasifica en:

- Aperceptivas: no darse cuenta que una cara es una cara.
- Discriminativas: no poder identificar una cara en distintas posiciones.
- Asociativas: dificultad para identificar caras, sean familiares o no.
- Identificativas: pueden identificar una cara como de alguien conocido pero no saber quién es.
- Emocionales: dificultad para identificar estados emocionales.
- Prosopoanomia: reconocer una cara pero no poder decir el nombre.

Las pruebas de evaluación van desde la observación de la mirada espontánea a la respuesta a estímulos sonoros, visuales o somestésicos en las etapas iniciales del desarrollo (lactantes y primera infancia). Luego se pueden agregar pruebas de mayor complejidad como el reconocimiento de rostros familiares en ausencia de otros estímulos clave como la voz, el tacto y el olfato, ver la reacción del niño frente al rostro de la madre u otro familiar o cuidador cercano. Se pueden agregar más tardíamente presentaciones fotográficas o diferentes arreglos o gestos y finalmente fotos de rostros conocidos pero no pertenecientes a su entorno cercano, como son las personas famosas en diversas actividades. Un escalón más alto en la complejidad y más vinculado a aspectos emocionales y su expresión facial, es el diseñado por Simon Baron-Cohen y que puede administrarse a niños a partir de los 4-5 años. Consiste en identificar entre un conjunto de fotos del rostro de un mismo sujeto simulando diferentes emociones básicas. También se pueden utilizar fotos limitadas a los ojos con iguales características. Se debe elegir la correcta entre cuatro respuestas posibles.

Existen más pruebas desarrolladas con fines de investigación que incluyen neuroimágenes y registros electrofisiológicos obtenidos frente a diversos estímulos visuales de rostros. Merced a ellos se comienza a conocer que hay un patrón en el recorrido visual basado en los aspectos clave para el reconocimiento, como son la zona de los ojos y la boca. El reconocimiento de la imagen invertida de un rostro o de figuras quiméricas (mitades ensambladas de rostros diferentes) o deformadas y/o modificadas por agregados (barbas, bigotes, cabellera, cambios de color, etc.) han aportado datos interesantes. Ellos suelen usarse en la confección de identikits, en la detección de sujetos tratando de ocultar su identidad y en la reconstrucción de rostros a partir del esqueleto óseo o de máscaras. Existen scaners para rostros de creciente uso en espacios públicos con diversos fines. Si bien la mayoría de estos estudios se han hecho en adultos, es sabido que los niños desde los 4 a los 12 años se aproximan a la performance de los adultos e inclusive pueden sufrir efectos similares frente a las mismas patologías.

No hace falta abundar mucho más sobre la importancia del reconocimiento de rostros ya que es también, como lo postulan diversos investigadores, la base de la empatía y de las conductas sociales (reconocer parientes, amigos o enemigos, gratificadores o castigadores) y así poder acercarse o alejarse y aún huir; permite del mismo modo saber lo que el otro experimenta en su interior al ver su expresión y activar en mí los marcadores somáticos que acompañarían la misma expresión observada –tal como postula la Teoría de la Mente– y adicionalmente detectar la coherencia entre el lenguaje y el estado emocional del sujeto al que observamos. Si su lenguaje denota tristeza, su rostro lo debe hacer también. La importancia radica en que es el mecanismo que permite poder detectar la mentira o simulación en el caso banal o la disociación grave en las patologías psiquiátricas como suele verse en el autismo, la psicopatía y algunas esquizofrenias. En algunos casos lo que veremos es la ausencia en el rostro de manifestaciones emocionales, como por ejemplo la "cara de jugador de póker" en el Parkinson y en los parkinsonismos inducidos por drogas.

                                          Guillermo Javier Nogueira

Esquema corporal

Para Ajuriaguerra y Hecaen son operaciones que implican al sujeto y por lo tanto las historias de su educación perceptiva, de su desarrollo cognitivo y de su desarrollo afectivo. Por ello es más que la suma de diferentes sensopercepciones. Es una gnosia compleja, una realidad de hecho igual para todos los individuos que se refiere al cuerpo actual en el espacio.

Según Frederiks, es una percepción espacial del cuerpo, periférica y esquemáticamente consciente, estructurada y plásticamente contorneada, formada por la información sensorial previa común.

Tenemos del cuerpo una vivencia de realidad, posesión, percepción y acción motriz. Es una vivencia de compañía a la vez que de presencia, en la que somos sujeto y objeto. Es mudable y dinámica e incluye junto al cuerpo objetos cercanos y en contacto con su periferia. Azcoaga dice como ejemplo que incluye hasta la pluma del sombrero de la dama; otro ejemplo son los mecánicos y pilotos de autos de carrera cuando cuentan que "sienten" al auto o que se lo "ponen". Un conductor común tiene la misma sensación y por ello "sabe" y calcula dónde termina el auto y si este se desplaza normalmente o "algo anda mal" sin necesidad de información por otros canales sensoriales, lo "sienten en el cuerpo". De esta manera nos será sencillo comprender que para un niño en edad escolar, algo similar sucede con su lápiz, el pupitre, una tijera o la goma de borrar.

Desarrollo en el niño

PARTES DEL CUERPO COMO OBJETO/ESPACIO (WALLON)	
Boca	
Manos	3 M
Miembros inferiores	
Oreja	6 M
Pelo	
Importancia del dolor, escozor, placer	
Bipedestación	
Marcha	12 M
Mejora y completa el espacio extracorpóreo, el espacio euclidiano	
Lenguaje	12-24 M
Con el lenguaje aparece la nominación	

Otra manera de poner en evidencia este desarrollo es el del niño frente al espejo.

El espejo

3 M	Objeto
6 M	El acompañante
12 M	Movimientos de su cuerpo/imagen
15 M	Su imagen
24 M	Consolida su imagen
5-6 A	Identifica por el lado preferido
6 A	Identifica D&I en su cuerpo
8 A	Identifica D&I en el examinador
12 A	Doble cruzada

Es interesante lo observable en sujetos con demencia, que buscan tocar en el espejo un objeto sostenido por el examinador a su lado.

Existe una clara relación entre el desarrollo y sus perturbaciones en un test muy simple y rico en información como es el dibujo de la figura humana de Goodenough, el que además puede tener una segunda lectura llamada proyectiva y relacionada con los aspectos psicológicos de la imagen corporal. Se inicia con el llamado dibujo del renacuajo y sigue en la secuencia del siguiente cuadro.

Dibujo de la figura humana (Goodenough)

Cabeza y miembros inferiores

Ojos	3 A	
Boca		
Nariz	5 A	Miembros superiores
Oreja		
Dedos		
Tronco		
Ombligo		
Genitales	5-6 A	
Doble contorno	7 A	
Vestido		
Figura completa	8 A	

La figura es acabada cuando puede verse como objeto

Hay varios modelos que pueden ser utilizados como guía, recordando siempre que son provisorios y sujetos a modificaciones y enriquecimiento. Uno de ellos es el de Sirigu publicado en la revista *Brain* en 1991:

     Guillermo Javier Nogueira

Representaciones que intervienen en el procesamiento del cono-cimiento corporal (A. Sirigú, revista *Brain*, 1991)

I. Información lexical y semántica: nombres de partes del cuerpo, relaciones funcionales, propósitos.

II. Representación viuoespacial de categorías específicas: de nuestro cuerpo y de los cuerpos en general. Estructural, posición de partes, proximidad, límites necesarios para el análisis parte/todo. Ligadas al sistema visual y somatosensorial.

III. Sistema de referencia corporal: imagen actual. Dinámica del cuerpo. Posición y cambios de posición de partes en relación entre ellas y con el espacio extracorporal. Homúnculo somatosensorial + A. visuales + A. vestibulares.

IV. Representaciones motoras: los movimientos en el espacio están codificados en relación con una referencia centrada en el cuerpo. La ejecución de movimientos realimenta el sistema. Contribuye a nivel simbólico al establecimiento de un conocimiento categorial del uso contextual y funcional de partes del cuerpo.

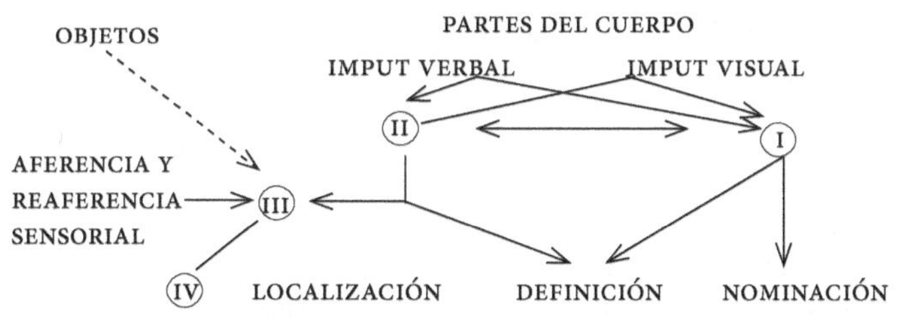

Una lista de posibles alteraciones basada en los distintos componentes ayuda a relacionar ciertas manifestaciones con la patología:

> ## ALTERACIONES
>
> **RECONOCIMIENTO TÁCTIL**
> Amorfognosia: forma de objetos
> Ahilognosia: material, consistencia, textura
> Asimbolia táctil: no poder identificar
> Síndrome de Dejerine Verger: todo lo anterior más pérdida del sentido de posición de las extremidades en el espacio. Agrafestesia y pérdida de la discriminación de dos puntos.
>
> **ASOMATOGNOSIAS**
>
> UNILATERALES:
> Hemiasomatognosia
> Anosognosia
> Agnosodiaforia: indiferencia
> Misoplejía: odio
> Somatoparafrenia: no pertenencia, pertenencia a un tercero
> Personificación
> Síndrome de Anton-Babinski: lo anterior + alucinaciones cinestésicas
>
> SÍNDROME GENERAL DE HEMI INATENCIÓN
> Lo anterior más:
> Aloestesia
> Aloquiria
> Hemiaquinesia
> Extinción
> Agnosia espacial unilateral
> Síndrome de Balint: apraxia, ataxia de la mirada, déficit de atención visual
>
> BILATERALES:
> Autotopagnosia
> Agnosia digital
> Desorientación D&I
> Asimbolia al dolor
> Gerstman ?

En esta lista figuran las alteraciones táctiles y las llamadas agnosias bilaterales a tener en cuenta por ser las más observables en el niño.

Es de interés el Síndrome de Gerstman, caracterizado por confusión derecha e izquierda, agrafia y acalculia, descripto para adultos con lesiones cerebrales en el lóbulo parietal preferentemente izquierdo. Componentes del mismo pueden observarse en los niños con dificultades de aprendizaje escolar, aunque en general una lesión cerebral tan definida no sea demostrable y el síndrome no siempre es completo.

El esquema corporal es de crucial importancia. Cuando es sano implica la posesión y conocimiento del cuerpo y su entorno de acción,

   Guillermo Javier Nogueira

el espacio en que se actúa y la proyección a un espacio representacional euclidiano necesario para el dibujo y la escritura entre otras cosas.

Las manifestaciones anormales pueden ser diversas y de severidad variable, pero en los niños aparecen preferentemente en el dibujo y la lectoescritura. Imaginar por un instante cómo haríamos cualquier tarea sin saber cuán grande es nuestra mano, ni con qué dedos tomar el lápiz ni de qué lado está el margen o si debemos escribir por encima o debajo de la línea que delimita el renglón.

Como dato ilustrativo y casi anecdótico de lo importantes que pueden ser las alteraciones del esquema corporal, mencionaré el Síndrome de Alicia en el País de las Maravillas, descripto con ese nombre por John Todd en 1955 al presentar un singular tipo de síntomas episódicos relatados por pacientes, algunos epilépticos y otros migrañosos. Los sujetos referían distorsiones bizarras de su esquema corporal. Un paciente, por ejemplo, describía que su oreja izquierda se agrandaba hasta tener quince centímetros o más. Otro refería que se sentía tan alto como para poder mirar por encima de las cabezas de los demás; se inquietaba al ver que la visión real no "encajaba" con la manera que "él sentía era su visión". Por su parte, W. Lippman refiere un paciente que relataba sentir su cuerpo dividido en dos mitades, siendo la derecha del doble del tamaño que la izquierda. Otro de sus pacientes creía que su cuerpo crecía hasta ocupar todo el cuarto, y un tercero creía que su cabeza crecía como un globo que se elevaba hasta el cielo raso.

Las descripciones de los pacientes de Lippman coinciden con las ilustraciones originales de *Alicia en el País de las Maravillas*. La paciente 2 indicó que "siente que su cuerpo crece continuamente hasta que parece ocupar todo el cuarto", mientras que el paciente 6 (derecha) aseguró: "Estoy cansado de traer mi cabeza hacia abajo desde el cieloraso. Siendo mi cabeza como un globo; mi cuello se estira y mi cabeza llega hasta tocar el cieloraso. Estuve trayéndola hacia abajo durante toda la noche".

Las ilustraciones corresponden al libro *Alicia en el país de las maravillas* y encajan con las descripciones de los pacientes mencionados, de allí el nombre del síndrome. Un dato de interés adicional es que Lewis Carroll, su autor, sufría de migrañas y podría conjeturarse si su relato e ilustraciones no surgieron de alguna experiencia personal.

Sintomatología similar puede verse también en las psicosis y en las intoxicaciones. En esos casos las clasificamos como alucinaciones.

La importancia para nosotros radica en que como muchos ejemplos aportados por la epilepsia, tenemos la oportunidad de ver una alteración cerebral que nos muestra exageradamente una función cerebral ya sea por inhibición o desinhibición.

Son ejemplos de lo que con fines didácticos he dado en llamar Síndromes de Doble Entrada, ya que admiten en su fisiopatogenia explicaciones tanto neurológicas como psicológicas; es más, su diagnóstico, estudio y tratamiento pueden depender del modelo utilizado por el profesional que vea al paciente por primera vez: si es un neurólogo pedirá una tomografía y un electroencefalograma en busca de una lesión cerebral, si es un psiquiatra indagará y pensará en alucinaciones y obrará en consecuencia. Los dos pueden estar en lo correcto ya que en última instancia la conducta se genera en el cerebro en un caso por una alteración primaria del mismo y en el otro por una alteración secundaria iniciada o gatillada desde el medio. Dilucidar cuál es la causa verdadera sigue siendo el gran desafío no siempre resuelto correctamente.

Creo necesario aquí elaborar sobre el concepto de imagen corporal ya que suele confundirse con esquema corporal por estar relacionados sin ser lo mismo.

Según Françoise Dolto, el cuerpo es el mediador orgánico entre el sujeto y el mundo. La imagen corporal es individual y depende del sujeto, su historia y el contexto. Es siempre inconsciente y se estructura mediante la comunicación entre sujetos. Cuando la imagen corporal se hace pre consciente o consciente, lo hace a expensas del lenguaje que utiliza metáforas o metonimias referidas a las imágenes del cuerpo. Es la síntesis viva de nuestras experiencias emocionales y la encarnación simbólica inconsciente del sujeto deseante. Gracias a nuestra imagen corporal portada por y entrecruzada con nuestro esquema corporal, podemos entrar en comunicación con el otro.

La imagen del cuerpo no es la dibujada o modelada. Debe completarse con el relato del niño (diálogo analítico). La imagen corporal puede ser sana y el esquema corporal enfermo y viceversa.

Es insoslayable la importancia del Otro especialmente en el niño que está absorbiendo todo tipo de estímulos como aprendizajes implícitos o explícitos. Lo que el Otro diga o actúe en relación con él y su cuerpo, será sumamente importante para la imagen que se forme del mismo y de sí mismo. Señalar reiteradamente defectos o características devaluadas para una cultura determinada puede ser muy lesivo y provenir tanto de los adultos en el ámbito doméstico o escolar, como de sus pares. En la sociedad contemporánea, los medios de comunicación y en particular la TV, deben ser tenidos también muy en cuenta por su tremendo impacto al imponer imágenes deseables o ridiculizables. Algunas alteraciones como los trastornos de la alimentación, el aislamiento, el sufrimiento por bullying, las discriminaciones por sexo, género, inhabilidades o discapacidades, suelen impactar en la imagen corporal que el niño va construyendo y consecuentemente en su autoestima y personalidad. A un nivel más profundo, su narcisismo puede verse igualmente afectado.

A manera de cierre

Tener todo esto presente es esencial para comprender al *niño problema*, detectar el origen del o los *problemas* y consecuentemente planear una adecuada solución. Las dificultades del niño en el aprendizaje de la lectoescritura aparecen en la edad escolar, por ser a esa edad y en ese ámbito cuando es puesto a prueba. No significa esto que dichos aprendizajes provocan o promueven de por sí su aparición ni tampoco excluyen su preexistencia. Las series complementarias de Freud con la disposición y la pre-disposición señalan en igual sentido.

Suele haber convergencia de uno o más factores; reconocerlos, atribuirles su peso específico, delimitarlos y separarlos, es el gran desafío tanto para padres como para docentes y profesionales.

Los docentes son una pieza clave como observadores calificados del niño, fundamentalmente por su experiencia sumada a la cantidad de tiempo en que el mismo está en su presencia. Tiene además la posibilidad de comparación con los pares, formando una muestra significativa por el número y la relativa homogeneidad cultural, distribución de sexos, edad y nivel socioeconómico. Ese es su rol fundamental y de singular importancia. No parece prudente ni correcto pretender habilitarlos o exigirles que produzcan diagnósticos, derivaciones o soliciten estudios por fuera del canal administrativo escolar, independientemente de su capacitación o experiencia. Es frecuente observar niños que llegan a la consulta neurológica directamente con un pedido de electroencefalografía solicitados por la escuela a instancias de la docente. Es más que suficiente que los docentes puedan hacer un informe detallado de las conductas observadas en ese entorno y de todo aquello que es considerado como problema. Debe incluir qué estrategias utiliza el niño, si estas son o no exitosas, si demuestra frustración o fastidio, si parece comprender las instrucciones, si denota interés y esfuerzo por cumplirlas, si coteja su producción con el modelo o las instrucciones, si detecta diferencias y en ese caso intenta corregirlas o no, si persevera para corregirlas o si persiste en el error. También es importante que el docente señale si el niño pide ayuda, la utiliza o lo hace como una demanda de atención y afecto más que como un pedido de ayuda para la solución de una dificultad.

Describir la socialización es igualmente muy importante: por ejemplo si se vincula con sus pares o se aísla, con cuáles y cómo, si tiene conflictos o los rehúye, quién los genera y cómo reacciona, si los intenta resolver solo o busca ayuda, cuál es su reacción a la derrota, al premio o al castigo. El informe debe ser descriptivo, sin formular apreciaciones diagnósticas o encasillamientos. Es una manera de evitar etiquetamientos iniciales que a veces marcan el derrotero ulterior. En la tarea de investigadores y extensionistas, hemos podido confirmar el valor de la observación *in situ*, su enriquecimiento por parte de los docentes comprometidos y la contribución de un profesional, las asistentes sociales, que aportan el conocimiento del niño en su medio social, sus raíces familiares, su trayectoria y las posibilidades reales de poder introducir cambios en su entorno. Por otra parte, por ser el vínculo privilegiado entre la escuela, la casa y otras instituciones, pueden evaluar el impacto de la enseñanza, de las instrucciones e indicaciones de las autoridades, de las dificultades y de las ayudas necesarias, cuya gestión muchas veces recae sobre ellos. Pueden además alertar a los docentes, padres y profesionales sobre situaciones domésticas potencialmente desencadenantes de conflictos.

La detección de las dificultades en el aprendizaje y/o conducta es un momento crucial, una ventana de oportunidades que abre la posibilidad de evaluación, corrección y tratamiento. El niño puede y deber ser entonces derivado al gabinete, siendo este el límite para la intervención de los docentes. Será el gabinete el que con la anuencia y participación de docentes y padres, decidirá y gestionará las derivaciones que considere necesarias, tanto para estudios como para tratamientos.

Deliberadamente no han sido mencionadas hasta aquí en detalle "enfermedades" reconocidas o categorías diagnósticas, pues creo que con excepciones están cargadas de ambigüedades, inexactitudes y en el fondo reflejan nuestro enorme desconocimiento de la génesis de las conductas humanas ya señalado anteriormente.

Las patologías claramente diagnosticables no plantean problemas con respecto al aprendizaje o la conducta ya que sus alteraciones son predecibles, esperables y serán tomadas en conjunto con todas las otras perturbaciones y tratadas simultáneamente. Por otra parte, categorías que parecían muy claras y evidentes, a la luz de nuevos hallazgos dejan de serlo y aparecen variantes con causas, evoluciones y posibilidades tera-

　　　　　　　　　　　　　　　　Guillermo Javier Nogueira

péuticas diferentes. La epilepsia, las enfermedades degenerativas y aún las genéticas son buenos ejemplos. También múltiples investigaciones han puesto en tela de juicio viejos dogmas que parecían inamovibles. El juego del biopoder, los intereses económicos, la posverdad y la decadencia ética han puesto en evidencia sus grandes errores e inconsistencias; el avance de la ciencia ha colaborado en la tarea esclarecedora, en especial cuando despojada de otros intereses avanza y hasta se cuestiona a sí misma.

CAPÍTULO IX
El niño problema (II)

*No pueden desmembrarse el estudio de la enfermedad y
el de la identidad.*
Oliver Sacks

El capítulo anterior presenta un recorrido general de las posibles fallas en los aprendizajes, atentos a los mecanismos subyacentes y a la génesis de las conductas. Vale la pena ahora mirar más específicamente algunas categorías diagnósticas de uso frecuente, teniendo siempre presente la necesidad de diferenciar en la medida de lo posible entre trastorno y problema, tal como fuera tratado en el capítulo VIII.

Una clasificación en uso y muy difundida es la del DSM V R, que entre los trastornos distingue las siguientes variedades:

- De la lectura: Dislexia.
- De la escritura: Disgrafía.
- Del cálculo: Discalculia.
- No especificado.

El uso de los criterios DSM ha sido un intento de unificación, de tal modo que diferentes profesionales pudieran cotejar tanto la presencia de las diversas patologías como los resultados de sus tratamientos. Por depender del consenso de expertos no exentos de intereses personales y/o corporativos, además de las variaciones surgidas de nuevas tecnologías y criterios a lo largo del tiempo, solo cumplieron parcial y temporariamente su cometido. Han ido cambiando desde el original DSM I al actual DSM V R. Siguiendo las nuevas tendencias, aparecen, desaparecen o se reordenan diversas patologías y consecuentemente sus diagnósticos, modalidades y posibilidades de tratamiento. Por otro lado, el interés de los pagadores corporativos ha creado la exigencia de definir y "encasillar" a los individuos necesitados de atención profesional. Lo han hecho con la creencia de que todo sujeto enfermo tiene una patología claramente definible y expresable por las normas del DSM. Lo que han logrado es que se etiquete de cualquier forma con tal de cumplir con el trámite administrativo. Por otro lado, la utilización de algoritmos, escalas y grillas tan en boga, ha propiciado su uso como texto guía por estudiantes y jóvenes profesionales. Lo usan como manual del que obtienen la falsa seguridad de los encasillamientos. Si el sujeto encaja, estamos en lo cierto y seguro; si no lo hace, nos sentimos perdidos o forzamos su encaje. La amenaza de mala praxis también refuerza la demanda de los criterios DSM como escudo protector. Sin embargo se va produciendo un punto de inflexión con el DSM: el NIH (Instituto de Ciencias de la Salud) de Estados Unidos retiró todo su apoyo a las investigaciones basadas exclusivamente en los criterios diagnósticos del DSM y la Asociación Inglesa de Psiquiatría se negó a seguir usándolo. En 2005 Thomas Insel, presidente del NIH, dijo: "el problema con la psiquiatría es que hemos llegado a una sociedad donde **la mitad de la población cumple criterios** para un diagnóstico psiquiátrico" (el remarcado es mío).

La observación del tamaño y crecimiento de la categoría "no especificado" habla por sí misma de la imprecisión, la ignorancia y el mal ajuste a la realidad dentro de la variedad e individualidad de los sujetos enfermos. Los viejos maestros insistían mucho con dos recomendaciones: no hay enfermedades sino enfermos, y no se enferma el que quiere sino el que puede. En capítulos anteriores he insistido en la consideración de lo subjetivo y lo aleatorio vinculables con esa recomendación.

Por otra parte, las tres categorías en apariencia mejor definidas en relación con el tema de interés para este libro, tienen muchas variantes o subgrupos según autores, escuelas, épocas y métodos de exploración.

Como punto de partida es aconsejable diferenciar las alteraciones primarias del aprendizaje de otras que pueden ser tomadas por tales sin serlo o en las que el aprendizaje es consecuencia o concomitante de otras alteraciones. Por ejemplo:

- Variaciones normales del rendimiento académico.
- Dificultades escolares debidas a falta de oportunidad, enseñanza deficiente o factores culturales.
- Fallas sensoriales.
- Retraso mental.
- Trastorno generalizado del desarrollo (TGD).
- Trastornos de la comunicación.

Generalidades

Tener en cuenta el punto de partida y la demanda de ayuda, nos guiará en la secuencia de interrogantes y sus respuestas más apropiadas.

Dejaré de lado todas las patologías genéticas graves, metabólicas, inmunológicas, endócrinas y las secuelas de patologías severas del período pre, peri y neonatal –como son las lesiones traumáticas, infecciosas y tumorales– y de sus tratamientos, en especial el quirúrgico, la

                                              Guillermo Javier Nogueira

radioterapia y la quimioterapia. Tampoco consideraré las patologías psiquiátricas y las situaciones traumáticas graves. En todos estos casos el diagnóstico no suele ser un problema. Generalmente son patologías que existen desde antes o se hacen evidentes en los inicios de la etapa escolar. En ellas el aprendizaje dificultoso o imposible es colateral a otras dificultades más severas que a veces amenazan la vida del niño y desintegran al núcleo familiar. En todos estos casos el diagnóstico deberá estar orientado a detectar el grado de dificultad y las áreas comprometidas, junto con las reservas disponibles para poder diseñar un abordaje de ayuda, que a veces será terapéutico y otras de simple contención y apoyo. En estos casos un diagnóstico correcto ayudará a manejarse con expectativas razonables.

Un niño que padezca una enfermedad suficientemente seria como para requerir atención médica y tratamientos prolongados, estudios e internaciones reiteradas o prolongadas, frecuentemente tendrá algún trastorno de aprendizaje y un registro emocional del tipo del estrés postraumático que deben ser atendidos. La desnutrición, cualquiera sea su causa, entra en la misma categoría. Aprender y comportarse en forma socialmente apropiada depende de mecanismos biopsicosociales estrechamente vinculados.

Por lo que dijimos en capítulos precedentes acerca de los aprendizajes implícitos, las patologías graves los afectan igualmente. En ese caso, al estar afectadas las capacidades básicas que denominamos dispositivos básicos del aprendizaje, junto a algunas funciones vitales, los déficits estarán presentes en lo que llamamos –siguiendo a Azcoaga– aprendizaje fisiológico. Se producirán déficits severos en el mantenimiento del tono y la postura, la deglución, los movimientos coordinados, el registro de "lo que sucede" y la construcción de su identidad como sujeto. Al darse estas circunstancias, el subsecuente aprendizaje escolar (pedagógico) será muy dificultoso y limitado, sino imposible. La llegada a esa etapa es poco probable y la escolarización no suele ser una prioridad, quedando relegada por otro tipo de demandas perentorias muy básicas y a veces vitales. En esos casos el recurso a instituciones o escuelas especiales, es el camino posible en esta sociedad y en este tiempo.

De todos modos cada caso debe considerarse individualmente y siempre hay algo por hacer para ayudarlos. Es clave hacer una evaluación realista de las posibilidades para adecuar la estrategia, la tarea y las expectativas.

El "gran" grupo

¿Qué nos queda entonces por considerar? El grupo más numeroso compuesto por aquellos niños incluidos en la categoría de retraso/

retardo mental, parálisis cerebral, trastorno pervasivo o TGD, trastorno del aprendizaje no vinculado al lenguaje, Síndrome del X frágil y los trastornos de la lectoescritura, el cálculo y el lenguaje. En paralelo tendremos otro grupo numeroso como son los niños con trastornos de conducta como lo más relevante. El mismo puede ser tanto causa como consecuencia de los trastornos del aprendizaje escolar. Usualmente son encarados, al menos en el inicio, como pertenecientes al ámbito de la psiquiatría y la psicología.

Etapa inicial. El abordaje

Una manera útil de adentrarnos en esta temática es poniéndose en la situación del profesional que recibe en consulta a uno de estos niños.

El proceso se inicia con la solicitud de consulta. Saber quién la solicita, de qué forma lo hace, incluyendo tanto lo formal como lo subjetivo, la relación con el niño, el tipo y vía de comunicación utilizado y el monto de ansiedad o perentoriedad demostrado. Es importante saber si la consulta es pedida de forma abierta, o con un diagnóstico previo en busca de confirmación, modificación o directamente como pedido de tratamiento. La relación comienza desde la solicitud de turno y puede ser marcada y condicionada por la misma. No es similar una derivación hecha personalmente por un profesional que proporciona todos los datos en su poder y las razones de la solicitud, que el pedido de consulta hecho por un familiar por su propia iniciativa o como intermediario entre el derivador y el consultor, especialmente cuando la derivación surge del ámbito escolar. La solicitud de consulta no está exenta de riesgos, ya que puede generar o confirmar prejuicios; por ejemplo, la especialidad, la apelación a la autoridad del profesional que deriva o el descrédito del mismo. Con los familiares también puede suceder esto en función del nivel educacional y socioeconómico o la identificación de los mismos como miembros de una familia disfuncional. En la era del mercado, no puede dejarse de lado al pagador, en tanto que este condiciona en gran medida la posibilidad de acceso, el lugar y las reglas de juego. También define el número de consultas, los límites de tiempo, el tipo de patologías junto a los tratamientos "aceptados" y los profesionales elegidos, limitados a veces a una cartilla propia. En el caso de las obras sociales o las prepagas, el grado de libertad de elección está vinculado al costo y es controlado administrativamente por auditores, que no siempre son idóneos en la situación a auditar, ni pertenecen a la especialidad sobre la que se expiden. Sufren las presiones de su empleador para "bajar costos" y, como buenos intermediarios, terminan regulando "el mercado", a veces en beneficio propio. Reconocer esta situación es muy importante para

    Guillermo Javier Nogueira

ubicarse en el marco ético que corresponde a nuestro quehacer. Podemos negarnos a realizar nuestra tarea si las condiciones son moralmente inaceptables.

Arreglada la primera entrevista, es siempre preferible separar transitoriamente al niño de sus acompañantes. Esta es una regla de oro cuando el niño tiene una conducta seriamente alterada. Será imposible hablar con los familiares en su presencia y a su vez el niño no estará a gusto en un ambiente no apropiado y en una situación que puede sentir como amenazadora. El manejo de esta primera entrevista es crucial para establecer un vínculo inicial aceptable para todos los involucrados y que permita sostener en el tiempo las distintas etapas diagnósticas y terapéuticas. Salvo estos lineamientos básicos, no hay fórmulas o reglas específicas e invariables. La experiencia, formación, capacidad de observación y autocrítica, nos irá guiando de manera progresivamente más exitosa. Disponer de un espacio físico apropiado para los encuentros es también importante. El entorno condiciona el funcionamiento de todos los involucrados y la relación profesional con los pacientes o sus familiares. En cada caso los encuentros son eventos únicos e irrepetibles, puesto que a la vez somos sujetos únicos e irrepetibles. El ingenio y la creatividad de los profesionales serán puestos en juego y a prueba. Muchos de los casos publicados por E. Levin son ejemplos magníficos de este difícil arte de establecer un vínculo positivo y productivo con alguien que a veces no puede y otras no quiere hacerlo. No siempre se tiene éxito y a veces puede parecer una tarea *a priori* imposible. En algunos casos requiere construir o inventar un lenguaje que permita hacer visibles recíprocamente a los dos miembros de esa díada niño/terapeuta. Siempre vale la pena intentarlo tomándolo como un juego sin reglas ni preconceptos, jugando a jugar. Una metáfora posible es la del pescador que irá variando el señuelo en busca de un pez que supone que existe aunque no lo puede asegurar y que tampoco sabe cómo es. Esta situación es frecuente en el autismo pero no exclusiva del mismo.

La observación atenta pero no exageradamente focalizada es la herramienta principal, tanto con el niño como con los adultos acompañantes. Una mezcla de atención flotante y mirada inquisidora. Siempre habrá algún lenguaje presente y en oferta para comunicarnos. Desde el gesto a la postura y al movimiento, desde el sonido al ritmo, desde el dibujo a la palabra. El rostro es de una riqueza inigualable y no es casual que la mayoría de los sentidos estén en él o en sus cercanías. Nuestra identidad y estados de ánimo se reflejan en el rostro. Lo mostramos y nos lo muestran. Su reconocimiento es temprano en el desarrollo y se hace visible en el dibujo de la figura humana. Debemos aprender a leer rostros.

Con respecto a los adultos, es fundamental una recolección de datos lo más precisa y exhaustiva posible. Debe ser un interrogatorio casi detectivesco, sin que lo parezca. Silencios o avalanchas de palabras son igualmente significativos. En ambos casos pueden significar evasión, ocultamiento, temor o vergüenza. Es un buen principio ser desconfiado y repreguntar o preguntar algo que en apariencia alude a un determinado tema, pero que en realidad está vinculado con otro. Así surgió el WMT de P. Green. Parece un test de memoria (y lo es) pero se lo toma como test de confiabilidad. En principio es prudente pensar que los adultos pueden mentir, a veces deliberadamente por diferentes motivos y en otras por desconocimiento o ignorancia. En este último caso pueden no valorar adecuadamente las señales a su disposición o directamente no registrar aquello que no conocen. La mentira en los niños es algo muy diferente. En general es fácil de detectar, en especial en los más pequeños. Suele ser poco consistente y muchas veces es una creación fantasiosa o un discurso aprendido de un adulto. No obstante, el relato de un niño debe ser siempre escuchado y nunca ignorado. La escucha y la mirada atenta del profesional podrán valorar tanto lo que se oculta o tergiversa como las razones para que ello suceda y también el valor funcional para ese niño en esas circunstancias. A veces la mentira representa lo que no puede o debe decirse, a nivel individual es la negación y colectivamente el negacionismo. La primera es una variante o posibilidad aceptable y normal en la manera de negociar conflictos, lo segundo es una patología social creciente en nuestro tiempo; negarse a considerar que se puede estar equivocado. Detenerse a considerar estas posibilidades tiene mucho valor en el ámbito forense y en particular en los casos de abuso. Los niños dicen la verdad a su modo. Conocer y comprender ese modo peculiar para develar lo que oculta, es lo que puede lograrse en una entrevista adecuadamente conducida.

Es muy ilustrativo dejar que el niño se mueva libremente evitando caer en el error de someterlo a una exploración pautada según el modelo médico neurológico o psicométrico. Ambos pueden usarse en forma complementaria, pero no en un primer momento, ya que la colaboración es algo que surgirá de la confianza y la empatía construidas con el paso del tiempo. Poco obtendremos de un niño que llora, que se niega activamente o que se refugia en brazos de su madre y peor aún si no nos mira. En esas circunstancias se puede generar rechazo incluso en los padres o acompañantes. Obtendremos mucho más viendo cómo camina, se para, se sienta o se sostiene, y si mira, a quién o a qué dirige la mirada. Lo mismo si toma objetos, la mano que elige, cómo la utiliza, si es capaz de transferir o ayudarse con la otra, el tipo y tamaño de los objetos; si mirada y movimiento convergen en la exploración. Es importante observar cómo hace uso apropiado del espacio con el reconocimiento de distancias, alturas y obstáculos. La reacción a los sonidos y, entre ellos, a la palabra. Qué tipo de acciones elige, a quién o a qué las dirige y con qué propósito aparente. Podemos agregar una larga y creciente lista según la edad. Se debe evitar caer en el error de considerar a los lactantes y aún los recién nacidos como fuera de las posibilidades diagnósticas de la simple observación. Todos pueden ser observados por alguien motivado y atento. La riqueza de la información obtenida es insuperable. Existen estudios de la atención en lactantes y hasta en fetos desde las 12 semanas evaluados por el giro de la cabeza y el desvío de los ojos según el sonido o la voz y el rostro del observador. Tenemos un cuerpo con simetrías; descubrir asimetrías morfológicas o funcionales es lo más fácil de observar y un buen indicador de otras anomalías. José Emilio Burucúa solía decir que cuando observáramos una anomalía cualquiera, debíamos buscar otras subyacentes y aún ocultas. En sus palabras: "Cuando la naturaleza le chinga, le chinga fiero", aludiendo a la multiplicidad. Desde hace mucho sabemos que por provenir de la misma capa embrionaria, ciertas malformaciones cutáneas se acompañan de malformaciones en el sistema nervioso, a veces asintomáticas y obviamente inobservables a simple vista.

La observación puede enriquecerse según las circunstancias con la intervención activa, ya sea nuestra o de los padres. Es una rica vía de ida y vuelta, ya que las acciones y sus respuestas, seamos participantes u observadores, aumentan el conocimiento y comprensión de lo que puede estar sucediendo en el mundo interior de cada participante, incluido el profesional.

El encuentro entre niño, familia y profesional, se da en distintos lugares según la problemática y las posibilidades de acceso disponibles. En principio es lo que la tradición y los recursos posibilitan, pudiendo ir de muy adecuados a totalmente inadecuados. Vale la pena reflexionar que en la etapa diagnóstica, ninguna evaluación es ecológica y por lo tanto lo observado debe ser tomado en cuenta cautelosamente. Ver al niño funcionando en su hábitat o inclusive en la escuela, enriquece enormemente el valor de la información obtenida y a veces es la clave para un diagnóstico acertado con el plus de una mejor planificación terapéutica. Lo que hacemos habitualmente en el consultorio o en las instituciones es un "como si", diseñado en función de lo que suponemos es mejor para facilitar la tarea. En otros casos nos basaremos en información pasada por la subjetividad de otro observador que a su vez será traducida e incorporada por nuestra propia subjetividad. Es el arte de lo posible, que a veces dista mucho de acercarse a la realidad y a la verdad.

Oliver Sacks es un encantador ejemplo de lo que proporciona ir a visitar y hasta convivir con los pacientes. Barbara Wilson visitaba a los pacientes en su casa y de allí extrajo valiosísima información para sus estudios sobre memoria. Evaluaba *in situ* el resultado de las diversas estrategias terapéuticas devenida de esos estudios y adaptada a cada caso en particular. Un ejemplo digno de recordar fue que invitara a dos pacientes a pasear juntos por el vecindario. Ese paseo era posible y exitoso porque complementaban sus posibilidades y compensaban sus defectos. Uno sabía y recordaba dónde ir pero no podía reconocer los lugares; el otro, a la inversa, no recordaba a dónde debían ir, pero reconocía los lugares por donde iban.

Un avance tecnológico muy útil si se lo usa bien, es la posibilidad de obtener videos ya sea con una cámara o como ahora, con un simple teléfono celular. Pueden mostrarnos al niño en su medio. Importantes estudios sobre autismo y otros diagnósticos han sido posibles merced a la observación de videos como los de las fiestas de cumpleaños u otras reuniones. La cámara Gessell, que a su vez puede ser grabada, tiene igual valor. Lo mismo podría hacerse en la situación escolar, salvando las resistencias de diverso tipo planteadas por algunos docentes, autoridades e instituciones. Debemos tener siempre presente que el observador y su presencia pueden determinar el resultado. El planteo del gato de Schroedinger es un ejemplo pertinente al respecto.

Segunda etapa. Diagnosticar

Llegados a este punto estaremos en posesión de suficiente información como para formular hipótesis diagnósticas. Siempre deben ser más de una y disponerlas en orden de probabilidades.

Existe un estudio muy ilustrativo hecho hace ya muchos años en un servicio de neurología norteamericano. En él entrenaron a un actor para simular una enfermedad neurológica. Fue entrevistado y examinado por médicos en diferentes etapas de su formación neurológica y por especialistas con creciente experiencia hasta llegar al jefe del servicio. La consulta era filmada y luego analizada en conjunto entre los investigadores y quienes las habían realizado. Las conclusiones fueron muy interesantes e ilustrativas del proceso diagnóstico. En primer lugar todos formulaban varias hipótesis diagnósticas tan pronto el "paciente" entraba al consultorio y relataba el motivo de la consulta. Esto confirmó que el diagnóstico comienza a gestarse tempranamente en la consulta. El número de hipótesis era directamente proporcional a la experiencia del examinador y decrecía por descarte con el avance de la consulta con una rapidez también proporcional a la experiencia. La conclusión

     Guillermo Javier Nogueira

fue que a mayor experiencia y conocimiento se incluían más alternativas, probablemente porque la realidad no es fácilmente encasillable en una sola versión como suele ser la canónica del libro de texto. Ésta habitualmente es como las imágenes de una película cristalizada en una foto. La experiencia agrega excepciones y variantes, igual que el estudio de diversas fuentes de información. Otro hallazgo fue que entre todas las hipótesis, siempre estaba el diagnóstico correcto, aunque variaba el lugar atribuido a su probabilidad. A mayor experiencia se la ubicaba en lo más alto, donde se suelen poner los diagnósticos de certeza. El otro aspecto muy revelador fueron los comentarios en relación con las preguntas que formulaban al paciente y la manera en que realizaban el examen físico incluyendo lo que hacían y lo que omitían. Los médicos con mayor experiencia dirigían rápidamente el interrogatorio para obtener datos que aumentaran la probabilidad de la hipótesis que consideraban correcta y disminuyeran o descartaran las otras. Lo mismo sucedía con el examen físico, dirigiéndolo casi exclusivamente a la obtención de aquellos datos que corroboraran o negaran la hipótesis de mayor probabilidad. Los más jóvenes y con menos experiencia, se atenían al "libreto" aprendido, siguiéndolo al pie de la letra. Lo que lograban era seguridad a costa de tiempo y una acumulación de información inútil e irrelevante. La conclusión fue que a mayor conocimiento y experiencia el proceso diagnóstico va rápida y claramente dirigido a probar o refutar hipótesis en un movimiento de reducción clara de alternativas. En ningún caso se omitían pasos fundamentales, pero sí se evitaba profundizar la búsqueda exhaustiva de detalles o sutilezas inútiles. Por ejemplo, no tendría sentido explorar todas las variantes de alteraciones sensitivas o motoras del sistema nervioso periférico si la hipótesis más probable es una lesión cerebral.

Esto confirma el acerto que caracteriza el buen examen o la buena pregunta como aquel que permite con mayor precisión y claridad diferenciar entre dos alternativas o categorías. Saber escoger es fruto del talento, el estudio y la experiencia. Un ejemplo ilustrativo en el campo y en la temática que nos concierne sería pedir un estudio genético para descartar una anomalía cromosómica como el X frágil en un niño con bajo peso al nacer y retraso severo, sabiendo que su madre es adolescente, el embarazo no ha sido controlado y el parto fue dificultoso con un APGAR bajo a los 10 minutos. Tendrá mucho más sentido indagar si la misma madre es hipotiroidea no tratada o ha hecho uso de drogas ilícitas o vive en una zona contaminada. La diferencia puede ser crucial para el tratamiento y el pronóstico. Otro caso como ejemplo frecuentemente observado, es la inutilidad de pedir un EEG o una consulta neurológica para evaluar a un niño que luego de una mudanza no deseada, con cambio de escuela y pérdida de un ser querido, desciende su rendimiento escolar y cambia su conducta. Tendrá mucho más valor averiguar cómo fue vivida esa situación, la participación del niño y sus mayores, los vínculos e inclusive su inserción en el nuevo medio, incluyendo la escuela, la maestra, sus compañeros y él mismo. Preguntarle al comienzo cómo se siente y qué le parece que le sucede, puede evitar hacerlo sentir como el enfermo y por ese simple hecho de reconocerlo y escucharlo iniciar el proceso de ayuda terapéutica.

Los diagnósticos son inicialmente hipótesis a las que el buen proceder, el tiempo y los resultados irán confirmando. Podemos equivocarnos y a veces las circunstancias pueden ser adversas para indagar y rectificar. Se las puede evitar estando atentos a no desperdiciar oportunidades y a corregir cuando sea necesario. Los únicos errores inaceptables y punibles son la negligencia o la incompetencia que a veces van asociados.

Tercera etapa. Elaboración y confirmación diagnóstica

Retomando el sendero y en posesión de la hipótesis más probable, los siguientes pasos serán diseñados de acuerdo a lo señalado anteriormente. Cito algunos como ejemplo: a) repetir la entrevista con los padres o con el niño; b) en caso de un niño que ya va a la escuela u otra institución, recabar información allí e inclusive concurrir personalmente para observar al niño; y c) obtener información del medio socioeconómico, en especial en los casos de nivel bajo o de riesgo.

Es crucial poder verificar las condiciones del embarazo y el período pre, peri y neonatal. Tarea dificultosa en nuestro medio, pues las clases menos favorecidas tienen bajo nivel educacional, alta incidencia de embarazos no controlados y menores posibilidades de acceso a instituciones o profesionales del área de salud. Por diversos motivos algunos obstetras y el personal auxiliar tienden a utilizar de manera variable los scores APGAR; así algunas veces nos encontraremos frente a niños con déficits severos en apariencia inexplicables por los antecedentes. Se suma a esto la precariedad de los métodos de registro que suelen perderse, ser incompletos o imposibles de obtener debido a cambios de domicilio.

Llegado a este punto se tendrá un panorama de la problemática evidenciada por el niño y consolidada por toda la información disponible.

Con algunas variantes puede pasarse entonces a dar el paso siguiente según el tipo y magnitud del problema, el grado de dificultad para abordarlo y los aspectos salientes del mismo. En casi todos los casos se incluye la entrevista psicodiagnóstica, la hora de juego como su equivalente o complemento, y la administración de tests que idealmente configurarán una batería que determine la edad madurativa y el compromiso o

                                          Guillermo Javier Nogueira

indemnidad de los dispositivos básicos del aprendizaje y de las funciones cerebrales superiores. El CI puede emerger de algunas de las baterías y le daremos un valor relativo por todas las dudas alrededor de su significación y confiabilidad. Siempre se debe armar y administrar una batería de pruebas validadas localmente por edad, nivel socioeconómico y cultural. Es prudente comenzar con alguna batería muy abarcativa y luego dedicarle más tiempo a la evaluación de áreas con déficits sutiles, dudosos o fuera de lo esperable para el conjunto de datos. El tiempo dedicado a la administración de las mismas al igual que el de las entrevistas o sesiones terapéuticas, precisa ser cuidadosamente administrado teniendo en cuenta la actitud del niño en cada circunstancia. No es bueno ni procedente atiborrar, presionar, poner límites contra reloj innecesariamente o revaluar lo claramente demostrado. Siempre debe tomarse una prueba de validación como el TOMM o el WMT, ya que es inútil elaborar sobre los resultados si no estamos seguros de que el niño ha dado todo y lo mejor que puede. El examinador debe estar presente y muy atento a las estrategias empleadas, los gestos, las posturas y los comentarios; por ello las pruebas administradas por técnicos o por computadoras, si bien permiten una administración más rápida y una evaluación cuantitativa también rápida y precisa cuantitativamente, suelen adolecer de información cualitativa que hace a la subjetividad y a mecanismos profundos del procesamiento psíquico, tanto o más importantes que un score y un desvío estándar. Todo intento de comprensión de la problemática y de su solución seguramente sacará mucho provecho de esos otros aspectos además del cotejo estadístico. Aún los tests que creemos más objetivos suelen tener aspectos proyectivos si se sabe como mirarlos.

Reconozco en este sentido la influencia de Sara Pain en nuestro medio, a quien –como alumno– escuché decir mirando cuidadosamente un Bender: "qué suerte tuvo este chico con los padres que tiene". Lo importante fue que luego explicó coherentemente cómo había llegado a esa conclusión, que por supuesto no estaba basada solamente en una cuantificación de las figuras y sus errores sino en otras piezas de información de tipo proyectivo que habían sido pasadas por alto por otros observadores. La apreciación había sido correcta. Pruebas como el WISC, el Bender o el Raven deben servir para darnos una impresión global de cuán lejos o cerca está un determinado niño de sus pares. Al analizarlas en detalle o al complementarlas con otras pruebas, obtendremos perfiles indicativos sugerentes de las áreas comprometidas y de la magnitud del compromiso, como señala muy bien Soprano. Es raro encontrar compromisos aislados o recortados. En cambio sí es posible encontrar compromisos más extensos y desparejos con mayor o menor significación en alguna o algunas áreas. Esto que parece claro si pensamos en el ser humano como un todo, con un cerebro que funciona integradamente y de manera plástica, frecuentemente es tergiversado por la pseudociencia y las posturas exitistas de algunos divulgadores que hablan de potenciales ilimitados o, por el contrario, del uso limitado de los mismos: "Usamos sólo el 10% de nuestro cerebro", el "neurotraining" y varios más por el estilo que según sus predicadores pueden llevarnos a un desarrollo de capacidades insospechadas. Debemos considerarlos parte de los "neuromitos" hoy bastante popularizados. No somos potencialmente ilimitados ni torpemente limitados.

Si de la entrevista y los antecedentes lo que surge como más evidente es la conducta como problema primario, los pasos siguientes, incluyendo algunos test especiales, irán encaminados a la atención psicológica y/o psiquiátrica.

El diagnóstico, tratamiento y pronóstico en cualquier caso, variarán según las causas o el compromiso global, como en los casos de retardo severo, TGD, autismo y psicosis. La escolarización y las posibilidades de aprendizaje deberán ser considerados en función del nivel deficitario y del conjunto o funcionamiento global del niño, requiriendo una evaluación y enfoque psicopedagógico concomitante.

En otros casos las pruebas administradas y toda la información disponible apuntarán a falencias más recortadas o específicas como son las sensoperceptivas, del lenguaje, la lectoescritura, el cálculo, las gnosias, praxias y las disfunciones ejecutivas.

Existen combinaciones entre factores de riesgo y circunstancias que terminan desembocando en cuadros complejos con fallas variadas, solapamientos y exceso o faltante de elementos definitorios para un diagnóstico preciso. Para manejarnos adecuadamente frente a situaciones de este tipo, es preciso tener en claro las definiciones de condición necesaria y condición suficiente. El conocimiento adecuado del cálculo estadístico nos ayudará a comprender qué significan las correlaciones y su peso frente a la causalidad.

Puede resultar sorprendente y hasta paradojal llegar a un diagnóstico correcto frente a una situación imprecisa, a veces ambigua, cambiante y con datos dudosos. Tarea ímproba pero por ahora posible solo para el ser humano con su cerebro dispuesto para programar, juzgar y aplicar según criterio.

El recurrir a múltiples consultas y estudios con la idea de reducir la posibilidad de error es un error en sí mismo. Los modelos de diagnóstico por computadora en el mejor de los casos se acercan a los niveles de aciertos de un profesional bien entrenado y motivado. La computadora lo que hace es aportarnos una inmensa memoria pero difícilmente pueda atribuir valor a los datos en función de un ser único e irrepetible que nos desafía a conocerlo, comprenderlo y ayudarlo.

Hay varias frases sugerentes basadas en la experiencia de profesionales talentosos:

1. Hacer lo simple.
2. Regresar a las bases cuando la complejidad nos resulta inmanejable.
3. No rechazar un diagnóstico porque no reúne todos los requisitos o porque le sobran. La habilidad está en decidir entre aquellos que son suficientes aunque no "llenen todos los casilleros" y aquellos que sobran, no aportan y que, peor aún, nos pueden llevar a contemplar errónea o innecesariamente otras alternativas.

Cuarta etapa. Planificación terapéutica

Según todos los datos obtenidos, el niño podrá completar finalmente su evaluación y eventual tratamiento con una terapista ocupacional, un psicomotricista o una fonoaudióloga especializada en lenguaje. Psicólogas y psicopedagogas son participantes insoslayables. La participación debe ser en equipo, con un fluido diálogo interdisciplinario en que cada una aporte su abordaje y compartan el mismo lenguaje, sin competencias o superposiciones de tareas que finalmente terminarán en agotamiento y abandono. El grupo debe decidir la estrategia y la táctica para cada caso en particular con incorporaciones y salidas variables según las necesidades y los objetivos compartidos. Los resultados siempre deben ser evaluados por todos los participantes y la opinión de padres, docentes e inclusive del propio niño debe ser tenida en cuenta. En ciertos casos un observador no comprometido puede ser convocado a la tarea.

Hasta aquí no he mencionado a los neuropediatras. Son pieza clave en el diagnóstico en parte por el prestigio y poder médico que los coloca junto con los pediatras entre los primeros receptores de la consulta. Su valor radicará en un uso juicioso de las tecnologías en boga y en un enfoque abierto e interdisciplinario en las derivaciones y tratamientos. Los psiquiatras infantojuveniles son también actores de primer orden, aunque su intervención suele estar sesgada a las patologías psiquiátricas con alteración preponderante de las conductas. Ambos disponen además de herramientas terapéuticas adicionales no accesibles a psicólogos y psicopedagogos.

Las enfermedades neurológicas

Existen enfermedades neurológicas importantes diagnosticables antes de la edad escolar, por lo tanto, los problemas de conducta son evidentes con anterioridad y las dificultades de aprendizaje anticipadas. Esto no significa que invariablemente se den. Por ser consecuencia de la propia enfermedad neurológica, en particular si es progresiva o compromete extensas zonas del cerebro, suelen expresarse como grados variables de retraso mental. Las patologías circunscriptas aparecerán como déficits focales con manifestaciones semejantes a los síndromes lobares, en los que el déficit corresponde al conjunto de funciones clínicamente atribuibles a esa estructura anatómica. Según la patología, se contemplará la importancia y las prioridades de evaluación y tratamiento. El estado físico, anímico, la edad, el tiempo de evolución, el diagnóstico y pronóstico de la enfermedad de base junto a las posibilidades terapéuticas de la misma y su disponibilidad, determinarán el curso a seguir. Los neuropediatras tienen aquí su tarea más importante acompañados por el resto de los profesionales abocados al tema. El valor de los psicólogos en estas tareas es clave ya que como mínimo deben ayudar en el ajuste emocional del niño, su familia y a veces también del equipo de profesionales y docentes involucrados. Ajustar las expectativas, su aceptación, elaborar frustraciones y pérdidas, acompañar y sostener, son algunas de las tareas que hacen muy necesaria su participación junto con el tratamiento de las falencias y desajustes en la construcción del aparato psíquico.

No corresponde al propósito de este libro recorrer el extenso y creciente catálogo de enfermedades neurológicas en la infancia. Las hay congénitas y adquiridas, vasculares, infecciosas, parasitarias, degenerativas, inflamatorias, autoinmunes, traumáticas y tumorales. También se las suele clasificar según la estructura anatómica comprometida y así encontraremos enfermedades del sistema nervioso periférico, musculares y de la unión neuromuscular, medulares, del tallo cerebral, cerebelosas, de los ganglios basales, de la sustancia blanca, lobares, hemisférica, corticales y de los pares craneanos. Por razones de interés o necesidad pueden consultarse los tratados de neuropediatría.

Epilepsia. Patología líder

Dentro de las patologías neurológicas, la epilepsia tiene un lugar destacado por su incidencia, su impacto en múltiples áreas y los requerimientos y posibilidades de tratamiento. Es una enfermedad crónica, lográndose un control variable que va de bueno a excelente en gran parte de los casos. Puede ser malo o imposible en un porcentaje menor de pacientes. Es sorprendente que, dado su conocimiento desde antiguo y contando con las nuevas tecnologías que nos permiten conocer las alteraciones cerebrales hasta el nivel molecular, su causa inicial aún permanece en penumbras con excepción de algunas variantes genéticamente determinadas o aquellas secundarias a lesiones cerebrales conocidas. En la neurología se la ha considerado una patología "maestra" de la cual se han podido extraer conocimientos acerca del funcionamiento cerebral, ya que es una de las pocas situaciones donde la enfermedad se manifiesta como una función cerebral exacerbada. En el caso de las epilepsias llamadas focales o parciales por ejemplo, el síntoma es la manifestación de la función exagerada, violenta e incontrolada de un determinado grupo de neuronas ubicadas en una región identificable del cerebro; permiten conocer por lo tanto, el correlato anátomo-funcional. Es el reverso del conocimiento aportado por otras patologías, en las que el síntoma es la pérdida de las funciones de un grupo localizable de neuronas.

Las manifestaciones clínicas, llamadas crisis comiciales, son producidas por las descargas paroxísticas de grupos neuronales, pudiendo quedar limitada a ellos o extenderse a otros hasta generalizarse en lo que llamamos reclutamiento. Los ataques también llamados convulsiones, son episodios recurrentes con características peculiares según el tipo de epilepsia, manteniéndose constantes a lo largo del tiempo en un determinado sujeto. El agotamiento metabólico o algunos procesos inhibitorios llevan a su finalización. Pueden acompañarse de alteraciones del nivel de conciencia llegando hasta la pérdida total de la misma, pérdida del tono muscular, caídas con lesiones e incontinencia urinaria. Vale la pena remarcar que uno de los criterios para formular el diagnóstico es la recurrencia de los episodios. El primero de ellos tendrá fuerte valor de sospecha si habiendo sido presenciado y correctamente descripto es corroborado por una alteración electroencefalográfica coherente. Un solo episodio aislado puede tener causas muy variadas diferentes de la epilepsia. El primer episodio o el episodio único pueden plantear una situación difícil; no se pueden formular diagnósticos o pronósticos de certeza frente a un síntoma con diferentes causas, y eventualmente en una posible enfermedad cuyo criterio diagnóstico es precisamente la repetición de las crisis. Lo prudente es un período de observación antes de iniciar un tratamiento que puede ser crónico. Es una incertidumbre angustiante, particularmente en la infancia y por ello es una situación que debe ser conocida por todos aquellos relacionados con el niño incluyendo a los profesionales y los docentes. Incertidumbre y futuro son una combinación difícil de manejar. Los profesionales deberán acompañar, contener y tratar de desdramatizar un evento seriamente perturbador y cargado de prejuicios. No se debe caer en posturas fáciles, tranquilizadoras en apariencia, como medicar de inmediato o negar la importancia sin más. Medicar de inmediato puede llevar a una situación tramposa en la que luego será difícil saber si el sujeto deja de tener crisis porque está medicado o porque en realidad tiene otra patología en la que las crisis no se repiten. Epilepsia y convulsión no son sinónimos; la primera es una enfermedad y la segunda un síntoma posible en otras enfermedades como las inflamatorias, infecciosas, tumorales, metabólicas o cambios en el medio interno. La distinción es importante, ya que las epilepsias tienen un tratamiento específico con el que son controladas pero no curadas, algo no muy diferente de lo que sucede con la diabetes y muchas otras enfermedades consideradas crónicas. Por el contrario, si bien las convulsiones síntoma pueden requerir en algún momento el mismo tratamiento que las epilepsias, el tratamiento apropiado es el de la enfermedad causante de las convulsiones que puede llevar a su desaparición y curación.

Ignorar o minimizar la importancia de los ataques puede llevar a un incremento del desasosiego ante la repetición de los mismos. Dado que ningún medicamento es inocuo, es necesario ser cuidadoso y criterioso con la indicación. Decidir la suspensión del tratamiento por dudas o por efectos no deseados, pone a todos en una situación de estrés similar a la observación sin medicación. El esperar y ver anglosajón (*wait and see*) es una opción valiosa en ciertas circunstancias y aceptable en ciertas culturas y medios sociales, no tanto en el nuestro. El rol de los psicólogos es muy importante para la contención del paciente, los familiares y aún del médico tratante.

Hablaremos de crisis en preferencia a convulsiones ya que se suele asociar a las convulsiones exclusivamente con las manifestaciones motoras violentas del Gran Mal. Las crisis pueden ser muy variadas: una alteración breve y variable de conciencia, alucinaciones, movimientos involuntarios de distintos grupos musculares, suspensión transitoria de una conducta como hablar o ejecutar un instrumento, mareos, vértigo, llanto o risa inmotivados, dolor abdominal y una extensa gama que puede incrementarse o reducirse según la sagacidad del observador y la posibilidad de tener un buen registro EEG en el momento. Algunos episodios han dado lugar a fuertes controversias como la asociación de epilepsia y actos criminales o los "episodios de fuga". Lo mejor que puede decirse es que la violencia de una crisis no es específicamente dirigida ni instrumentada, es decir, no es un acto elaborado y con un propósito, incluso puede ser dirigida contra sí mismo; en el caso de las fugas, el descubrimiento de una ganancia secundaria o la puesta en evidencia de una mentira, pueden ser importantes para descartar la epilepsia como causal.

                                              Guillermo Javier Nogueira

Son situaciones complejas y con mucha incertidumbre, en las que a veces solo el monitoreo video EEG prolongado puede arrojar alguna luz. La amnesia post ictal y el estado de conciencia llamado crepuscular, observable al salir de una crisis, ayudan en el diagnóstico y también pueden ser hábilmente explotados en el foro para exculpar algunos actos criminales. Hoy en día el monitoreo permite aclarar muchos de estos casos y así aparecen los simuladores, los sujetos que "copian crisis" de otros pacientes y las seudoconvulsiones. Los test de validación son igualmente valiosos junto con las entrevistas psicodiagnósticas adecuadamente realizadas. No todo son rosas, también hemos aprendido que hay epilepsias en las que existen claras alteraciones en el EEG sin manifestaciones clínicas evidentes o interpretables como tales. Existen también formas como el estado de "mal epiléptico" no convulsivo en el que el sujeto puede estar ausente, confuso, somnoliento y solo un EEG en ese momento puede ponernos sobre el sendero diagnóstico correcto. Otro aspecto de interés en esta patología ha sido la asociación entre esquizofrenia y epilepsia, Es real que la incidencia de epilepsia en poblaciones de esquizofrénicos es más alta que la esperada por azar, pero no debemos apresurarnos a establecer relaciones causales. Un fenómeno interesante al respecto es el de la "normalización forzada" por la que sujetos que controlan su epilepsia con la medicación específica, "descontrolan" o hacen emerger su esquizofrenia y viceversa. La posibilidad de registros de profundidad o corticales como etapa de estudio previa a la posibilidad quirúrgica o en pacientes con cirugía intracraneana por otras causas, nos han enseñando que la actividad comicial en una zona puede ser transmitida a la zona homóloga contralateral donde generará un "aprendizaje": el "foco en espejo"; también que la actividad evidenciada en una zona puede ser gatillada o detonada por actividad en otra que podemos no ver por su ubicación o porque ya se ha extinguido. El EEG aumenta su utilidad cuanto más prolongado es el registro, con mayor número de electrodos y con un tratamiento cuidadoso de la información digitalizada. En el período intercrítico las alteraciones pueden ser mínimas e inaparentes. El EEG evoca la situación del cazador al acecho; ver a su presa depende entre otras cosas del tiempo que le dedique, de la existencia y cantidad de presas y del lugar en que esté apostado. En un EEG estándar registramos a través del cráneo la actividad de la corteza durante un período de tiempo que en general no excede los treinta minutos variando según el laboratorio de electrofisiología clínica. Cuanto más lejos esté la zona anómala de la superficie del cráneo, menor será la actividad registrada. Por ello se recurre a electrodos estratégicamente colocados como los esfenoidales en la cavidad nasal, útiles para registrar la actividad de la cara mesial de los lóbulos temporales. En otros casos solo los electrodos de profundidad o los aplicados directamente sobre la corteza serán fiables.

La clasificación de las variedades conocidas, presentadas en los libros de texto como el de N. Fejerman y E. Fernández Álvarez, incluyen sesenta categorías o tipos y entre ellas, la categoría "otras". El punto de partida consiste en separar el fenómeno convulsivo como síntoma de otra dolencia, de la convulsión por enfermedad epiléptica, lo que en otras épocas llamábamos epilepsias sintomáticas y epilepsias idiopáticas. Por ello estos autores hablan de síndromes epilépticos. También ha cambiado la denominación de focales por parciales y se incluye la categoría de aquellas que se inician como focales o parciales y luego secundariamente se generalizan. La multiplicidad de formas y la diferencia entre usar el criterio clínico, el EEG o ambos juntos ha generado diferentes clasificaciones y controversias. La existencia de una categoría "otras" es clara evidencia de las dificultades. La Liga Internacional suele actualizar periódicamente las clasificaciones.

El diagnóstico es fundamentalmente clínico. Los estudios complementarios y en particular el electroencefalograma (EEG) sirven para confirmarlo, definir algunas de sus variantes, detectar si existe una zona (foco) donde se inicia, cómo, hacia y hasta dónde se propaga y la magnitud y tipo de las descargas. También el EEG es útil para monitorear la evolución y la respuesta al tratamiento midiendo la disminución, desaparición, persistencia o incremento de las descargas. Esto es fundamental no solo para control y guía del tratamiento, sino también y hasta cierto punto para formular un pronóstico. Su limitación está dada por la aleatoriedad de la perturbación y por su magnitud, que puede llegar y sobrepasar cierto umbral y hacerse clínicamente evidente o permanecer por debajo y ser clínicamente silente sin que podamos predecirlo más allá de una sospecha basada en la experiencia y en el conocimiento de cada caso en particular. El EEG también sirve para diferenciar si las manifestaciones clínicas de diverso tipo se corresponden con una perturbación cerebral o si, por el contrario, no tienen relación alguna. En esos casos el videomonitoreo, a veces prolongado y con electrodos en diferentes ubicaciones, permitirá separar los verdaderos ataques de los seudoataques y de la simulación. El sujeto ambula y realiza diferentes actividades. En el momento de un "ataque" inmediatamente se superponen el video y el trazado EEG. Si coinciden, el diagnóstico se confirma; de lo contrario se descarta y otras alternativas diagnósticas deben ser consideradas. En algunos casos la observación debe ser muy prolongada. Existe también el monitoreo tipo Holter, similar al utilizado para el estudio de arritmias y patologías cardíacas o de la tensión arterial. El monitoreo valorizó la opinión del observador experto y debidamente entrenado que en algunos casos permite el diagnóstico correcto en situaciones dudosas. Pequeños detalles pueden hacer grandes diferencias si se los observa y registra.

No tiene mucho valor hablar de incidencia por las razones anteriores que incluyen manifestaciones variables, edades variables, dificultades de detección y posibilidades de acceso a centros especializados. Baste decir que en la infancia es una patología frecuente, que mayoritariamente tiene buen pronóstico ya sea por la respuesta al tratamiento o por la evolución espontáneamente benigna de algunas formas. La causa más frecuente de fracaso en el tratamiento es el abandono de la medicación por los motivos que sean; en la infancia por ignorancia o pobreza, y en la adolescencia por las mismas razones sumadas a la rebeldía frecuente a esa edad. Los déficits cognitivos y las conductas anormales están asociados a la presencia de patologías cerebrales demostrables, no al fenómeno convulsivo en sí. Las epilepsias tienen mejor pronóstico cuando se las trata adecuadamente y el número de ataques antes y después del tratamiento es bajo. En otros casos dependerá de la patología cerebral subyacente: meningitis, encefalitis, enfermedades metabólicas, tóxicos, trauma, hipoxia-isquemia prolongados, entre las más frecuentes.

Un niño con epilepsia adecuadamente diagnosticada y tratada no debe tener ningún impedimento en su desempeño tanto escolar como en su vida diaria. Debemos insistir en la calidad y la adherencia al tratamiento. Se suele esgrimir el argumento del deterioro escolar atribuyéndolo tanto a la epilepsia como a la medicación, lo que no es así. Los medicamentos probadamente eficaces, usados en las dosis correctas tienen mínimo impacto cognitivo si es que lo tienen. Como ejemplo burdo podríamos decir que un niño con 9 de promedio tal vez pase a 8 puntos. Otros factores pueden explicar la idea popular de la discapacidad de los epilépticos como son los prejuicios por los que se los margina, el no diferenciar entre pacientes neurológicos con epilepsia de pacientes puramente epilépticos y las consecuencias anímicas de padecer una enfermedad crónica, estar sujetos a medicación prolongada y ver coartadas sus posibilidades de desarrollo pleno. El temor a que un niño adecuadamente tratado se lastime o tenga una convulsión en la escuela excede la realidad, pero por razones legales y de prudencia, a veces exagerada, se les suelen impedir muchas actividades. El ausentismo por ataques reiterados y frecuentes puede tener importancia en el desempeño escolar, no así la alteración de conciencia llamada "ausencia" característica del Petit Mal. En este caso suelen ser tan fugaces que pasan desapercibidas largo tiempo; el niño sigue con la tarea que estaba realizando. Los docentes son los que a veces hacen el diagnóstico pues lo ven "tildado" de tanto en tanto. Solamente en caso de ausencias prolongadas de observación poco frecuentes el niño tendrá un "bache" atencional y por ende una pérdida parcial de algún aprendizaje. La diferencia entre estas ausencias y el "soñador despierto" o el "navegante" es que en estos últimos casos no hay realmente alteración de la conciencia y por ello responden de inmediato si se los llama, no así en el caso de las ausencias. Por otra parte, el ausente no registra su estado ni puede dar cuenta de él, a diferencia de los otros que pueden contar algo de lo que estaban pensando o "en qué estaban". Todas las formas de epilepsia que tienen trastornos de conciencia van acompañadas de amnesia del episodio. Solamente las crisis prolongadas o el estado de mal epiléptico están asociados a deterioro y riesgo de muerte. Ocasionalmente puede darse una muerte súbita en un paciente bajo tratamiento. La mayor parte de las crisis son autolimitadas y ceden espontáneamente. Si superan un cierto límite de tiempo deben ser detenidas con medicación de efecto inmediato administrada apropiadamente en un medio hospitalario. Suelen verse más complicaciones del tratamiento inapropiado o de un traslado apresurado que de la crisis en sí.

Por sus características propias, tanto como por el hecho de ser una enfermedad mayoritariamente crónica, creo que todo niño (adulto también) con este diagnóstico debe ser tratado, al menos inicialmente, por un neurólogo y un profesional del ámbito psi. Lograr superar los estigmas, llevar una vida plena tolerando cierta cuota de incertidumbre y cumplir con el tratamiento, es tan importante como dar con el diagnóstico y la medicación correcta.

Una aproximación imperfecta pero útil para esta problemática en el niño de edad escolar, es tener en cuenta las grandes categorías como parciales, parciales secundariamente generalizadas y generalizadas; en esta última figuran el Gran Mal y el Petit Mal, con clínicas características y tratamientos específicos. Sabemos a nivel molecular lo que sucede cuando una neurona o un conjunto de ellas comienzan a disparar caóticamente, pudiendo arrastrar un número creciente de otras hasta generalizarse; no obstante, la causa inicial persiste en la sombra.

Las llamadas epilepsias del lóbulo temporal representan, a mi juicio, un grupo muy interesante, particularmente para psicólogos y psiquiatras. En la mayoría de los casos se deben a lesiones del lóbulo temporal, presuntamente secuelas de fenómenos anoxoisquémicos del período peri o neonatal y menos frecuentemente pueden deberse a secuelas de encefalitis, en particular la producida por el virus del herpes o a tumores como los astrocitomas de baja malignidad. Su interés radica en que muchos de sus episodios no son los reconocidos habitualmente como convulsiones o crisis, sino que suelen parecer trastornos de conducta como los observables en patologías psicológicas o psiquiátricas: fugas, alucinaciones, episodios de furor o tan inespecíficos como mareos, vértigo, dolores abdominales o alteraciones sutiles de conciencia. Algunos autores como N. Geschwind y M. R Trimble han descripto aspectos psiquiátricos y características de personalidad particulares en diferentes formas de epilepsia y, en el caso particular de las del lóbulo temporal, son consignadas la hiperreligiosidad, el hipermoralismo y la hipergrafía (tendencia a escribir en exceso). A veces tienen algún concomitante que ayuda en el diagnóstico como pueden ser mioclonías (movimientos rápidos e involuntarios de un grupo muscular, frecuentes en la cara, que pueden parecer tics) o automatismos (el sujeto repite en forma automática un movimiento correcto, pero inapropiado para las circunstancias, como subir y bajar reiteradamente un cierre a cremallera, abrochar y desabrochar reiteradamente un mismo botón, chasquear los labios y varios más). Suele ser siempre el mismo y para los observadores familiarizados es indicativo de una crisis. La conciencia puede estar parcialmente alterada, el sujeto no responder y continuar de inmediato con lo que estaba haciendo. En algunas ocasiones, una convulsión generalizada puede desarrollarse a continuación y sería un ejemplo de crisis parcial secundariamente generalizada. El interés de estos pacientes radica en que además de algunas características de su personalidad y de la variedad y peculiaridad de las crisis, un cuidadoso interrogatorio incluyendo a sus familiares cercanos suele señalar componentes emocionales o conflictos psicológicos temporalmente vinculados. Cabe entonces la posibilidad de ser sospechados como desencadenantes. Esto es tan así que frente a dichos eventos se suele recurrir a prohibiciones, actividades de relajación, evitación e inclusive el uso de psicofármacos. Suelen ser pacientes difíciles de tratar, cuya respuesta a cualquier forma de tratamiento puede ser aleatoria. Largos períodos sin crisis y de pronto un período con gran frecuencia sin que hayan habido cambios en el tratamiento ni en el EEG. La combinación de psicoterapia, medicación antiepiléptica específica y ocasionalmente psicofármacos, suele dar el mejor resultado. Estos vaivenes hacen difícil la adherencia a un tratamiento, difícil de por sí cuando deben ser prolongados; lo es especialmente en adolescentes. Son pacientes que suelen dejarnos perplejos, tanto cuando tratamos de explicar y justificar una buena época, como en la situación adversa. Lograda una dosis adecuada del fármaco apropiado, esta debe ser mantenida en forma estable y el esfuerzo mayor debe ser en el terreno de la psicoterapia para buscar una forma de estabilizar al sujeto frente a los avatares de la vida. En los niños de edad escolar es fácil confundir los síntomas y atribuirlos a esta forma de epilepsia en vez de un conflicto con la escuela (docente, compañeros, tareas). Puede decir que está mareado o descompuesto genuinamente como parte de una crisis o para que los padres lo/a vayan a buscar y evitar un examen o confirmar que están presentes y disponibles para cuidarlo. No es un diagnóstico fácil y hacer un enfoque médico-neurológico sin más o, a la inversa, una interpretación psicológica excluyente, pueden ser errores que es preferible evitar. Se requiere mucho equilibrio y experiencia para no equivocarse por acción u omisión, lo que puede tener consecuencias indeseables. Otra situación complicada se da con las seudocrisis que deben ser diferenciadas de auténticos ataques. Las seudocrisis son emocionalmente gatilladas, muy aparatosas, se dan siempre en presencia de terceros, sus posturas y movimientos se acercan a la categoría de bizarros y resisten activamente al examinador, por ejemplo al intentar abrirle los ojos. El EEG es normal. El ejemplo más frecuente son los llamados ataques histéricos, como se ve en la pintura de J. M. Charcot en la Salpêtrière y cuyo estudio motivara tanto a él como a Freud. Estos casos se dan raramente en la infancia y son frecuentes a partir de la adolescencia. Presenciados por un experto no ofrecen dudas. La determinación del nivel sanguíneo de prolactina los diferencia pero es raramente practicable. No se lastiman a pesar de caer y no se muerden la lengua a pesar de mantener la boca firmemente cerrada. Las huellas de una mordedura de lengua, el lecho mojado con orina, son a veces indicios clave para detectar un ataque pasado en solitario o acaecido durante el sueño.

Retornando al "gran grupo"

Llegados a este punto debemos considerar aquellos niños que en situación escolar no cumplen con las expectativas acordes con su edad y tiempo de escolarización. Forman ese nutrido grupo de repetidores, abandonantes o expulsados por mala conducta. Repasando todos los capítulos anteriores, debe quedarnos en claro la multiplicidad de causas concurrentes para el fracaso escolar. En ciertos casos la cara visible del problema será lo que llamamos atraso o retardo genuinos. Aquí el niño puede intentar aprender pero no lo logra por ciertas limitaciones que siguiendo distintos caminos llegan a ser finalmente estructurales. Eso no significa inmodificables, pero sí que debemos aceptar un límite de posibilidades y que llegar a él sin pérdidas innecesarias requiere de una clara y correcta caracterización individual del problema y su tratamiento temprano y adecuado. El tratamiento debe tener en cuenta el grado y tipo de compromiso que ese niño tiene en ese momento, evaluado como falencias de los dispositivos básicos, las funciones cerebrales superiores y el aparato psíquico. El uso del CI para evaluar o encasillar creo tiene más valor administrativo que diagnóstico o pronóstico. He usado el término genuino para separar estos niños de aquellos otros en que la dificultad tiene que ver preponderantemente con el nivel socioeconómico y la precariedad de sus aprendizajes iniciales vinculados al mismo, el peso

    Guillermo Javier Nogueira

recae en la cultura. Teóricamente al menos, tienen menos limitaciones o un "techo" más alto si son tempranamente rescatados. Puesto en otros términos: en el primer caso el limitante está desde el inicio en el cerebro comprometido; en el otro caso, en el proceso de enseñanza y aprendizaje. Como decía una fonoaudióloga y colaboradora Adelia Castro: "no hay tierra donde poder hacer un surco" refiriéndose al primer ejemplo, y yo agregaría que en el otro, la tierra está disponible pero falla el agricultor, la semilla o ambos. Metáforas interesantes emparentables con la que usa A. Fernández cuando habla de la tierra atencional pavimentada.

Todos pueden converger en el déficit estructural, unos por alguna noxa temprana que limita su plasticidad, los otros por el mal uso de la plasticidad en el proceso de aprendizaje. Ambos pueden ser evitados y deben ser tratados. La búsqueda obstinada de causas en los primeros suele dejarnos con más interrogantes que respuestas y frecuentemente son una pérdida de tiempo y recursos valiosos mejor utilizables en el tratamiento.

Una patología que para algunos autores tiene una incidencia importante cuanti y cualitativamente en el "retraso" es el síndrome del cromosoma X frágil. Su diagnóstico es preciso merced a una prueba de laboratorio que lo muestra. Vale la pena solicitarlo cuando estamos en presencia de un trastorno de aprendizaje con un CI bajo, pero sin causa detectable. No modificará el tratamiento ni el pronóstico, pero es valioso para el asesoramiento genético familiar.

Existe un grupo de problemas de aprendizaje conocidos de larga data, pero cuyo abordaje va adquiriendo mayor precisión. Son ellos los trastornos específicos de la lectoescritura, las matemáticas y el cálculo. Es interesante considerar que su mejor conocimiento surgió al detectar niños cuyas fallas en el aprendizaje eran más sutiles, acotadas y por ende más difíciles de diagnosticar, a menos que se las buscara con detenimiento y mejores métodos. Por ahora parecen ser menos frecuentes, creo que como consecuencia de ser subdiagnosticados. Existen baterías de tests específicos para ellos. Aparecen las discalculias y los subtipos. Son niños que sólo pueden hacer operaciones muy simples y con bajo nivel de abstracción. Utilizan apoyaturas como contar con los dedos, hacer palotes a alinear objetos, lo que es muy oneroso e ineficiente cognitivamente.

Otra patología con singular importancia es la dislexia como causa no siempre detectada. En general son niños que sorprenden por tener buen rendimiento en la mayoría de sus aprendizajes, buen CI y que no obstante tienen dificultades en un área restringida como la lectoescritura, no esperable en ese contexto. Otro posible hallazgo son las disortografías que además tienen diferente importancia según la lengua. En los Estados Unidos las pruebas de deletreo son un varemo para las capacidades o dificultades de aprendizaje. En nuestro medio se ha discutido mucho sobre el impacto de los métodos de enseñanza tanto en la lectoescritura como en aritmética. Los docentes pueden detectar la dificultad y será tarea de los psicopedagogos evaluarla y tratarla.

La "mala" conducta

La llamada *"mala conducta"*, el otro aspecto del *"niño problema"*, puede ir desde la inquietud a la desobediencia y el desafío agrupables como oposicionismo. Grados variables de agresividad pueden manifestarse como violencia física directa (golpear, morder, empujar, arrojar objetos) a veces llegando a grados extremos como el uso de armas. El *bullying* es una conducta existente desde siempre pero que ahora tiene mayor trascendencia a partir de la divulgación de otras formas de violencia entre los adultos, como las de género y el abuso con las que a veces se lo mezcla. Se lo detecta con mayor frecuencia por estar más atentos y poder reportarlo. En estos casos el rol del psicólogo o el psiquiatra infantojuvenil es determinante dado que el niño generalmente es víctima de lo mismo que actúa en la escuela o en su defecto tiene fallas serias en la estructura de su personalidad. En un caso la violencia es culturalmente determinada y así aprendida, en el otro se suponen etiologías más oscuras pertenecientes al ámbito de la psicopatología. Como en toda conducta humana, combinaciones entre ambos factores son posibles. Este tipo de conductas, diferentes de las del niño inquieto u oposicionista, revisten mayor gravedad y deben ser diagnosticadas y tratadas en consecuencia.

La relación entre conducta y aprendizaje perturbados puede ser recíproca siendo una asociación frecuente. Está inquieto y desobedece porque no puede o no le interesa aprender, y a su vez no aprende porque está inquieto y desafiante, es decir, igualmente no le interesa o no quiere o no le importa aprender. Como ya fuera planteado anteriormente, aparte de las patologías psiquiátricas, muchas conductas consideradas perturbadas o perturbadoras obedecen a problemáticas y modelos basados en el entorno socioeconómico y en sus aspectos culturales. Inclusive las patologías psiquiátricas pueden ser gatilladas o darse preferentemente en ciertos entornos. Las características determinantes de ese nicho social en una determinada cultura, pueden ser específicas de él o generalizadas. Así por ejemplo la prepotencia y el no respeto a la ley están bastante presentes y generalizadas en nuestra sociedad urbana. Es difícil pretender que en el ámbito escolar se muestren conductas de socialización adecuadas cuando no han sido incorporadas en etapas tempranas del desarrollo. El niño puede estar frente a un dilema, ya que el modelo doméstico entra en colisión con el modelo que pretende y trata de imponer la escuela y al revés, el niño ignora o desvaloriza lo aprendido en la escuela porque no lo ve plasmado y respetado en el hogar, su fuente de referencia original.

Para ilustrar la relación entre educación, aprendizajes y conducta, me parece interesante una metáfora usada con fines docentes: supongamos a un niño educado en su casa, al que se le enseña que la mesa se llama silla y es usada para sentarse y a su vez la silla se llama mesa y es usada para colocar objetos sobre ella. Actuará en consecuencia hasta que un día sale de su casa y al llegar a la escuela, la maestra ordena sentarse y él va y se sienta encima del escritorio. Luego al pedirle que coloque el cuaderno sobre la mesa, va y lo pone en la silla. Es fácil imaginar las consecuencias: la situación de bochorno, sorpresa, el aturdimiento al ver que los otros niños hacen algo distinto que él no entiende y considera equivocado, lo señalan o se burlan con un efecto muy negativo, a veces devastador. Será mirado como raro, equivocado o confundido; probablemente castigado o enviado al gabinete. Es de imaginar qué puede suceder cuando regresa a su casa… una crisis parecida al perro de Pavlov. Nosotros lo llamaríamos neurosis. Puede resolverlo desobedeciendo cualquiera de los dos mandatos y cumpliendo sólo con uno, en cuyo caso la salida más fácil será negarse a ir a la escuela; con más dificultad y esfuerzo cognitivo podrá adaptarse a cada uno según las circunstancias. Cualquier solución tendrá un costo para su aparato psíquico. Si bien esta metáfora parece muy fantasiosa no lo es tanto, ya que el lugar de nacimiento y el micromundo pertinente pueden funcionar como una cápsula de aislamiento, al menos en los primeros tiempos de vida. La plasticidad hará su tarea en una dirección y luego deberá hacerlo en otra u otras. No siempre es posible ni perfecto. El período de ventana propicia puede ser fatal.

Por estas razones los problemas de conducta en algunos ambientes son los más difíciles de resolver. Requieren cambios socioculturales profundos con el sustento económico correspondiente.

Tal como dice Beatriz Cassini, la educación consiste en pasar de un estado menor a uno mejor. El desafío de la hora.

Queda finalmente un grupo de patologías a ser tratadas en particular en los capítulos X y XI: los trastornos generalizados del desarrollo, los trastornos del espectro autista y el ADHD.

Corolario

Al abordar la problemática del "niño que no aprende" he preferido detenerme en aquellos aspectos que a mi parecer han sido muy importantes y no siempre me resultaron adecuadamente tratados o quizás yo no haya podido comprenderlos. No me parece valioso o interesante hacer una descripción detallada de un catálogo de enfermedades que puede ser consultado en textos de pediatría, neuropediatría, neurología y psiquiatría con mucho más provecho. Por otra parte, el objetivo de este libro es, fundamentalmente, traducir para todos aquellos involucrados en la educación en la infancia una experiencia guiada por grandes maestros y abonada por lecturas, errores y aciertos propios.

Existe una psicofobia al igual que su contraria, la biofobia. Es fácil imaginar desde qué territorios provienen.

J.F. Sánchez hace un interesante planteo al referirse a Lacan y las matemáticas. El psicoanálisis y las matemáticas compartirían la dificultad para ser aprendidos y enseñados, porque en el fondo trabajan sobre realidades o ideas con una lógica peculiar, infinitas posibilidades, probabilidades e incertidumbres. Eso explicaría el rechazo a ambos.

Traigo esta controversia a cuento porque en mi experiencia muchas de las consultas son referidas al neurólogo "para descartar organicidad". Generalmente provienen de psicólogos o psicopedagogos, docentes y menos frecuentemente de los padres y pediatras. Esto surge de varios errores conceptuales. El primero de ellos es suponer que existen enfermedades neurológicas u oscuras alteraciones cerebrales que tienen como única manifestación fallas en los aprendizajes o conductas inapropiadas. Ignoran que en última instancia todo pasa por el cerebro pero que no todo se origina exclusivamente en el cerebro.

Las enfermedades neurológicas cuando llegan a producir este tipo de síntomas lo hacen acompañadas o precedidas de dificultades mucho más notables, graves, progresivas y a veces deletéreas. También existe la fantasía que un tumor cerebral inicie sus síntomas de esa forma. Si bien los tumores cerebrales son una forma de neoplasia frecuente en la infancia, su incidencia no es tan alta como para pensar en ella como primer diagnóstico frente a un problema de aprendizaje o conducta que son mucho más frecuentes por otras causas. Un niño con patología neurológica o tumoral no va a la escuela o le cuesta mucho hacerlo. Generalmente está irritable o decaído y tiene muchos otros síntomas importantes y llamativos que llevan a la consulta pediátrica precozmente.

Los profesionales del campo psi a veces piden consultas por desconocimiento y el consecuente temor y falta de confianza en su propia capacidad diagnóstica; en otros casos por no saber o tener en claro qué hacer y con igual temor eludir su responsabilidad. Las presiones institucionales junto a la ignorancia popular que desvalorizan la opinión del psicólogo o psicopedagogo frente a la del médico, operan en igual sentido. Los temores por los juicios de mala praxis añaden un nuevo ítem.

Cuando digo desconocimiento me refiero muy especialmente, más allá de la ignorancia de las patologías y su abordaje, a la creencia errónea y reduccionista de que todo síntoma o perturbación es expresión exclusiva de una patología cerebral, que la misma determina el curso, pronóstico y modalidad terapéutica y que por lo tanto la psicología debe pasar a segundo plano o ser desechada. Esto no es necesariamente culpa de los profesionales sino en muchos casos de su formación en la que el estudio, conocimiento y discusión del problema mente/materia y naturaleza/cultura no figuran como fundacionales.

Como señala Ricardo Rodulfo, también es lamentable el bajo nivel de conocimientos de filosofía en los graduados. Agrego que esto es así en la mayoría de las carreras universitarias y en la escuela secundaria. ¿Por qué esta falencia es importante? Porque priva a los estudiantes y consecuentemente a los graduados de la posibilidad de ahondar en el intento totalizador de la filosofía al formularse las grandes preguntas y su énfasis en el pensamiento y la razón. Su estudio puede resultar en un buen antídoto para el exagerado biologicismo y/o cientificismo hoy imperantes. En el fondo, grandes pensadores de ambos lados convergen en su búsqueda por la llamada respuesta última y tienden a reconocer que es una tarea ímproba y probablemente inalcanzable.

Si el ser humano configura y es configurado, el esfuerzo profesional debería ir dirigido puntualmente a dilucidar en qué proporción cada uno de los dos términos de esta ecuación determinan a un individuo considerado como anormal en una situación determinada, para luego obrar en consecuencia.

Del lado médico se plantea la autoridad médico-científica como la única verdad. Existe también el encarnizamiento terapéutico con lamentables consecuencias como son los niños etiquetados y sobremedicados. Los efectos adversos no son tenidos en cuenta y los trastornos de atención son un buen ejemplo. En esto hay bastante del biopoder tal como lo describiera Foucault.

Otro punto que merece ser pensado y debatido, es considerar las conductas humanas desde el modelo médico exclusivamente, con fuerte arraigo en los marcadores biológicos junto con la idea de que para cada efecto hay una causa conocida o potencialmente conocible, que a iguales causas se darán iguales efectos y que suprimida la causa desaparece el efecto. Este modelo tiene virtudes innegables y ha traído progresos significativos por su raigambre en la ciencia. Las vacunas, la medicina preventiva y la prolongación de la expectativa de vida son resultados contundentes. Más cuestionable ha sido la idea de que los síntomas deben ser tratados como si fueran la enfermedad y que suprimiéndolos a ellos también estamos tratando la enfermedad. Lamentablemente, en el territorio de las conductas humanas y sus alteraciones, estamos lejos de poder mostrar la veracidad de estos postulados y capitalizar los logros. Esto se debe en parte a que el ser humano está configurado por un sistema nervioso plástico y cambiante. Lo sorprendente o paradojal es que este sistema mantiene la identidad del ser al que pertenece no obstante los cambios plásticos que se operan en él y es así que somos semejantes pero no idénticos. Por lo tanto, tratar de crear leyes o reglas universales para todos los individuos, basados solo en la biología, desconociendo lo anterior y el hecho evolutivo de lo social y lo cultural, está destinado al menos a un fracaso parcial. Lo mismo si ignoramos la historia de cada individuo. Por ende, si no estamos seguros de conocer las condiciones de base como para formalizarlas en leyes, pensar la patología como su desarreglo es una empresa difícil y osada, aunque no imposible.

Guillermo Javier Nogueira

CAPÍTULO X
ADHD

Un niño hiperactivo muestra el deterioro del jugar
Donald Winnicott

El diagnóstico y sus dificultades

El tratamiento por separado de esta entidad obedece al lugar preponderante que ha tomado últimamente como causa de los trastornos del aprendizaje y conducta en la edad escolar.

A la luz de la experiencia clínica y de las investigaciones relevantes, merece un cuidadoso análisis que sirva al múltiple propósito de esclarecer, enseñar y aportar a su mejor comprensión, señalando limitaciones, falencias y el juego de intereses que subyacen a la difusión acrítica del diagnóstico, en principio no muy precisamente definido.

La educación y el entrenamiento condicionan a tener ciertas expectativas relacionadas con las demandas posibles y probables que surgen en el ejercicio profesional. En una especie de profecía autocumplidora, vemos y diagnosticamos aquello que conocemos, esperamos ver y podemos diagnosticar. Nos basamos en la transferencia más o menos actualizada de un catálogo de saberes consensuados e históricamente validados. La ignorancia ciega nuestro intelecto, por ello es imposible "ver" algo de lo que nada conocemos y a lo que no podemos nombrar. Igualmente negativo es tomar conocimientos parciales como un todo con que guiarse.

Parafraseando a David Nasio, "¿Existía el cáncer de esófago en la edad media?". Menuda pregunta con varias respuestas posibles no necesariamente provenientes del ámbito de la medicina. Es posible que existiera, pero es difícil certificarlo ya que a la luz de los conocimientos y el lenguaje de esa época, probablemente sería nombrado, descripto y atribuido a causas acordes con el paradigma vigente, a las cuales no les reconocemos identidad en la cultura actual. Somos ignorantes en ese sentido y por ello para nosotros no existen y responderíamos negativamente.

Realidades de primer o de segundo orden, evaluaciones cuantitativas o cualitativas, lo objetivo y lo subjetivo, lo mental y lo físico, lo animal y lo humano, lo heredado y lo adquirido, son grandes interrogantes con los que debemos lidiar constantemente en la construcción del catálogo guía y en la búsqueda de certezas, meta de nuestra propia razón de ser.

Vale reconocer que solo tenemos éxito provisoriamente en el mejor de los casos y habitualmente a costa de un grado variable de reduccionismo que deja pendiente para un supuesto futuro la integración en un todo con sentido.

¿De dónde surge el catálogo? En primer lugar de la existencia de fenómenos observables que concitan la atención y que en el caso de la vida de los seres humanos, tienen un plus motivacional y de perentoriedad ya que "va la vida" en ello.

La frecuencia de observación de cualquier fenómeno atrae en proporción directa a la misma o a su rareza. Son características fundamentales que movilizan en el intento y a veces el esfuerzo de dar cuenta de los mismos. Construir certezas es un imperativo humano. Por otro lado, lo observable no se da como entes aislados, sino generalmente como constelaciones a las que arbitrariamente agrupamos según criterios de inclusión y exclusión que surgen a su vez del paradigma vigente y de las posibilidades de los métodos aplicables. Esto es lo que se inicia como una gnosia particular para las conductas consideradas fuera de la norma, la nosognosia, que cuando es sistematizada, pasa a llamarse nosografía.

En el caso particular de las conductas humanas estos dos pasos son de una complejidad enorme, comenzando por la duda básica acerca de si es posible que el hombre se estudie a sí mismo (J. Eccles: Lo fascinante es el cerebro estudiando al cerebro) o "el hablar del lenguaje es un abuso del lenguaje".

Por otra parte, y como bien dice Julio Moreno, quizás lo esencial de lo humano sea lo imprevisible, lo aleatorio, lo cambiante, producto del accionar con el medio, modificándolo y siendo modificado por el mismo. Algunas de las modificaciones que produce vuelven sobre sí mismo para producirle nuevas modificaciones, en muchos casos no previstas e indeseables, a veces neutras y otras beneficiosas. Este ciclo puede ser lento o rápido, algunas veces guiado, otras aleatorio y lo conocemos como evolución.

¿Es posible construir certezas en un universo cambiante? ¿Es posible definir lo anormal sin estar seguros de lo normal, ante fenómenos emergentes de un sistema dinámico y plástico que aprende y olvida y al que no podemos aplicarle invariablemente y con seguridad un análisis categorial o paramétrico ya que posesión, ausencia y valores de corte son en muchos casos inaplicables?

Hemos andado un largo e interesante camino pero aún estamos enfrentando los mismos problemas. Somos sujetos que tomamos como objeto a otros sujetos semejantes e inclusive a nosotros mismos. Finalmente utilizamos nuestra propia subjetividad como instrumento del conocimiento. ¿Epistemología de primera o de tercera persona?

Todas estas reflexiones han surgido cuando en la posición de clínico poseedor del catálogo, descubrí que algo estaba cambiando y que aquellas patologías que eran poco frecuentes, raras, poco conocidas y no dominantes en la demanda asistencial, pasaban rápidamente a ser las que más requerían nuestra presencia. El catálogo se tornaba aparentemente obsoleto o desactualizado.

A su vez la bibliografía va creciendo exponencialmente hasta llegar a niveles inabarcables. Este fenómeno logra trascender e incorporarse a la cultura vulgar, que incorpora a su bagaje lingüístico, publicitario y comercial las nuevas categorías. Sirvan de ejemplo algunas expresiones hoy comunes: "Eh... te dio el Alzheimer"; "¿Dónde habré dejado los anteojos...? ¿No me estará agarrando un Alzheimer?"; "Si pierde la memoria consulte a su médico"; "Tomá antioxidantes"; "Como soy medio fóbico..."; "Me tomo un Lexotanil y chau"; "Este chico está imposible, parece un ADD"; "Quedáte quieto... ¿o te dio el ADD?"; "¿Vos de chico eras ADD?".

En el examen final de neurología (circa 1961) una pregunta específica sobre el Alzheimer era muestra de exigencia injustificada del docente (para el alumno): ¿para qué pregunta cosas raras? Preguntar por el Pick podía generar un reclamo del centro de estudiantes. Responderlas llevaba al 10 porque el alumno había estudiado todo...

En el ámbito de la pediatría lo importante eran la nutrición (amor y proteínas, según Escardó), las diarreas estivales, la meningitis tuberculosa y la epilepsia. El retraso, el autismo, los trastornos del aprendizaje, eran objeto de devoción de unos pocos para unos pocos: Lidia Coriat, Natalio Fejerman, Juan E. Azcoaga, Bernabé Cantlon; además había algunos "chicos inquietos"... ADHD y "chicos raros"... el autismo.

De esta manera, con el tiempo se produjo un cambio, una verdadera explosión semejante a las epidemias. Personalmente las he considerado como si fueran "las nuevas epidemias", entre las cuales el ADHD y el autismo son relevantes para los trastornos del aprendizaje y conducta en niños de edad escolar e inclusive en adolescentes y adultos.

El fenómeno seudoepidémico

Por haber hecho este recorrido personalmente, no pude evitar ser curioso frente al fenómeno de la aparente epidemia. Observar los hechos con una mirada crítica llevaron a la formulación de preguntas específicamente referidas al ADHD:

¿Es real el aumento de esta patología? Si lo es, ¿a qué se debe?:

1. Aumento de la población.
2. Aumento de un grupo etario en particular.
3. Aumento de la incidencia.
4. Aumento de la prevalencia.
5. Mejor metodología diagnóstica con incremento significativo de sensibilidad y especificidad.
6. Cambios en los criterios de inclusión y exclusión.
7. Cambios en el medio, tanto físicos como culturales con su peso relativo.
8. Otros: intereses corporativos y de mercado.

¿Qué es lo que caracteriza, posibilita y/o determina una epidemia? ¿Podemos aplicar esta calificación a esta patología? ¿Debemos considerarla como prioritaria y en consecuencia concentrar nuestros esfuerzos en ella? ¿Debemos considerarla como un problema amenazante para la salud y el bienestar de nuestra población? Dejo para el final los intentos de respuesta.

El ADHD y su historia

La primera presentación registrada corresponde a G.F. Still, en un artículo publicado en 1902 en el *Lancet* bajo el título de "Some abnormal psychical conditions in children". En él llama la atención sobre algunos niños inquietos que por otra parte eran normales en otros aspectos. Se evidenciaba como una marcada inhabilidad para concentrarse, mantener la atención y quedarse quieto. Still era un pediatra inglés, curiosamente soltero y sin hijos. Su apellido además significa "quieto"… ¿casualidad o causalidad?

Conforme a la época victoriana, esta inquietud era considerada una conducta incorrecta y perturbadora atribuible a la *"voluntad inhibitoria alterada"* (remarcado personal) causada por defectos del control moral ("maleducados"), por lo tanto, la responsabilidad causal y la corrección recaía en los padres y los docentes y el remedio dependía de la educación.

En 1937 Bradley introduce el tratamiento farmacológico con un estimulante anfetamínico cuyo nombre comercial era Benzedrina. Es un ejemplo interesante de un razonamiento lógico pero equivocado y un acto de *serendipity*. Trabajaba en un centro dedicado a niños con trastornos de conducta y mal rendimiento escolar atribuible a diversas causas. Estos niños eran sometidos a un estudio habitual en la época que requería una punción lumbar y extracción de líquido cefalorraquídeo. Algunos tenían cefaleas importantes luego del estudio. Se supuso que la

                                                  Guillermo Javier Nogueira

administración del fármaco, un estimulante nervioso, sería también un estimulante de la producción de líquido cefalorraquídeo en reemplazo del extraído, disminuyendo de ese modo la cefalea. No sucedió eso ya que el efecto estimulante conocido no era aplicable a la producción de líquido cefalorraquídeo. Mucho más tarde se conoció que la cefalea no era por falta de producción sino porque la pérdida continuaba luego de la punción. El acto de *serendipity* se dio al observar y registrar que catorce de los treinta niños estudiados y con cefaleas mejoraban su conducta y su rendimiento escolar, por lo que se inicia el tratamiento con Benzedrina pero con un objetivo diferente: la conducta y el rendimiento escolar. Esta medicación era llamada coloquialmente la "píldora de la aritmética" por su efecto sobre ese aprendizaje. A pesar de la importancia de la institución donde se había realizado el estudio y de su publicación, este hallazgo fue largamente ignorado ya que la psicoterapia era el modelo de tratamiento dominante en ese momento. Tampoco fue abandonado, quedando limitado a unos pocos profesionales incluyendo algunos de nuestro medio.

Más tarde los mismos niños pasan a la órbita de la neurología, por lo que se agregan a la inquietud y las dificultades en el aprendizaje, los llamados signos neurológicos "blandos" (eufemismo para mínimos y dudosos) y a veces la zurdería. Siguiendo al paradigma médico vigente, Strauss y col. en 1962 denominan a esta patología Daño Cerebral Mínimo, en la presunción de una lesión cerebral lo suficientemente leve o reducida como para no brindar elementos a la exploración con los medios disponibles y en franco contraste con otras patologías claramente demostrables, generalmente con manifestaciones mucho más severas. Hasta 1966 el National Project of Minimal Brain Damage Learning Dissabilities lo incluye entre los trastornos específicos del aprendizaje.

Pasa el tiempo y ante la ausencia de anomalías demostrables con las nuevas metodologías de estudio, se aleja la idea de una lesión estructural y es reemplazada por una alteración en el funcionamiento, una disfunción, y de allí surge la nueva denominación de Disfunción Cerebral Mínima.

La Oficina de Educación de los Estados Unidos produce en 1968 un documento utilizando esta denominación para referirse a alteraciones en uno o más de los procesos psicológicos básicos excluyendo alteraciones visuales, auditivas, motoras, debilidad mental, alteraciones emocionales y problemas ambientales. Algunos autores, como Natalio Fejerman entre nosotros, han preferido y utilizado esta denominación con un criterio más amplio vinculado a la gran categoría de los trastornos del neurodesarrollo.

Es de destacar que los niños observados eran similares, no obstante lo cual aparecen algunas diferencias entre autores en relación con los criterios de inclusión y exclusión. Estas aún persisten señalando tanto los aspectos desconocidos como las dificultades de establecer categorías o diagnósticos clínicos en base a manifestaciones variables, mal definidas y con solapamientos. De hecho, el documento de 1968 excluye específicamente aspectos que en la actualidad son aceptados ampliando su espectro al considerarlos comorbilidades.

Resumiendo, podemos señalar la secuencia de la siguiente forma:

1902: Primera publicación.
1917-1960: Daño Cerebral Mínimo DCM.
1938: Comienzo del tratamiento farmacológico con estimulantes.
1970: Disfunción Cerebral Mínima DiCM.
1980: Déficit de Atención con Hiperkinesia DAHD.

La inclusión en el ámbito de la medicina y en particular, de la neurología, lleva a la búsqueda más definida de una causa y una fisiopatología. El hallazgo ya señalado de una disminución de la inquietud merced al uso de un estimulante anfetamínico, obligó a una explicación para esta repuesta "paradojal", ya que lo esperable sería un incremento en la inquietud. Esta respuesta no esperada, llevó a la hipótesis de una falla atencional, en especial de la atención sostenida como causal de la inquietud. Se razonaba que los niños establecían vínculos breves o débiles con los objetos de su entorno y por lo tanto se movían sin razón aparente: eran inquietos. Esto a su vez perturbaba su aprendizaje escolar y su conducta social. El fármaco estimularía la atención y por lo tanto los niños se aquietarían al aumentar el interés y el tiempo de exploración, lo que a su vez redundaría en un mejor aprendizaje.

Ante la demanda de "algún tratamiento" si el nivel de inquietud era muy perturbador o el aprendizaje deficiente, podían beneficiarse con la medicación, con el crecimiento y con la educación en ese orden. Parece lógico y razonable, pero no es totalmente cierto. Finalmente aparece el término trastorno de la atención con o sin hiperquinesia o ADHD en la terminología inglesa que lo ha popularizado, y que mantiene su uso aún en publicaciones en español en que puede usarse la abreviatura TDA y TDAH.

Las autoridades educativas norteamericanas, al notar la importancia y frecuencia del problema, determinan que los docentes detecten y reporten los casos observados en el ámbito escolar. Aquí tercian psicólogos y psicopedagogos que junto con los docentes pasan a ser los responsables de la detección y diagnóstico mediante un cuestionario puntuable sencillo y práctico pero imperfecto: el Cuestionario de Conners. Los padres son incorporados con la misma herramienta. De este modo se produce una verdadera explosión de los casos detectados particularmente en

Estados Unidos y luego por arrastre en otros países. Surgen especialistas en ADHD, asociaciones, clubes, etc. Algunos llaman a este fenómeno la incidencia administrativa, ya que el objetivo era resolver el inconveniente que estos niños creaban a nivel institucional, independientemente que el diagnóstico fuera apropiado o no, certero o no.

Se corre la edad de detección más allá de la infancia y aparece el ADHD del adolescente y del adulto y aumenta la frecuencia del uso de tal diagnóstico como comorbilidad de una cada vez más extensa gama de patologías neuropsiquiátricas y del neurodesarrollo. También se le asigna una base genética y una fisiopatología relacionada con la disfunción de varios neurotransmisores. Consecuentemente con ello se preconiza en forma casi excluyente el tratamiento farmacológico y por un solo fármaco o sus variantes. El boom o la "epidemia" están en marcha.

Las dudas

Se han planteado dudas razonables que en general fueron ignoradas o acalladas. He aquí algunas de ellas:

¿Cómo puede ser que una patología supuestamente bien caracterizada tenga incidencias tan variables según autores y países? ¿Tiene el método de los cuestionarios la sensibilidad, especificidad y confiabilidad suficiente como para formular diagnósticos precisos? ¿Tiene igual validez dicho método según sexo, edad, nivel educacional de quien lo formula y su vínculo con el niño? ¿Existen marcadores biológicos fiables? ¿Existen otras metodologías aplicables con resultados más precisos? ¿Cuán prudente es establecer categorías con gran solapamiento y basar las conclusiones generalmente en la categoría mixta?

Diferentes respuestas a estas preguntas han surgido desde numerosos ámbitos y en particular de los estudios de meta análisis, uno de los cuales fue auspiciado por la Sociedad Americana de Psiquiatría Infanto Juvenil. Muchas de las respuestas han sido negativas, no obstante lo cual, la inercia es tremenda y los intereses en juego han construido la falsa creencia que el diagnóstico es claro y fácil al igual que el tratamiento.

Se da así una situación paradojal donde en principio parece que estamos frente a una epidemia sin que se demuestren los fundamentos para tal aparición.

Una epidemia en una comunidad o región es entendida como la eclosión rápida y progresiva de un número de casos identificables, cuyo número excede a lo que era dable esperar en base a la experiencia previa. La paradoja es que a veces no tenemos muy en claro el punto de partida correspondiente a los criterios de normalidad en una población dada y en una época determinada; por lo tanto es difícil cotejar y certificar los cambios basados en la comparación entre conductas muy complejas, utilizando además instrumentos de evaluación y categorías diagnósticas imprecisos y en algunos casos controversiales. La magnitud y distribución de los casos aparentemente portadores de esta patología podría constituir una pandemia si el diagnóstico fuera tan preciso y claro como se pretende.

Por lo tanto es interesante pensar en términos epidemiológicos, ya sea para aceptarla o negarla y buscar auxilio en las enseñanzas de los epidemiólogos sociales en particular: Mervin Susser señala la compleja relación entre conductas individuales y factores materiales en su trabajo "Causal thinking in the Health Sciences"; Jeffrey Rose recomienda pasar de la pregunta del "por qué este individuo particular enferma, al por qué esta población tiene esta particular distribución de riesgo"; P.F. Gugger propone distinguir entre causa distante e inmediata de enfermar desde la perspectiva ecológica; en tanto que Nancy Krieger, casi como una ironía, pregunta: si existe una red de factores de riesgo, ¿por qué no nos preguntamos dónde está la araña que ha tejido la red?

Sabemos que las enfermedades no se distribuyen aleatoriamente entre las clases sociales y por eso debemos estar atentos a la sociología.

Todo converge en la necesidad de una formación epistemológica adecuada para poder compensar el uso abusivo de tasas y probabilidades descontextualizadas.

La sospecha

Este marco señala la sospecha de que no estamos realmente frente a una verdadera epidemia, sino frente a la construcción de una falsa, producida por la acumulación de variantes de conducta no necesariamente asociadas entre sí. La asociación se hace forzando los límites e ignorando las imprecisiones.

Un ejemplo de esto es la diferencia entre la llamada prevalencia administrativa y la prevalencia epidemiológica en relación con este diagnóstico.

La prevalencia administrativa depende de factores distintos de la epidemiológica. Se basa en la presencia de síntomas, derivación a la consulta, acceso a servicios de atención y factores culturales como la tolerancia de los síntomas.

La prevalencia epidemiológica considera factores distintos que a su vez son dificultades a salvar en la evaluación, como por ejemplo un diagnóstico muy preciso:

     Guillermo Javier Nogueira

1. Condiciones muy restrictivas o muy inclusivas: edad y edad de comienzo, evolución, exclusión de diagnósticos psiquiátricos, comorbilidad aceptada o excluida, duración de los síntomas.
2. Tomar la prevalencia administrativa como prevalencia epidemiológica.
3. Tipo diagnóstico considerado: Trastorno de la atención puro: A / ADD; Trastorno de la Atención con hiperkinesia, Tipo inatento: TAHI / ADHD; Trastorno de la Atención Mixto: TAM / ADHDM.

Debe tenerse en cuenta que si aumentamos la sensibilidad para la detección, generalmente debemos ampliar los criterios de inclusión, lo que necesariamente lleva a una disminución de la especificidad. Esto produce errores de dos tipos llamados 1 y 2, falsos positivos o falsos negativos. Dicho de otra manera: a mayor sensibilidad tendremos más casos pero algunos no pertenecerán a la entidad bajo estudio, por ello son falsos positivos. En el caso opuesto, tendremos menos casos a costa de no haber incluidos algunos que sí deberían haber sido incluidos, por ello los llamamos falsos negativos ya que su inexistencia no es tal. Toda prueba diagnóstica requiere una negociación entre criterios y métodos de detección. Superar el 50% de probabilidades es el punto de partida. La meta de 100% de especificidad y sensibilidad nunca se logra y por ello el investigador debe optar por cuál privilegiar según las posibilidades y el objetivo.

Definición de la patología

Según Barkley (2003) el ADHD es un trastorno del desarrollo caracterizado por problemas atencionales y niveles evolutivamente inapropiados de sobreactividad e impulsividad que surgen en la primera infancia, es de naturaleza relativamente crónica y no puede explicarse por ningún déficit neurológico importante ni por otros déficits de tipo sensorial, motor o del habla; tampoco por déficit mental o trastornos emocionales graves. Guarda una gran relación con la dificultad para seguir conductas "gobernadas por reglas" y con problemas para mantener una forma de trabajo consistente a lo largo de períodos de tiempo más o menos prolongados. Tiempo más tarde cambia el nombre de conductas gobernadas por reglas por el de conductas propositivas e intencionales orientadas a la consecución de un objetivo y plantea el problema como una falla de la autorregulación vinculable a las funciones ejecutivas. El remarcado me pertenece y señala la incertidumbre que parte del desconocimiento etiológico y de la causalidad de las conductas humanas. Se termina siendo especulativo tratando de acercar la observación a algún modelo teórico y priorizando lo cualitativo sobre lo cuantitativo. Esto no está necesariamente mal y es un aporte importante. El problema surge cuando tomamos definiciones aproximativas por reglas o leyes.

Es interesante recordar que de alguna manera F. Still consideraba como causa a una falla en el control que vincula a la moral y la educación. Con el avance en el conocimiento de los procesos atencionales, adquiere mayor relevancia el control inhibitorio de lo sensorial irrelevante o distractorio para enfocarse adecuadamente en lo sustancial y a su vez también otro proceso inhibitorio, pero motor, de aquellas respuestas consideradas inapropiadas o inútiles. Todo ronda la toma de decisiones.

Severo Barcelo (2005) lo define como una dimensión psicopatológica compleja, difícil de reducir a un número limitado de factores.

Para el DSM V, OMS 2015 y APA 2014 se trata de un trastorno del neurodesarrollo de comienzo antes de los 12 años de edad. Presentan dificultades en la atención, hiperactividad e impulsividad, y estas dificultades interfieren con el desempeño académico, el desempeño familiar, el desempeño social y la calidad de vida.

Clasificación

DSM IV - DSM V

Está basado en respuestas al cuestionario de Conners (2008). La alteración debe darse en dos ámbitos distintos y los adultos deben reunir más de cinco criterios, en tanto que los niños más de seis.

- **Inatento**: seis ítems o más de inatención y menos de seis de hiperactividad/impulsividad. ADD-TA.
- **Hiperactivo/impulsivo**: seis o más ítems de hiperactividad/impulsividad y menos de seis de inatención. ADHD-TAH-TAI.
- **Combinado**: seis o más ítems de inatención y seis o más ítems de hiperactividad/impulsividad. ADDC-TAM.

Prevalencia

Basado en cuestionarios observacionales de padres y maestros, Conners (2008) y usando criterios del DSM-IV en América y OMS en Europa:

Tomado en conjunto: 1/25% niños en edad escolar.

USA 25%, Colombia 15%, Puerto Rico 9%, Alemania 2%, Suecia 2%, Francia 0.5%, Argentina 4%.

Varones/mujeres 3-9 / 1.

Detección habitual entre los 3 y los 6 años.

     Guillermo Javier Nogueira

El valor ha ido variando con el paso del tiempo desde un 7-10% de la Sociedad Americana de Psiquiatría a 3-5% de la Organización Mundial de la Salud que usa criterios más restrictivos. Actualmente se acepta una tasa entre el 1.5 y el 7% en la mayoría de las nuevas publicaciones. Según Mariano Pérez, catedrático del Departamento de Psicología de la Universidad de Oviedo y colaborador del Consejo General de la Psicología de España, "El problema está en los criterios, no en la población". Este cambio y la variabilidad entre autores y países debe hacer sospechar de la endeblez de los criterios diagnósticos, más allá de las falencias en la recolección de datos, tamaño y sesgo de las muestras e intereses en juego. En realidad los nuevos valores son más una estimación que una determinación cuidadosa y real.

La clínica

Síntomas

Este listado señala las características conductuales observables en estos niños sistematizadas a través de la administración de cuestionarios. El remarcado es personal.

INATENCIÓN
- No atiende a los **detalles.**
- **Dificultad** para sostener la atención.
- **Parece** no escuchar.
- **No finaliza las tareas o actividades.**
- **Dificultad para organizar** sus tareas.
- **Evita** el esfuerzo sostenido.
- **Pierde cosas.**
- Se distrae con los **estímulos extraños.**
- **Olvidadizo.**

HIPERACTIVIDAD / HIPERKINESIA
- **Juguetea** con las manos y los pies.
- Deja su asiento en clase. Deambula **sin propósito.**
- **Corretea por los alrededores o trepa.**
- **Dificultad para jugar tranquilo.**
- Motilidad excesiva: "en acción sin parar".
- Habla en **exceso.**

IMPULSIVIDAD
- Habla en **exceso.**
- Responde **precipitadamente** a las preguntas.

- Dificultad para esperar turnos.
- Interrumpe o se entromete.

En el Conners cada ítem está precedido por **"muy frecuentemente"**, lo que induce a una valoración categorial. Existen otras escalas que intentan introducir criterios paramétricos como la escala SNAP (Swanson, 2006) aplicada a los criterios del DSM IV. Tiene cuatro valores: **Nada, Poco, Bastante y Mucho.** Es usada por algunos profesionales en nuestro medio. Su endeblez es evidente ya que para diferentes observadores nada, poco, bastante y mucho pueden diferir notablemente y dependen del criterio personal, del tiempo de observación y el ámbito.

Adele Diamond hace una descripción más rica y útil. Considera un grupo como ADD que abarca a los niños con un trastorno primariamente desatentos. Tienden a ser desorganizados, fácilmente desviados de su curso de acción/pensamiento. Son olvidadizos, desatentos, desorganizados mental y físicamente. Cometen errores por descuido y no son buenos en prestar atención a los detalles. Tienen dificultades para organizar sus tareas, fijar prioridades, planear una estrategia y recordar cumplir con todos los pasos requeridos. También les cuesta organizar y controlar sus cosas, son descuidados y se olvidan de dónde las dejan, en parte porque raramente las guardan. Si una demanda o tarea requiere de múltiples ítems, típicamente olvidarán uno o más. Tienen problemas para el seguimiento mental de múltiples ítems, lo que hace dificultosa la lectura, los cálculos aritméticos y la solución de problemas abstractos. Les cuesta mucho mantener su atención enfocada en una actividad hasta completarla. Se aburren rápidamente y dejan la tarea incompleta pasando de un proyecto parcialmente iniciado a otro. Les cuesta mucho mantener su mente en una cosa por vez. Cuando leen o hacen los deberes frecuentemente su mente es errática. Dado que completar una tarea enfocando deliberadamente su atención consciente les es tan difícil y les genera rechazo, tratan de evitar comenzarla o la difieren. Pueden olvidarse de escribir la tarea para la casa, traer el material necesario para completarla o lo pierden.

Los niños con la forma mixta, a los que identifica como ADHD, tienen muchos de los síntomas ya señalados, a los que se suma la dificultad para estar quietos sentados. Son hiperactivos motriz y verbalmente. Inquietos, siempre en movimiento, parlanchines, nerviosos e intranquilos. Suelen hacer movimientos repetitivos con sus pies o golpetean con el lápiz. Se paran cuando lo esperable sería que se mantengan sentados. Pueden hablar incesantemente y les cuesta jugar tranquilamente. Tienden a ser impulsivos, muy desorganizados y descuidados, frecuentemente están muy impacientes como para cuidar los detalles o apartar cosas. Tienen

                                    Guillermo Javier Nogueira

problemas para respetar turnos e interrumpen a los otros y se abalanzan a dar una respuesta antes de que la pregunta sea completada. Se entrometen en el juego y las conversaciones sin considerar de antemano que puede ser inapropiado. Por su tendencia a la impulsividad pueden tomar un juguete de otro niño o cruzar una calle sin mirar.

Agrega a esta descripción una comparación importante. Mientras que los niños con ADHD son frenéticos, hiperactivos, deficientes en el conocimiento de sí mismos y extrovertidos, una proporción significativa de niños con ADD son lo opuesto: lentos, hipoactivos, tardan en responder y tienden a ser exageradamente conscientes de sí mismos e introvertidos. Algunos en nuestro medio los calificarían como "navegantes" o "soñadores despiertos".

Ambos suelen tener problemas sociales, pero por diferentes razones. Un niño con ADHD aliena o aleja a los otros por no poder considerar en primer lugar sus sentimientos. Por el contrario, un niño con ADD es probable que tenga problemas por ser demasiado pasivo, tímido o retraído. Estas características pueden ser malinterpretadas por los otros niños como desinterés, distanciamiento o indiferencia.

Esta detallada descripción sintomática tiene el valor adicional de un fuerte sustento fisiopatológico que lleva a la autora a la conclusión que ADHD y ADD no son dos variantes de un mismo desorden sino dos desórdenes diferentes con distintos perfiles cognitivos, de conducta, diferentes patrones de comorbilidad, diferentes respuestas a la medicación y diferente substrato neurobiológico.

Diagnóstico

- Puramente clínico. Observar la conducta. Los cuestionarios.
- No hay test específicos.
- No hay marcadores biológicos específicos.
- No hay neuroimágenes específicas.
- No hay estudios neurofisiológicos específicos.
- No hay signos neurológicos específicos.

Existen nuevos aportes como la medición de la capacidad para la realización de tareas complejas, tareas de escucha dicoica, tiempo de respuesta y tiempo de procesamiento central, los que junto con las nuevas aplicaciones de neuroimágenes van aportando otras posibilidades. No obstante, la mayoría no son fácilmente aplicables a la práctica clínica cotidiana. Requieren de expertos, tiempo y equipamiento costoso además de una base de datos muy extensa para utilizar como norma de comparación. Por ello perduran los cuestionarios fácilmente accesibles para cualquier persona en contacto con el niño, sea familiar, docente o profesional.

Existen posiciones diferentes con respecto al diagnóstico que van desde considerarlo una entidad infradiagnosticada a su contraria que la considera una entidad sobrediagnosticada. Una tercera posición directamente niega la entidad clínica del ADHD. Es sostenida por Richard Saul, neurólogo estadounidense autor del libro *El TDAH no existe* y Marino Pérez Alvarez, coautor de *Volviendo a la normalidad: la invención del TDAH y el trastorno bipolar infantil*. Una postura cercana ha sido sostenida en nuestro medio por León Benasayag. Muy probablemente con el tiempo lleguemos a un justo medio en la medida que los criterios diagnósticos y la clínica basada en la evidencia, junto con el conocimiento más preciso de la atención y sus trastornos, provean un terreno sólido en que asentarnos.

Dificultades diagnósticas

Los resultados obtenidos utilizando los síntomas presentes variarán según se usen criterios categoriales –en los que cada variante es una categoría– o criterios dimensionales, midiendo su presencia en cada categoría, y es cuestionable utilizar escalas que usan términos como "muy frecuente o ausente". A esto se suma la dificultad de definir con precisión y objetividad criterios de conducta normal / anormal.

Es conocida la dudosa validez ecológica de la observación en la consulta. La conducta observable variará según el conocimiento que el niño tenga de las razones para esa consulta, las características del examinador, el entorno y su acompañante.

Tener como sustento principal los informes de docentes y padres es una fuente de errores bien conocida. Hay diferencias importantes en los resultados según parentesco, proximidad, sexo del niño y del informante, subjetividad y contexto. Por ello es dudoso el valor de los cuestionarios. Se han verificado notables diferencias entre los puntajes obtenidos cuando los administra el docente, un familiar o un profesional. Las madres y los maestros detectan más a los varones que a las niñas. Existen igualmente diferencias significativas entre una primera y una segunda administración con descenso de los puntajes y aumento posterior si las administraciones son frecuentes. También se observan diferencias según el sexo, con prevalencia de la hiperkinesia en los varones. El tipo más frecuentemente diagnosticado es el mixto por ser el que posibilita mayor sensibilidad pero a cambio de menor especificidad. Si el niño es oposicionista los docentes generalmente les dan puntajes altos en hiperactividad e inatención a diferencia de lo observado por profesionales.

Guillermo Javier Nogueira

El impacto de la prevalencia administrativa sobre la epidemiológica introduce un sesgo no estrictamente relacionado con la patología con la posibilidad de falsos positivos.

La multideterminación de las conductas hace que sea necesario considerar una larga lista de posibilidades, las que a su vez deberán ser categorizadas en términos de probabilidades e influencia causal.

Conocer causas y su peso, acotan la valoración de los síntomas, su representatividad, origen, ubicación en una cadena o circuito y por ende incrementará la especificidad a partir de la cual se adecuarán las herramientas de detección, interpretación fisiopatológica y eventualmente tratamiento. Si bien parece un modelo muy médico, no lo es en exclusividad. Podemos observar y analizar conductas desde la biología, por fuera de la biología, en conjunto con ella y más allá de ella.

Comorbilidad

Es muy alta: 2/3 de los niños con este diagnóstico la tienen. 10-25% tienen trastornos del aprendizaje, 50% conductas oposicionistas, 30-50% otros trastornos de conducta, 15-25% trastornos del humor y 20-25% trastornos de ansiedad. En un reporte de Nueva Zelanda, los niños con hiperkinesia tenían en un 47% conductas oposicionistas y 26% trastornos de ansiedad o fobias. En el 18% de los casos coexistían dos o más comorbilidades. En otra publicación canadiense (Ontario) perteneciente a niños entre 4 y 11 años de edad, 53% de los varones y 42% de las mujeres tienen al menos un diagnostico en otro eje del DSM.

La presencia sustancial de comorbilidades plantea el interrogante si en cada caso los síntomas observados corresponden al ADHD como causa, o como consecuencia de otras patologías. Siendo el cerebro un sistema de circuitos integrados, una misma falla puede tener diferentes consecuencias y a su vez diferentes fallas puede converger en una misma consecuencia. Por todo esto, se debe ser sumamente cauteloso al formular el diagnóstico de ADHD como entidad única y bien definida o, por el contrario, como una comorbilidad adosada a otras patologías. Es cuestionable utilizar escalas que usan términos como "muy frecuente o ausente". Es frecuente ver en publicaciones de la escuela norteamericana, niños y adultos con tres o más diagnósticos a los que se llega por la sumatoria creciente de síntomas.

Utilizar el método actuarial de recolección y suma de síntomas observables, muestra en este caso numerosas superposiciones entre síntomas que pueden pertenecer a distintas entidades nosológicas. Es lo que a veces se interpreta como comorbilidad. Un ejemplo de ello es que la hiperactividad es considerada por algunos autores ingleses como un aspecto inespecífico de manifestaciones psiquiátricas o una variante normal del temperamento, y además dudan de que la hiperactividad por sí misma sea una desventaja para el desarrollo psicológico.

Establecer diferencias estadísticas significativas cuando hay solapamiento requiere un tratamiento estadístico muy sofisticado y grandes muestras, cosa que en este caso generalmente no se ha hecho. Por ello los estudios basados en la evidencia y los meta-análisis terminan descartando una gran parte de ellos. Por otra parte, las investigaciones en general han sido descriptivas, exploratorias y ateóricas.

Teniendo todo esto en cuenta, es dable pensar que contrariamente a lo que suele sostenerse, no es un diagnóstico sencillo y preciso.

Modelos fisiopatológicos

A partir de la observación clínica se han confeccionado distintos modelos con el objetivo de explicar los síntomas a partir del conocimiento existente del proceso atencional.

Modelo atencional de Douglas (1989)

En él la variable crítica es la atención pero la hiperactividad es inespecífica. Considera la existencia de predisposiciones básicas:

1. Rechazo o poco interés por dedicar atención y esfuerzo a tareas complejas.
2. Tendencia a la búsqueda de estimulación con gratificación inmediata.
3. Poca capacidad para inhibir respuestas impulsivas.
4. Poca capacidad para regular la activación en la resolución de problemas.

La base fisiopatológica sería la hipoactividad cortical con dominancia de la actividad subcortical.

Modelo de desinhibición conductual de Russell Barkley

Está basado en el modelo conductista de estímulo-respuesta de B.F. Skinner, y considera la existencia de conductas gobernadas por la contingencia, base del condicionamiento operante. Por otro lado existirían conductas gobernadas por reglas en las que habría una secuencia estímulo-objeto-consecuencias verbales. Estas conductas requieren un autocontrol que asegure su cumplimiento y seguimiento. Dependen del lenguaje iniciado por un adulto (padres y maestros), que luego es internalizado como una forma de control externo inicial. En el ADHD se daría una desinhibición conductual como falla de fondo.

R. Barkley inicialmente indaga en la conducta gobernada por reglas (CGR) cambiando luego a las conductas propositivas e intencionales orientadas a la consecución de un objetivo.

La inatención se debería a una baja relación entre los estímulos y la conducta previsible con precipitación en la consideración de los estímulos presentes, a la vez que la impulsividad estaría vinculada con la incapacidad para postergar los reforzadores.

Modelo de Herbert Quay y Jeffrey Gray basado en la neuropsicología

Considera cuatro sistemas involucrados:

1. Sistema de Inhibición Conductual (SIC) localizado en el área medioseptal, corteza frontal orbital y núcleo caudado.
2. Sistema de Activación Conductual (SAC) localizado en el área septal, haz mesial del cerebro anterior e hipotálamo lateral.
3. Sistema de Recompensas de Olds (SRO): a) Respuestas aversivas. Refuerzo negativo. Llevan al escape o evitación. Activan el SIC; b) Recompensa inmediata o diferida. Activa el SAC.
4. Sistema de ataque/huida.

Los niños con ADHD tendrían disminuida la actividad del SIC.

Modelo competitivo de Logan-Shackar

Los estímulos compiten y prevalece el que llega primero. Se basa en el paradigma de la señal de *stop* que a su vez está basado en el presupuesto teórico de que las conductas están controladas por dos sistemas interactuantes: (a) un sistema ejecutivo que determina las intenciones y pone en circulación las órdenes para que dichas intenciones puedan realizarse y (b) un sistema subordinado que interpreta las órdenes y las desarrolla. Se puede poner en evidencia este modelo merced a una técnica consistente en ejecutar una determinada tarea, de tal forma que a lo largo de su ejecución el experimentador presenta una señal de *stop* que informa al sujeto que no debe responder en ese ensayo, con lo que se genera un mecanismo de control atencional. Las respuestas que no pueden ser interrumpidas por el sujeto ante la señal de *stop*, se denominan balísticas, mientras que las que sí pueden ser interrumpidas son respuestas sujetas a control atencional.

Modelo energético de Sergeant y Van Der Meer

1. Despertar (Arousal): Es el efecto de alerta de los sistemas sensoriales. Depende de áreas límbico frontales y los neurotransmisores involucrados serían noradrenalina y serotonina.
2. Activación cortical: Control de la preparación de las respuestas motoras. Depende de los ganglios basales y los neurotransmisores serían dopamina y acetilcolina.
3. Esfuerzo: detecta los problemas y distribuye la capacidad de trabajo según factores motivacionales. Vinculado con el hipocampo.

En las tareas de rendimiento continuo, los estímulos de mucha frecuencia usan más el sistema 1 y, por el contrario, los de baja frecuencia usan más el sistema 2 que representa la vigilancia con un decremento en el sistema 1 a través del tiempo.

En el ADHD la relación parece ser inversa, pero no específica. Por ello el sistema del despertar no parece ser el responsable del problema. A su vez en el sistema 2 sucede lo mismo pero el decremento es más rápido y por ello tiene peor rendimiento. Por ello se postula que el déficit está en la respuesta motora. No obstante considera que en el ADHD pueden fallar 1, 2, o ambos sistemas y también el 3 ya que no logran mejorar la respuesta disminuyendo la curva de decremento aunque se den condiciones específicas de refuerzo externo.

La existencia de múltiples modelos nos obliga a considerar la complejidad de las conductas y del proceso atencional como parte de ellas y de lo parcial de nuestros conocimientos al respecto. La tarea se complejiza más aún si tratamos de explicar conductas supuestamente anormales, no claramente definidas, atribuyéndolas a alteraciones de mecanismos funcionales no acabadamente demostrados y comprobados.

En términos generales todas las teorías y modelos apuntan a los mecanismos de toma de decisiones que llamamos funciones ejecutivas, aunque también existen múltiples variantes de lo que incluye ese término y que van de considerarlas simplemente la memoria de trabajo hasta un complejo entramado de procesos atencionales, memorias diversas, gnosias, programas motores y atribución de valores y significados.

Por las razones antes expuestas es importante conocer la postura de Adele Diamond tal como la presentara en el Congreso Argentino de Neuropsicología (Buenos Aires, 2008) y en una muy importante publicación posterior. Está basada en una extensa tarea de investigación integradora de la clínica y las neurociencias. Consta en párrafos anteriores su postura crítica a considerar el ADHD como una unidad.

   Guillermo Javier Nogueira

Estudio comparativo ADHD y ADD (DAT: Transportador de Dopamina, DRD: Receptor de Dopamina):

ADHD	ADD
Estriado	Corteza prefrontal y red parieto Fontal
DAT1 abundante. DRD4 escaso. El gen se expresa como volumen del caudado. La impulsividad e hiperactividad vinculada con los alelos de alto riesgo. La inatención no. El metilfenidato actúa sobre los receptores DAT. 90% responden a cualquier dosis.	DATI escaso. DRD4 abundante. El gen se expresa como volumen de la corteza prefrontal. No responden al metilfenidato o si lo hacen es a dosis bajas. Mejor respuesta con anfetaminas que a su vez promueven la liberación de dopamina y norepinefrina.
Hiperactividad motora y verbal. No pueden sentarse quietos. Impulsivos. Frenéticos. Insuficiente autoconciencia.	Pobre atención focalizada. Lentos. Tratan de evitar comenzar una tarea. Postergan. Pierden u olvidan material necesario para una tarea. Hipoactivos.
Aislamiento social por ser desconsiderado. Prepotente. No respeta turnos.	Aislamiento social por ser muy pasivo. Tímido.
Comorbilidad: trastorno de conducta. Agresividad.	Comorbilidad: desorden de internalización, ansiedad, depresión. Socialmente aislado o retraído. Tienen más problemas con la motivación que con el control inhibitorio. Es más fácil que se aburran a que se distraigan. Trastornos del lenguaje y la lectura. Fallas en cálculo mental.

Vemos entonces que, para la autora, estamos en presencia de dos grupos con distintas fisiopatologías, clínica y respuesta a los fármacos. Las comorbilidades son también diferentes. Parece evidente por lo tanto que basarse sólo en un cuestionario y crear la tercera categoría, "mixtos", con la que se suele trabajar por ser la de mayor volumen al costo de tener menor especificidad, no parece justificable.

Otros modelos posibles

Llegados a este punto es preciso plantearse otras alternativas causales que expliquen el creciente número de niños incluidos en esta categoría diagnóstica del ADHD, que a su vez forma parte de una categoría mucho más amplia: niños con trastornos de conducta y/o aprendizaje.

Los modelos anteriores y en especial el de Adele Diamond, se limitan probablemente a un grupo particular, no mayoritario y con una base endógena, biológica y con una predisposición genética. Los estudios de gemelos muestran concordancias significativas entre 50% y 80% para los monocigóticos y 30% para los dicigóticos, lo que indicaría una heredabilidad de entre 60-70%. El riesgo es de dos a ocho veces más alto entre padres y hermanos.

Un punto de vista interesante es el de Esther Cardo (2010) basado en estudios genéticos del alelo 7 del receptor D4 de la dopamina (DRD4). Si una secuencia genética supera el 1%, no se la considera aleatoria sino evolutiva; este sería el caso para esta patología y se traduciría como un aumento en la aptitud reproductiva del individuo y del grupo, muestra de la diversidad como beneficio. El DRD4 es la variante más frecuente en el mundo. En ratones modificados genéticamente, su aumento en la corteza prefrontal se traduce en tiempos de reacción más cortos y un aumento en la exploración (búsqueda de novedades). Se sabe que en el Paleolítico superior este receptor se dio más de lo esperado por azar. La conclusión es que las conductas rápidas exitosas se dan en épocas de cambios rápidos o de escasez de recursos. La emigración de África a Europa fue una de ellas. La distribución de esta variante genética es muy alta en las poblaciones migrantes como en América, cercana al 80%. Por el contrario, la distribución es baja en poblaciones estables. Esto correlaciona con una mayor presencia en sociedades dominadas por hombres (mayor competencia entre machos), en las sociedades de cazadores y en las sociedades urbanas en que preponderan las conductas exploratorias, la búsqueda de novedades y las conductas de riesgo. Luego, la impulsividad, la hiperactividad y la variabilidad son positivas para la evolución humana. Finalmente se pregunta si el ADHD es una entidad nosológica o una variante del comportamiento humano. Cabe también preguntarse si más allá de las razones "administrativas" estaríamos frente a una explicación de la diferente incidencia entre América y Europa.

Debe tenerse en claro que genético y heredabilidad no significan que un sujeto está predeterminado a un padecimiento. Esto solo se da en muy pocas circunstancias en que un solo gen es determinante y en general son situaciones catastróficas y con fenotipos o marcadores biológicos precisos. Lo que habitualmente sucede es que la acción combinada de variantes polimorfas funcionales en un cierto número de genes, condicionan la susceptibilidad a un determinado padecimiento que no se expresa en todos los ambientes. Por estas razones es que debemos dirigir nuestra mirada a lo que rodea al niño. Esto abre un amplio y complejo camino que va desde las condiciones que posibilitarían la expresión de la predisposición genética, a la consideración del entorno con sus diversos componentes como generador de conductas, que pueden ser adaptativas o no y que se han originado en la actividad mental de otras personas en una cadena recursiva de configurante-configurado. Parecido a lo que postula Roger Bartra con su idea del exocerebro; ida y vuelta de lo biológico a lo mental.

Gradualmente nos hemos ido desplazando de modelos teóricos a modelos fisiopatológicos concretos y verificables. Aparece una de las etiologías mejor demostradas como es la presencia diferencial de variantes del DAT1 (Transportador de dopamina 1) predominante en el estriado y del DRD4 (Receptor D4 de la dopamina) en la corteza prefrontal; coherentes por su aparición evolutiva y por ser responsables, debido a sus lugares de acción, de ciertas características conductuales positivas y adaptativas. La patología surge cuando se dan en exceso o desbalanceados con otros neurotransmisores.

Estos datos a su vez han adquirido mayor relevancia con la posibilidad de estudiar genotipos en los sujetos y de esa manera poder predecir su probable respuesta a los fármacos y también conocer los endofenotipos, que serían el plano genético personal subyacente. Patologías con demostrada vinculación genética como el Cromosoma X Frágil, el Síndrome de Williams, y la esclerosis tuberosa tienen frecuentemente hallazgos compatibles con el ADHD. La vinculación genética es muy compleja y por ejemplo la respuesta a un fármaco no depende solamente del genotipo; muestra de ello podrían ser el efecto placebo y la adherencia de un sujeto a cualquier tratamiento.

Existe otra larga lista de agentes causales, muchas veces por mecanismos muy oscuros o poco conocidos: pesticidas, saborizantes, edulcorantes, aspectos nutricionales como los azúcares y los ácidos grasos esenciales. A partir de los estudios de las apneas del sueño en los "roncadores" y los obesos, junto con los respiradores bucales con sus efectos negativos por la hipoxia y/o hipercarbia y la consecuente alteración de los patrones de sueño, estas dificultades podrían predisponer a sufrir esta patología. En razón de ello se ha buscado una correlación con el ADHD en los niños respiradores bucales con patología obstructiva de las vías aéreas superiores y su posible tratamiento. En todas estas posibles etiologías se tropieza con las múltiples dificultades ya señaladas, comenzando por el diagnóstico y la evaluación de casuísticas con buen poder estadístico. Los resultados terapéuticos en todos los casos han sido controversiales, con beneficios marginales y a veces con un costo y riesgos importantes como por ejemplo someter a los niños a cirugía de adenoides o dietas especiales por el ADHD, que no han brindado resultados incuestionables y por lo tanto las causales invocadas no son generalizables.

Modelos desde la psicología

En un abordaje integrador desde la psicología, debemos tener en cuenta aspectos ya señalados por Sigmund Freud y sucesivas generaciones de psicoanalistas al considerar la atención como una función activa dirigida por intereses derivados de deseos y ansiedades y por ello pasible de ser estrechada o ampliada. Puede estar dirigida a otros, a objetos o a situaciones. A su vez los objetos pueden dirigir la atención. Algo similar a lo que señala J. C. Goldar cuando refiere que los objetos están en el mundo demandando acciones.

En "Notas sobre la pizarra mágica", Freud señala la existencia de un tiempo de la percepción del mundo exterior y de un ritmo de las sensaciones de placer/displacer. Este ritmo es igual en el hombre que en un animal, es el del ser viviente. Ambos guían el almacenamiento de datos que no es historia en el animal y en cambio *es* historia en el ser humano.

Al hablar de maduración, Jerusalinski señala que la maduración se sostiene como límite, pero no como causa. Lacan, por otra parte, considera que el sujeto funcionando como tal es algo diferente de un organismo que se adapta, y Winnicot agudamente señala que un niño hiperactivo muestra el deterioro del jugar.

En nuestro medio, varios autores de importancia como Ricardo y Marisa Rodulfo y Esteban Levin –entre otros– han abundado en la importancia del juego, su significado y sus alteraciones en el ser humano. En tanto que Alicia Fernandez en su libro *La atencionalidad atrapada*, describe al cuerpo como el organismo proveedor de la visión, que al ser atravesado por el deseo y la significación en la relación intersubjetiva, construye el mirar. Mirar al asombrarse, curiosear y extrañarse, acciones tan naturales en un niño sano.

Lo novedoso

La valorización de la enorme cantidad de neuronas presentes en el aparato digestivo y el conocimiento más preciso de sus funciones ha llevado a considerarlo un "segundo cerebro" cuya función sería integrar la fisiología digestiva (procesamiento de alimentos y absorción de sus componentes) con el resto del sistema nervioso y en especial con el "primer cerebro". A su vez, la flora microbiana adquiere singular importancia y es un eslabón fundamental en esa integración. Se la conoce como la microbiota. Lo interesante es que estudiada a nivel universal, se reconocen tres tipos diferentes que se correlacionarían con tipos conductuales independientes de sexo, edad y lugar geográfico. En experimentos con ratas naturalmente agresivas comparadas con otras de conducta normal, se halló que la microbiota era diferente. Si se intercambiaba la misma, las ratas agresivas se volvían tranquilas y las tranquilas, agresivas. Estos hallazgos fueron trasladados rápidamente al uso en humanos en la forma de los llamados probióticos, que son bacterias consideradas componentes beneficiosos de la microbiota que pueden ser ingeridas por ejemplo en el yogur. No hay por ahora estudios serios e importantes que demuestren efectos significativos en modificaciones conductuales o cognitivas en humanos. Es una línea interesante que merece seguir siendo explorada. La recomendación de ingesta de probióticos en los niños con ADHD tiene algunos argumentos a su favor en la conocida relación nutrición y lactancia materna y nutrición y desarrollo fetal y del lactante. Se sabe que los recién nacidos, en especial prematuros que requieren condiciones de esterilidad y uso de antibióticos, necesitan la colonización bacteriana de su tracto digestivo para recuperarse. En los niños normales la lactancia materna con la contaminación por la flora materna de chupetes, tetinas y piel de las manos y área bucal, cumple con ese objetivo.

El descubrimiento del "segundo cerebro" y de la microbiota es verdaderamente revolucionario ya que evolutivamente son las bacterias nuestros precursores y a su vez el tubo digestivo filogenéticamente y ontogenéticamente precede al cerebro que llamamos "primero". De este modo la relación parásito-huésped se invierte y el hombre sería un parásito de un universo de gérmenes. Derivada de estos avances aparece la neurogastroenterología que comienza a indagar y explicar conductas y padecimientos con manifestaciones digestivas sumadas a síntomas extradigestivos. Sentir mariposas en el estómago o tener el estómago cerrado serán algunos de los muchos ejemplos. Resta un largo camino por recorrer, pero la dirección es promisoria.

Otro argumento a favor del uso de probióticos como tratamiento en los niños con ADHD, es que es de uso corriente, lo administra la madre o cuidadora, no requiere de prescripción ni control profesional, es de bajo costo y, en última instancia, si no cura al menos no daña. Es un razonamiento precario en ausencia de claras evidencias de su efecto y tiene los intereses de la industria alimenticia por detrás.

Establecer correlaciones entre síntomas y causas es muy complejo y además con un riesgo de error importante. Hay correlaciones que parecen lógicamente correctas y sin embargo no son verdaderas. El tratamiento matemático solo es criterio de corrección, no de veracidad.

Desde otros marcos teóricos hay autores que se apartan de la biología y llegan a negar la existencia de esta patología por considerar este tipo de conductas como variantes condicionadas por la cultura de una época. Desde el ámbito de la psicología plantean la posibilidad de la constitución de un aparato psíquico defectuoso a resultas de los eventos e interrelaciones vinculares del niño a lo largo de su historia. Hay una frase muy a propósito de esto y que sirve como llamado de atención: "niños desatentos o profesionales disatentos".

Lo social, el medio

El ambiente familiar como patógeno ha sido estudiado utilizando distintos métodos y basado en criterios, teorías y conocimientos socio-antropológicos. Aplicando el Test de Rutter, J. Biederman evaluó niños con diagnóstico de DAHD.

INDICADORES DE ADVERSIDAD
1. Discordia matrimonial severa.
2. Clase social baja.
3. Familia numerosa.
4. Criminalidad paterna. Conducta antisocial.
5. Trastorno mental materno (dos episodios psiquiátricos durante la vida del niño).
6. Hogar sustituto o institucionalización.

RIESGO PARA ADHD
1 indicador 7.4 veces más
2 indicadores 9.5
3 indicadores 34.6
4 indicadores 41.7

Relación entre N° de Indicadores de Adversidad y futuro

Aumentan las probabilidades de riesgo de ADHD y psicopatología asociada como depresión, ansiedad, trastornos de conducta, funcionamiento psicosocial alterado. También estarían parcialmente asociados con los trastornos del aprendizaje y con el funcionamiento cognitivo pero no necesariamente con el fracaso escolar.

   Guillermo Javier Nogueira

1. Psicopatología materna, criminalidad paterna, clase social baja.
2. Tamaño familiar. Conflictiva familiar.

Los factores 1 y 2 están asociados positivamente con el ADHD.

El factor 1 está asociado con la psicopatología comórbida, el funcionamiento psicosocial alterado, los problemas de aprendizaje y el funcionamiento cognitivo deficitario.

El factor 2 está asociado solo con la psicopatología y el funcionamiento social.

Factores predisponentes:
- Estrés perinatal
- Prematurez
- Bajo peso al nacimiento
- Alcoholismo
- Tabaquismo
- Drogas
- Paracetamol prenatal
- Pesticidas
- Traumatismos de cráneo
- Deprivación afectiva temprana

El lenguaje al cual el niño está expuesto desde su origen tiene una influencia fundamental, no solo el perteneciente al mundo reducido de sus padres y familia, sino al de una sociedad y la cultura en la que nace.

Los medios y el lenguaje

El análisis del discurso social en la cotidianeidad, tiene en el discurso mediático un objetivo de estudio muy importante y valioso por la magnitud y el crecimiento exponencial de los medios de comunicación, la aparición de nuevas formas de obtención, gestión, tratamiento y difusión de la información. A su vez, un aspecto importante para el DAHD es la velocidad de todo el proceso que llega al tiempo real y posibilita su globalización. Es un fenómeno que se va haciendo cada vez más transversal y en teoría más democrático, con la ventaja del aumento de libertad para informarse y transmitir, pero también con el enorme riesgo de la pérdida de privacidad y posibilidad de ser vigilado y manipulado en detrimento de la libertad.

El discurso mediático exige de los receptores superficialidad y descentramiento; se producirá así la recepción de una información que no llega a internalizarse. Puesto en otros términos, no habrá un aprendizaje significativo con posibilidades de sentar las bases para futuros aprendizajes, realizar extrapolaciones, analogías y crear metáforas. Un aspecto colateral pero crucial será el empobrecimiento del lenguaje y de todo lo que él significa para el resto de las conductas humanas. Sólo quedará en el mejor de los casos una impronta inconsciente vinculada a lo más animal y elemental del ser humano, sus instintos y su vinculación emocional y afectiva. Hoy asistimos al crecimiento de los niños "pantalla". Deben ser rápidos, superficiales y en constante movimiento. El proceso atencional se estrecha y se empobrece ya que está enfocado a la pantalla que le crea una falsa sensación de realidad. La realidad del mundo y de sí mismo se diluye y distorsiona. Cree estar comunicado, tener un vínculo y en realidad tiene una fantasía, sino una alucinación. Somos multisensoriales y priorizar la pantalla nos convierte en unidimensionales limitados a lo sumo a dos sentidos. Perdemos la riqueza de la experiencia sensorial rica que es el punto de partida para la construcción de mundos cuando es aquilatada en su paso por la conciencia. Debemos detenernos en este cambio cultural, ya que la conducta privilegiada de rapidez, superficialidad e inmediatez es adaptativa para esta época, pero la vemos como anormal o perturbadora en el ADHD o en el oposicionista/desafiante al tratar de encajarla en el modelo precedente de los niños jugando tranquilos, o sentados en el aula y atentos al maestro que les habla, los reconoce y los subjetiva. Por ello surgen los cuestionamientos desde la psicología, la antropología, la sociología y aún la filosofía al diagnóstico irrestricto de ADHD. En el fondo es medir conductas actuales con patrones de otras épocas. Expresiones tales como "cocodrilo que no es rápido termina en cartera", "si no te apurás te pasan por arriba", "el tiempo es oro", "pídalo ya", "lo quiero ahora", muestran la valoración de la velocidad sobre la reflexión. Premio para el primero, no para el mejor.

Otro aspecto del discurso actual favorece la saturación de estímulos sensoriales, lo que produce desatención, desconcentración y lleva a una subjetividad sobresaturada de signos y al predominio de la sensorialidad sobre la percepción consciente.

La escuela

Atención, memoria y pensamiento constituyen el espacio psíquico interior en el que se atesora la experiencia que se va generando en el hogar y la escuela.

La escuela es un lugar de producción y transmisión de sentido. Pensar en ella es una tarea para investigadores, observadores, científicos y filósofos:

Guillermo Javier Nogueira

Para qué sirve		Políticos-Docentes
Para qué me sirve	Individuo	Políticos-Docentes
Para qué nos sirve	Sociedad	Políticos
Para qué me/nos sirvió		Docentes
Para qué me/nos servirán		Docentes

La escuela, sus recursos y sus determinantes también deben ser considerados no solo en la detección del ADHD sino también en su génesis y eventualmente solución.

Más interrogantes

Estos son algunos de los interrogantes que vale la pena hacerse: ¿Cómo construir mundos sin mirar, explorar, moverse, capturar, manipular lo ya existente? ¿Cómo hacerlo desde la quietud restrictiva e impuesta, cuando el entorno y nosotros cambiamos cada vez más rápido, a veces vertiginosamente? ¿Cómo procesar y elaborar las acciones, si la demanda es de respuestas que no lo contemplan? ¿Cómo evitar el error y escapar a la sanción?

Reflexionando sobre esto quizás nos sintamos como el perro de Pavlov viviendo en una contradicción en la que el cerebro lucha por dar coherencia y desambiguar, lográndolo a veces y otras no y por eso entra en conflicto. Plantearlo y escribir estas líneas podría ser la muestra de una saludable neurosis.

Dos números de la revista *Actualidad Psicológica* (junio 2006 y septiembre 2016) señalan la trascendencia e importancia de la problemática del ADHD. En ellos es evidente una postura crítica a esto que yo he llamado una seudoepidemia. Allí se aportan otras posibles interpretaciones para la fisiopatología y también para la terapéutica. El tiempo ha ido robusteciendo y validando algunas de ellas. La "epidemia va en descenso" y el tratamiento farmacológico comienza a ser acotado.

Pronóstico

Debemos ser muy cautelosos con él por todas las razones reiteradamente señaladas. Ahora se lo reconoce en la vida adulta. Este reconocimiento tiene validez ante un diagnóstico claro en la infancia y en ausencia de comorbilidades.

Entre 5-80 % continúan en la adolescencia y entre 5-65% en la vida adulta.

Si consideramos los factores de riesgo, estos sujetos tienden a mantenerlos al mismo tiempo que son víctimas. Es frecuente el abandono escolar, el fracaso familiar y laboral y las conductas antisociales que pueden llevar a cometer delitos. Adicciones y conductas violentas e impulsivas también están presentes en valores superiores a los esperados en el resto de la población. No obstante, la dispersión de valores señalada muestra la inconsistencia diagnóstica. No puede pensarse seriamente que una patología varía su incidencia entre 5 y 80% en una población determinada. Las conductas atribuibles a comorbilidades probablemente representen la verdadera patología. Atribuir algunas de ellas por solapamiento al ADHD y consecuentemente desplazar al segundo plano de la comorbilidad a la patología psiquiátrica puede ser un error metodológico y conceptual.

La manera más razonable de ver el problema es considerar globalmente al ADHD como una patología de la infancia con causas específicas que puede prolongarse en la vida adulta en forma de trastornos de conducta y conductas antisociales. Sería predisponente, aumentando la vulnerabilidad a otros desórdenes. Para A. Guitelman, la vulnerabilidad **es** el ADHD. Hay que tener en cuenta que otras patologías en la adolescencia y en la vida adulta dan síntomas similares a los del ADHD.

En una experiencia en Nueva Zelanda, los niños con hiperactividad y trastornos de conducta tenían peor pronóstico a corto plazo que los niños con una sola de las manifestaciones.

La hiperactividad en la adolescencia es ominosa con respecto a la aparición de otras conductas anormales, pero no es claro si debe tratársela específicamente.

La agresividad y la mala relación familiar son los mayores predictores de conductas antisociales posteriores.

Tratamiento

Se ha popularizado y difundido el tratamiento farmacológico con metilfenidato o sus variantes por las siguientes razones:

1. El biopoder representado por pediatras y neuropediatras.
2. Los intereses de la industria farmacéutica que pasó de vender unos pocos kilos al año a toneladas.
3. La demanda cultural de una sociedad que pone la solución de sus problemas afuera, en la ciencia y exige respuestas rápidas y efectivas.
4. La demanda culturalmente paradójica de una sociedad que privilegia el orden, la obediencia a reglas y por otro lado estimula y premia la inquietud, la rapidez y el desafío de la innovación creativa.

Se ha desarrollado también una cultura fármacodependiente no ya para corregir un déficit sino para incrementar el rendimiento en una sociedad altamente demandante. Jóvenes estudiantes, adolescentes y aún niños, inducidos por sus padres, buscan en el metilfenidato un incremento de su rendimiento cognitivo que los promueva y asegure el éxito en situaciones altamente competitivas que pueden decidir su futuro.

Similar actitud se da en artistas con el uso de drogas y el supuesto incremento de su talento, en los deportistas con el uso de anabólicos, hormonas y esteroides para superar los límites físicos en su práctica deportiva y finalmente con el Viagra que se difunde a los jóvenes varones y mujeres en búsqueda de una performance sexual ilimitada.

No en todos los casos se cumplen las expectativas con el metilfenidato y los efectos colaterales pueden a veces superar los beneficios. La Sociedad Americana de Pediatría ha tomado cartas en el asunto y recomienda un uso cauteloso de la droga cuando se considere la mejor opción. En 1995, en pleno boom del diagnóstico y tratamiento farmacológico, la Academia Americana de Psiquiatria Infantojuvenil propició un cuidadoso estudio multicéntrico con un número suficiente de casos y criterios diagnósticos lo más precisos posibles. Buscaba respuestas a preguntas básicas que transcribo:

ADHD (DAH)
EL PROBLEMA

- ¿En qué circunstancias y con qué niño (condiciones comórbidas, género, historia familiar, entorno, edad, estado nutricional/metabolismo, etc.)?
- ¿Qué tratamiento o combinaciones de tratamientos (estimulantes, terapias conductuales, asesoramiento familiar, asesoramiento escolar, etc.)?
- ¿Tienen qué impacto (mejoría, estabilización, deterioro)?
- ¿En qué áreas de funcionamiento del niño (cognitivo, académico, conductual, neurofisiológica, neuropsicológica, relación con sus pares, relación con la familia)?
- ¿Por cuánto tiempo?
- ¿En qué medida (magnitud del efecto, rango normal vs rango patológico)?

J. Am. Acad. Child. Adolesc. Psychiatry
34(8): 987-1000, august 1995

Las preguntas denotan la complejidad del problema y lo inapropiado de la elección terapéutica sin evidencias concluyentes. Han pasado los años pero muchas dudas aún subsisten.

Los resultados fueron justificando su uso pero dejando dudas sobre la magnitud, la persistencia del efecto, los criterios de selección de los casos y el valor sintomático pero no curativo. Tiempo después, en 2005 Adele Diamond pone en claro las razones para la variabilidad de resultados y da las bases para un enfoque terapéutico racional. La aparición de efectos secundarios indeseables como cambios en el apetito y arritmias cardíacas fueron señalados pero intencionalmente minimizados. Por ser un psicofármaco de la familia de las anfetaminas a los riegos propios de estas drogas se le sumó el riesgo de adicción a la misma. Afortunadamente esto no parece ser significativo para el metilfenidato, si bien la propensión a las adicciones en la adolescencia y en la adultez de los sujetos con ADHD podría enmascarar la adicción a la droga de por sí. No parece ser este el caso, ya que muy pocos pacientes mantienen la medicación en forma correcta y a largo plazo.

La industria farmacéutica fue modificando algunas características para hacer su administración más sencilla y eficiente ya que la duración y el tiempo de comienzo de su acción eran relativamente cortos, lo que requería la toma en las escuelas para que su efecto fuera aprovechado en el ámbito más conflictivo. No siempre los docentes pueden y/o desean aceptar la responsabilidad y los niños y adolescentes no son confiables en su adherencia al tratamiento. Muchos padres rechazan la medicación o la aceptan a regañadientes a veces por razones administrativas para obtener los beneficios escolares pertinentes y ayuda del Estado, obras sociales y medicina prepaga.

Se recomendó la suspensión de la toma en los feriados o en épocas de vacaciones, lo que no siempre es respetado en especial cuando la hiperkinesia y los trastornos de conducta prevalecen. El costo de los nuevos medicamentos se incrementó y con ello las ganancias de la industria. El metilfenidato comercializado en nuestro medio existía en el mercado desde los años 1950 al menos. Era usada ocasionalmente por algunos pediatras y neuropediatras para tratar algunos niños hiperkinéticos muy perturbadores. Era barato, se vendía poco y requería receta especial, por lo que no todos los farmacéuticos lo tenían en stock. Su efectividad era conocida al igual que sus límites. El boom importado a nuestro medio fue auspiciado por los laboratorios con incentivos a los pediatras por ser más numerosos y estar en la primera línea de consulta. Se fundaron clubes y asociaciones en cada ciudad más o menos importante, e inclusive se incentivó a los docentes para que sugirieran a los padres la consulta a determinados "expertos" que traían el nuevo y maravilloso medicamento que, en realidad, era el mismo usado cautelosamente por años.

Desde la cátedra de Neuropsicología y como parte de nuestras tareas de extensión, organizamos una jornada en la universidad con muy poca concurrencia. Se sabía de nuestra postura crítica. Posteriormente y a través de la Neurored (Red Intercátedras de Neurociencias), organizamos y fuimos anfitriones del Congreso Nacional e Internacional de la Neurored en el que intencionalmente fijamos como tema central "La atención y su enfoque interdisciplinario". Incluimos entre numerosos profesionales de distintos ámbitos a un publicista para que desarrollara qué aspectos de la atención conocían y utilizaban en su tarea. La concurrencia y participación esta vez fue numerosa, sin embargo, concurrió un solo pediatra a la sazón miembro fundador de una asociación privada local dedicada exclusivamente a los "trastornos de la atención". El tiempo mostró sus falencias, las falsas promesas del tratamiento novedoso, por lo que fracasaron y la entidad desapareció.

Paralelamente, otros abordajes terapéuticos se fueron probando y utilizando con resultados dispares pero evidentes y con la posibilidad de contemplar otras génesis para iguales conductas y con menos riesgos.

Resumiendo: los resultados terapéuticos evaluados en un estudio de meta análisis de 579 niños con diagnóstico de ADHD Mixto reclutados a través de seis centros y con ocho años de seguimiento, fueron los siguientes:

Tratamiento inicial intensivo de 14 meses de duración.

Variantes: 1. Medicación
               2. Terapia conductual
               3. Combinado 1 y 2
               4. Comunitario

Todos mejoraron: Combinado ++++
                     Medicación +++
                     Terapia Conductual ++
                     Comunitario ++

Con respecto a los síntomas, el tratamiento combinado y la medicación tuvieron efectos iguales para el ADHD y las conductas oposicionistas. El tratamiento combinado fue mejor que los otros para síntomas de internalización, habilidades sociales evaluadas por la maestra, relaciones con los padres y capacidad lectora. Un 50% de la mejoría de los grupos combinado y medicación desaparece a los diez meses post tratamiento. A los tres años no hay diferencias entre grupos pero todos están mejor que al inicio.

Se detectaron tres grupos de pacientes: 1) Mejoría general sostenida con la medicación (34%); 2) gran mejoría inicial mantenida (52%); y 3) respuesta inicial positiva con regreso a la base (14%).

El grupo 2 tenía características especiales: a) CI más alto; b) mejores familias; y c) mejor conducta.

La participación fue 97% inicial, 78% al finalizar.

Los casos perdidos fueron: 1) varones; 2) madres jóvenes; 3) padres menos educados; 4) nivel socioeconómico más bajo.

Evaluación del uso de la medicación a los ocho años de iniciado el estudio: 1) a los 14 meses, 62% estaban medicados; 2) luego de los 14 meses, 38% estaban medicados; 3) a los ocho años, 32.5% estaban medicados. Asimismo se registra que: 1) no la tomaron nunca, 20%; 2) la tomaron alguna vez, 62.38%; 3) la tomaron todo el tiempo, 17.8%.

Este estudio, si bien tiene la limitación de haber seleccionado al grupo mixto de ADHD, muestra que varios tratamientos tienen efecto, pese a que la combinación de medicación más tratamiento conductual es la más efectiva. Este hallazgo señala la no homogeneidad de la entidad con modificaciones posibles por distintos medios.

El emparejamiento a los tres años pero con mantenimiento de alguna mejoría puede interpretarse de diversas maneras. Una posibilidad es que la modificación farmacológica haya quedado como un nuevo funcionamiento de una red inicialmente deficitaria pero que sigue requiriendo de su presencia para sostener una mejoría mayor. A su vez, el tratamiento conductual podría haber producido igual cambio como un reaprendizaje pero que igualmente requiere de la repetición para sostener la ganancia inicial.

Ningún tratamiento parece poder revertir definitivamente los déficits observados. Dicho en otros términos, podemos controlar e iniciar un círculo virtuoso pero no podemos modificar estructuralmente la condición patológica. No obstante, la atenuación de los síntomas genera un círculo que sostiene la mejoría lograda aunque sea menor que la inicial. Si mejora la conducta en la escuela y en la casa, el niño puede salir de la rotulación, el conflicto, el rechazo y el aislamiento y hallar una gratificación que obre como refuerzo positivo.

Otro dato a tener en cuenta es que la mayoría deja de tomar la medicación, lo que requiere una evaluación cuidadosa. Lo hacen por falta de respuesta, por efectos indeseables, por razones culturales o socioeconómicas, por satisfacción con la mejoría lograda, por considerarse curados o por pura rebeldía. Estas posibilidades ameritan tenerlas en consideración al indicar el tratamiento farmacológico, evaluar su resultado o considerar la suspensión del mismo.

Este estudio revela también la relación entre los factores de riesgo social y el resultado de cualquier tratamiento, ya sea por mejores condiciones sociales de inicio, mayor nivel y capacidad para obtener ayuda y quizás también la posibilidad de padecer una variante más leve de la patología.

En cuanto al tratamiento conductual, es en realidad el cognitivo conductual actualmente en boga. Existen indicios de que otras variantes psicoterapéuticas tendrían efectos similares.

La controversia –como es de imaginar– persiste en grados variables. En España existen guías de práctica clínica consensuadas que recomiendan la intervención multidisciplinar. En el Reino Unido, el Instituto Nacional de la Salud propone la intervención psicosocial frente a la farmacológica.

Parece razonable manejarse prudentemente ante cada caso teniendo en cuenta sus características clínicas y las posibilidades de un tratamiento eficaz y eficiente.

Conclusión

El ADHD en sus dos formas –ADHD y ADD– es una entidad real con causa, fisiopatología, evolución probable y respuesta variable a diferentes tratamientos. Su causa inicial u origen es menos claro. Su diagnóstico no es sencillo y por ahora no tenemos pruebas con alta sensibilidad y especificidad al alcance de la mano y de fácil aplicación. El diagnóstico por un cuestionario está plagado de limitaciones y errores, más aún cuando se deja solamente en las manos de los docentes o los familiares. La hiperkinesia es generalmente la diana que promueve la investigación, especialmente en varones cuando se acompaña de otras conductas perturbadoras o socialmente inaceptables. Si no se hace una evaluación integral y cuidadosa, se puede caer fácilmente en el error de rotular para satisfacer la demanda administrativa. De ese modo terminaremos teniendo un número elevado de niños con un diagnóstico no justificable y muchas veces incorrecto. La consecuencia será la indicación de un tratamiento prioritariamente farmacológico en respuesta a las demandas del medio. No controlar y evaluar la situación lleva a la falsa creencia de la utilidad exclusiva del fármaco cuando la realidad señalada por estudios cuidadosos demuestran que otros abordajes terapéuticos son efectivos, y que la toma del medicamento frecuentemente es irregular, aleatoria y aún inexistente a pesar de declararse lo contrario.

Un hallazgo interesante, aplicable a la patología que estamos considerando, es que, a veces, estos pacientes que toman mal o no toman la medicación, sin embargo están realmente asintomáticos o mejorados, lo que refuerza su idea de tomar menos dosis o de dejar el medicamento. En estos casos adecuadamente documentados, es útil cuestionarse si todos los pacientes requieren la misma dosis para el mismo efecto. Hoy, gracias a la farmacogenética, sabemos que la respuesta a un fármaco no es uniforme para toda la población y que su efecto es predictible. Por otro lado debemos también considerar el error diagnóstico. El paciente podría padecer de una dolencia autolimitada o de otro tipo que no requería el tratamiento con esa droga.

Puede errarse también cuando se rotula al niño como generador o portador de esta patología y se le indican estudios y tratamientos diversos, cuando en realidad la génesis está fuera del niño y es allí donde hay que actuar para corregir.

Finalmente, vale la pena remarcar que en nuestro medio el ADHD no es la patología prevalente en los niños de edad escolar, particularmente en las escuelas públicas y en especial en las zonas marginales o de riesgo que han crecido enormemente. Allí la pobreza sufrida por varias generaciones con sus múltiples causas y manifestaciones, termina condicionando, aún desde lo biológico, patrones conductuales y cognitivos anormales según los criterios de normalidad impuestos académica y socialmente por quienes detentan el poder. La sociedad los mide con una vara desigual e inapropiada. Los niños no solo se comportan mal y no rinden en la escuela, sino que en un número muy importante ni siquiera van o abandonan la escuela.

Este capítulo está dedicado a tratar un poco más en detalle esta patología teniendo como objetivo alertar sobre el desvío frecuentemente intencional del estudio y el análisis de la realidad de nuestros niños en edad escolar y sus problemas. No es serio ni eficiente dedicar esfuerzos y recursos escasos a una patología no prevalente, de diagnóstico y tratamiento no sencillos y con una incidencia no mayoritaria en el mejor de los casos. Eso no significa desatenderla, por el contrario, significa reconocerla claramente y darle el tratamiento correcto. Es preciso en primer lugar, observar y ver lo más objetivamente posible nuestra realidad, para poder actuar sobre ella en la medida, forma y proporción que corresponda para atender a sus problemas y solucionarlos adecuadamente. Asignar los recursos apropiados y suficientes, cotejando los resultados con el punto de partida honestamente reconocido, es la manera eficiente y eficaz de hacerlo. Ignorar o tergiversar la realidad tiene consecuencias fatales tanto en el corto como en el largo plazo. Las verdaderas epidemias son la marginalidad y la pobreza. Esta convicción fue surgiendo a lo largo de varios años de trabajo con los Grupos de Investigación y Extensión "Neuropsicología" pertenecientes a la cátedra de Neuropsicologia, de la Facultad de Psicología de la UNMdP. Abarca un período de más de veinte años con cerca de mil niños en edad escolar, de diferente nivel socioeconómico evaluados en el ámbito escolar.

Una publicación muy importante proveniente de Estados Unidos, "Twenty Years Trends in Diagnosed Attention Deficit/Hyperactivity Disorders Among US Children and Adolescents, 1997-2016" (Guifeng Xu et al., 2018) añade datos de peso a todo lo expuesto anteriormente.

Se basó en la respuesta a una encuesta de 186.457 niños y adolescentes entre 4 y 17 años. Fue realizada como parte del control nacional de salud del NHIS. Los datos son obtenidos de entrevistas domiciliarias a un adulto responsable del cuidado del niño, generalmente los padres. El niño es elegido al azar por un programa de computadora. Se formulaba al responsable la siguiente pregunta: ¿Algún médico o profesional de la salud alguna vez le dijo que (niño seleccionado) tiene un desorden por déficit de atención/hiperactividad (ADHD) o un desorden por déficit de atención? Tuvieron respuesta en un 99.8% de los participantes. En 2016 le preguntaron adicionalmente si el niño anteriormente registrado sigue teniendo el mismo diagnóstico en ese momento.

Resultados resumidos:

PREVALENCIA 1997-2016

MUESTRA 1915/16				
	Población total 18107	Población ADHD 1880	10.2%	
Varones	9373	1314	14.0	
Mujeres	8734	566	6.3	<.001
Hispanos	4620	286	6.1	
No hispanos blancos	9117	1143	12.0	<.001
No hispanos negros	2294	290	12.8	
Otros	2076	161	7.7	

Prevalencia:	1997/98: 6.1%	
	2007/8: 8.1	
	2011/12: 9.6	<.001
	2015/16: 10.2	

La prevalencia varió significativamente en relación con edad, sexo, área geográfica, raza/etnia e ingreso familiar. Estos resultados muestran una tendencia ascendente similar al hallazgo en Gran Bretaña, aunque en este último caso con valores más bajos. Los investigadores consideran que factores no relacionados con la etiología podrían explicar parcialmente estos resultados y reconocen como elementos positivos del estudio la representatividad de la muestra para la población de los Estados Unidos.

Como debilidades aceptan que la presencia de ADHD fue referida por familiares con base en informes diagnósticos de profesionales que pueden estar sujetos a errores en la información o sesgo en el recuerdo. En segundo lugar, no tienen constancia de que los sujetos reportados al inicio mantuvieron el mismo diagnóstico a lo largo del estudio. Solo los casos desde 2015 a 2016 sí lo mantuvieron. Existen publicaciones señalando que los síntomas centrales del ADHD tienden a declinar con la edad, aunque las características de inatención del ADHD persisten. En el grupo de 2015/16, 85% mantenían el diagnóstico.

La conclusión de los autores apunta a la necesidad de estudiar más los factores de riego genéticos, pre y perinatales junto con una diversidad de factores ambientales que van desde la nutrición, agentes tóxicos y la estructura familiar. También señalan la necesidad de mejores facilidades para el diagnóstico y tratamiento.

Podríamos agregar a las debilidades del presente trabajo la ausencia de referencias a los criterios y métodos diagnósticos empleados, cuya variabilidad en términos de eficacia y confiabilidad es muy grande.

Por lo tanto, creo que seguimos con los problemas ya planteados tanto para explicar la prevalencia como para justificar las variaciones. En palabras de Michel Foucault, la euforia no suele estar del mismo lado que el rigor.

CAPÍTULO XI
Autismo

Para un problema complejo existe una solución simple o
respuesta fácil que es errónea
Henry L. Mencken

La consideración del autismo en forma separada, obedece a las mismas razones por las que igual proceder fuera elegido para el ADHD en el capítulo precedente. Asistimos a un aumento en la frecuencia del diagnóstico y su consecuente tratamiento como un problema prioritario entre los trastornos del aprendizaje y conducta. Un análisis crítico nos ayudará a poner esta patología lo más cerca posible de su justo término con respecto a su prevalencia entre los problemas de aprendizaje y conducta de los niños en edad escolar en nuestro medio.

Definiciones

Es considerado un desorden biológico, multifactorialmente determinado, causado por una disfunción cerebral genética o adquirida. La falla biológica probablemente esté presente antes del nacimiento. El reconocimiento de los trastornos biológicos, provee en algunos casos de una base evidente pero de naturaleza huidiza.

Es una entidad controversial, múltiple, variable y de etiopatogenia enigmática, al decir de R. Rodulfo. Por estas características no hay unanimidad en aceptar los criterios del DSM V o del CIE10. La frecuencia real, por lo tanto, debe ser tomada como un valor elusivo y aproximado en el mejor de los casos. Su prevalencia es más baja en comparación con otras patologías que afectan la conducta y el aprendizaje en la infancia, al menos en nuestro país, dato que debe ser tomado con alguna reserva. La dificultad para tener una definición clara y universalmente aceptada radica fundamentalmente en que no podemos entender a los autistas aislados como "casos anormales", si no tenemos un acabado marco conceptual del desarrollo psicológico normal. Todas estas consideraciones llevan a que surjan diferentes definiciones según las variables contempladas y en particular según el modelo fisiopatológico desarrollado por cada escuela profesional.

Se lo incluye en el amplio capítulo de los trastornos generalizados del desarrollo (TGD) y las clasificaciones han ido variando según épocas, autores y fuentes, basándose generalmente en las conductas sintomáticas a ser incluidas o excluidas. Un recorrido histórico por el DSM es ilustrativo al respecto:

1994   DSM IV Trastorno o Síndrome de Asperger y Trastorno autista o autismo infantil.
DSM IV TR Trastornos generalizados del desarrollo:
Trastorno autista.
Trastorno de Rett.
Trastorno desintegrativo infantil.
Trastorno o Síndrome de Asperger.
Trastorno generalizado del desarrollo no especificado.

2011   DSM V Trastornos del Espectro Autista. Se establece una categoría que va desde el autismo con las manifestaciones más severas al Asperger como forma más leve del mismo, por lo cual este último desaparece como entidad separada.

2000   Clasificación francesa. CFTMEA R 2000 es similar e incluye a los lactantes.

Desde la psicología y desde el psicoanálisis en particular, se lo considera como uno de los primeros tropiezos del aparato psíquico. De allí la importancia de las experiencias prenatales y posnatales tempranas. La madre es puesta en un lugar fundamental, especialmente por su actitud frente y con el niño, y en su uso del lenguaje, dado que la construcción inicial de la subjetividad se da en ese interjuego madre-niño. Esta postura va de extremos tal como considerar a la madre causal del padecimiento, "la madre heladera", a una visión menos extrema en la que la madre o en su defecto el cuidador, padecerían la misma patología u otra cercana o serían consecuencia de la patología del niño.

La neurología y la psiquiatría aluden a lo mismo, pero lo hacen taxativamente a partir de una falla biológica determinante. En algunos casos dicha falla es evidente y demostrable en tanto que en otros es hipotetizada. La demostración de las alteraciones biológicas ha ido cambiando e incrementándose a partir de los nuevos métodos de estudio y del nivel de conocimiento de la estructura y funcionamiento del sistema nervioso, aunque una vez más al precio de un reduccionismo significativo.

El cognitivismo, como ciencia empírica, lo considera una falla temprana de los aprendizajes a resultas de un trastorno del desarrollo con

Guillermo Javier Nogueira

disfunciones cerebrales severas; éstas llevan a déficits cognitivos que según su magnitud serán el limitante de su convivencia familiar y escolar.

Posibilidades de describirlo y comprenderlo

Se debe tener muy en cuenta que se trata de una alteración en el proceso de construcción de las experiencias del niño. En esto difiere de las afecciones que se instauran sobre un proceso logrado y acabado en el que la patología produce una ruptura, regresión o deterioro progresivo. En el autismo sucede al revés, algunas funciones aparecen y evolucionan pero de forma imperfecta. Puede ser tomado como evidencia de que el mundo no está dado previamente y que se pueden producir fallas en la construcción personal del mismo. La aparición de síntomas, a veces luego de un período de aparente normalidad, ha dado lugar a la expresión "la bomba retardada" del autismo.

El infante es biológicamente inmaduro al nacer y junto con su desarrollo biológico avanza *pari passu* su desarrollo psíquico gracias al otro y su palabra; así comienzan a construirse las primeras relaciones del sujeto con el lenguaje y la creación de las condiciones de instauración de la imagen especular, el estadio del espejo sobre el que Lacan elabora. En esta instancia se darían los primeros pasos en la constitución del aparato psíquico y del yo en particular. Es un momento crítico, abierto a la posibilidad de numerosas fallas de singular trascendencia, entre ellas el autismo.

La interpretación de las relaciones con los semejantes es particularmente importante en nuestra especie social. Se hace con base en las intenciones que tenemos y suponemos igualmente presentes en los otros, sean ellas iguales o diferentes a las nuestras. A partir del conocimiento de las neuronas espejo y el consiguiente desarrollo de la Teoría de la Mente (ToM), comienza a especularse sobre el posible vínculo entre sus alteraciones y el autismo. La existencia de este proceso que debe darse en etapas, es nuevamente evidencia de que el mundo del sujeto no está dado previamente sino que el sujeto va "construyendo mundos". En esa construcción se da una característica del funcionamiento del cerebro humano, cual es la búsqueda de coherencia y certidumbres con las que proyectarse en el doble sentido de constituirse como proyecto y dirigirse hacia el futuro. Por las posibles fallas antes mencionadas, esa coherencia adquiere características muy particulares en el autismo y el mundo puede darse como si estuviera parcelado, fragmentado. Surge entonces la pregunta: ¿Cómo sería un mundo tan peculiar? El enigma de R. Rodulfo o la opacidad de A. Riviere invitan a imaginarlo, pensarlo y asomarse a él. Pareciera que a los autistas la naturaleza les ha negado la posibilidad de crear mundos coherentes, o quizás los crean con una coherencia distinta a las del resto de los humanos y por lo tanto no es visible ni humanamente comprensible.

Para Riviere, el autista no ha entrado en el mundo de lo humano por haber perdido o dejado en suspenso ciertas experiencias intersubjetivas. Son niños alejados de lo que consideramos habitualmente como condición humana o, dicho de otro modo, no se comportan como el común de los seres humanos. Habla de la "opacidad del autismo" y elabora que los actos de comunicación cotidianos, no solo transmiten información al desnudo, sino que relacionan estados mentales de las personas: creencias, conocimientos, deseos, emociones y afectos en forma "transparente". No sería así en el autismo y por eso nos son enigmáticos, opacos. A su vez, el reverso sería que nosotros seamos "opacos" para el autista. No es que no se comuniquen, sino que lo hacen de un modo especial que no podemos ver o entender porque se sale de la trama de intenciones y estados mentales que subyacen a las interacciones humanas habituales. En realidad esta "opacidad" recíproca se da porque los estados mentales resultan inaccesibles como estados de idéntica estructura pero con diferente contenido, emparentables con una ToM alterada. Para B. Pennot (1985), el bebé que no demanda, deja a la madre sin recursos frente al hijo, porque la ausencia de la ToM en el niño, lleva a la no construcción de una ToM referida a él en la madre. Una metáfora que puede ayudar a comprender esta situación es la de los juegos de cartas en que si bien compartimos las reglas y el lenguaje, las intenciones reales del otro jugador nos son imposibles de conocer, nos son "opacas" en términos de Riviere.

La relación con la ToM es ejemplificada por algunos autores a partir del relato de pacientes que preservaban cierta capacidad de introspección y lenguaje: Peter Hobson ("los demás se hablan con los ojos"); Michael Rutter ("se leen la mente"). Asimismo, la descripción de un niño autista hecha en tono poético por su madre es muy ilustrativa. "Este poema es la verdad, sin posibilidad alguna de ficción, porque la poesía nos desnuda irremediablemente" (Daniela Muiña):

POEMA DE LA MADRE DE UN NIÑO AUTISTA

"Cuando el médico dijo de la cruz, lo dijo con la cara y con los gestos, con palabras tan ambiguas como diagnóstico y síndrome.
Algo blanco había caído. Sé que di vuelta la cabeza, miré la cabeza de mi nena y traté de separar la tierra de la nieve (...)

Imaginé un tránsito con muy pocas estrellas o con soles diminutos encerrados en frascos.

    Guillermo Javier Nogueira

Después, mis manos llevaron infinitamente la cuchara, lavaron metros y metros de sábanas, perforaron tiras y tiras de remedios. Y se juntaron a rezar, más que nada se llenaron de lenguajes raros, unívocos, de pajaritos sueltos en el aire de la casa, de faroleras extenuadas de pasar por el cuartel, de mensajes que hablaban por mi nena que no habla (...)

Cuando el médico dijo de la cruz pensé cada manera tierna y primitiva de lograr una respuesta.
Ahora tiene algo de mí, el color de mi pelo.
Lo que no tiene de mí es que vive en el mundo de los otros.

Historia

La mitología griega se refería al autismo en relación con los dioses del Olimpo que "avanzan rodeados de una aureola, pero su mirada es lejana, como dirigida a un espejo invisible donde encuentran su figura separada del resto".

En el Golem de los textos hebreos antiguos se hace referencia a un antropoide artificial o a ciertas conductas humanas que hoy denominaríamos de tipo autístico.

Las creencias populares a su vez hablaban de niños encantados o de poseídos por el demonio, debido a su comportamiento tan peculiar, diferente del aceptado como normal.

En 1911, Eugen Bleuler lo menciona como tal y lo considera un trastorno del pensamiento solo visible en algunos pacientes esquizofrénicos, mientras que en 1943, en el artículo "Autistic Disturbances of Affective Contact" (Perturbaciones autísticas del contacto afectivo), Leo Kanner describe el mismo tipo de conductas en niños y lo denomina autismo infantil temprano o precoz.

En 1944, Hans Asperger presenta "La psicopatía autista en la niñez". Observa niños similares a los de Kanner, a quien no conocía. Eran tomados como casos anecdóticos. Esta mirada estaba centrada en el sistema de salud en el que trabajaba y donde se evaluaban niños con "debilidad mental". Separa a estos casos "especiales", ya que por sus características diferentes de los otros los considera tratables con la educación. El hecho de que la "debilidad mental" se consideraba irreductible y determinada orgánicamente, debió ser reconsiderado a la luz del hallazgo de estos niños tan particulares y cuyo funcionamiento y posibilidades educativas eran muy diferentes. Especula sobre "la inteligencia secreta" y la existencias de competencias intactas pero con ejecución inhibida. Comienza a considerarse la posibilidad de perturbaciones no determinadas biológicamente y consecuentemente la búsqueda de causas psicológicas. Un triste dato anecdótico es que en la Alemania nazi (1936) al igual que en muchos otros países de África, Oriente y Europa, los niños defectuosos o con "debilidad mental" eran eliminados. Asperger, al "descubrir" que algunos no eran anormales sino distintos, a veces con capacidades superlativas y pasibles de ser educados, logró salvarles la vida.

Para 1952, en un primer intento clasificatorio por consenso de expertos, el DSM I considera a estos niños como esquizofrenia infantil, acorde con lo señalado por Bleuler, en tanto que entre 1960 y1970, en las sucesivas versiones del DSM I hasta el DSM IV se engloba a los niños con características similares a las descriptas por Kanner y Asperger bajo la categoría abarcativa de Trastornos Generalizados del Desarrollo (TGD).

En 1979, Lorna Wing y Judith Gould unen todas las variantes bajo la denominación de Trastornos del Espectro Autista (TEA) en un *continuum* sin separaciones categoriales.

Wing en 1981 denomina "Síndrome de Asperger" a las formas leves de autismo. En ese momento histórico, se lo considera un trastorno biológico, pero de naturaleza huidiza. La ciencia empírica es el cartabón. Se asocia Asperger con autismo y con los retrasos y alteraciones cognitivas, pero a estas últimas se las considera comorbilidades. La mirada ahora está dirigida al sistema educativo y se preconiza el control de la conducta y la enseñanza mediante sistemas operantes.

En 1994 y bajo la denominación de Trastorno Generalizado del Desarrollo (TGD), el DSM IV agrupa diferentes formas clínicas con sus criterios de inclusión: comienzo antes de los 36 meses, autismo, Asperger, trastorno desintegrativo infantil, TGD no especificado (TGD-NOS), Síndrome de Rett.

Con la denominación Trastorno del Espectro Autista (TEA), en 2013 el DSM V reemplaza las cuatro primeras categorías del DSM IV y corre la edad de comienzo a la infancia temprana hasta los 36 meses incluyendo el período neonatal y aceptando también la aparición de síntomas en edades posteriores, incluyendo la vida adulta. Modifica la consideración sobre los trastornos del lenguaje y aparece la categoría de trastornos en la comunicación social, más vinculados a la pragmática del mismo. La sensibilidad inusual a los estímulos sensoriales es agregada a la categoría de comportamientos repetitivos y considera tres niveles de gravedad posibles. Pueden abarcarse otras categorías en las que los síntomas del espectro autista estén presentes: retardo mental, parálisis cerebral, patologías del lenguaje.

Alrededor del lenguaje se valoran diferentes aspectos como la interacción, la comunicación, las metarrepresentaciones y la coherencia central.

                                   Guillermo Javier Nogueira

La Teoría de la Mente está siempre subyacente y, con ella, la empatía. El lenguaje y la palabra no están localizados en áreas cerebrales hasta que se los haya incorporado, es entonces que puede producirse la pérdida; diferente de lo que sucede en el autismo, en el que es la constitución la que está alterada. El pensamiento se origina en las redes neurales y el lenguaje es solo su instrumento; es todo el cerebro el que piensa, como puede verificarse en las secciones del cuerpo calloso, en las que el sujeto no tiene dificultades aparentes, a menos que se lo ponga en circunstancias artificialmente creadas donde cada hemisferio revela una distribución de funciones diferente. Por todo esto es evidente que las fallas o peculiaridades del lenguaje autista no son el todo sino una parte de las perturbaciones.

Sin el aporte de la palabra, el amor y el deseo, el funcionamiento más íntimo de nuestro ser se desregula. Este es un aspecto crucial a tener en cuenta no solo al estudiar el autismo, sino como determinantes de la propia existencia de los seres humanos. Sin deseo y amor acompañados y expresados privilegiadamente por la palabra no habríamos sido concebidos y criados; tampoco nuestro aparato psíquico se habría estructurado adecuadamente.

Cada vez que se intenta dar una descripción o una explicación causal de los síntomas en los Trastornos del Espectro Autista, se toman en consideración la madre, el deseo y el amor para sostener y criar al niño, su niño, junto con la palabra. Los niveles de representación cosa-palabra que se construyen con el lenguaje y la acción, en el autista están fragmentados, distorsionados.

El cuidado de los cuidados del bebé es la palabra, con la condición que esa palabra *nombre* (timbre, prosodia). Esto hace que el bebé sepa que le hablan a él, que lo nombran y lo reconocen.

El arropar, acariciar, mecer, son los "otros" lenguaje procesados.

Clínica

La edad de inicio observable es incierta, pero muy temprana en la infancia, incluyendo al lactante por ser una alteración del desarrollo. Podremos ver diferentes síntomas a diferentes edades.

U. Frith sistematiza la sintomatología de la siguiente forma:

Tres áreas nucleares:
- **Deseo de invariancia:** Insistencia obsesiva en la invariancia. Las rutinas elaboradas exclusivas de los autistas tanto en el lenguaje, los pensamientos y la acción, son sin propósito aparente.

- **Soledad:** "Los autistas nunca se sitúan en la misma 'longitud de onda' que los otros en situaciones grupales", como señalaba H. Asperger, se aíslan.
- **Islotes de capacidad:** Suelen tener capacidades notables pero aisladas. Entre otras algunas memorias. Ejecución de un instrumento musical, pintura, aritmética, que sorprenden por su calidad en un marco de pobreza cognitiva.

Para diagnosticar las categorías TGD o TEA hay que considerar:

Tríada de Síntomas: Poseen diferentes características cualitativas y cuantitativas. Deben estar presentes al menos en tres áreas: reciprocidad social; comunicación verbal y no verbal; capacidad simbólica. Poseen patrones de conducta restringidos-repetitivos.

Según la Clasificación Francesa de los Trastornos Mentales (CFT-MEA) deben ser observados, detectados o buscados estos síntomas: evitación, mirada perdida, mayor uso de la mirada periférica, mirada "adhesiva", no penetrante; insomnio precoz; demasiado calmo; anorexia como trastorno de la oralidad, mala succión y deglución; pseudo sordera; gritos monótonos, monocordes, sin intención comunicacional; ausencia de la angustia del 8° mes; fobias insólitas; evitación-retraimiento; trastornos del tono (híper-hipo); estereotipias.

Otra manera de ver la sintomatología es separarla en diferentes aspectos:

a) **Sensoriales:** preocupación por las características sensoriales de los objetos (detalle, monotonía, interés por el movimiento); sobre o sub respuesta a los estímulos ambientales; sobre o sub respuesta al dolor; respuestas paradojales; evitan el contacto físico; no les gusta que los "zamarreen"; salivación inapropiada. Jugar con la saliva.

b) **Motores:** hipo o hipertonía; movimientos repetitivos sin sentido, posturas anormales; rocking; inquietud; girar sobre sí mismo; "aletear"; apraxias diversas: orofaciales, de la marcha (marcha en puntas de pie); rumiación.

c) **Lenguaje:** va de inexistente a normal o casi normal con disfasias tanto receptivas como expresivas. Tienen compromiso predominante en la pragmática y en el uso comunicacional. No usan el pronombre de primera persona y por ello hablan en tercera persona para referirse a sí mismos. Presentan disprosodia con ausencia de tono y timbre que denoten emociones. Pueden tener lenguaje tipo adulto, pero vacío y monótono. Los déficits de comunicación exceden a las alteraciones del lenguaje.

d) **Cognición:** mejor CI ejecutivo que verbal con dispersión en los resultados; pueden tener buena performance en diseño con cubos y

Guillermo Javier Nogueira

otras praxias; si el CI es > de 70 suelen tener valores similares entre
E y V o cualquiera puede ser superior al otro; el "idiot savant".

e) **Neuropsicología**: no hay un perfil específico; suelen fallar en razonamiento, o conceptualización. Según la severidad pueden tener
preservado lo perceptual, lo repetitivo o lo mecánico. En razón de la
edad algunos síntomas del espectro autista pueden estar presentes
en otras categorías diagnósticas (retardo mental, parálisis cerebral,
patologías del lenguaje).

¿Por qué síntomas tan diversos?

U. Frith se pregunta por qué se observan síntomas tan diversos y
formula la hipótesis de una sola causa subyacente con múltiples manifestaciones superficiales. Debemos aclarar que una sola causa no significa
una sola estructura cerebral. Por ejemplo, una hipoxia neonatal es una
causa única que sin embargo puede, según su intensidad y duración,
afectar la mayor parte del cerebro o solo estructuras particularmente
sensibles a la falta de oxígeno. El resultado puede ir desde los trastornos
motores de una parálisis cerebral y distonías diversas con compromiso
cognitivo leve o nulo, hasta una debilidad mental profunda e inclusive
estado vegetativo permanente.

Causas

Genética:

- Gemelos homozigotas: 60% concordancia; 71% para el fenotipo de
TEA; 92% para el fenotipo de desórdenes de la comunicación social
y conductas estereotipadas. Dizigóticos: no hay concordancia.
- Si se observa autismo presente en los parientes de primer grado de
un niño autista: 50 a 100% de aumento en la tasa de prevalencia. En
estas familias se observa una tasa más elevada de todos los síntomas
vinculados con el autismo.
- 60% de los pacientes con esclerosis tuberosa y retardo son autistas y
epilépticos.
- 0.4-3.4 % de los autistas tienen esclerosis tuberosa.
- 8-14% de los autistas tienen esclerosis tuberosa si además son epilépticos.
- 3-25% de los pacientes con X Frágil son autistas en estudios clínicos,
pero muy pocos usando técnicas de biología molecular y 0% usando
técnicas citogenéticas.

Estas asociaciones o su falta, sirven para ilustrar las dificultades existentes cuando intentamos considerar a una entidad como patología pri-

maria y los síntomas pertenecientes a otras entidades como comorbilidad o viceversa. El problema de la causalidad es bien aparente en estos casos. Muchos pacientes con esclerosis tuberosa tienen epilepsia relacionada con ella y conductas de tipo autista. En realidad tienen convulsiones reiteradas (por eso hablamos de epilepsia), retraso y conductas anormales como las que se pueden ver en los autistas. En ellos están claramente presentes anormalidades estructurales demostrables que pueden incluir hasta tumores cerebrales. El retardo, las convulsiones y las conductas autistas son consecuencias asociadas y no entidades separadas. Por ello si tomamos pacientes solamente con autismo la presencia de esclerosis tuberosa es mucho más baja al igual que el retardo.

Distribución según sexo: de bajo nivel funcional V/M 2/1; de alto nivel funcional V/M 15/1.

Como en toda conducta humana, la impronta de los aprendizajes se construye sobre su base biológica/genética; por ser un proceso, es interesante preguntarse por los avatares de dicha impronta. A su vez los aprendizajes anómalos pueden deberse a fallas en su base biológica o al proceso de aprendizaje en sí, la impronta, incluyendo los productores de estímulos y las condiciones adecuadas para la misma. Es una manera de ver a las patologías y por ello deben tenerse en cuenta:

- Vicisitudes en la fijación de las fases libidinales.
- Vínculo temprano madre-hijo inadecuado.
- Fallas en el proceso de individuación.
- Inhibición del desarrollo.
- Afecciones neurológicas.
- Traumatismos tempranos.
- Infecciones virales, bacterianas o parasitarias tempranas.
- Disfunciones cerebrales posteriores a vacunoterapias.
- En realidad se vinculó inicialmente a la vacuna contra el sarampión, luego al solvente de la vacuna y finalmente, nuevos estudios han mostrado falta de correlación.
- Todo elemento pasible de ser considerado patógeno, incluyendo la genética, la nutrición, los agentes tóxicos diversos y las condiciones de riesgo social presentes durante la gestación, el período neonatal y aún en los progenitores y su medio antes de la concepción, pueden tener vínculos de mayor o menor preponderancia con el origen de esta patología. De allí la dificultad para encontrar determinantes únicos y también la dificultad para atribuir un peso relativo a las causas posibles y su relación con las variadas formas de presentación.

Las explicaciones fisiopatológicas en su mayor parte pasan por hipótesis o especulaciones teóricas a partir de los conocimientos sobre las conductas humanas y su génesis. Existen dos grandes aspectos hoy en día muy desarrollados y que tienen singular importancia en esta patología:

a) Empatía: la empatía ha sido estudiada por diversas ramas del conocimiento: filosofía, etología, teología, psicología y las neurociencias. En un amplio rango de especies, los individuos se afligen ante el dolor de un coespecífico y actúan para acabar con el objeto que provoca dicho dolor, incluso aunque suponga un peligro para sí mismo.

Theodore Lipps introduce el concepto de empatía en 1990: "La imitación interior de las acciones de los demás". En los sujetos empáticos se observa mayor imitación no consciente de las posturas, manierismos y expresiones faciales de los otros.

S.D. Preston y de F.B. de Waal en 2002 utilizan modelos de percepción-acción aplicados a las conductas motoras y de imitación. Postulan que la observación o imaginación de otra persona en un estado emocional particular, activa de manera automática una representación de ese estado en el observador con las respuestas fisiológicas asociadas. No requiere conciencia ni esfuerzo y no puede ser inhibido ni controlado. Existen dos componentes básicos: 1) conducta motora, 2) conducta emocional y categorías subordinadas. Según este modelo, fenómenos como el contagio emocional, la empatía cognitiva, la culpa y la conducta de ayudar, dependerían del mecanismo de percepción y acción.

b) Empatía y cognición social: La empatía debe favorecer la percepción de las emociones de alegría, tristeza, sorpresa y de las sensaciones de tacto y dolor de otras personas. Tiene un papel central en la disposición prosocial y en la supervivencia, ya que ésta depende de la habilidad para funcionar de manera óptima dentro del contexto social y para esto es fundamental comprender lo que sienten los demás.

Cognición social: conjunto de operaciones mentales que subyacen en las interacciones sociales y que incluyen los procesos implicados en la percepción, interpretación y generación de respuestas ante las intenciones, disposiciones y conductas de otros. "Personas pensando sobre otras personas". Incluye el procesamiento de las emociones, conocimiento de las reglas sociales, el estilo atribucional, la Teoría de la Mente y la empatía.

Empatía emocional: expresión emocional de ira/rabia o miedo/tristeza.

Inteligencia emocional: comprende las habilidades para la combinación entre emociones y cognición.

Procesamiento emocional: identificación, facilitación, entendimiento y manejo de las emociones.

Percepción social: se parece a la percepción de las emociones, pero difiere en el tipo de juicio requerido. También puede referirse a la percepción de las relaciones entre los demás y no solo a las generadas por una sola persona.

Conocimiento social o esquema social: conciencia de los roles, reglas y metas que caracterizan a las situaciones sociales y guían las interacciones sociales.

Teoría de la Mente (ToM): (D. Premack y G. Woodruff) Habilidades para inferir las intenciones y creencias de los demás. Habilidad para conceptualizar los estados mentales de otras personas (metarrepresentaciones) que permitan predecir y explicar gran parte de su comportamiento.

Correlatos cerebrales

Las neuronas en espejo, inicialmente descubiertas en el lóbulo parietal inferior y la zona premotora son consideradas las responsables primarias. Gradualmente se las va detectando en otras zonas cerebrales.

Las parietales se activan no solo ante los actos motores observados sino que además permiten al observador entender las intenciones del otro. Se pueden activar incluso antes que una acción posterior justifique la acción inicial y lo hacen de manera diferente frente a una acción inespecífica que frente a otra que sea parte de una acción específica.

Las ubicadas en el área premotora se activan cuando se les presenta una acción, haciéndolo igualmente cuando se les oculta la parte final de la acción, es decir, podrían inferir. En términos generales se puede decir que en los seres humanos han sido detectadas en los campos de la acción, la emoción, el procesamiento del dolor y del tacto. Un punto interesante es que los circuitos neuronales que regulan los aspectos emocionales y los cognitivos parecen ser diferentes, pero no es claro si interactúan o son independientes.

Entender la intencionalidad es inferir un nuevo propósito que está por llegar, proceso que el sistema motor realiza automáticamente. En los sujetos con más empatía las neuronas en espejo de dicho sistema son las que registran mayor actividad.

La imitación y la mímica facilitan la empatía y la conducta prosocial, por ello es tan importante la interacción entre el bebé y su madre al igual que con otros humanos e inclusive algunos animales de su entorno.

El ritmo mu detectable en el EEG es el indicador de la actividad de las neuronas en espejo y tiene una correlación positiva con la subescala de distress personal del IRI.

En función de estudios de neuroimágenes, registros de profundidad y otras técnicas, se han producido mapas o localizaciones relacionados con la ToM y la empatía. Debemos ser cautelosos porque tomar estos datos como definitivos y absolutos nos puede colocar ante una nueva frenología con las limitaciones y errores de la anterior.

Existe una escala psicométrica para medir empatía: Interpersonal Reactivity Index (IRI) 1980-1983, confeccionada desde una perspectiva multidimensional teniendo en cuenta: a) factores cognitivos (toma de perspectiva y fantasía) y b) factores emocionales (preocupación empática y malestar personal).

Neuropsicología

Desde esta perspectiva es importante señalar la importancia de una gnosia compleja, el reconocimiento de rostros o prosopagnosia y también el aprendizaje de los valores preventivos como amigo/enemigo, que junto con la vivencia de familiaridad configurarán la filiación, la supervivencia y la vida en sociedad. El rostro es una de las partes del cuerpo donde más se pueden visualizar las emociones y las intenciones según la mirada y los gestos acompañantes. Se pueden leer los labios además de escuchar las voces. No casualmente la representación cortical del rostro es la que abarca mayor superficie. Para el lactante, ver, conocer y reconocer el rostro de su madre es el punto de partida de un proceso clave como la mirada compartida, tras la cual comenzará a individuarse, tal como lo señala Alicia Fernández. Si además hoy sabemos de la existencia de neuronas espejo y de la ToM, el vínculo con lo anterior parece claro y crucial. El funcionamiento de los niños autistas en gran parte parece estar determinado por falencias, ausencias o distorsiones en los miembros de esta red.

Merced a los aportes recientes de las neuroimágenes funcionales, se pudo saber que la empatía es diferente frente a sujetos de un mismo grupo, que frente a sujetos no pertenecientes a él. La percepción del sufrimiento en sujetos del mismo grupo es mayor e inclusive utiliza circuitos diferentes que frente a los sujetos extraños. Es importante también el reconocimiento de la influencia sociocultural en la génesis de esta diferencia.

Otras bases fisiopatológicas

Como dice F. Ulloa: "ninguna causa determina por sí sola el quehacer y el sentir humano".

En el autismo, un hallazgo bastante consistente desde el punto de vista anatomopatológico, es la redundancia y persistencia de conexiones sinápticas más allá de la edad límite. Esto produciría un "ruido" neuronal intrínseco por conexiones anormalmente persistentes durante el desarrollo. Su consecuencia serían redes neuronales ruidosas e hiperplásicas en los autistas y también en algunas epilepsias frecuentemente asociadas con el autismo. Ruidoso equivale a inútil, redundante y menos preciso.

Otra posible explicación surge de la observación clínica, en la que se han visto sujetos con esta patología con movimientos oculares parásitos, lo que puede hacer que el entorno se perciba como "borroso" o inconsistente, dificultando su manejo, tal como lo postula Dilan Dinstein (Neuron 290).

Dentro de la biología, la oxitocina, hormona originariamente vinculada con la lactancia materna, actualmente se la considera también vinculada con el apego, el maternaje y el aumento de la empatía.

Según C. Lamm, la respuesta altruista-empática o individualista-egoísta ante la observación de dolor en los otros, dependería de la capacidad de diferenciación entre uno mismo y los demás y de la valoración cognitiva que se hace de la situación.

T.F. Farrow describe las actitudes empáticas y el vínculo con el funcionamiento del lóbulo temporal medial anterior izquierdo y el frontal inferior izquierdo. Por otra parte, las actitudes de perdón se relacionarían con el cingulado dorsal.

Los circuitos neuronales implicados en la empatía y en la violencia podrían ser parcialmente similares.

Las patologías posibles vinculadas con la empatía son la esquizofrenia, el autismo, lesiones frontales y el síndrome apático. Paradojalmente también se ha descripto una conducta por exceso de empatía que se puede observar en algunos niños que sociabilizan indiscriminadamente.

De alguna manera, tanto la Teoría de la Mente como la empatía nos remiten al tema de la conciencia y en particular de la conciencia de sí mismo. W. James describía la conciencia humana como "el río que fluye constantemente". Es un tema sumamente complejo que no es posible tratar en detalle aquí. Baste saber que hay teorías que claramente la vinculan al funcionamiento cerebral como la de G. M. Edelman y G. Tononi y, por el contrario, otros como Collin McGin son pesimistas y sostienen que el hombre no puede comprender la naturaleza de la conciencia tal como el chimpancé no puede comprender la teoría cuántica. La conciencia humana es subjetiva, tiene un yo, un sí mismo que, al menos en parte, parece depender de un tipo celular particular: las neuronas de Von Economo.

Es difícil negar que tanto conciencia como lenguaje son fenómenos con un fondo biológico de clara utilidad para la supervivencia humana en un medio de enorme y creciente complejidad.

Más allá de la biología

Paralelamente con esta mirada desde la biología, se han desarrollado investigaciones y teorías en busca de causas predominantemente psicológicas. Algunas han sido muy especulativas y también se han producido explicaciones basadas en los afectos con muchos casos anecdóticos tomados como ejemplo.

Se ha postulado la existencia de una inteligencia secreta en la que las competencias estarían intactas pero la actuación inhibida, y por ello suelen conducirse como deficientes, retraídos y sin comunicación con su entorno.

La autorrepresentación, considerada como conciencia de sí mismo, es un tema clave que hace a la identidad del sujeto, su historia y su libertad. Desde la psicología se habla del Yo, en tanto que desde la filosofía particularmente involucrada en el estudio de la racionalidad llegan a plantearse si ésta se extiende a otras especies y de ese modo procede a sentar la división entre seres racionales e irracionales.

Sigmund Freud habla del Yo real primitivo, el Yo placer unificado y el Yo real definitivo. Este pasaje o devenir, como toda transición es vulnerable y sujeto a los avatares de su ida y vuelta entre su fondo biológico y su entorno. R. Bartra con el exocerebro y H. Maturana con el lenguajear al vivir, ofrecen en forma concurrente un intento de describir ese ida y vuelta de base orgánica, pero funcionalmente psíquico o mental. Cualquier desarreglo en esta red, fatalmente comprometerá la constitución y desarrollo del aparato psíquico. Lo más fácil de observar es el funcionamiento yoico que está en la superficie, jugando con la realidad desde la identidad, tal como diría J. C. Goldar, el mundo intelectualmente percibido. Repasando las definiciones de autismo, podemos observar que aluden a esto. D. Maldavsky lo expresa como las perturbaciones en las actividades y mecanismos psíquicos correspondientes a momentos iniciales del desarrollo pulsional y yoico.

Por esto mismo se habló alguna vez de autistas psicógenos y también de niños frágiles vulnerables en ambas vertientes, orgánica y psíquica.

G. Gallup en 1970 utiliza el Test del Espejo consistente en poner una marca en el cuerpo de tal modo que el sujeto solo pueda verla si se mira en un espejo. La reacción observable, como por ejemplo tocarla, es la respuesta que permite según el caso presuponer que el sujeto tiene conciencia de sí mismo. Al tocar la marca se conduce como reconociéndose a sí mismo y a la marca como en su cuerpo. Solo lo hacen cinco especies de primates, los elefantes, los cetáceos, los delfines, las orcas y los humanos; estos últimos tienen este tipo de respuesta a partir de los 18 meses.

Podemos intentar imaginar a los niños autistas como jugando a armar un rompecabezas sin tenerlo como objetivo, sin modelo y quizás sin saber lo que es. Simplemente manipularían sin pausa las fichas en un juego de sensaciones y movimientos integrados de una manera peculiar opaca o incomprensible para cualquier observador.

Diagnóstico

No es fácil llegar a un diagnóstico de certeza. Debemos remarcar que es casi imposible en una consulta única, aún cuando la sospecha pueda ser muy grande en la consulta inicial. Si el niño ya ha sido anteriormente evaluado en forma adecuada por otro profesional y la información está disponible, se podrá hacer un diagnóstico tentativo o formular una hipótesis diagnóstica, pero no un diagnóstico definitivo.

Las consultas con estos niños suelen ser muy dificultosas por sus problemas de comunicación y lenguaje, su incapacidad para colaborar e inclusive acceder al espacio físico del consultorio. Un error que debe tenerse en cuenta para no caer en él, es propiciar o acceder a la demanda de consultas múltiples surgidas de la preocupación y/o ansiedad de los padres o temores de los profesionales. Se produce de ese modo un verdadero manoseo del niño y una demora innecesaria en iniciar la ayuda terapéutica. A su vez el niño puede reaccionar desfavorablemente a esta reiteración haciendo su abordaje cada vez más difícil. Existiendo en la actualidad cierto consenso acerca del pronóstico y el resultado del tratamiento relacionados con la edad de comienzo, la demora innecesaria no se justifica de ningún modo.

El diagnóstico –como ya hemos señalado anteriormente– debe iniciarse formulando una hipótesis a verificar en el seguimiento y requiere mucha experiencia del profesional. Frecuentemente la primera consulta suele ser por el aislamiento y el retraso en la adquisición del lenguaje. Se los puede desestimar o subestimar al comienzo, tanto por los padres como por los profesionales. Por otro lado, la difusión por los medios de comunicación y el uso creciente y acrítico de internet, llevan paradojalmente a una sobrestimación con la consiguiente demanda creciente de consultas, a veces innecesarias.

En consecuencia, la recomendación es ser prudentes, no alarmarse innecesariamente ni tampoco minimizar o ignorar. Estar atentos, observar cuidadosamente y en más de una ocasión y contexto, es la clave para arribar a un diagnóstico correcto en tiempo y forma. Es muy valiosa la observación del niño solo y junto a los padres. La interacción con ellos e inclusive con el profesional nos proveerá no solo de elementos diagnósticos, sino también de su rol potencialmente patógeno o por el contrario, la posibilidad de ser buenos agentes terapéuticos. En este último aspecto el vínculo profesional puede ser determinante del camino y del arribo a la meta propuesta y posible. La hora de juego o su equivalente, que puede ser simplemente dejarlo moverse libremente en el espacio de la consulta, es la primera y mejor herramienta a nuestra disposición. Esteban Levin es un ejemplo a seguir por interactuar creativamente en marcos no convencionales como la calle, un auto o el pasillo del edificio donde tiene su consultorio. Estos niños son un desafío que pone a prueba no solo el bagaje de conocimientos y experiencia del profesional, sino también su capacidad de interrogase, observar y operar creativa y desprejuiciadamente. Le demandarán una elevada tasa de esfuerzo físico y emocional. La entrevista a los padres, docentes o cualquier otro cuidador, es siempre valiosa y obligatoria con los primeros. Ocasionalmente habrá que contentarse con una descripción de las conductas del niño hecha por un familiar o un docente. No es recomendable emitir opinión sin más en esos casos, ya que estaremos evaluando lo que la subjetividad de un tercero nos quiere o puede transmitir y finalmente lo que nuestra subjetividad recepcionará. Las posibilidades de error son enormes. Hoy en día tenemos la posibilidad de los videos que no son sustitutos del "cara a cara", pero que frente a los impedimentos de un niño no trasladable por su resistencia o por imposibilidades materiales, puede ser un primer paso aceptable.

Un elemento de observación temprano y sumamente valioso es la mirada peculiar que estos niños tienen. En realidad no miran a sus interlocutores o sus semejantes sino a elementos de su propio mundo, por eso es descripta como perdida, evitativa o huidiza.

La carencia de actividad imaginativa actualmente es considerada muy importante y debe ser indagada y/o buscada.

La tendencia a la invariancia manifestada por actividades repetitivas es también muy importante. La presencia de retraso hace que estas actividades sean más simples, no obstante los niños autistas de buen nivel funcional también suelen tenerlas. Pueden ser consideradas únicas de esta patología ya que no se presentan en otras alteraciones de la infancia temprana.

Se suele decir que en general cuando muy tempranamente se percibe que algo anda mal en un niño, este no suele padecer autismo. En realidad esto se convierte en una verdad de Perogrullo por expresar la menor incidencia del autismo frente a otras patologías de la infancia. De todos modos no parece un consejo para tomar al pie de la letra.

Las respuestas sociales y emocionales suelen estar disminuidas con mucha frecuencia en niños con retraso mental, por ello es necesario evaluarlas cuidadosamente para diferenciarlos de los autistas, ya que el pronóstico y tratamiento son distintos.

Existen retrasos temporales inicialmente rotulados como autismo, cuya mejoría o desaparición espontánea o terapéutica puede confundirse con "curas" atribuibles a todo tipo de causas y circunstancias.

En un párrafo se puede resumir el problema y el drama que nos plantean: es frecuente la experiencia del niño sano y lindo que desarrollará de a poco la enfermedad, para consternación de padres, familiares y pediatras que advertirán su presencia alrededor del segundo año de vida.

Prevalencia

En los Estados Unidos es de 10-20 c/10000 personas. Se lo suele diagnosticar alrededor de los 6 años a pesar de que los padres notan algo anormal a los 18 meses y consultan a los 24 meses. 10% son diagnosticados en la primera consulta; 10% son recitados; 80% son diagnosticados a los 40 meses: 40% por otro profesional, 25% "no preocuparse", 25% 3°, 4° profesional.

Esta demora y la participación de un número creciente de profesionales, habla a las claras de las dificultades diagnósticas. En realidad hay cifras muy variables según países, criterios diagnósticos, límites de edad de las muestras y tamaño de las mismas. Así se han identificado países con valores "altos" como Japón, Canadá y Suecia: 10 - 16 /10000 habitantes entre 0 y 18 años y países de valores "bajos" como Estados Unidos, Francia, Inglaterra, Suecia y Japon : 1.2 – 4.8 / 10000. Es de notar que hay poblaciones con prevalencias en ambas categorías, de allí esta aparente inconsistencia con ambos valores en un mismo país.

Desde 1975 al 2015 la prevalencia en los Estados Unidos pasa de 2 a 10 /10000 habitantes y las explicaciones posibles son similares a las comentadas con respecto al ADHD.

   Guillermo Javier Nogueira

Procedimientos y criterios diagnósticos

En función de la postura de los diferentes profesionales, las herramientas diagnósticas pertinentes pondrán mayor énfasis en la observación del niño, de la madre, en la evaluación neurocognitiva o en la evaluación neuropsiquiátrica. Es muy importante la observación del niño solo y junto a los padres y el uso de la hora de juego o equivalente. Descripción de sus conductas, videos. Entrevista diagnóstica a los padres.

Las herramientas

a) P. Hobson 2002 DAISI (Detection Autism, Infant Sociability Index). Es un método de cribado.

b) CHECH LIST FOR AUTISM IN TODDLERS (CHAT) - S. BARON-COHEN, donde lo importante es la respuesta negativa a los ítems.

* ÍTEMS CRUCIALES Límite significativo: 2 items cruciales

3 items cualesquiera

- Le gusta que lo balanceen
- Le gusta que lo hagan saltar sobre la falda
- Tiene interés por otros niños
- Le gusta trepar o ir escaleras arriba
- Le gusta jugar al escondite
- Usa el índice para señalar *
- Trae objetos para que los vean *
- Le gusta jugar con objetos pequeños
- Responde a su nombre *
- Mira un objeto si se lo señalan *

<u>Muy importante</u>:
- Monitoreo de la mirada
- Gesto protodeclarativo para señalar (apuntar con el índice)
- Juego imaginativo

<u>Video del primer cumpleaños</u>:
- Si señala
- Si mira a los otros
- Si muestra objetos

c) Recomendaciones de la American Academy of Neurology & Child Neurology Society (2000):

<u>NIVEL I.</u> Control rutinario de desarrollo
INDICADORES ABSOLUTOS PARA EVALUACIÓN INMEDIATA
- No laleo o señalar o hacer gestos a los 12 meses

- No palabras aisladas a los 16 meses
- No frases espontáneas de dos palabras 24 meses
- Cualquier pérdida de cualquier habilidad lingüística a cualquier edad
SI ANORMALES REALIZAR:
- Evaluación cardiológica
- Dosaje de plomo si tiene pica (ingesta o llevarse a la boca objetos con pintura que lo contenga)
- Screening específico para autismo
- CHAT (Check List for Autism in Toddlers)
- AUSTRALIAN SCALE FOR ASPERGER´S SYNDROME
- PDDST II (Pervasive Disorder Screening Test II)
SI ANORMALES:
- Referir para intervención temprana

NIVEL II
- Procedimientos diagnósticos formales
- Historia, examen neurológico
- Evaluación del perfil de desarrollo
- Laboratorio y estudios complementarios si están indicados.

No existen por ahora pruebas de laboratorio, neuroimágenes, ni tests específicos para autismo accesibles en la práctica clínica habitual. No obstante, algunos de estos métodos pueden detectar anormalidades vinculables con otras patologías que pueden desencadenar trastornos del espectro autista o síntomas similares. Algunas baterías de test junto con la historia y la observación en la hora de juego pueden mostrar perfiles que estadísticamente son asociables con este diagnóstico, no más ni menos que eso. La evolución y la respuesta a los tratamientos van acotando las dudas y la certeza puede instalarse finalmente. Es de imaginar la angustia y el sufrimiento de los padres ante la incertidumbre que se extiende en el tiempo. En el caso de los profesionales pueden aflorar sentimientos parecidos junto con la ansiedad por dar respuestas y soluciones. A veces todo lo que se puede lograr es saber qué no es y qué otras cosas pueden ser fuera del autismo. No es poco frente a un pronóstico generalmente sombrío.

Las neuroimágenes merecen una mención especial, pues si bien no muestran patrones específicos para el autismo, en general hay cierta coincidencia en señalar algunas estructuras de mayor tamaño para la edad, indicativas de mayor concentración celular. Este hallazgo sería compatible con una falla en el proceso de "poda" que se da normalmente y que se traduce en una transmisión de los impulsos más precisa y con menos "ruido" e interferencia. Lamentablemente no todos los labora-

                                            Guillermo Javier Nogueira

torios muestran iguales resultados debido a diferencias técnicas y a los paradigmas de testeo utilizados que son difíciles de comparar.

Como el diagnóstico es esencialmente clínico, la superposición sintomática con otras patologías y en particular la esquizofrenia hacen a las dificultades del mismo. Por otra parte, la posible comorbilidad lo coloca muchas veces en un límite borroso no fácil de definir. Este problema subsiste desde las primeras publicaciones hasta la actualidad. Por un lado se sabe que el 28% de los sujetos con un diagnóstico de Trastorno del Espectro Autista (TEA) tienen riesgo de psicosis. Se ofrecen varias hipótesis para explicar esta superposición o comorbilidad, siendo una de ellas que el TEA sea diagnosticado erróneamente como psicosis por su semejanza en la dificultad para leer las intenciones de los otros, como ocurre en la psicosis paranoide, o por la dificultad para comunicarse, vista como desorden del pensamiento además de los episodios de "colapso" como la catatonia. En realidad pueden detectarse diferencias sugestivas entre uno y otro diagnóstico, pero los límites no son fijos ni muy precisos. A su vez el TEA tiene como comorbilidades a la esquizofrenia y el trastorno bipolar, en tanto que es más raro que la esquizofrenia tenga como comorbilidad al TEA y en cambio es más frecuente la asociación con epilepsia en la esquizofrenia que en el TEA. Estas diferencias merecen considerarse y utilizarse cautelosamente. Otra hipótesis es que los sujetos con TEA que desarrollan una psicosis son un grupo particular, quizás con una base genética distinta. Estos pacientes tendrían manifestaciones del TEA diferentes constituyendo un grupo especial.

Existen otras categorías diagnósticas a considerar y que son los desórdenes complejos múltiples del desarrollo (en inglés MCDD) y los desórdenes pervasivos del desarrollo no especificados (PDD NOS) en los que podrían entrar el TEA y también las comorbilidades.

Resumiendo

El diagnóstico dista de ser fácil y unívoco y una consecuencia de ello es que los tratamientos podrán ser más o menos exitosos según a cuál de estas posibilidades pertenezca el sujeto a tratar. El uso del DSM ya ha sido analizado y creo tiene nuevamente más valor administrativo que como guía diagnóstica.

EVOLUCIÓN Y PRONÓSTICO. Variable según:
- Causas en caso de que puedan ser reconocidas
- Edad de detección
- Edad de inicio del tratamiento
- Intensidad del tratamiento

- Continuidad del tratamiento
- Características de los padres
- Participación de los padres
- Tipo de tratamiento
- Idoneidad de los profesionales
- Compromiso de los profesionales
- Entorno
- Expectativas de los profesionales o los padres

En términos generales el pronóstico para el autismo dependerá de la edad, el sexo, el momento del diagnóstico, la existencia de causas reconocibles con compromiso del sistema nervioso, los antecedentes, el medio y la estructura familiar. No suele ser bueno en tanto que algunos síntomas persisten a lo largo de la vida y por lo tanto la deficiencia permanece configurando una enfermedad crónica, cuya evolución dependerá del tratamiento además de los factores mencionados anteriormente. La presencia de patología neurológica y el retardo ensombrecen el pronóstico. No sucede lo mismo con el Asperger, ya que en principio su déficit es mucho más leve y tienen preservadas funciones muy importantes que hacen a su comunicación, independencia y conducta social, pudiendo beneficiarse de los tratamientos y en especial de un medio social que favorezca su integración.

Hay algo que no puede corregirse en el autismo porque falta. No obstante en algunos casos, dependiendo de aquellas capacidades preservadas se podrá lograr la aparición de alguna forma de lenguaje y un ajuste social aceptable con independencia para las AVD. Según los resultados de un importante estudio, en el autismo sin tratamiento menos del 5% de los sujetos podían tener una vida normal; por el contrario, con tratamiento adecuado hasta 15% podían ser independientes y un 40% aproximadamente no requerían institucionalización. Con tratamiento precoz, adecuado e intensivo, alrededor del 70% pueden vivir con sus familias en la adultez. En el caso del Asperger al menos la mitad puede llevar una vida social adecuada e independiente y alrededor de 30% obtener un empleo en condiciones protegidas. Casi un 90% pueden vivir con sus familias.

Dado que lo que parece hacer a la diferencia en la evolución y pronóstico es la existencia de patologías neurológicas importantes –aunque compromisos menores no deben ser excluidos–, algunos autores que clasifican al autismo según dos variantes como de origen biológico o psicológico le atribuyen mejor pronóstico a la última. Esta diferencia refleja el planteo entre lo real biológico del hombre y su advenir humano por algo diferente y de otro orden como por ejemplo la palabra del otro.

                                        Guillermo Javier Nogueira

Es una concepción dualista a la que ni la genética ni el psicoanálisis dan una respuesta satisfactoria. Esta patología podría comenzar en las neuronas como falla fundacional, o por el contrario en las operaciones simbólicas que como manifestación de "lo real" no pudieron tener lugar y que finalmente se traducirán en una estructura cortical alterada. ¿Comienzo o final en la biología? Interesante para pensar como en la cinta de Möebius en la que las caras no son separables ni definitivas, sino una constante alternancia. Debemos prestar atención a la eficacia biológica del lenguaje como instrumento de la autoorganización cortical ya que el lenguaje es, produce y transmite la cultura.

Vista la diferencia entre autismo y Asperger, debemos hacer algunas consideraciones que en muchos casos aún siguen siendo preguntas sin respuesta. ¿Hablamos de dos entidades separadas o de una sola con grados crecientes de compromiso? A su vez esto plantea el problema de la etiología única o múltiple. Estamos frente a una misma causa con grados variables de afectación o frente a causas múltiples, variables y con efectos acordes. Es crucial tener esto presente en especial cuando se habla de diagnóstico, pronóstico, tratamiento y resultados. No hacerlo cuidadosamente lleva a falsas expectativas tanto favorables como desfavorables y a recomendaciones y esfuerzos mal aplicados, a veces estériles e inclusive dañinos. Se debe tener especial cuidado en no confundir autismo con retraso mental, tarea que no es sencilla.

Tratamiento

Existen múltiples y variados, pero no todos han sido sometidos a verificaciones basadas en la evidencia. Generalmente tienen que ver con la/s teoría/s a las que adscribe el autor que lo preconiza. No le son ajenos para las distintas épocas, culturas y sociedades, la magnitud y el tipo de la demanda así como los recursos disponibles en cantidad y calidad para satisfacerla. Tampoco están ausentes intereses personales de diversa índole.

Frente a la variabilidad clínica y la multiplicidad de causas posibles, sumadas al hecho de la individualidad y peculiaridades de cada caso, sumados a las estrategias y capacidades profesionales puestas en juego, los resultados necesariamente serán variables. Esta variabilidad disminuye si cuidadosamente, utilizando un número importante de casos, ajustamos un tipo particular de tratamiento a cada grupo, acotado por semejanzas claramente definidas. Esto es prácticamente casi imposible porque estos niños requieren una dedicación prolongada y personalizada en una relación uno a uno, en un ambiente estable y por largos períodos de tiempo. Habitualmente es una tarea artesanal realizada en el marco de lo posible y no de lo ideal o aconsejable. Para los profesionales es muy alta la demanda y exigencia de disponibilidad, cualidades humanas y técnicas, que les permitan relacionarse de manera efectiva para construir un vínculo terapéutico positivo con estos niños a los que hemos descripto como opacos. Los padres y cuidadores aportan en buena medida a las posibilidades de éxito o fracaso según sus propias capacidades y limitaciones para sostener, contener y colaborar en la tarea. Ningún tratamiento debe ser excluyente. El problema es la demanda de tiempo, estructuras y capacitación y así es que pueden fracasar por incompletos o ejecutados por personas no suficientemente entrenadas y con experiencia.

Tipos de tratamiento

a) Análisis Conductual Aplicado (ACA) - Dr. Iver Loovas (Los Angeles). Originalmente lo aplica a 19 niños, excluyendo los que tenían retraso mental severo. El 47% llega a la normalidad. Está basado en modelos de la conducta operante y utiliza reforzamientos positivos. Trabaja en el moldeado de las conductas del niño brindando ayuda en forma progresivamente decreciente y fomentando la generalización progresiva. Desde 1990 se lo usa en Argentina. Requiere de 4 a 8 hs diarias de intervención.
b) Pivotal Response Trainning (PRT) - Dr. Roger Krevel (California).
c) Comprehensive Application of Behavioral Analysis to Schooling (CABAS) - Dr. Douglas Green. Columbia U, New York.
d) Treatment and Education of Autistic Related Communication Handicapped Children (TEACCH) - Dr. E. Schopler (N. Carolina). Cuarenta años de experiencia bien controlada. Niega lo vincular familiar como etiológico. El modelo está relacionado con la educación y consiste en la enseñanza estructurada. El objetivo es educar para lograr autonomía y comunicación e implica: 1) estructura física; 2) cronogramas diarios; 3) sistemas de trabajo individuales; 4) estructura visual; 5) rutinas. Usan el DIR, Desarrollo Individual de Relaciones Personales (D: desarrollo emocional. Emociones: aprendizajes y relaciones; I: diferencias individuales; R: relaciones personales). Trabaja en un espacio y un tiempo llamado "floor time" consistente en treinta minutos de juego. Procura privilegiar la mirada. Favorece a las terapistas ocupacionales como ejecutoras.
El método ACA de Loovas es el preferido para el inicio y en los tratamientos precoces, en cambio el TEACCH es preferido para niños después de los 5-6 años. La sucesión de ambos tratamientos es la sugerida.

                                        Guillermo Javier Nogueira

e) Programa de Rehabilitación Comunicacional (PRC). Experiencia del Hospital Tobar García (La Plata, Argentina). Su método fue desarrollado a partir del método Facilitated Communication (FC), de Rosemary Clooney (Melbourne) 1970 y Douglas Bikle (Syracuse, NY). Trabaja el desarrollo de la comunicación a través de la escritura guiada en una computadora (PC).

En general los tratamientos son llevados a cabo por grupos interdisciplinarios de tamaño y composición variable. Suele incluir neuropediatras, psiquiatras especializados en psiquiatría infanto juvenil, psicólogos, terapistas ocupacionales, psicopedagogos, fonoaudiólogas y psicomotricistas. La participación de cada uno será variable según las prioridades determinadas por la clínica, la edad del niño, la evolución, la etapa y las posibilidades del medio. Generalmente psiquiatras y neurólogos son los que evalúan inicialmente al niño, realizan u ordenan los estudios y formulan el diagnóstico. También los que prescriben y controlan el uso de fármacos según las circunstancias. Los psicólogos pueden participar en la etapa inicial de diagnóstico, pero su rol fundamental es en el tratamiento, incluyendo a los padres y el vínculo con la escuela cuando el niño puede concurrir. El resto de los profesionales participa por períodos variables y según las dificultades en sus áreas específicas. Esto puede darse en un marco institucional o fuera de él. Debe hacerse en equipo y para ello es fundamental la comunicación fluida entre los miembros con la utilización de un lenguaje compartido y comprensible para todos. Pueden partir de formaciones, conocimientos teóricos y experiencias diferentes, siempre y cuando no adopten posturas rígidas y antagónicas. Cualquiera puede funcionar como coordinador y supervisor basado en su interés, dedicación, formación y experiencia. Lamentablemente esto no siempre se da y con frecuencia son los juegos de poder y las posibilidades económicas los que determinan el funcionamiento de los grupos. También es necesario remarcar, que si bien estos niños requieren mucha atención en varias áreas, no es bueno atiborrarlos con tratamientos de todo tipo que ocupen la mayor parte de su tiempo. Son niños, más allá de sus dificultades, y es fundamental reservarles tiempo y lugar para ser niños, es decir jugar, participar de la vida familiar y vincularse con sus pares de la forma que puedan. Quizás sean algunas de esas circunstancias las que nos permitan tener un atisbo de su subjetividad y sean menos opacos o enigmáticos. El aburrimiento si bien puede dar paso a la creatividad, también puede llevar tanto en el niño como en el profesional a la cronificación y rutinización, el ritual y la carencia de sentido y perspectivas. Como bien señala y muestra E. Levin, es muchas veces simplemente jugando cuando se puede dar algún paso vincular. Es un trabajo penoso y demandante si no se lo matiza con grandes cuotas de ingenio y creatividad, a la vez que se mantiene una mirada atenta y una mente abierta a formularse interrogantes y formar asociaciones que no es ni más ni menos que pensar. En este punto me parece interesante referir la visión de R. Rodulfo, quien señala el error de reducir el pensamiento a antinomias y al movimiento entre ellas. Siendo psicoanalista, cuestiona al psicoanálisis como intento de añadir otra teoría de la psiquis y lo propone como un nuevo modo de pensar el cuerpo humano y su constitución como cuerpo de entrada subjetivado, subjetivable y subjetivante. Creo que Rodulfo abre un camino muy interesante cuando señala al niño autista como una posibilidad de asomarnos al abismo. Interesante imaginar, si eso fuera posible, el abismo de esa profunda ignorancia sobre aquello que nos hace humanos a los humanos. Vale la pena al menos intentar espiar un poco.

Conclusión

Al igual que con el ADHD vemos un incremento en el diagnóstico del autismo producido en gran parte por la incorporación de casos con sintomatología más leve y variada, cambios de los criterios de inclusión y exclusión, además de la divulgación del tema con la incorporación de un número creciente de sujetos evaluados a edades cada vez más tempranas. No obstante, subsisten dudas con respecto a un aumento real y verificable de la prevalencia. Factores socioculturales han tenido también una influencia importante, ya que dada la edad de detección, el ámbito escolar ha sido la caja de resonancia por diversos motivos, entre ellos las serias dificultades que estos niños presentan para insertarse adecuadamente en él, además de la cantidad, calidad y costo de los recursos que insumen. Egos profesionales e intereses económicos fomentan también la demanda de diagnóstico y tratamiento. Los padres en muchos casos no podrán por sí mismos sostener el esfuerzo emocional, anímico y monetario. La ayuda estatal o de los sistemas de la seguridad social, paradojalmente han empujado el crecimiento de este diagnóstico como una manera de asegurar dicha ayuda a los padres o cuidadores, la que por otro lado, es retaceada por las mismas entidades al verse desbordadas. El pagador exige el diagnóstico y los padres presionan y lo reclaman pues es su vía de acceso a los beneficios de la ayuda social. La última modificación del DSM generó conflictos en los Estados Unidos. Muchos profesionales allí tuvieron serias dificultades legales al aplicar el nuevo criterio a viejos pacientes. Padres enojados por haber tenido un pronóstico muy negativo en algunos casos, otros por no recibir ayuda luego del cambio y otros por haber tenido que hacer ingentes esfuerzo sin lograr un resultado satisfactorio que se les había anticipado o prometido.

Por otra parte, debido a la edad en que se manifiesta y su severidad, constituye un problema serio para la escuela, aunque no el más frecuente, al menos en el medio donde me ha tocado actuar. Difundirlo como si lo fuera, obedece más a algunos de los intereses ya mencionados que a la prevalencia. La divulgación no controlada crea falsas percepciones basadas en la creencia estimulada de que solo lo que sale en los medios, particularmente la TV, es lo más importante y verdadero. Esto favorece a aquellos responsables de las causas de otras patologías de mucho mayor incidencia y prevalencia, de las que deberían hacerse cargo, pero que suelen ocultar del conocimiento público. Se cae así en el juego del mercado basado en costos y beneficios, cosa que no debería aplicarse a la salud.

La gravedad del autismo y las patologías vinculadas no debe ser ignorada, subestimada ni desatendida, pero frente a los recursos disponibles, el uso racional eficaz y eficiente de los mismos la debe colocar en el lugar que le corresponde dentro de las prioridades de políticas de salud, en especial teniendo en cuenta a los de menores recursos. Existen otras patologías tratables y con mejor pronóstico e inclusive con claras posibilidades de prevención al alcance de aquellos que las padecen pero que por estar condicionadas al medio suelen ser desatendidas.

La gravedad del autismo no puede ni debe ser subestimada, así como su impacto en el niño que lo padece y en quienes lo rodean. Investigar las posibles causas y mejorar la precisión de los métodos diagnósticos llevará con el tiempo a su mejor conocimiento. Es probable que aparezcan subgrupos o variantes con características parecidas pero diferenciables y que respondan a causas individualizables con los avances en la genética en un primer plano, aunque no excluyente. El corolario será la posibilidad de prevenir y tratarlos en forma individualizada modificando su pronóstico.

No debemos dejarnos llevar por el biopoder y por el marketing que utilizan esta gravedad y el sufrimiento para imponer acciones y esfuerzos mal direccionados con una base científicamente endeble o directamente seudocientífica.

Vale la pena recordar aquella frase que alude a las personas en situaciones críticas y desesperantes: "el que se ahoga se agarra hasta de un hierro candente"; por ello es preciso ser muy cuidadosos al formular este diagnóstico, medir sus consecuencias tanto en el niño como en su familia y sugerir o aplicar tratamientos accesibles y con una eficacia razonablemente demostrada.

CAPÍTULO XII

Casos

En este capítulo el lector podrá acceder a una colección de casos vistos por el autor contando en algunos de ellos con la colaboración de la licenciada María Virginia Moretti.

Su lugar en el libro ha sido elegido para que luego de recorrer los capítulos anteriores pueda cotejar el contenido teórico con lo que sucede en la realidad de nuestra tarea. Esto permitirá tener una mirada que ilustre, al menos en parte, la problemática que enfrentamos cuando llegan a nuestra consulta niños a los que coloquialmente llamamos "niños problema". Muestran, al menos en mi experiencia personal, qué les sucede a estos niños y qué nos sucede a los profesionales que debemos atender y descifrar esta demanda de la mejor manera posible. En todos los casos fueron un desafío cargado de sentimientos, a veces contradictorios. Ha sido precisamente esa demanda y su respuesta las que obligaron, entre muchas otras cosas, al estudio, cuestionamiento, creatividad y compromiso afectivo y ético que pretendo transmitir.

Algunos datos no sustanciales han sido omitidos para preservar la confidencialidad. El único sesgo en la elección ha sido la dificultad para lograr en algún caso un diagnóstico confirmado y un tratamiento acorde, en otros la aceptación y el sostenimiento del mismo por el tiempo necesario. Así suele suceder con una frecuencia mayor de la deseable; ciertamente mayor y diferente a la que a veces nos enseñan. Afortunadamente la mirada crítica, el camino recorrido y algunos buenos maestros, nos permitieron en la medida de lo posible afinar el criterio y minimizar los errores. Algunos lectores encontrarán la selección un tanto frustrante o quizás derrotista. Las dificultades y las frustraciones pueden ser un buen acicate para la búsqueda y el perfeccionamiento. El éxito puede ser un bálsamo fugaz y a veces ilusorio, cuando no un exceso de narcisismo.

Somos exploradores en una tierra cambiante e incierta. Pagamos caro los errores y la ignorancia y sin embargo, a pesar de ello, el hombre evoluciona, mejora, crece y va haciendo historia a la par que creando mundos. El uso frecuente del potencial a lo largo de muchos capítulos y en los casos clínicos ha sido deliberado, a veces quizás hasta injustificado. He intentado con ello remarcar la ignorancia, motor de la pregunta y punto de partida del conocimiento en este caso científico con sesgo humanista. Conocimiento y certeza son temporales, la realidad y la experiencia siempre los ponen en jaque. Como dice Kovadloff: la respuesta es la tristeza de la pregunta.

Caso 1

Autorreferido.

EDAD: 8 años. Varón.

MC: Trastorno de conducta. La madre pide la consulta neurológica. Varios conocidos "le contaron del ADHD", por lo que busca en internet y decide consultar. Tiene un trabajo calificado. Relata que el niño tiene problemas de conducta desde salita de 3: inquieto, sin límites, agresivo, rompe cosas, desobediente. Sueño intranquilo. Bruxismo. Escucha voces y se pone mal. Dice que las voces le ordenan matar al abuelo, a la madre y a la madrina. El cerebro le ordena hacer eso, pero él no quiere hacerlo porque son buenos. Quiere que le hagan un trasplante de cerebro. A veces se encierra en un placard. Dice que es gay y que se va a poner un palo en el trasero. En una ocasión le bajó los pantalones a otro nenito y la madre fue notificada por el colegio (escuela pública).

ANTECEDENTES PERSONALES: Embarazo no deseado a los 20 años. Cesárea por "infección". No recuerda ninguna de las pautas madurativas. Derivado por el colegio fue llevado a dos psicólogas por un año. El cambio de psicólogas fue por problemas de cobertura. En este momento por decisión de la madre busca a un psiquiatra y tiene turno un día después de esta consulta.

ANTECEDENTES FAMILIARES: Los padres se separan cuando el niño tenía 3 años. Padre violento, "parecido al niño". Lo ve una vez por semana, no le gusta ir. Educación secundaria incompleta (2° año). Madre secundaria completa. Se mudan hace diez años. Ambos padres tienen "novio/a". El niño lo sabe. Abuelos maternos separados, han formado nuevas parejas.

Esta entrevista fue realizada solamente con la madre, quien es la que concurre junto con el niño. A pedido mío el niño permanece en la sala de espera.

No lo examino y sugiero hacer la consulta psiquiátrica en primer lugar y regresar sólo si el psiquiatra se lo sugiere.

     Guillermo Javier Nogueira

Impresión clínica: Trastorno de conducta. ¿Reactivo? Posible trastorno de personalidad. Descartar abuso. ¿Madre patógena?

No regresa a la consulta.

Comentario: Es preferible en una primera entrevista, de ser posible, hablar a solas con los padres de modo que el niño no interfiera en su relato y tampoco se lo exponga o refuerce su posición de "diferente, anormal, enfermo". Se les explicita al pedir turno. El no hacerlo puede ser indicativo de poco control y/o respeto por las normas e indicaciones, dificultades económicas o imposiciones de las obras sociales. En algunos casos y ámbitos esto también refleja la imposibilidad de dejar el niño a cargo de otra persona, ya sea en la sala de espera o en su casa y del hecho frecuente de que sea solo la madre quien se hace cargo. La búsqueda en internet, y el pedido de dos consultas al mismo tiempo, cuando el niño aún estaba en tratamiento psicológico, señala el grado de ansiedad de la madre y también la dificultad para tomar una decisión y sostenerla. Este tipo de personas buscan en forma perentoria respuestas y soluciones que las satisfagan y que dependan de los otros y no de ellas. Los niños pasan erráticamente por consultas con diferentes profesionales estableciendo vínculos que terminan siendo un manoseo impuesto por aquellos que deberían protegerlo y, por el contrario, lo mantienen en una situación de enfermo crónico. Vistos el relato de la madre, los diagnósticos en juego y la evolución, cabe considerar esta situación como muy preocupante y de difícil manejo. Es grave que el niño vea al padre una vez por semana y que lo haga con disgusto. La frecuencia no es lo importante, el rechazo sí. Por otro lado su discurso, tal como lo relata la madre, tiene múltiples señaladores: oír voces que le ordenan, considerarse homosexual y esconderse "en un placard", pedir un trasplante de cerebro. Sorprende que la madre los repita sin demostrar preocupación y no respete ni sostenga la ayuda profesional, suponiendo que le hayan explicitado alguna vez la importancia del problema. Pongo esta carga en la madre, ya que fue ella quien por su cuenta busca en internet y pide dos consultas simultáneas. Confrontar a la madre, solicitar la participación del padre, informarles sobre la seriedad del problema, notificar a los otros profesionales vinculados, son acciones posibles pero que pueden muy probablemente generar negación y rechazo. Ser complaciente con la demanda y plantear el problema como sencillo, fácil de tratar y de buen pronóstico, es el otro extremo de las acciones posibles que podrán disminuir la ansiedad, pero que tampoco garantizan la participación positiva. No es fácil encontrar el justo término y lograr el objetivo de ayudar al niño.

Caso 2

Niño de 7 años.

MC: Retraso madurativo severo. Es traído por sus padres. Han hecho alguna consulta pediátrica donde vivían inicialmente. Se mudan a esta ciudad hace poco. Concurren ambos padres. El niño es sostenido en brazos por el padre. Llora, grita, babea. Es imposible examinarlo. No me mira, no permite que lo toque. No habla y no parece entender o escuchar ya que no ejecuta ninguna acción si se lo solicitan verbalmente. Tiene pañales y refieren control de esfínteres errático. Nacido de parto normal y a término. El embarazo no había sido deseado por la madre. Sí por el padre. La madre intenta realizarse un aborto para lo cual junta dinero, inclusive vendiendo algunas pertenencias de bajo valor. No lo logra por no haber alcanzado la suma requerida. Refiere haber expresado que "eso que llevaba no era de ella y que quería que se lo sacaran". No prepara el ajuar. No quiere verlo al nacer, no lo amamanta, deja el cuidado en manos de las enfermeras. Cuando lo inscriben en el Registro Civil del hospital y le preguntan a la madre qué nombre le iba a poner, le dice a la empleada que no tiene nombre elegido y le pide que lo elija ella. Esta lo hace y ese es el nombre que el niño lleva. Esta información fue recabada en las entrevistas con la psicóloga a la que fue derivado. No refieren enfermedades ni traumatismos hasta la fecha de la consulta. Son de nivel socioeconómico bajo. Ambos tienen educación primaria completa. El padre tiene un trabajo estable poco calificado. La madre no trabaja. Tienen un hijo mayor que el niño; según refieren, sano. El padre es quien más se ocupa del niño, le habla cariñosamente y logra calmarlo. La madre se coloca generalmente en segundo plano. Tiene una TAC que muestra agrandamiento ventricular sin evidencias de evolutividad.

Impresión clínica: TGD, autismo. Es derivado a psicóloga e inicia tratamiento con lenta pero significativa mejoría en tanto que logra permanecer en el consultorio y tolerar la interacción con la profesional. Puede viajar en trasporte público parado al lado de su madre, antes se sentaba sobre cualquier persona no distinguiendo entre asiento y persona, lo que dificultaba su traslado. Comienza a jugar a las escondidas con su hermano. Reconoce el edificio donde está el consultorio y al llegar grita el nombre de la psicóloga, a quien llama por su nombre pero no le habla. Simultáneamente es referido al equipo interdisciplinario con el que también trabaja en la escuela donde concurre. Luego de cuatro años de tratamiento debe abandonar por suspensión de su cobertura social.

Comentario: Si bien no sucede siempre, es prudente mantener algunas sospechas ante situaciones con algún grado de incoherencia. Aquí

Guillermo Javier Nogueira

parece fácil y claro pensar en la madre como agente causal por no poder sostener y reconocer a su hijo e inclusive reconocer en ella alguna patología psiquiátrica seria. Pero también cabe plantearse algunas dudas y, entre ellas, si la idea de abortar sin lograrlo por razones económicas no se mantuvo implicando una diversidad de otras opciones fallidas como traumatismos, desnutrición, uso de drogas y maniobras caseras. Por supuesto que la combinación de factores es otra opción en la que habrá que determinar cuál es el peso y la incidencia de cada uno de ellos y así ajustar el tratamiento. La importancia del nivel socioeconómico está nuevamente presente.

Caso 3

FT: Niña de 4 años en el momento de su primera consulta.

MC: Convulsiones generalizadas. Es traída a la consulta por el padre, la madre y otra persona muy allegada a la familia y a la niña en particular, muy angustiados pues había tenido una primera convulsión poco tiempo antes. Llevada de urgencia a una clínica, no le encuentran causa y no la medican. Repite en dos ocasiones más, por lo que es medicada con fenobarbital y le solicitan EEG. Hija única, nacida de parto normal, a término y sin antecedentes pre o perinatales. Desarrollo de pautas madurativas sin inconvenientes. No presenta otras enfermedades ni traumatismos. No tiene antecedentes familiares de epilepsia o convulsiones. Padres con buen nivel educacional: padre universitario, madre secundaria completa. Ambos trabajan. En la primera consulta la ansiedad era muy marcada y reforzada por la acompañante que llevaba la voz cantante y había participado de todas las consultas anteriores. Por miedo a traumatismos habían restringido notablemente las actividades de la niña.

El examen neurológico era normal y la niña colabora con una conducta adecuada en el consultorio. El EEG era anormal con un foco temporal izquierdo y generalización secundaria. Se le solicita TAC que muestra una ligera asimetría ventricular de dudosa significación.

Impresión clínica: Epilepsia parcial secundariamente generalizada. Causa desconocida.

Como establezco una buena relación con los padres dado que por referencias ellos habían solicitado específicamente la consulta conmigo, trato de calmar la ansiedad, despejo muchas de sus dudas y solicito limitar la intervención de la señora acompañante. Confirmo la medicación y sugiero permitir a la niña desarrollar todas las actividades correspondientes a su edad. Esta tarea fue sostenida a lo largo del tiempo con gradual y progresivo acatamiento de las indicaciones y sugerencias. La señora que había participado tan activamente fallece unos años después. Les anticipo el plan de controles y estudios que deliberadamente voy espaciando y minimizando. La evolución es buena, no repite crisis por largos períodos de tiempo (años). Cuando así sucede (cosa que les fue anticipada a los padres) concurren sin urgencia para un control. Dado que son breves y autolimitadas, pueden hacerlo al consultorio y no a urgencias.

Luego de un tiempo, la medicación es cambiada por otra más apropiada para el tipo de epilepsia y para su edad. Inicia la escolaridad sin inconvenientes aunque le cuesta algún esfuerzo mantenerse a la par. No obstante, progresa y concurre a un colegio de alta exigencia. Es muy cuidada y estimulada. Aparece un síntoma que es de dudosa interpretación. Son episodios de "mareos" o palidez. Casi siempre pueden vincularse a situaciones de estrés, conflictos emocionales o simplemente enojos. Inicia psicoterapia a los 8 años, la que mantiene en forma continuada hasta la adolescencia en que es dada de alta. Retoma varias veces por períodos breves y por decisión propia. Lo hace con la misma terapeuta. Las convulsiones generalizadas son muy poco frecuentes y finalmente desaparecen. Solo mantiene los mareos y la palidez que generan siempre ansiedad en los padres pero que logran controlar bastante y se limitan a un llamado telefónico. Repite los EEG anualmente y tiene una segunda TAC y RNM sin variantes. Los EEG mejoran pero mantienen el mismo patrón anormal aunque requieren técnicas de estimulación para hacerlo aparente. Termina la escuela secundaria requiriendo apoyo en algunas oportunidades e intenta dos carreras terciarias abandonando una. Mantiene la otra y está contenta ya que progresa y el entorno es muy afectivo y continente. Tiene una vida social activa, hace deportes y logra cuotas crecientes de independencia. Aprende a manejar y obtiene la licencia de conductora. Maneja siempre acompañada y en general con motivos importantes. Sale con sus amigas y va a bailar. Los padres buscaron ayuda psicológica en varias oportunidades, siendo la madre la que lo hace más consecuentemente. Los controles neurológicos y EEG pasan a ser cada dos años y cada vez más minimizo su importancia para ella. Percibe y trata de ayudar en la conflictiva de pareja de sus padres y en particular con la salud física y psíquica de su padre. Ante la repetición esporádica de los episodios de mareos y palidez, su importancia es cada vez menor. Habitualmente descubrimos la situación gatillo y si es importante lo trabaja con su terapeuta. En ningún caso se modificó el tipo de medicación o la dosis dado que controlada con determinaciones en sangre, siempre se mantuvo en el rango terapéutico. Solo las convulsiones generalizadas requirieron estudios en su momento. Por razones de cobertura con su obra social pasa a ser controlada por otro profesional a los 21 años. El cambio generó cierta turbulencia por el requerimiento de nuevos estudios, que no arrojaron nuevos hallazgos y mantuvo el mismo tratamiento.

	

Igualmente mantenía contacto conmigo a través de su terapeuta. A los 22 años es hallada muerta en su cama luego de un día normal y sin evidencias de violencia o de haber sufrido una convulsión.

Comentario: Ejemplo de un resultado exitoso a partir de un muy buen vínculo con los padres, la paciente y los profesionales, mantenido a lo largo de muchos años. También muestra las ventajas de la participación muy activa de la psicóloga en este tipo de epilepsias con una sintomatología peculiar aparte de las convulsiones. Pensar en situaciones conflictivas emocionalmente y ayudar a resolverlas permitió no plantearse modificaciones en el tratamiento médico que era demostradamente efectivo por la muy baja frecuencia de las convulsiones con uso de una sola droga a las dosis habituales. La interpretación de cualquier síntoma como equivalente convulsivo, cuando pueden no serlo, suele llevar a innecesarios cambios y ajustes de medicación con efectos indeseados. Su buena relación con la terapeuta con pedidos espontáneos de reinicio del tratamiento, ayudó mucho en estabilizarla emocionalmente, permitirle atravesar sin mayores inconvenientes diferentes etapas de su vida y paralelamente bajar sustancialmente la ansiedad familiar. Vale la pena remarcar la importancia de este abordaje en una patología claramente de base orgánica demostrada por TAC y EEG. El cerebro ejecuta pero puede ser inducido a hacer, no hacer, o hacer algo distinto. Fármacos y terapia concurren al mismo resultado. El fin trágico de esta joven definido como muerte súbita, puede ser vinculado a su epilepsia en la que se dan con más frecuencia que en la población en general. No se conoce aún la causa, pero sí que no está vinculada con el tratamiento, exceptuando la suspensión brusca o la ingesta simultánea de agentes tóxicos, circunstancias no presentes en este caso. Frustración y tristeza por el final no esperado ni esperable de una joven que con una excelente calidad de vida se había podido mantener contenta y alegre a lo largo de muchos años a pesar de su enfermedad crónica.

Caso 4

Niña de 6 años.

MC: convulsiones y dificultades de aprendizaje. Derivada a la consulta por el gabinete de la escuela. Su conducta es buena. Hija única nacida de parto normal y a término. A los tres años comienza con convulsiones generalizadas con pérdida de conocimiento, caída y lesiones por la caída. Concurren ambos padres con ella y ambos parecen preocupados. El padre parece ser quien se hace cargo y toma las decisiones importantes. Tiene EEG anormales y está medicada. Una TAC no muestra alteraciones. Estudio para cromosoma X frágil negativo. Por las convulsiones tiene sumamente restringidas las actividades en el ámbito escolar y extraescolar (no va a la plaza, no va a pileta). El examen neurológico es normal y establece una relación muy positiva conmigo, creo que a partir del apoyo que le brindo a sus demandas de mayor libertad. Se alegra cuando tiene turno y pide venir bien vestida. En la medida que va creciendo viene vestida como para una fiesta incluyendo brillo en la cara o en el pelo. La madre lo comenta jocosamente.

IMPRESIÓN CLÍNICA: Epilepsia generalizada probablemente secundaria a lesión cerebral. Trastorno del aprendizaje de causa orgánica vinculado a la misma causa de su epilepsia. ¿Depresión reactiva a su patología y a las restricciones impuestas?

Intento modificar su medicación, cambiando las dosis y haciendo las asociaciones más efectivas y menos tóxicas. Finalmente queda con una combinación de dos drogas en límites máximos que demostró empíricamente ser la de mejor resultado. A todo esto, nunca logramos un buen control sin explicaciones verificables, lo que genera incremento de las limitaciones liderada por la madre y por la escuela. Su rendimiento escolar es muy bajo y parece estar detenida en el aprendizaje. La derivo para apoyo psicológico y psicopedagógico. Inicialmente lo hace en forma errática y bastante tiempo más tarde en forma continuada con una psicóloga que mantiene buen contacto conmigo. La cambian dos veces de escuela pues el padre adopta una actitud beligerante con docentes y autoridades. Esta actitud es secundada inicialmente por la madre. Se niegan a que repita grados y a que vaya a una escuela especial. A su vez el padre utiliza mis recomendaciones de permitirle acceder a las actividades normales para desobedecer los requerimientos de la escuela. En una ocasión se cae del tobogán por una crisis convulsiva, se fractura un brazo y requiere cirugía para tratarla. Años más tarde tiene otra caída con fractura del tabique nasal. Los períodos libres de crisis son de duración muy variable, en el mejor de los casos pueden llegar a seis meses. El padre es quien me mantiene al tanto, es sumamente diligente y concurre a buscar las recetas. Alrededor de los 12 años observo un cambio en la apariencia de la niña y de la madre. La niña comienza a arreglarse estilo "adultita" y la madre viene desarreglada. Por fallecimiento de un familiar de la madre, traen a vivir con ellos a un sobrino discapacitado pero independiente para las AVD. Es mayor que la paciente. Esto trae algunas dificultades en la vida cotidiana y en la situación económica. Todo sigue igual hasta que habiendo llegado a los 15 años, el padre concurre a comunicarme que la madre se había suicidado y que llevaba largo tiempo en tratamiento psiquiátrico. Nada cambia muy significativamente. El padre había formado una nueva pareja debido aparentemente a la enfermedad de la madre. Fallecida esta, pasan

   Guillermo Javier Nogueira

a convivir junto con un hijo de su nueva pareja mayor que la paciente. Aparentemente esta se lleva muy bien con la niña, a la que acompaña y le da mayor autonomía. El padre rehúsa ayuda psicológica para aceptar las dificultades de la hija y de su situación actual con problemas económicos. Sigue muy beligerante con la escuela, por lo que desde la misma piden una entrevista que realizan en mi consultorio una representante docente y dos miembros del gabinete. Allí me describen una situación sorprendente e inesperada. El padre era muy violento y maltrataba a la niña, cosa que verificaban cuando la llevaba o iba a buscarla. Añaden que la madre había sido alcohólica. La situación parecía insoluble y todo lo que pude ofrecer era insistir con el padre en la necesidad de buscar ayuda psiquiátrica. Dijo que lo haría. Por razones económicas, cambio de trabajo y de obra social, no concurren más a la consulta.

COMENTARIO: Este caso podría ser un buen ejemplo sobre situaciones en apariencia inexplicables, que en realidad son aquellas en las que carecemos de información sustancial. En primer lugar cabe preguntarse si esta epilepsia de difícil control se debía a una patología genética, a algo sucedido en el embarazo y ocultado o simplemente a la administración errática de la medicación. Por otra parte, el difícil control podría deberse también a detonantes de diverso tipo, entre ellos la conflictiva familiar, la violencia e inclusive la posibilidad de abuso. Hoy en día podríamos preguntarnos si esta niña no es una metabolizadora anormal de los fármacos y por eso su respuesta mediocre. En todo caso, cabe también pensar en las razones de su cambio de apariencia en sentido inverso al de la madre y si esto no era un mensaje que no supimos leer o interpretamos erróneamente. ¿Procuraba diferenciarse de una madre declinante? ¿Era una actitud seductora y/o pedido de ayuda dirigido hacia alguien que ella idealizaba por percibirlo como quien la defendía y estaba de su parte, en este caso circunstancialmente su médico? Muchas veces me formulé esas preguntas sin encontrar una respuesta concluyente. El abordaje psicológico es siempre importante y debe ser hecho con la mente abierta para encontrar el hilo conductor. Limitarlo a tratar de lograr la adaptación del niño y su tolerancia con las circunstancias no es suficiente. Debemos indagar su subjetividad, escucharla, reconocerla, respetarla y de allí pensar qué problemas en su conformación influencian o determinan las conductas actuales. Si lo logramos, el resultado será una mayor capacidad para ayudar, independientemente de las patologías y sus causas. Este podría ser considerado otro caso de DCM con trastorno del aprendizaje y epilepsia ambos relacionados y de causa desconocida. También lo podríamos incluir en el capítulo de los trastornos del neurodesarrollo. El desconocimiento de la problemática familiar indujo al error de confiar en el padre como quien se ocupaba efectivamente de la niña y tomar por positiva su conducta frente a la escuela demandando mayor libertad para la niña, cosa que apoyaba con consecuencias no deseadas como fueron sus caídas con lesiones. La psicóloga a su vez no indagó o percibió la problemática familiar grave en curso, tampoco advirtió o ignoró el posible mensaje de los cambios de vestimenta para concurrir a las consultas y rutinizó el tratamiento. Cuando esto sucede nos alejamos del paciente y no nos planteamos más interrogantes.

Ciertamente existen epilepsias de difícil control y esta podría ser una de ellas, no obstante el entorno a veces es causa del fracaso terapéutico, ya sea por no mantener adecuadamente el tratamiento o por generar circunstancias para las cuales el procesamiento psíquico culmina en el desborde explosivo de una crisis. La medicación en esos casos puede no ser suficiente si no se atenúa o desactivan otros disparadores. Una vez más, el medio socioeconómico interfiere, en este caso impidiendo la continuidad y estabilidad de un tratamiento. Otro aspecto interesante para considerar, es la validez y beneficios de insistir obstinadamente en la educación formal en la escuela cuando ella fracasa o no es posible. Superado un límite básico en lectoescritura y matemáticas, puede ser más útil permitirle al niño la adquisición de capacidades básicas para su independencia y eventual salida laboral en el ámbito a su alcance. Esta niña cambió significativamente de ánimo cuando la nueva pareja del padre le brindó apoyo y la hizo partícipe de actividades en el hogar y fuera de él haciéndola sentirse capaz, útil y quizás "normal". Ir juntas de compras la alegraba mucho. Ir a la escuela le fastidiaba. Una última reflexión es sobre el impacto del "pagador" que varía con diferentes posibilidades y restricciones. En condiciones ideales (deberían ser las habituales) esta niña debería haber sido considerada como una epilepsia de difícil control, con patología orgánica muy sospechable. Eso hubiera requerido internación para estudios más detallados, entre ellos el video monitoreo EEG y evaluación del efecto farmacológico. De su resultado podría haber surgido la indicación de registros EEG invasivos y a partir de esos resultados contemplar otras opciones terapéuticas, entre ellas el uso de otros fármacos. En este caso esa posibilidad no existió nunca, ni siquiera en el ámbito público.

Caso 5

Varón, 15 años.

Nivel educacional: segundo nivel escuela especial.

Solicitado por: neurólogo.

MC: Trastorno de conducta y aprendizaje. En el colegio actual (según la madre) le insisten sobre la necesidad de evaluación. Tics, de localización y frecuencia variables. Se lava reiteradamente las manos y la cara. Traslada objetos de un lugar a otro reiteradamente y en forma automática. Necesita que le reiteren las órdenes. Es desordenado.

Antecedentes personales: Nacido de embarazo y parto s/p. A los tres años no controlaba esfínteres y por ello es llevado a la psicóloga (según la madre). En seis meses logra control. Desde los 3-4 años, "actitudes raras". Se aislaba en el jardín, hablaba en tercera persona, caminaba en puntas de pie, le llamaban la atención las cosas que giraban. Quedaba "fijado" a un objeto o juguete por meses. No cumplía las consignas, "navegaba". Desatento. La madre dice "como autista" ¿? Aparentemente le diagnostican un retraso de dos años y medio. Inicia primario a los 6 años y a los 6 meses es derivado a escuela especial. A los 12 años pasa a otra escuela especial donde permanece por dos años.

A los 9 años le efectuaron EEG, RNM y TAC, normales según la madre. Concurre en esa época a un centro especializado en trastornos de la atención donde le diagnostican ADHD y lo medican con metilfenidato que tomó por un año sin cambios. A los 11 años tratamiento psicológico. No quiso seguir concurriendo. Es capaz de viajar solo, pero no maneja dinero. Independiente para las AVD. Necesita ayuda para armar su mochila. Múltiples verrugas. Nervioso e irritable.

Antecedentes familiares: Tiene tres hermanas mayores s/p. Tía y primos con epilepsia. Abuelo y bisabuela maternos depresivos. Padre con dificultades de "concentración", repite primer año. Tiene verrugas.

Pruebas administradas: Es evaluado en cinco sesiones de una hora de duración cada una. Su colaboración es buena, trabaja lentamente y está atento a su alrededor. Debo reiterarle las consignas en especial si son complejas. Parece contenido y pide frecuentemente aclaraciones o permiso. Percibe sus errores y trata de corregirlos y le cuesta aceptar "tachar" o escribir encima, dice "no queda bien". Trazo fuerte con repasado en muchas instancias, en especial cuando tiene dificultades o "piensa". Suele hacer comentarios tipo "uy", "hum", "esta es difícil", "tengo que pensar mucho". Numerosos tics faciales. Gestos de esfuerzo frecuentes. Claras manifestaciones de alegría y/o satisfacción cuando logra cumplir una tarea que le ha dado dificultades.

Concurre solo, pero no sabe cuándo es su próxima cita. Aspecto y conducta apropiados en el consultorio. Tiene las manos llenas de verrugas. Mira fijamente. Sonríe poco. Recuerda vagamente haber hecho unas pocas de las pruebas.

Lateralidad: diestro.

Resultados: Los resultados de todas las pruebas estuvieron por debajo de la norma para edad y sexo. Mostró mayor compromiso en las pruebas ejecutivas que en el resto.

Merecen comentario aparte sus estrategias. Denota esfuerzo e interés pero con una falla muy significativa de su administrador atencional y por ende de su memoria de trabajo, de allí que requiera reiteración de las consignas y una producción caótica, de "fragmentos", que parece al azar. Esto es sugestivo a nivel neuropsicológico de compromiso preponderante de regiones frontales y de su hemisferio derecho.

Es importante al respecto quitar el limitante de tiempo en las pruebas para poder así observar sus estrategias, ya que su tiempo de procesamiento es prolongado. Puede hacer asociaciones razonables pero entre pocos elementos. Su nivel de abstracción es bajo y en consonancia con esto le cuesta integrar en un todo explicativo. Por ejemplo pudo contarme la fiesta de fin de año en la que participaría, pero con un uso exagerado de representaciones gestuales concretas, sin poder decirme qué era lo que representaba.

Sus resultados tienden a ser irregulares. Existe una notable fijeza y adherencia a ciertas reglas internas de él, que le impiden a veces cambiar de postura o estrategia, pide permiso o reitera lo que está haciendo y se inquieta. Tiene una notable percepción de algunos de sus errores y de sus dificultades. Su lenguaje oral es bueno. Es parco y se limita a responder. Buena prosodia aunque en general su afectividad parece "aplanada".

Existe una significativa presencia de conductas obsesivas (borrar, corregir y repasar reiteradamente) y en algunos casos la persistencia y/o compulsividad se manifiesta no solo en pequeños actos motores sino en conductas más complejas. Por ejemplo, en una ocasión en que nos encontramos en el ascensor para bajar, me advierte que nunca funciona para descender y por ello él solo sube pero baja por las escaleras. Cuando le sugiero que pruebe, advierto que pulsa el botón del piso en que nos hallamos.

Conclusión: Teniendo en cuenta su historia y los hallazgos de la presente evaluación, el diagnóstico es de un trastorno generalizado del desarrollo que puede rotularse como Asperger.

Tiene asociados rasgos de TOC, situación frecuente como parte del Asperger y también de un Síndrome de Guilles de la Tourette (por sus tics). Son todas posibilidades separadas o asociadas (comorbilidades). Es probable que muchas de sus manifestaciones estén amortiguadas y parcialmente modificadas por su edad y por los tratamientos, así como por su entorno educativo. Tiene antecedentes familiares importantes para entidades comórbidas.

Comentario: Este es un buen ejemplo de error diagnóstico y obstinamiento terapéutico cuando se lo mantuvo un año medicado como un caso de ADHD. Quizás un dicho popular ayude a entenderlo: "para quien tiene un martillo todo lo que ve son clavos". También es interesante

                                              Guillermo Javier Nogueira

pensar en el fondo hereditario de este joven con depresiones, epilepsia y dificultades escolares en su familia. En la herencia raramente las cosas son lineales y con frecuencia se ven verdaderos mosaicos familiares. Se puede argumentar en este caso si estamos en presencia de un joven con retraso mental y manifestaciones del espectro autista (Asperger) o la inversa Asperger con retraso como comorbilidad. Desde el punto de vista de su tratamiento, las diferencias estarán dadas por el grado de retraso y el nivel del lenguaje.

Caso 6

Varón, 16 años.

Nivel educacional: Repite 9º grado.

Solicitado por: Dr. Guillermo J. Nogueira.

MC: El joven fue visto por primera vez en 2003 por trastornos de aprendizaje. No finaliza las tareas. Se "desconecta". Desde 4º grado le notan estas características. En general le suele ir mal durante el año, pero hacia el final "se pone las pilas", mejora y pasa. En 6º no lo logra y repite, momento en que hace la primera consulta. Se reconocía como desatento, con mejor rendimiento en matemáticas y estaba preocupado por su problema. Se le solicitó informe escolar, evaluación psicológica y EEG.

Reaparece en abril de 2005 derivado por psicólogo. En la consulta con una primera psicóloga, le dice que su problema "es propio de la edad". Su maestra de segundo, que a su vez lo tiene en quinto, le dice a la madre que no va a superar su problema sin ayuda y repite sexto. Cursa séptimo sin problemas, los que surgen en octavo y empeoran en noveno, que repite. La derivación del psicólogo fue hecha mucho antes pero no concretada por razones supuestamente económicas. Según su informe basado en el DSM IV lo diagnostica como déficit de atención con hiperactividad, a predominio del déficit de atención.

Antecedentes personales: Hijo único. Nacido por cesárea de urgencia por sufrimiento fetal. Anóxico, ingesta meconial. Luego s/p. Alérgico.

Antecedentes familiares: El padre dice haber tenido dificultades similares. Repitió tercer y cuarto grado.

Examen neurológico: Se nota temblor fino en ambas manos en especial si está haciendo esfuerzos. Tiene algunas sincinesias en MMSS. En su primera consulta parece impulsivo más que inquieto. Presenta vitiligo. Su EEG fue normal.

Evaluación neuropsicológica: Fue evaluado en cuatro sesiones de una hora cada una. Su colaboración fue muy buena. Se muestra locuaz en especial cuando está relajado. Tararea y habla mientras realiza pruebas gráficas. Necesita repetición casi sistemática de las consignas. Trabaja lentamente y suele hablar de ello entre jocoso y preocupado. Lo cuenta como una característica negativa suya, señalada por su entorno. En muchos casos la lentitud se debe a un estilo "obsesivo" en que cuenta, repasa y coteja muchas veces, sin por ello mejorar o modificar su producción. Reconoce sus errores. Denota interés y esfuerzo. Parece de buen humor, a veces pueril. Dice que las pruebas administradas no las hizo antes o no recuerda haberlas hecho. Su conducta y orden personal son correctos y apropiados a las circunstancias. Solo ocasionalmente se pone inquieto. Cambia de posición en la silla o tamborilea con los dedos. Generalmente se ve así cuando la tarea le resulta difícil.

Dominancia manual: diestro.

Resultados: No se advierten dificultades en las áreas gnósico-práxicas, ni del lenguaje, si bien en este último hay algún retraso en las respuestas complejas. No se observaron alteraciones en su memoria, en ninguna de sus variantes.

Donde se obtienen resultados al límite es en retención de dígitos, fluidez verbal y cubos. En las pruebas de claves y búsqueda de símbolos su producción es buena si no se la califica por tiempo. Es decir, ejecuta bien y no se distrae pero lo hace lentamente. En todo caso las diferencias no superan 1 DE.

Donde se advierte un rendimiento claramente inferior es en las pruebas ejecutivas que en conjunto muestran fallas de planificación, rigidez y perseveraciones en estrategias poco convenientes. Tiende a concretizar, lo que se nota en su interpretación de proverbios y analogías o vocabulario. Igual tipo de resultados se obtuvieron en aritmética, donde puede fallar tanto en el planteo como en el cálculo.

Se observa algún movimiento parásito en pruebas práxicas y ocasionalmente una prensión que comienza con hiperextensión.

Conclusión: Los hallazgos desde el punto de vista neuropsicológico señalan una falla en sus funciones ejecutivas vinculadas a una velocidad de procesamiento muy lenta, lo que aparece como falla atencional si se computa por tiempo. Esta lentitud de procesamiento puede depender de un factor central o de rasgos obsesivos que deterioran sus ejecuciones cuando el tiempo es lo importante. De todos modos, su rigidez condiciona que a pesar de que se le indique claramente la importancia de la rapidez, no puede cambiar de estrategia. Tampoco parece tolerar algún grado de imperfección en función de la rapidez. Igualmente, esta falla ejecutiva hace al distribuidor atencional y, por ende, le cuesta seleccionar y enfocar su atención, por ello parece distraído y necesita reiteraciones de consignas con baja en el rendimiento cuando las ejecuciones dependen de su control espontáneo. Esto puede parecer a veces una falla de su memoria de corto plazo o de su memoria de trabajo.

Existen algunos indicadores leves de dispraxia (rotación de la hoja, temblor) que no son significativos ni condicionantes de su rendimiento.

Sus relatos muestran discordancias entre su aspecto físico y algunas conductas referidas por él mismo, que parecen exceder o estar por debajo de las esperables por su edad.

Así, a veces parece un adulto y otras un niño. Igualmente su relato junto con una mirada proyectiva sobre las pruebas, sugieren un grado de ansiedad importante y/o depresión. Si bien todos estos hallazgos pueden englobarse bajo la denominación de "Trastorno de la atención", es mi impresión personal que esto no es lo dominante. Por el contrario, me parece mucho más útil mirarlo por el lado de la lentitud, la baja autoestima y un déficit leve pero más generalizado con predominio ejecutivo, que hace a sus tareas más difíciles e imperfectas en la medida que se incrementa la demanda por complejidad o por la velocidad necesaria.

Sus antecedentes neonatales y familiares son condición de posibilidad para este funcionamiento. Los distintos avatares de su vida se agregan y condicionan el resultado final. De alguna manera se lo puede considerar como un caso de DCM con ADHD como comorbilidad o asociación.

Recomendaciones:
1) Apoyo psicopedagógico teniendo en cuenta todo lo antes expuesto. Enseñarle tareas de complejidad creciente, con consignas claras y breves, posibilidad de ensayo sin exigencias de tiempo hasta que hayan sido adecuadamente dominadas.
2) Apoyo psicológico para detectar determinantes de su ansiedad y/o depresión y tratar en consecuencia. Ayudarlo a salir del rol de "lento" o "distinto" y en desventaja. Mejorar su autoestima. Indagar en su entorno la presencia de condicionantes de su conducta y esclarecer o tratar allí dichos aspectos.
3) Establecer un proyecto educativo basado en sus posibilidades e intereses y tendiente a una salida laboral independiente, más que al cumplimiento de pautas académicas.
4) Reservar para el futuro el tratamiento farmacológico en caso de que las otras modalidades sean inefectivas o no lo suficientemente. En ese caso de todos modos debería planteárselo como parte del tratamiento combinado.

Este caso plantea la duda sobre el llamado procesamiento central lento, en el que las asociaciones entre distintos circuitos están enlentecidas y por lo tanto las respuestas no se producen en el momento requerido y de ese modo pueden ser deficitarias. Suele verse en el DCM independientemente de su causa. También es interesante especular sobre una alternativa en realidad opuesta a la falla atencional por déficit inhibitorio. En este caso el proceso inhibitorio, útil para enfocar, sería exagerado llevando a un procesamiento más lento y con aspectos obsesivos. Lo observado en la prensión palmar y la dispraxia, aunque leves, avalan la existencia de un DCM.

Caso 7

B. M. V., mujer.

EDAD: 17 años.

SOLICITADO POR: los padres.

MC: Dificultades de aprendizaje, particularmente lectoescritura y matemáticas. Completó 9º grado con mucho apoyo. Varios cambios de escuela. El planteo de los padres es que la joven "no hace nada". No estudia, no trabaja ni colabora con las actividades de la casa. Tiende a mirar TV la mayor parte del tiempo. No maneja dinero. Es caprichosa y oposicionista, a veces agresiva.

ANTECEDENTES: Desde los 2 años de edad la notan hipotónica, con trastornos en la marcha y algunas dismorfias. Edema generalizado neonatal. Enfermedades respiratorias recurrentes. Operada de hernias inguinales a los dos meses. "Alergias". A los 4 años hipotonía generalizada. Hiperextesibilidad articular. Manos "cuadradas". Hiperextensión 2ª/3ª falanges de ambas manos. Sincinesias en ambos MS. Uso en espejo de ambas manos. Hiporreflexia generalizada. Leve dismetría en pruebas índice nariz y talón rodilla. A los 6 años mantiene igual examen con el agregado de dispraxia leve a izquierda y postura peculiar de la cabeza (acercamiento extremo a los objetos que utiliza). A los 16 años su examen no ha variado con el aditamento de que su actitud es infantil (no acorde con su edad). Se percibe una leve disartria. Tiende a abalanzarse en las ejecuciones. Episodio enurético a los 13 años. EEG s/p. Potenciales evocados multimodales s/p.

TAC y RNM: Hipoplasia cerebelosa a predominio de vermis inferior (1992-1994). Tratada por psicopedagoga y psicóloga por largos períodos. Reiteradas evaluaciones neurológicas. Evaluación genética: s/p.

EVALUACIÓN: M. V. fue evaluada en cuatro sesiones de una hora cada una. Concurre acompañada por su madre, quien la viene a buscar. No viaja sola.

Me conoce y la he examinado desde los 4 años al menos en cuatro oportunidades. Parece de buen talante, pero su actitud es infantil. Apoya la cabeza en el escritorio, se mueve en la silla, frunce el ceño, inclina la cabeza y la acerca a la mesa para leer o escribir. Bosteza reiteradamente.

Su atención, colaboración e interés son muy fluctuantes. Por momentos parece "distraída" y no obstante puede dar una larga y elaborada respuesta (relato de un episodio de Discovery Channel), poco después decir "ufa", "no, no, no me sale, no quiero", iniciando una ejecución pobre que mejora si la estimulo o directamente "la reto" (vamos, dale, dejá de jugar, vos podés). No parece claro si lo hace intencionalmente con el objeto de fastidiar o si simplemente "le sale así", dada la brusquedad de los cambios y el efecto positivo de la coacción o insistencia.

Su aseo y vestimenta son correctos. Habla con propiedad y fluidez (siempre fue su lado fuerte) lo que a veces sorprende por discordancia con su actitud corporal y el resto de su conducta. Su tamaño corporal es pequeño y notablemente inferior al de su hermana menor. Reconoce haber hecho antes algunas de las pruebas pero no acordarse.

Dominancia manual: diestra.

Resultados: Merecen destacarse junto con las características conductuales ya descriptas la fluctuación de algunos resultados con buen rendimiento en algunos y malo en otros de igual o menor complejidad.

Tal como fuera consignado en evaluaciones previas, su cociente intelectual, en especial en el área verbal está dentro de la norma para su edad y sexo. No tiene alteraciones mnésicas. Se evidencian alteraciones en sus praxias a expensas de su componente motor. Esto hace que algunas ejecuciones parezcan anormales (claves) sin relación con otros aspectos explorados y en especial cuando se toma la variable tiempo en cuenta. La ejecución correcta lleva esfuerzo, se logra incrementando el control inhibitorio y por ende se enlentece. El vínculo motor/espacial está perturbado, lo que es claramente visible en el dibujo casa cubo, en el Test de Bender y en su escritura y discalculia. Puede realizar cálculos simples siempre que cuente con apoyatura gráfica o física (palotes, dedos) y que la tarea sea poco compleja como para permitir este tipo de apoyo. Tiene lentitud en la lectura, tiende a silabear y la dificultad aumenta con palabras largas. No tiene fallas gnósicas.

Conclusión: Sus dismorfias, examen neurológico, RNM y Bender son concurrentes en señalar una causa orgánica, no evolutiva, determinada por una falla del desarrollo del cerebelo.

Las dificultades motrices se pueden englobar y explicar a partir de una disfunción cerebelosa que perturba su ajuste y precisión "on line" así como por un subsecuente o concomitante desajuste frontal que no permite un control supervisor, planificador y ordenador temporoespacial que normalmente habilita ejecuciones apropiadas en tiempo, forma y contexto.

Esto abarca desde conductas motrices muy simples hasta conductas complejas como el lenguaje, pensamiento (ataxia del pensamiento), etc. A su vez, esta falla funcional abarcará otros circuitos vinculados con afectos, emociones y las memorias pertinentes, esenciales para el aprendizaje a través de sistemas de recompensa y refuerzos positivo/negativo.

En M. V. es dable observar cómo sobre una base obviamente orgánica se puede haber superpuesto un proceso de aprendizaje insatisfactorio desde la vertiente del estímulo/ejemplo. También esto puede ser la base de su desajuste motivacional, visible como desinterés (falta de voluntad), resultados erráticos con irrupciones de impulsividad, negativismo y agresión. Ciertas características de sus padres y en especial del padre son a tener en cuenta. Este muestra una significativa discrepancia entre su alto nivel educacional y sus realizaciones materiales muy exitosas con su apariencia y actitud retraída como si tuviera un bajo nivel intelectual y económico. La madre es la que aparenta tomar las decisiones y preocuparse por las hijas.

Otras interpretaciones psicodinámicas son igualmente posibles sobre el mismo substrato y no necesariamente excluyentes.

Recomendaciones: Trabajar con los padres para la aceptación de las dificultades y su mejor manejo posible. Mantenimiento de un esfuerzo sostenido y coherente tanto con la joven como con los padres. Apoyo psicoterapéutico a M.V. que tienda a su crecimiento con aceptación de sus dificultades y pleno aprovechamiento de sus capacidades que son muchas y valiosas (por ej., lenguaje oral). Diseño y estímulo para el uso de "ortesis" (calculadora, computadora, etc.) que le permitan desenvolverse ampliando su potencial.

Caso 8

M.J., mujer.
Edad: 10 años 7 meses.
Nivel educacional: 5º grado.
Solicitado por: Psicopedagoga.
MC: Trastorno del aprendizaje.
Antecedentes personales: A los 12 meses síndrome urémico-hemolítico. Internada por un mes. Recibió diez sesiones de diálisis. Queda con algunas dificultades renales por las que requiere controles frecuentes. Recupera su nivel de maduración unos tres meses después del alta. Aparición reciente de HTA. Comienza con dificultades escolares en 1º. No le gusta la escuela. Es dispersa, va empeorando entre 2º y 4º. En este último grado es evaluada por psicopedagoga y recibe apoyo. Se consigna componente emocional importante. Mejora terminando bien su año escolar. No recibió tratamiento psicológico a pesar de que le fuera

   Guillermo Javier Nogueira

indicado. En 5º y a pesar de recibir apoyo psicopedagógico desde el comienzo, su rendimiento va empeorando.

Antecedentes familiares: Madre: embarazo adolescente (15 años). Deja la escuela secundaria en 4º año. Se separa y forma una nueva pareja con la que tiene un niño de 4 años ahora. Se separa nuevamente hace dos años y en la actualidad tiene una nueva pareja con la que no convive y que es conocida por J. El padre ha formado un nuevo matrimonio y tiene dos hijos del mismo. La relación de J. con él es un tanto errática, lo que le genera conflictos.

Evaluación: M.J. fue evaluada en tres sesiones de 70 minutos cada una. Concurre con su madre. Ambas tuvieron una entrevista con la psicóloga. Su colaboración fue muy buena. Su actitud fue apropiada para las circunstancias. Luce un tanto descuidada en su arreglo personal. Trabaja a buen ritmo. Mientras estuvo en presencia de su madre en la entrevista inicial, parecía fastidiada y seria. Cuando queda sola y en las entrevistas subsiguientes, es cordial y afectuosa. Trae juguetes para mostrarme. Es inquieta y por momentos "monta un espectáculo" de gestos y actitudes peculiares como por ejemplo contestar adecuadamente pero de espaldas. No obstante, no es perturbadora y no parece querer fastidiar deliberadamente. Sus diálogos con la madre por momentos parecen colocarlas a ambas en un nivel de cercanía adolescente.

Lateralidad: diestra.

Resultados: Los resultados estuvieron dentro de la norma para edad, sexo y nivel educacional. Se observaron resultados un tanto inferiores en las pruebas ejecutivas que requieren planificación (Torre de Londres) o cambios de estrategia (Stroop, puño mano). Suele errar por impulsividad. Existe discordancia entre las pruebas antes señaladas y otras que evalúan iguales funciones.

Conclusión: M.J. no parece tener alteraciones a nivel neuropsicológico que expliquen o justifiquen un mal rendimiento escolar. Existen significativas evidencias de componentes psicológicos como determinantes de dichas dificultades.

Sugerencias: 1) Tratamiento psicológico prolongado, dado el impacto de su enfermedad y de sus circunstancias familiares, que es esperable sigan estando presentes y con las cuales deberá establecer un vínculo lo más sano posible. Este tratamiento deberá incluir a los padres. 2) Apoyo psicopedagógico según necesidades puntuales tendiente a trabajar en aspectos inhibitorios de sus ejecuciones. Aprovechar y valorizar su talento para las expresiones estéticas y su nivel alto de inteligencia.

Informe psicológico: Se tuvo una entrevista con M.J. y una con la madre. M.J. ha sufrido numerosas pérdidas y situaciones difíciles a lo largo de su corta vida. Cuando tenía un año padeció una enfermedad grave que le produjo un retroceso en su desarrollo evolutivo, que luego fue compensado lentamente. La recuperación de esta enfermedad fue un proceso largo y doloroso. Más tarde, el divorcio de sus padres. A continuación, las nuevas parejas de ambos y el nacimiento de tres hermanos. Seguidamente, el segundo divorcio de su madre y, finalmente, la muerte de su abuelo materno, figura extremadamente importante para ella.

Desde hace un año le va muy mal en el colegio: no aprende, se dispersa, está desinteresada, no quiere ir, dice que "lo odia"...

La niña ha ido construyendo un lugar para sí misma que guarda relación con todo lo vivido. Lugar del diferente, del que pierde, del que se enferma, del que no aprende, del que se queda solo... "me dibujo con cara de loca, como siempre", expresa durante la entrevista.

Considero que esta niña no ha podido metabolizar todas las pérdidas sufridas ni realizar los correspondientes duelos.

En sus dibujos aparecen, tratando de armar un grupo familiar, la pareja parental de sus primeros años de vida junto con sus tres hermanos y ella, como si fueran una familia en la actualidad, negando obviamente, las otras parejas de sus padres. Estas figuras ocupan un lugar muy importante, llegando casi a desaparecer los niños detrás de ellos. Evidentemente la presencia de los padres, para M.J., hace desaparecer a los niños, que quedan ocupando un lugar de relativa importancia. A sus mascotas, en cambio, les dedicó muchísimo tiempo y espacio. J. es una niña inteligente, vital (a pesar de lo descripto a lo largo de este informe), que se contacta bien con los profesionales a los que recién conoce y que puede elaborar historias con un gran despliegue imaginario cuando se lo demanda.

Por todo esto considero que el cuadro que presenta en el colegio en relación con el aprendizaje, es de origen emocional o psicológico. M.J. "dijo basta" a la incorporación de conocimientos; antes de aprender más, debe incorporar "los otros", los de su historia, "acomodarlos" en su cabeza, para ocupar así otro lugar en su familia y dejar de ser "la loca de siempre" para convertirse en una nena que haga cosas de nena y que pueda reclamar a su mamá y a su papá lo que realmente desea.

Sugiero tratamiento psicoterapéutico para la resolución de sus conflictos. El pronóstico es bueno en tanto se cumpla con esta recomendación de manera consistente y por el tiempo que demande.

Comentario: Este caso merece la siguiente reflexión. El antecedente de una enfermedad seria y su tratamiento siempre tienen un impacto emocional significativo. Parece razonable ante la aparición de dificultades escolares hacer una primera y quizás única evaluación para detectar secuelas neurológicas traducibles en déficit cognitivo. Una vez descartada su presencia es obvio que la dificultad es de origen psicológico en especial si le sumamos la disfunción familiar. El persistir en centrar el

                                    Guillermo Javier Nogueira

problema en la escuela y el aprendizaje y no insistir y mantener la ayuda psicológica es, como mínimo, una pérdida de tiempo valiosa que además tiende a incrementar y cronificar las dificultades.

Caso 9

Varón, 10 años 11 meses.

Nivel educacional: 5º grado (repite).

Solicitado por: Dr. Guillermo Javier Nogueira.

Motivo: Dificultades escolares esencialmente vinculadas con su conducta. Inquietud creciente desde salita de 4. Agresividad indiscriminada, puede incluirse a sí mismo. Dice no poder controlarse o que "le entra el diablo en el cuerpo". El detonante final es un episodio de conducta violenta que se inicia al solicitarle la docente que entregue una prueba escrita, a lo que se niega, presuntamente por anticipar un mal resultado con el consecuente castigo en su casa. La exigencia de entregar su trabajo lo descontrola y revolea sillas y mochilas, requiriendo tres personas que con dificultad logran controlarlo. Debió ser cambiado de escuela por su conducta a los 6 años (expulsado) y cuando cursaba 5º grado ya que en la escuela le anticipan que repetirá por bajas notas (la madre refiere que le bajaban las notas por su conducta). Puede rendir todas las materias bien menos una y no quiere rendir la restante porque "no vale la pena" ya que anticipa que le irá mal. Repite y en mitad del año la madre decide cambiarlo de escuela ya que prevé una nueva repetición. Las escuelas anteriores fueron privadas. Ahora concurre a escuela pública.

Antecedentes personales: Embarazo "triste". Madre soltera, 20 años. Parto por cesárea por doble circular de cordón. El padre desaparece en ese momento. Enuresis nocturna hasta hace 2 años. Solo vio a su padre biológico al año y a los 3 años de edad. Su madre forma una nueva pareja con la que se casa y tiene una niña de 3 años de edad en este momento. Vivieron con los abuelos maternos hasta los 6 años. Estos controlaban y se hacían cargo del niño.

En esa época vivía en la casa de los abuelos un hijo drogadicto con conductas bizarras, presenciadas por el niño.

Sueño inquieto. Suele hacer comentarios muy peculiares que la madre cree copió de su tío (ej. "me quiero morir, me tiro por la ventana, me corto las venas").

Operado de apendicitis a los dos años y medio.

Examen neurológico y EEG normales.

Ha recibido atención psicológica por dos profesionales, pero en forma discontinua. Fue visto por un psiquiatra, quien a decir de la madre manifestó que no necesitaba tratamiento psiquiátrico.

Antecedentes familiares: El padre biológico tenía conductas parecidas a las de su hijo, además de criarse en un entorno muy disruptivo (padre mujeriego con múltiples hijos de diversas madres). Educación primaria. Madre secundaria incompleta.

Evaluación: K. es evaluado en tres sesiones y una entrevista. Lo trae su madre. Su arreglo, actitud y conducta son apropiados a las circunstancias. Colabora de buen grado. Parece de buen humor. Es locuaz y se expresa correctamente. Tiende a no hacer esfuerzos y se apresura a decir "no sé", pudiendo luego mejorar su producción si lo estimulo diciéndole que "yo sé que sabe o que puede". No se lo ve inquieto en este entorno y se concentra en las tareas propuestas. Reconoce haber hecho anteriormente algunas y además expresa su agrado por otras. Anticipa que va a tener dificultades ("yo dibujo mal..."), lo que luego no se confirma con su ejecución. Da la sensación de temer y estar predispuesto a fracasar.

En su primera entrevista "irrumpe" en el consultorio sin saludarme ni mirarme, sentándose directamente frente al escritorio. Permanece allí quieto.

Lateralidad: diestro.

Resultados: Sus resultados en todas las pruebas evaluadas estuvieron dentro de la norma para edad, sexo y nivel socioeconómico. No se advierten fallas atencionales, de memoria, gnosicopráxicas o del lenguaje. Merece destacarse la fuerza del trazo en las pruebas con lápiz y papel y lo fragmentado del mismo en forma variable. Ambos hallazgos merecen ser interpretados a nivel proyectivo (ansiedad, inseguridad, agresividad, control).

Conclusión: K. no muestra alteraciones neurológicas ni cognitivas. Su trastorno de conducta debe ser considerado primariamente y en forma casi exclusiva como solo eso. No parece una conducta oposicionista ya que varía según el entorno. Si bien tiene un cierto grado de impulsividad, logra controlarla aunque a un costo funcional oneroso y con "escapes". Parece tener mejor respuesta a los refuerzos positivos (gratificaciones) que a los refuerzos negativos (castigo). Es evidente que tiene un modelo vincular enfermo, para el cual hay antecedentes en su entorno.

Sugerencias:

1- Tratamiento psicológico coherente y sostenido por un largo período.

2- Tratamiento psiquiátrico adicional (farmacológico), si luego de un período prudencial las conductas siguen siendo muy disruptivas.

3- Apoyo psicológico a los padres y en particular a la madre. Contención.

4- Enfatizar sus aspectos positivos y logros e incrementar su autoestima.

5- Modificar sus mecanismos y red vincular. Lograr estabilizar figuras parentales presentes, bien definidas y positivas.

6- Utilizar refuerzos positivos (premios) mucho más que castigos.

7- Fomentar su trabajo en grupos reducidos. Valorar su liderazgo y responsabilidad.

8- Reducir al mínimo posible los cambios y pérdidas.

COMENTARIO: Nuevamente vemos aquí un niño que "se porta mal" en quien nadie parece reparar excepto para ponerlo a prueba, calificarlo y luego castigarlo sin plantearse qué le pasa, inclusive preguntándoselo a él. Se mira al ámbito escolar y lo que allí sucede sin tener en cuenta los otros aprendizajes anómalos a los que ha sido sometido. Lo que antecedió a su existencia tampoco parece haber sido registrado: embarazo triste, padre ausente pero parecido a él y a su vez hijo de un padre de vida licenciosa. El rol de los abuelos maternos en quienes la madre se refugia inicialmente y que a su vez conviven con un drogadicto seriamente perturbado. Realmente no es esperable un buen ajuste e integración a la escuela cuando en su ámbito de pertenencia no existen modelos de conducta continentes y apropiados. El problema está fuera de la escuela e inclusive anteceden a la propia existencia del niño tal como lo evidencia una paternidad irresponsable. Se puede cometer el error de pretender que la escuela contemple y resuelva todo esto. A su vez la escuela puede errar al mirar y calificar el aprendizaje y la conducta del niño sin mirar su entorno. Difícil solución. Es prudente evitar la tentación de etiquetar y medicalizar.

Caso 10

Varón, 11 años 7 meses.

NIVEL EDUCACIONAL: EGB 5º grado.

SOLICITADO POR: Psicopedagoga.

MC: Dificultades de conducta y rendimiento escolar. El niño ha mostrado desde hace varios años tendencia a conductas de retraimiento que en el último año inciden en su rendimiento escolar, especialmente una aparente inatención. Sus compañeros lo describen como "en una burbuja" y le han puesto ese mote. Se queja de estar "aburrido" y "cansado".

Antecedentes personales: Nacido a término y de parto normal. Las pautas madurativas se cumplieron normalmente. No ha tenido enfermedades de importancia. En relación con su problemática, merece destacarse que durante sus primeros seis meses de vida su madre tuvo un desajuste emocional muy importante por lo que interrumpe la lactancia. Han realizado múltiples mudanzas que incluyen cinco ciudades en el país de muy diferente tamaño y una en el extranjero con diferente idioma. Contemplan una nueva mudanza en el momento de la consulta. En la mayoría de ellas F. cambia de escuela, siendo estas de diferente tipo y nivel de exigencias. Por dificultades similares a las del presente, inicia tratamiento psicológico a instancias de los padres, es dado de alta luego de dos años con buenos resultados. Su alta fue poco antes de su mudanza al exterior. Tiempo después reaparecen sus conductas sintomáticas. Tuvo dos pérdidas familiares importantes en corto tiempo (abuelos) El nivel económico familiar sufrió un deterioro significativo. Recibe en el momento actual tratamiento psicológico y apoyo psicopedagógico, habiéndose observado alguna mejoría.

EVALUACIÓN: F. fue evaluado en dos sesiones separadas de una y dos horas. La primera consistió en un examen neurológico y una evaluación neuropsicológica abreviada. La segunda en una entrevista psicológica. Los padres fueron entrevistados en dos ocasiones, una por cada uno de los examinadores. Luego les fueron dadas las devoluciones a ellos y al niño por separado a cargo de ambos profesionales en conjunto.

Contamos previamente con un informe completo de la psicopedagoga que fue de utilidad y tenido en cuenta.

F. tiene buen aspecto, está adecuadamente vestido y aseado. Dice estar un poco cansado por haber madrugado y ocasionalmente bosteza (viene de otra ciudad distante). Su conducta es apropiada para el lugar y las circunstancias (quizás demasiado "ajustada" y correcta). Colabora adecuadamente en las tareas propuestas.

Habla suavemente y con voz de bajo volumen, tiende a tener la cabeza y la mirada baja. Hay siempre una breve latencia para sus respuestas, que no impresiona tener relación con dificultades de comprensión. Se mueve de forma ajustada, a veces con lentitud y ocasionalmente se para y reacomoda en el asiento dando la impresión de cansancio postural o molestia, más que de inquietud ya que puede mantener la tarea en que estaba comprometido o iniciar inmediatamente otra solicitada. Solo ocasionalmente su mirada se torna vivaz y esboza una sonrisa. Eso sucede cuando lo saco del contexto con una broma o un comentario sobre cosas que le interesan.

En conjunto da la imagen de un niño triste (¿deprimido?) y sobre-adaptado.

Examen neurológico: Normal.

LATERALIDAD: diestro.

RESULTADOS: Todas las pruebas consideradas desde el punto de vista neuropsicológico estuvieron dentro de la norma para edad, sexo, nivel socioeconómico y educacional. Sus resultados decaen cuando se introduce la variable tiempo como determinante. Allí se hace evidente un enlentecimiento que baja sus resultados y que es interpretado como una disminución en su velocidad de ejecución y no como una dificultad en el procesamiento y obtención de información. Dado que su rendimiento en una prueba de esfuerzo fue óptimo, este enlentecimiento debe ser visto

                                        Guillermo Javier Nogueira

como vinculado a factores emocionales que pueden resumirse como desgano y que simulan un trastorno atencional e inclusive un funcionamiento intelectual disminuido.

CONCLUSIÓN: Desde el punto de vista neuropsicológico no se observan en F. alteraciones en esta evaluación. Teniendo en cuenta los síntomas que él mismo verbaliza (estar en una burbuja, cansancio, aburrimiento) y su conducta manifiesta coherente (voz baja, cabeza gacha, mirada y rostro vivaces solo por momentos y con expresiones de alegría poco frecuentes, tendencia al retraimiento y a los juegos individuales y un cierto enlentecimiento ejecutivo), nos parece evidente un grado de depresión significativo en un niño que por otro lado hace esfuerzos por cumplir con ciertas expectativas y se sobreadapta. El informe psicológico adjunto abundará más en este aspecto.

SUGERENCIAS: Tratamiento psicológico sostenido y por largo plazo. Apoyo psicológico a los padres a fin de estabilizar y hacer predecible el futuro, al menos en los grandes lineamientos de lugar de residencia, escuela y amistades. Flexibilizar la demanda educacional y de conducta. Estimular y respetar los proyectos del niño.

INFORME PSICOLÓGICO: F. es un niño inteligente, maduro y con buena capacidad reflexiva. Debido a los numerosos cambios que ha sufrido por el trabajo del padre y a las pérdidas que aquellos conllevan, el niño ha adoptado diferentes tipos de defensas que lo ayudan a soportar las distintas situaciones en las que se encuentra.

En el colegio por ejemplo se disocia, "se va" a otro mundo donde las reglas del juego pueden ser controladas por él y donde la realidad no le sea tan hostil. Por esto se ha ganado el mote de "Burbuja" entre sus compañeros.

Esta falsa "distracción" es lo que puede llevar a pensar que el niño tiene problemas de atención.

En realidad F. está cursando un cuadro de tipo depresivo, consecuencia –como ya describí anteriormente–, de las pérdidas vividas durante su infancia. Nunca puede instalarse en ningún lado y cuando comienza a elaborar un proyecto con su amigo de turno (como el que me contó durante la entrevista), surge una nueva posibilidad de traslado de la familia y todo queda trunco para él. Por consiguiente implementa otro mecanismo de defensa que es la sobreadaptación, actuando a veces como un adulto que entiende todo y nunca se queja.

Por otra parte pareciera tener (así lo describen los informes enviados) dificultades para establecer vínculos con sus pares. Considero que estas "dificultades" no son tales y que, en realidad, el niño no quiere conectarse afectivamente con otros porque sabe que en algún momento los va a perder. "Toco y me voy" pareciera ser la premisa básica en cuanto a su modo de funcionamiento en el mundo. Como resultado de esta conducta prefiere estar solo o jugar al tenis, o hacer natación, en lugar de pertenecer a algún equipo de fútbol, rugby o básquet, por ejemplo. Con respecto a esto, me dio una larga explicación para justificar su elección de "deportes individuales", que no era otra cosa que una buena racionalización (otra defensa).

Todo esto fue contado con un excelente nivel de lenguaje y "corriéndose", por momentos, de su posición de niño, adoptando así un rol de adulto que lo ayuda a encontrar explicaciones lógicas a cada cosa que hace o le pasa. Creo que esto tiene un elevado costo psíquico para él.

F. manifiesta también sentir aburrimiento (que en realidad es vacío interior) y mucho cansancio. Esto que dice, sumado a como se lo ve (triste, abatido, con angustia contenida) no hace sino abonar la hipótesis de un cuadro depresivo en curso.

Se les recomienda a los padres buscar ayuda terapéutica para resolver la problemática que atraviesan, en pos de una estabilidad definitiva de la familia, como así privilegiar en estos momentos, la salud mental de F., disminuyendo la sobreexigencia escolar.

El niño a su vez debe continuar tratamiento psicoterapéutico en forma intensiva.

Resumen general

Resulta evidente que muchos de estos casos fueron vistos en consulta derivados por otros profesionales, docentes o gabinetes. En consecuencia, la intervención se vio limitada a sugerencias. Carecemos de seguimiento en varios de ellos. En los casos que debían retornar para iniciar o controlar un tratamiento y no lo hicieron, la experiencia nos ha demostrado que las sugerencias fueron desestimadas por diferentes motivos. Hay comunes denominadores, tanto para la aparición de las dificultades como para su manejo, como son el nivel socioeconómico y educacional bajos, las familias disfuncionales y los antecedentes personales o familiares negativos. Pueden estar presentes en forma aislada o agrupados y a su vez tener magnitudes variables. El rol del "pagador" como condicionante de consultas, estudios y seguimiento es muy importante. Por representar el niño "un problema" para los padres y para el ámbito educativo, la búsqueda de diagnósticos y soluciones tiende a estar enfocada en el niño como el causante. Consecuentemente se lo etiqueta y a veces realmente se lo victimiza. Por otro lado, habitualmente no se lo escucha y por ende se lo desubjetiviza, se lo cosifica: "es un ADHD, es un retrasado, es autista, etc." Nuestra tendencia a poner en juego casi sistemáticamente un enfoque psicológico de fuerte impronta psicoanalítica no se debe a un

Guillermo Javier Nogueira

prejuicio por nuestra formación, sino porque creemos que la constitución del aparato psíquico, la subjetividad, los afectos y la historia personal y familiar están siempre en juego más allá de los determinantes biológicos de los que dependen y a la vez condicionan. Esto permite una mirada más amplia que incluye a la escuela, los docentes, la familia y el micro /macro mundo en que ese niño aparece y trata de vivir, aunque a veces solo logra sobrevivir. Siempre es más fácil y aún conveniente responsabilizar a otro/s y apelar a soluciones rápidas, sin esfuerzo, provenientes del campo de la ciencia médica. Incluye una gran cuota de ignorancia y pensamiento mágico: los estudios hechos por aparatos costosos o las pastillas que van directo al cerebro y corrigen sus desvíos. Esta manera de operar no es exclusiva de padres de bajos recursos económicos e intelectuales. Docentes, profesionales y autoridades de diversos ámbitos también caen en el mismo saco.

Dado que los informes les son entregados a los padres para hacerlo llegar a quienes han solicitado la consulta y evaluación, preferimos hacerlos descriptivos y sin diagnósticos fijos o definitivos. Por más que se les entregue en sobre cerrado, habitualmente lo abren y leen antes de entregarlos. Hay "palabras" que asustan y/o generan rechazo, por lo que deben evitarse en la medida de lo posible. La incomprensión por ignorancia empeora las cosas y en su conjunto van en contra del objetivo que es encontrar la ayuda necesaria y sostenerla. También debe cuidarse la difusión de informes fuera del ámbito y del control de quien lo solicita. La intimidad y el secreto profesional deben ser resguardados. Esto no significa que la información deba estar reservada a los profesionales o a las autoridades educacionales, sino que los padres también tienen que tener acceso a ella, ya que –en última instancia– les pertenece. Por esa razón debe ser decodificada o traducida a un lenguaje acorde para ellos sin tergiversar o distorsionar la misma y al mismo tiempo brindar el asesoramiento y contención siempre necesarios. No siempre se logra todo esto pero es deseable tratar.

Finalmente, vemos que cuando la ayuda es correcta y sostenida en el tiempo, siempre hay mejorías posibles llegando inclusive hasta la desaparición de los problemas en muchos casos, aún en patologías graves y de base puramente biológica.

Esta experiencia clínica a lo largo de muchos años, ratificada y derivada de nuestros trabajos de investigación y extensión, ha sido el andamio con el que se fue construyendo este edificio-libro. Cada lector podrá, y es deseable que lo haga, agregar nuevos ladrillos para construir su propio edificio, ciertamente distinto y posiblemente mejor.

BIBLIOGRAFÍA

Libros

AA.VV. (1994). *La clínica del autismo*. Fundación Europea para el Psicoanálisis. Buenos Aires, Kliné.

Ansermet, F. y Magistretti P. (2006). *A cada cual su cerebro. Plasticidad neuronal e inconsciente*. Buenos Aires, Katz.

Axelos, K. (1980). *Horizontes del mundo*. Buenos Aires, Fondo de Cultura Económica.

Azcoaga, J. (1991). *Neurolingüística y fisiopatología: afasiología*. Buenos Aires, El Ateneo.

Azcoaga, J. y otros (1983). *Las funciones cerebrales superiores y sus alteraciones en el niño y en el adulto: neuropsicología* (1ª ed.). Buenos Aires, Paidós.

Bartra, R. (2014). *Antropología del cerebro. Conciencia, cultura y libre albedrío*. México, Fondo de Cultura Económica (2ª ed.).

Baudrillard, J. (1984). *Las estrategias fatales*. Barcelona, Anagrama.

Bauman, Z. y Dessal, G. (2014). *El retorno del péndulo*. Buenos Aires, Fondo de Cultura Económica.

Benasayag, L. y cols. (1984). *Neuropediatría. Enfoque multidisciplinario*. Buenos Aires, Ed. Purinzon (2ª ed.).

Bleichmar, S. (2011). *La construcción del sujeto ético*. Buenos Aires, Paidós.

Bowlby, J. (2012). *El apego*, Vol. 1 y 2. Buenos Aires, Paidós.

Bravo Valdivieso, L. (1995). *Lenguaje y dislexias: enfoque cognitivo del retardo lector*. Santiago de Chile, Ed. Universidad Católica de Chile.

Bruner, J. S. (1995). *Desarrollo cognitivo y educación*. Madrid, Morata.

Bruner, J. S. (1995). *El habla del niño. Cognición y desarrollo humano*. Buenos Aires, Paidós.

Bunge, M. (1980). *El problema mente-cerebro. Un enfoque psicobiológico*. Madrid, Tecnos.

Calvin, W. H. (1990). *The Cerebral Symphony*. Nueva York, Bantam Books.

Cavalli-Sforza, L. L. (2010). *Genes, pueblos y lenguas*. Barcelona, Crítica.

Changeux, J.P. (1985). *El hombre neuronal*. Madrid, Espasa Calpe.

Changeux, J.P. (2010). *Sobre lo verdadero, lo bello y el bien. Nuevo enfoque neuronal*. Buenos Aires, Katz.

Chávez Torres, R. (2003). *Neurodesarrollo neonatal e infantil*. México, Ed. Médica Panamericana.

Colombo, J. (Ed.) (2007). *Pobreza y desarrollo infantil. Una contribución multidisciplinaria*. Buenos Aires, Paidós.

Cordié, A. (2003). *Los retrasados no existen. Psicoanálisis de niños con fracaso escolar*. Buenos Aires, Nueva Visión.

Cordié, A. (2003). *Malestar en el docente. La educación confrontada con el Psicoanálisis*. Buenos Aires, Nueva Visión.

Damasio, A. (1994). *El error de Descartes*. Santiago de Chile, Ed. Andrés Bello.

Damasio, A. (2000). *Sentir lo que sucede*. Santiago de Chile, Ed. Andrés Bello.

Damasio, A. (2010). *Y el cerebro creó al hombre*. Madrid, Ed. Booket ciencia.

Dawkins, R. (2015). *El relojero ciego*. Barcelona, Tusquets.

De Ajuriaguerra, J. (1976). *Manual de Psiquiatría Infantil*. Barcelona, Masson (3ª ed.).

De Lajonquiere, L. (1996). *De Piaget a Freud: para repensar los aprendizajes*. Buenos Aires, Nueva Visión.

Dehaene, S. (2014). *El cerebro lector*. Buenos Aires, Siglo XXI.

Dehaene, S. (2016). *El cerebro matemático*. Buenos Aires, Siglo XXI.

Dennet, D. C. (2006). *Dulces sueños. Obstáculos filosóficos para una ciencia de la conciencia*. Buenos Aires, Katz.

Di Orio, S. y Klimkiewicz, L. (2005). *Una lectura del "Proyecto de una psicología para neurólogos" de Sigmund Freud*. Buenos Aires, Letra Viva.

Diamond, A. (Ed.) (1990). *The Developmental and Neural Bases of Higher Cognitive Functions*. Annals of the New York Accademy of Sciences, 608, xiii-lvi.

Dolto, F. (1984). *Seminario de psicoanálisis de niños*. Buenos Aires, Siglo XXI.

Dolto, F. (1990). *La imagen inconsciente del cuerpo*. Buenos Aires, Paidós.

Dolto, F. y Nasio, J. D. (1992). *El niño del espejo. Trabajo psicoterapéutico* (2ª ed.). Barcelona, Gedisa.

Dugatkin, L. A. (2007). *Qué es el altruismo. La búsqueda científica del origen de la generosidad*. Buenos Aires, Katz.

Eccles, J. C. y Zeier, H. (1985). *El cerebro y la mente*. Barcelona, Herder.

Echeverría, R. (2016). *El Búho de Minerva*. Buenos Aires, Granica.

Eco, U. (2003). *El péndulo de Foucault*. Madrid, Debolsillo.

Evers, K. (2010). *Neuroética*. Buenos Aires, Katz.

Fejerman, N. y Fernández Álvarez, E. (1994). *Fronteras entre neuropediatría y psicología*. Buenos Aires, Nueva Visión.

Fejerman, N. y Fernández Álvarez, E. (2007). *Neurología pediátrica* (3ª ed.). Buenos Aires, Ed. Médica Panamericana.

Fejerman, N. y Grañana, N. (2017). *Neuropsicología infantil*. Buenos Aires, Paidós.

Fejerman, N., Arroyo H., Massaro, M. y Ruggieri, V. (1994). *Autismo infantil y otros trastornos del desarrollo*. Buenos Aires, Paidós.

Fernández, A. (1987). *La inteligencia atrapada*. Buenos Aires, Nueva Visión.

Fodor, J. (1975). *El lenguaje del pensamiento*. Madrid, Alianza.

Fodor, J. (1986). *La modularidad de la mente*. Madrid, Morata.

Fodor, J. (1998). *Conceptos. Donde la ciencia cognitiva se equivocó*. Barcelona, Gedisa.

Foucault, M. (2016). *Enfermedad mental y psicología*. Buenos Aires, Paidós.

Freides, D. (2002). *Trastornos del desarrollo: un enfoque neuropsicológico*. Barcelona, Ariel.

Freud, S. (1976). Proyecto de una Psicología para Neurólogos (pp. 323-387), en *Obras Completas I*. Buenos Aires, Amorrortu.

Frith, U. (1995). *Autismo*. Madrid, Alianza.

Fuster, J. (1997). *The Prefrontal Cortex*. Londres, Academic Press.

Fuster, J. (2014). *Cerebro y libertad*. Barcelona, Ariel.

Gazzaniga, M. (1985). *El cerebro social*. Madrid, Alianza.

Goldar, J. C. (1978). *Biología de la memoria*. Buenos Aires, Salerno.

Goldar, J. C. (1985). *Cerebro límbico y psiquiatría*. Buenos Aires, Salerno.

Goldar, J. C. (1993). *Anatomía de la mente*. Buenos Aires, Salerno.

Goldberg, E. (2002). *El cerebro ejecutivo*. Barcelona, Crítica.

Goodman, N. (1978). *Maneras de hacer mundos*. Madrid, La Balsa de la Medusa.

Gould, S. (2004). *Obra esencial*. Barcelona, Crítica.

Green, A. (2005). *La causalidad psíquica*. Buenos Aires, Amorrortu.

Guifeng, Xu et al. (2018). "Twenty Years Trends in Diagnosed Attention Deficit/Hyperactivity Disorders Among US Children and Adolescents, 1997-2016". *JAMA Netw Open*. 2018;1(4):e181471. doi:10.1001/jamanetworkopen.2018.1471

Harari, Y. N. (2016). *Homo Deus*. Buenos Aires, Debate.

Heilman, K. y Velenstein, E. (1983). *Clinical Neuropsychology* (3ª ed.). Oxford, Oxford University Press.

Hobson, P. (1993). *El autismo y el desarrollo de la mente*. Madrid, Alianza.

Iacoboni, M. (2010). *Las neuronas espejo*. Buenos Aires, Katz.

Janin, B. (2004). *Niños desatentos e hiperactivos*. Buenos Aires, Noveduc.

Kahneman, D. (2011). *Thinking Fast and Slow*. México, Debolsillo.

Kandel, E. (2007). *Psiquiatría, psicoanálisis y la nueva biología de la mente*. Madrid, Ed. Ars Médica.

Laino, D. (2000). *Aspectos psicosociales del aprendizaje*. Rosario, Homo Sapiens.

Larroy, C. y De la Puente, M. L. (1998). *El niño desobediente*. Madrid, Pirámide.

Levin, E. (1995). *La infancia en escena. Constitución del sujeto y desarrollo psicomotor*. Buenos Aires, Nueva Visión.

Levin, E. (2000). *La función del hijo. Espejos y laberintos de la infancia*. Buenos Aires, Nueva Visión.

Levin, E. (2007). ¿Hacia una infancia virtual? La imagen corporal sin cuerpo. Buenos Aires, Nueva Visión.

Levin, E. (2008). *Discapacidad clínica y su educación*. Buenos Aires, Nueva Visión.

Levin, E. (2010). *La experiencia de ser niño: plasticidad simbólica*. Buenos Aires, Nueva Visión.

Levin, E. (2014). *Pinochos; marionetas o niños de verdad. Las desventuras del deseo*. Buenos Aires, Nueva Visión.

Lezak, T. (1996). *Neuropsychological Assesment* (3ª ed.). Oxford, Oxford University Press.

Lipina, S. y Sigman, M. (2011). *La pizarra de Babel. Puentes entre neurociencia, psicología y educación*. Buenos Aires, Libros del Zorzal.

Lledo, P. M. (2018). *El cerebro en el siglo XXI*. Buenos Aires, El Ateneo.

Lorenz, K. (1979). *Biología del comportamiento*. Buenos Aires, Siglo XXI.

Luria, A. R. (1979). *El cerebro en acción*. Barcelona, Ed. Fontanella.

Luria, A. R. (1980). *Los procesos cognitivos. Análisis socio-histórico*. Barcelona, Ed. Fontanella.

Maestú Unturbe, F., Ríos Lago, M. y Cabestrero Alonso, R. (2008). *Neuroima-*

gen. *Técnicas y procesos cognitivos*. Madrid, Elsevier.

Manoni, M. (2000). *El niño su "enfermedad" y los otros*. Buenos Aires, Nueva Visión.

Martínez, J. S. (2017). *Equidad y la educación*. Madrid, Ed. Catarata.

Maturana, H. (2004). *Desde la biología a la psicología*. Buenos Aires, Lumen.

Maturana, H. y Varela, H. (1984). *De máquinas y seres vivos* (6ª ed.). Buenos Aires, Lumen.

Moreno, J. (2014). *La infancia y sus bordes. Un desafío para el psicoanálisis*. Buenos Aires, Paidós.

Mosner, M. (1994). *El niño, el cuerpo y su psicoanalista*. Buenos Aires, Ed. Kargieman.

Pacho, J. (1995). *Naturalizar la razón. Alcance y límites del naturalismo evolucionista*. Buenos Aires, Siglo XXI.

Pain, S. (1985). *La génesis del inconsciente. La función de la ignorancia II*. Buenos Aires, Nueva Visión.

Piaget, J. (1969). *Biología y conocimiento*. México, Siglo XXI.

Piaget, J., De Ajuriaguerra, J., Bresson, F., Bärbel, I. y Oleron, P. (1985). *Introducción a la Psicolingüística*. Buenos Aires, Nueva Visión.

Pimker, S. (2003). *La tabula rasa*. Buenos Aires, Paidós.

Plomin, E., DeFries, J., McClearn, G. y McGuffin, P. (2002). *Genética de la conducta*. Barcelona, Ariel.

Pommier, G. (2010). *Cómo las neurociencias demuestran el psicoanálisis*. Buenos Aires, Letra Viva.

Pribram, K. y Merton, G. (1977). *El "Proyecto" de Freud. Una introducción a la teoría cognitiva y la neuropsicología contemporáneas*. Buenos Aires, Ed. Marymar.

Ramachandran, V. S. (2011). *The Tell-Tale Brain*. Nueva York, W.W. Norton.

Rivière, A. (1998). *Objetos con mente*. Madrid, Alianza.

Rodriguez, E. D. (2017). *Filosofía al paso*. Buenos Aires, Edhasa.

Rodulfo, M. (2016). *Bocetos psicopatológicos*. Buenos Aires, Paidós.

Rodulfo, M. y González, N. (1997). *La problemática del síntoma*. Buenos Aires, Paidós.

Rodulfo, R. (1993). *El niño y el significante. Un estudio sobre la función del jugar en la constitución temprana*. Buenos Aires, Paidós.

Rodulfo, R. (1995). Trastornos narcisísticos no psicóticos. Buenos Aires, Paidós.

Rodulfo, R. (1999). *Dibujos fuera del papel. De la caricia a la lectoescritura en el niño*. Buenos Aires, Paidós.

Romano, E. M. (1997). *Psicopatología infantil y psicoanálisis. La clínica*. Buenos Aires, Nueva Visión.

Sacks, O. (1987). *El hombre que confundió a su mujer con un sombrero*. Madrid, Ed. Muchnik.

Sánchez, J. F. (2016). *Lacan con las matemáticas*. Buenos Aires, Letra Viva.

Searle, J. (1996). *El redescubrimiento de la mente*. Barcelona, Crítica.

Searle, J. (2004). *La mente. Una breve introducción*. Bogotá, Norma.

Searle, J. (2005). *Libertad y neurobiología*. Buenos Aires, Paidós.

Segura, E. (coord.) (1994). *El sistema cerebral y sus modelos: desde la cultura a la neurona*. Buenos Aires, UCAECE.

Selvini Palazzoli, M. et al. (2001). *El mago sin magia*. Buenos Aires, Paidós.

Solms, M. y Turnbull, O. (2007). *The Brain and the Inner World*. Nueva York, Other Press.

Tallis, J. (coord.) (1988). *Autismo infantil. Lejos de los dogmas*. Buenos Aires, Miño y Dávila editores.

Tallis, J. y cols. (2006). *Trastornos en el desarrollo infantil*. Buenos Aires, Miño y Davila.

Tallis, J. y Soprano, A.M. (1991). *Neuropediatría. Neuropsicología y aprendizaje*. Buenos Aires, Nueva Visión.

Tustin, F. (1987). *Barreras autistas en pacientes neuróticos*. Buenos Aires, Amorrortu.

Tustin, F. (1992). *Estados autísticos en los niños*. Buenos Aires, Paidós.

Untoiglich, G. (2013). *En la infancia los diagnósticos se escriben con lápiz. La patologización de las diferencias en la clínica y en la educación*. Buenos Aires, Noveduc.

Vygotski, L. (1979). *El desarrollo de los procesos psicológicos superiores*. Barcelona, Grijalbo.

Winnicott, D. W. (1972). *Realidad y juego*. Barcelona, Gedisa.

Winnicott, D. W. (1993). *El niño y el mundo externo* (4ª ed.). Buenos Aires, Lumen.

Winnicott, D. W. (1996). *La naturaleza humana*. Buenos Aires, Paidós.

Winnicott, D. W. (1996). Los procesos de maduración y el ambiente facilitador. Buenos Aires, Paidós.

Artículos

Aguado-Aguilar, L. (2001). Aprendizaje y memoria. *Revista de Neurología*, 32(4), 373-381.

Ambroggi, F., Ishikawa, A., Fields, H. L. y Nicola, S. M. (2008). Basolayteral Amygdala Neurons Facilitate Reward-seeking Behavior by Exciting Nucleus Accumbens Neurons. *Neuron*, 59, 648-661.

Andaria, E., Duhamela, J.-R., Zallab, T. et al. (2010). Promoting Social Behavior With Oxytocin in High-Functioning Autism Spectrum Disorders. *Proceedings of the National Academy of Sciences of the United States of America*, 107(9), 4389-94.

Ansari, D. (2010). Neurocognitive Approaches to Developmental Disorders of Numerical and Mathematical Cognition: The Perils of Neglecting the Role of Development. *Learning and Individual Differences*, 20, 123-129.

Benasayag, M., Janin, B., Dueñas. G. et al. (2013). Patologización de la infancia. *Actualidad Psicológica*, Año XXXVIII, N° 416, marzo 2013.

Bermejo-Pareja, F. (2010). La conciencia, la conciencia de sí mismo y las neuronas de von Economo. *Revista de Neurología*, 50(7), 385-386.

Biederman, J. et al. (1995). Family-environment Risk Factors for Attention Deficit Hyperactivity Disorder. *Archives of General Psychiatry*, 52, 464-470.

Biederman, J., Monuteaux, M.C., Spencer, T. et al. (2009). Do Stimulants Protect Against Psychiatric Disorders in Youth With ADHD? A 10-Year Follow-up Study. *Pediatrics*, 124, 71-78.

Bobbio, T.G., Gabbard, C., Gonçalves, V.M.G. et al. (2009). Relación entre la función motora y el rendimiento cognitivo. Correspondencia. *Revista de Neurología*, 49 (7).

Brooks, M. (2015). Experts Urge Caution When Prescribing Common ADHD Drug in Kids. www.medscape.com, 11/27/2015.

Brooks, M. (2018). Child's Age a Key Factor for Accurate ADHD Diagnosis. www.medscape.com, 2/18/2018.

Brown, A.S., Cheslack-Postava, K., Rantakokko, P. et al. (2018). Association of Maternal Insecticide Levels with Autism in Offspring from a National Birth Cohort. *The American Journal of Psychiatry*, *175*(11), 1094-1101.

Cáceres, J. y Herrero, D. (2011). Cuantificación y análisis de la concordancia entre padres y tutores en el diagnóstico del trastorno por déficit de atención/hiperactividad. *Revista de Neurología*, *52*(9), 527-535.

Carboni-Román, D. del Río Grande, A. Capilla, et al. (2006). Bases neurobiológicas de las dificultades de aprendizaje. *Revista de Neurología, 42* (Supl. 2), S171-S175.

Cardo, E. y Servera, M. (2008). Trastorno por déficit de atención/hiperactividad: estado de la cuestión y futuras líneas de investigación. *Revista de Neurología, 46*(6), 365-372.

Cardo, E., Casanovas, S., De la Banda, G. et al. (2008). Signos neurológicos blandos: ¿tienen alguna utilidad en la evaluación y diagnóstico del trastorno por déficit de atención/hiperactividad?. *Revista de Neurología, 46* (Supl. 1), S51-S54.

Cardo, E., Nevot, A., Redondo, M. et al. (2010). Trastorno por déficit de atención/hiperactividad: ¿un patrón evolutivo?. *Revista de Neurología, 50* (Supl. 3) S143-S147.

Castaño, J. (2002). Aportes de la Neuropsicología al diagnóstico y tratamiento de los trastornos de aprendizaje. *Revista de Neurología, 34* (Supl. 1), S1-S7.

Catani, M., Jones, D. K., Daly, E., Embiricos, N. et al. (2008). Altered Cerebellar Feedback Projections in Asperger Syndrome. *NeuroImage, 41*, 1184-1191.

Charach, A., Dashti, B., Carson, P. et al. (2011). Attention Deficit Hyperactivity Disorder: Effectiveness of Treatment in At-Risk Preschoolers; Long-Term Effectiveness in All Ages; and Variability in Prevalence, Diagnosis, and Treatment. Rockville (MD): Agency for Healthcare Research and Quality (US), Oct. Report No.: 12-EHC003-EF. (Prepared by the McMaster University Evidence-based Practice Center under Contract No.MME2202 290-02- 0020).

Cheslack-Postava, K., Liu, K. y Bearman, P. S. (2011). Closely Spaced Pregnancies Are Associated With Increased Odds of Autism in California Sibling Births. *Pediatrics, 127*(2), 246-253.

Chidekel, D. y Budding, D.E. (2010). Procedural Deficits in Learning Disorders: A View Beneath the Verbal-Nonverbal Dichotomy. *The Educational Therapist, 31*(1), 8-12.

Connor, D.F. (2011). Problems of Overdiagnosis and Overprescribing in ADHD. *Psychiatric Times*, 28(8), August 11.

Cornelio-Nieto, J.O., Borbolla-Sala, M.E., García-Valdovinos, S. (2010). Estudio poblacional de diagnóstico comparativo entre el DSM-IV y el cuestionario para escolares y adolescentes latinoamericanos para la detección del trastorno por déficit de atención/hiperactividad. *Revista de Neurología, 50* (Supl. 3), S119-S123.

Cortese, S., Kelly, C., Chabernaud, C. et al. (2012). Toward Systems Neuroscience of ADHD: A Meta-Analysis of 55 fMRI Studies. *The American Journal of Psychiatry*, 1-18 in advance. Online 2012, http://www.medscape.com/viewarticle/570658

Delis, D.C. y Wetter, S.R. (2007). Cogniform Disorder and Cogniform Condition: Proposed diagnoses for excessive cognitive symptoms. *Archives of Clinical Neuropsychology, 22*, 589-604.

Dennis, M., Sinopoli, K.J., Fletcher, J.M. et al. (2008). Puppets, robots, critics, and actors within a taxonomy of attention for developmental disorders. *Journal of the International Neuropsychological Society, 14*, 673-690.

Diamond, A. (2005). Attention-deficit disorder (attention-deficit/hyperactivity disorder without hyperactivity): A neurobiologically and behaviorally distinct disorder from attention-deficit/hyperactivity disorder (with hyperactivity). *Development and Psychopathology, 17*(3), 807-825.

Dikker, S. Wan, L. Davidesco, I. et al. (2017). Brain-to-Brain Synchrony Tracks Real-World Dynamic Group Interactions in the Classroom. *Current Biology, 27*(9), 1375-1380.

Dissanayake, C., Bui, Q., Bulhak-Paterson, D. et al. (2009). Behavioural and Cognitive Phenotypes in Idiopathic Autism Versus Autism Associated with Fragile X Syndrome. *Journal of Child Psychology and Psychiatry, 50*(3), 290-299.

Drane, D.L., Williamson, D.J., Stroup, E.S. et al. (2006). Cognitive Impairment is not Equal in Patients with Epileptic and Psychogenic Nonepileptic Seizures. *Epilepsia, 47*(11), 1879-1886.

Dvir, Y. y Frazier, J.A. (2011). Autism and Schizophrenia. *Psychiatric Times*, Vol. *28*(3), March 15.

Ellis, B. y Joel Nigg, M.A. (2009). Parenting Practices and Attention-Deficit/Hyperactivity Disorder: New Findings Suggest Partial Specificity of Effects. *Journal of the American Academy of Child and Adolescent Psychiatry, 48*(2), 146-154.

Evansa, W.N., Morrill, M.S. y Parente, S.T. (2010). Measuring inappropriate medical diagnosis and treatment in survey data: The case of ADHD among school-age children. *Journal of Health Economics, 29*(5), 657-673.

Faraone, S.V. (2009). Using Meta-analysis to Compare the Efficacy of Medications for Attention-Deficit/Hyperactivity Disorder in Youths. *P&T: A Peer-Reviewed Journal for Formulary Management, 34*(12), 678-694.

Fernández-Mayoralas, D.M., Fernández-Jaén, A., García-Segura, J.M. et al. (2010). Neuroimagen en el trastorno por déficit de atención/hiperactividad. *Revista de Neurología, 50* (Supl. 3), S125-S133.

Fraiman, H. D. (2011). El límite evolutivo de la cultura simbólica contemporánea (II) *(La intolerable trivialidad de la cultura actual) (Someras meditaciones heréticas). Neurología Argentina, 3*(3), 182-185.

Frances, A. (2011). Pediatricians Issue Dangerous New Treatment Guidelines for Attention Deficit Disorder. www.psychiatrictimes.com, 10/17/2011.

Frances, A. (2014). No Child Left Undiagnosed. *Psychiatric Times*, April 18, 2014.

Frances, A. (2017). Connecting the Dots on the ADHD Fad. *Psychiatric Times*, december 12, 2017.

Froehlich, W. y Fung, L.K. (2012). Autism Spectrum and Neurodevelopmental Disorders. Clinical update for Psychiatrists. *Psychiatric Times, 29*(11).

Fuchs, D., Hale, J. B. y Kearns, D.M. (2011). On the Importance of a Cognitive Processing Perspective: An Introduction. *Journal of Learning Disabilities, 44*(2), 99-104.

Furman, L. (2005). What Is Attention-Deficit Hyperactivity Disorder (ADHD)?. *Journal of Child Neurology, 20*(12), 994-1003.

Soliva, J.C., Moreno, A., Fauquet, J. et

al. (2010). Cerebellar Neurometabolite Abnormalities in Pediatric Attention/ Deficit Hyperactivity Disorder: A Proton MR Spectroscopic Study. *Neuroscience Letters, 470*(1), 60-64.

Gaillard, F., Quartier, V. y Besozzi, G. (2004). Más allá de la hiperactividad: un detallado análisis retrospectivo de 30 casos estudiados en la Clínica de Psicología de la Universidad de Lausanne. *Revista Argentina de Neuropsicología, 2*, 15-25.

García-Peñas, J.J. (2008). Autismo, epilepsia y enfermedad mitocondrial: puntos de encuentro. *Revista de Neurología, 46* (Supl. 1), S79-S85.

Geary, D.C., Hoard, M.K., Byrd-Craven, J. et al. (2007). Cognitive Mechanisms Underlying Achievement Deficits in Children with Mathematical Learning Disability. *Child Development, 78*(4), 1343-1359.

Gerez Ambertin, M., Flesler, A., Waserman, M. et al. (2012). La función materna. *Actualidad Psicológica*, Año XXXVII, N° 412, Octubre 2012.

Goldar, J.C. (2005). El origen del neocortex. *Alcmeon, Revista Argentina de Clínica Neuropsiquiátrica, 12*(4), 323-332.

Goldar, J.C. (2009). Una filosofía del cerebro. Carta al Director. *Alcmeon, Revista Argentina de Clínica Neuropsiquiátrica, 16*(1), 14-15.

Hagmanna, P., Spornsc, O., Madand, N. et al. (2010). White Matter Maturation Reshapes Structural Connectivity in the Late Developing Human Brain. *Proceedings of the National Academy of Sciences of the United States of America, 107*(44), 19067-19072.

Hair, N.L., Hanson, J.L., Wolfe, B.L. et al. (2015). Association of Child Poverty, Brain Development, and Academic Achievement. *JAMA Pediatrics, 169*(9), 822-829.

Hallmayer, J., Cleveland, S., Torres, A. et al. (*2011*). Genetic Heritability and Shared Environmental Factors Among Twin Pairs With Autism. *Archives of General Psychiatry, 68*(11), 1095-1102.

Henríquez-Henríquez, M., Zamorano-Mendieta, F. et al. (2010). Modelos neurocognitivos para el trastorno por déficit de atención/hiperactividad y sus implicaciones en el reconocimiento de endofenotipos. *Revista de Neurología, 50*(2), 109-116.

Hermann, B., Jones, J., Dabbs, K. et al. (2007). The Frequency, Complications and Aetiology of ADHD in New Onset Paediatric Epilepsy. *Brain, 30*(12), 3135-3148.

Hernáez-Goñi, P., Tirapu-Ustárroz, J., Iglesias-Fernández, L., Luna-Lario, P. (2010). Participación del cerebelo en la regulación del afecto, la emoción y la conducta. *Revista de Neurología, 51*(10), 597-609.

Hesslow, G. (2002). Conscious Thought as Simulation of Behaviour and Perception. *Trends in Cognitive Sciences, 6*(6), 242-247.

Hodge, S. M., Makris, N., Kennedy, D.N. et al. (2010). Cerebellum, Language, and Cognition in Autism and Specific Language Impairment. *Journal of Autism and Developmental Disorders, 40*, 300-316.

Huerta, M., Bishop, S.L., Duncan, A. et al. (2012). Application of DSM-5 Criteria for Autism Spectrum Disorder to Three Samples of Children With DSM-IV Diagnoses of Pervasive Developmental Disorders. *The American Journal of Psychiatry, 169*, 1056-1064.

Janin, B., Vasen, J., Untoiglich, G. et al. (2016). Déficit de atención e hiperactividad. *Actualidad Psicológica*, Año XLI, N° 455, septiembre 2016.

Johnson, K.A., Robertson, I.H., Kelly, S.P. et al. (2007). Dissociation in pera formance of children with ADHD and high-functioning autism on a task of sustained attention. *Neuropsychologia*, *45*, 2234-2245.

Kazez, R., Losinno, H.R., Losada, A. et al. (2017). Resiliencia. *Actualidad Psicológica*, Año XLII, N° 463, junio 2017.

Konrad, K. y Eickhoff, S.B. (2010). Is the ADHD Brain Wired Differently? A Review on Structural and Functional Connectivity in Attention Deficit Hyperactivity Disorder. *Human Brain Mapping*, 31, 904-916.

Koziol, L.F, Budding, D.E., Chidekel, D. (2010). Adaptation, Expertise, and Giftedness: Towards an Understanding of Cortical, Subcortical, and Cerebellar Network Contributions. *Cerebellum*, *9*(4), 499-529.

Kremenchuzky, J.R. (2007). El fracaso escolar y los rótulos. Diario *Clarín*, 12 de abril.

Kumaran, D., Hassabis, D. y McClelland, J. (2016). What Learning Systems do Intelligent Agents Need? Complementary Learning Systems Theory Updated. *Trends in Cognitive Sciences*, *20*(7), 512-534.

Landrigan, P.J. (2010). What Causes Autism? Exploring the Environmental Contribution. *Current Opinion in Pediatrics*, *22*(2), 219-225.

Lechevalier-Haïm, B., Lechevalier, B., Brusset, B. et al. (2000). Psicoanálisis y neurociencia. *Actualidad Psicológica*, Año XXIV, N° 275.

Legare, C. y Nielsen, M. (2015). Imitae tion and Innovation: The Dual Engines of Cultural Learning. *Trends in Cognitive Sciences*, *19*(11), 688-699.

León, I., García, J. y Roldán-Tapia, L. (2011). Construcción de la escala de reserva cognitiva en población espa-

ñola: estudio piloto. *Revista de Neurología*, *52*(11), 653-660.

Levav, M. (2005). Neuropsicología de la emoción. *Revista Argentina de Neuropsicología*, *5*, 15-24.

Lombardo, M.V., Chakrabarti, B., Bullmore, E.T. et al. (2010). Atypical Neuθ ral Self-representation in Autism. *Brain*, *133*(2), 611-624.

López-Bayghen, E. y Ortega, A. (2010). Células gliales y actividad sináptica: control traduccional del acople metabólico. *Revista de Neurología*, *50*(10), 607-615.

López-Escribano, C. (2007). Contribuciones de la neurociencia al diagnóstico y tratamiento educativo de la dislexia del desarrollo. *Revista de Neurología*, *44*(3), 173-180.

Madrigal, I., Rodríguez-Revenga, L., Costa, L. et al. (2010). Estudio de reordenamientos subteloméricos en 300 pacientes con retraso mental y anomalías congénitas múltiples: caracterización clínica y molecular. *Revista de Neurología*, *51*(8), 465-470.

Mahone, E.M. (2012). Neuropsychiatric Differences Between Boys and Girls With ADHD. *Psychiatric Times*, *29*(10), October 3.

Maia, T.V. y Frank, M.J. (2011). From Reinforcement Learning Models to Psychiatric and Neurological Disorders. *Nature Neuroscience*, *14*(2), 154-162.

Martos-Pérez, J. (2008). Procesos de atención en el autismo. *Revista de Neurología*, *46* (Supl. 1), S69-S70.

Miller, M. I., Christensen, G. E., Amitt, Y. y Grenander, U. (1993). Mathemae tical Textbook of Deformable Neuroanatomies. *Proceedings of the National Academy of Sciences of the United States of America*, *90*(24), 11944-11948.

Miranda-Casas, A., Grau-Sevilla, D., Melià de Alba, A. et al. (2008). Fundamentación de un programa multicomponencial de asesoramiento a familias con hijos con trastorno por déficit de atención/hiperactividad. *Revista de Neurología*, 46 (Supl. 1), S43-S45.

Molina, B., Hinshaw, S.P., Swanson, J.M. et al. y Themta Cooperative Group (2009). The MTA at 8 Years: Prospective Follow-up of Children Treated for Combined-Type ADHD in a Multisite Study. *Journal of the American Academy of Child and Adolescent Psychiatry*, 48(5), 484-500.

Montañés-Rada, F., Gastaminza-Pérez, X., Catalá, M.A. et al., Grupo de Especial Interés en el TDAH (GEITDAH) (2010). Consenso del GEITDAH sobre el trastorno por déficit de atención/hiperactividad. *Revista de Neurología*, 51(10), 633-637.

Moya Albiol, L., Herrero, N. y Bernal, M.C. (2010). Bases neuronales de la empatía. *Revista de Neurología, 50*, 89-100.

Mulas, F., Mattos, L., De la Osa-Langreo, A. et al. (2007). Trastorno por déficit de atención/hiperactividad: a favor del origen orgánico. *Revista de Neurología, 44* (Supl. 3), S47-S49.

Mulas, F., Ros-Cervera, G., Millá, M.G. et al. (2010). Modelos de intervención en niños con autismo. *Revista de Neurología, 50* (Supl. 3), S77-S84 S77.

Munafo, M.R. y Flint, J. (2010). How reliable are scientific studies? *The British Journal of Psychiatry*, 197, 257-258.

Muñoz, D.G. (2010). Base anatómica e histológica de la autorrepresentación y sus alteraciones patológicas. *Revista de Neurología, 50*(7), 387-389.

Muñoz-Yunta, J.A., Palau-Baduell, M., Salvadó-Salvadó, B. et al. (2004). Estudio mediante magnetoencefalografía de los trastornos generalizados del desarrollo. Nueva propuesta de clasificación. *Revista de Neurología, 38* (Supl. 1), S28-S32.

Nicolson, R. I. y Fawcett, A.J. (2007). Procedural Learning Difficulties: Reuniting the Developmental Disorders?. *Trends in Neurosciences, 30*(4), 135-141.

Nogueira, G.J., Castro, A., Naveira, L. et al. (2005). Evaluación de las funciones cerebrales superiores en 8 niños de 1.º y 7.º grado pertenecientes a dos grupos socioeconómicos diferentes. *Revista de Neurología, 40*, 397-406.

Pallarés, J.A. (2010). Autismo y vacunas: ¿punto final?. *Revista de Neurología, 50* (Supl. 3), 591-599.

Parvizi, J. (2009). Corticocentric myopia: old bias in new cognitive sciences. *Trends in Cognitive Sciences, 13*(8), 354-359.

Pashler, H., McDaniel, M. y Rohrer, D. et al. (2009). Learning Styles Concepts and Evidence. *Psychological Science in the Public Interest, 9*(3), 105-119.

Paula-Pérez, I., Martos-Pérez, J. y Llorente-Comí, M. Alexitimia y síndrome de Asperger (2010). *Revista de Neurología*, 50 (Supl. 3), S85-S90.

Pérz-Alvarez, F. y Timoneda, C. (1999). La disfasia y la dislexia a la luz del PASS. *Revista de Neurología, 28*(7), 688-693.

Pesenti, M., Thioux, M., Seron, X. et al. (2000). Neuroanatomical Substrates of Arabic Number Processing, Numerical Comparison, and Simple Addition: A PET Study. *Journal of Cognitive Neuroscience, 12*(3), 461-479.

Pineda, D.A., Trujillo-Orrego, N., Aguirre-Acevedo, D.C. et al. (2010). Utilidad de la escala Wender-Utah y de las escalas de síntomas para el diagnóstico del trastorno por déficit de atención/

hiperactividad familiar en adultos. Validez convergente y concurrente. *Revista de Neurología*, 50 (4), 207-216.

Pliszka, S. (2007). Practice Parameter for the Assessment and Treatment of Children and Adolescents with Attention-deficit/Hyperactivity disorder. *Journal of the American Academy of Child and Adolescent Psychiatry*, 46(7), 894-921.

Pliszka, S.R. (2007). Pharmacologic Treatment of Attention-Deficit/Hyperactivity Disorder: Efficacy, Safety and Mechanisms of Action. *Neuropsychology Review*, 17, 61-72.

Punta Rodulfo, M., Janin, B., Tallis, J. et al. (2006). Trastornos de la atención e hiperactividad. *Actualidad Psicológica*, Año XXXI, N° 342, junio 2006.

Ramos-Quiroga, J.A., Ribasés-Haro, M., Bosch-Munsó, R. et al. (2007). Avances genéticos en el trastorno por déficit de atención/hiperactividad. *Revista de Neurología*, 44 (Supl. 3), S51-S52.

Roberts, B.W., Kuncel, N.R., Shiner, R. et al. (2007). The Power of Personality. The Comparative Validity of Personality Traits, Socioeconomic Status, and Cognitive Ability for Predicting Important Life Outcomes. *Perspectives on Psychological Science*, 2(4), 313-345.

Rolls, E. T. (2004). The Functions of the Orbitofrontal Cortex. *Brain and Cognition*, 55, 11-29.

Rosan, T.A. (2000). Agresividad e hiperquinesia en niños con ADHD. *Alcmeon*, 9(2), octubre de 2000, disponible en: https://www.alcmeon.com.ar/9/34/Rosan.htm

Salamone, L.D., Plut, S., Pérez Ríos, D. et al. (2015). Cultura y sociedad. *Actualidad Psicológica*, Año XL, N° 437, febrero 2015.

Schaaf, C.P. y Zoghbi, H.Y. (2011). Solving the Autism Puzzle a Few Pieces at a Time. *Neuron*, 70(5), 806-808.

Schlumberger, E., Suiro, L. y Deborde, A.S. (2008). Objetivos específicos de la consulta de aprendizaje. *Revista de Neurología*, 46 (Supl. 1), S55-S58.

Serra-Grabulosa, J.M., Adan, A., Pérez-Pàmies, M. et al. (2010). Bases neurales del procesamiento numérico y del cálculo. *Revista de Neurología*, 50(1), 39-46.

Shaw, P., Gogtay, N. y Rapoport, J. (2010). Childhood Psychiatric Disorders as Anomalies in Neurodevelopmental Trajectories. *Human Brain Mapping*, 31, 917-925.

Sousa, A.M.M., Meyer, K.A., Santpere, G. et al. (2017). Evolution of the Human Nervous System Function, Structure and Development. *Cell*, 170, 226-247.

Stamans, C. y Bloom, P. (2018). Nothing Personal. What Psychologists Get Wrong about Identity. *Trends in Cognitive Sciences*, 22(7), 566-568.

Szyber, G., Wassner, M., Olivetti, S. et al. (2018). Dificultades en el aprendizaje. *Actualidad Psicológica*, Año XLIII, N° 473.

Tirapu-Ustárroz, J., Luna-Lario, P., Iglesias-Fernández, M.D., Hernáez-Goñi, P. (2011). Contribución del cerebelo a los procesos cognitivos: avances actuales. *Revista de Neurología*, 53(5), 301-315.

Tirapu-Ustárroz, J., Muñoz-Céspedes, J.M. y Pelegrín-Valero, C. (2003). Hacia una taxonomía de la conciencia. *Revista de Neurología*, 36(11), 1083-1093.

Titley, H.K., Brunel, N. y Hansel, C. (2017). Toward a Neurocentric View of Learning. *Neuron*, 95(1), 19-32.

Torres Menárguez, A. y Ayuso, S. (2018). La brecha educativa en España se perpetúa de padres a hijos. *El País*, 12 de septiembre. España.

Torterolo, P. y Vanini, G. (2010). Nuevos conceptos sobre la generación y el mantenimiento de la vigilia. *Revista de Neurología, 50*(12), 747-758.

Trujillo-Orrego, N., Ibáñez, A. y Pineda, D.A. (2012). Validez del diagnóstico de trastorno por déficit de atención/hiperactividad: de lo fenomenológico a lo neurobiológico (II). *Revista de Neurología, 54*(6), 367-379.

Turkheimer, E., Haley, A., Waldron, M. et al. (2003). Socioeconomic Status Modifies Heritability of IQ in Young Children. *Psychological Science, 14*(6), 623-628.

Tversky, A. y Kahneman, D. (1974). Judgment Under Uncertainty: Heuristics and Biases. Biases in Judgments Reveal some Heuristics of Thinking Under Uncertainty. *Science, 185*, 1124-1131.

Van Steensel, F.J.A., Bögels, S.M., De Bruin, E.I. (2013). Psychiatric Comorbidity in Children with Autism Spectrum Disorders: A comparison with Children with ADHD. *Journal of Child and Family Studies, 22*, 368-376.

Vaquerizo-Madrid, J. (2008). Evaluación clínica del trastorno por déficit de atención/hiperactividad, modelo de entrevista y controversias. *Revista de Neurología, 46* (Supl. 1), S37-S41.

Zhu, Y., Zhang, L., Fan, J. y Hana, S. (2007). Neural Basis of Cultural Influence on Self-representation. *NeuroImage, 34*, 1310-1316.

www.ingramcontent.com/pod-product-compliance
Lightning Source LLC
LaVergne TN
LVHW042351190726
843493LV00005B/974